豪農たちの近世・近代

19世紀南山城の社会と経済

井奥成彦／谷本雅之――［編］

東京大学出版会

Wealthy Farmers (*Gōnō*) in Early Modern and Modern Japan:
Society and Economy of Minami-Yamashiro during the Nineteenth Century

Sigehiko IOKU and Masayuki TANIMOTO, editors

University of Tokyo Press, 2018
ISBN 978-4-13-046127-6

目次

第II部　領主と村

第III部　豪農の身分意識

序

井奥成彦
谷本雅之

一　本書の課題とそこに至る経緯

本書の課題は、近世—近代日本の農村の経済・社会を豪農の諸活動の検討を通して考察することである。具体的には、これまでの我々研究グループの三〇年来の南山城地域（京都府南部）での史料調査と研究に基づき、その第一段階の成果である石井寛治・林玲子編『近世・近代の南山城——綿作から茶業へ』（東京大学出版会、一九九八年）を継承、発展させようとするものである。同書は、東京大学経済学部文書室（当時）所蔵の旧山城国相楽郡西法花野村浅田家文書を主たる素材として、近世から近代にまたがる南山城地域の経済と社会に関する共同研究をまとめたものであった。ここでは近世畿内農村の成立過程、近世の農民家族の存在形態や、南山城地域と三都との関係、同地域の綿作の推移とその中での浅田家の農家経営、同地域の茶業の展開と金融との関係などの問題が取り組まれ、近世期において浅田家がこの地域から江戸に商店を開設して津藩の御用商人として活動したこと、この地域と上方三都（京都・大坂・

奈良）以外に江戸とも経済的・文化的に交流が活発になされていたこと、近世後期の農村疲弊の際に豪農浅田家が自らの大規模農家経営の中で雇用の場を設けて農村を救済したこと、開港以降この地域は主要な輸出品であった煎茶の一大産地かつ集散地となったことなどが明らかにされ、畿内綿作地域の近世・近代に関して貴重な事実の数々を蓄積した。しかしながら、史料的には浅田家文書を中心としたこともあり、基本的に同家文書から見える近世・近代の南山城地域像といった趣の研究となり、またその史料残存状況から、必ずしも近世と近代とがうまくつながる研究とはならなかった。

そこで、次の段階として、我々研究グループは、二〇〇八（平成二〇）年度から二〇一〇年度にかけて日本学術振興会科学研究費補助金・基盤研究（B）の助成を受け、「一九世紀畿内先進地域における河川と地域経済――木津川流域を中心に」とのテーマの下に、上記研究から得られた諸論点につながりを持たせるべく、フィールドを現木津川市、精華町全域に拡大して史料を求めた。この研究では、近世から近代にかけての南山城地域の経済発展の鍵となったのが木津川（水運）であると見て史料収集および分析を進め、一定の成果が挙がってきたが、収集史料の分析を通して、新たな論点が浮かび上がってきた。この地域には大・中・小の豪農が多数存在し、それらの史料も大量に残存している。それらの豪農の存在形態や地域経済への対応のしかたは多様で、さまざまな試行錯誤をくり返しながら幕末維新の激動期に対応していたことが徐々にわかってきたのである。それら豪農が当時日本の最先進地域であったこの地域にいかに関わり、地域社会の中で近代化にどのような役割を果たしたのかを解明すべく、二〇一一（平成二三）年度から二〇一三年度にかけて日本学術振興会科学研究費補助金・基盤研究（B）の助成を受け、「一九世紀の先進地域畿内における豪農経営の諸類型」とのテーマの下で調査・研究を重ね、さらにその後の補充調査を経て得られた成果が本書である。

二 「豪農」の研究史的背景

ここで、本書で「豪農」をキー・ワードとして用いる研究史的背景について、簡潔に説明しておこう。周知の通り、幕末・維新期の農村経済は、戦前の日本資本主義論争を契機とし、そこでの論点を受け継いだ一九五〇—六〇年代の社会経済史研究の焦点であった。マニュファクチュアの存在や地主制形成の論理をめぐる論争の中で、担い手としての有力農民の経済活動への関心は高まり、在方史料の発掘を伴った、実証研究が進展をみた。畿内農村の有力農家（氏田家）の経営史料に基づいて、農業経営の実態を明らかにした山崎隆三の『地主制成立期の農業構造』（青木書店、一九六一年）は、そのひとつの到達点であったといえる。そこで注目されるのは、同書が豪農の語を用いていないことである。自作地経営の発展を図る氏田家は「ブルジュワ的」発展の担い手である「富農」であり、一方で土地集積と小作地経営を拡大するのは「質地地主」的分解の中で成長する地主であった。すでに藤田五郎らが、おもに福島県などの「中間地帯」を念頭に豪農をキー・ワードとして幕末農村の主体をとらえる議論を提出している中で[1]、山崎があえてこの語を用いていないのは、「先進地」農村の農民経営の展開を、経済過程に純化したものとしてとらえることを企図したためであろう。これに対して幕末期の有力農民経営の多くが、村役人を務める有力な地主であることを強調する佐々木潤之介は、畿内の事例を含め、有力農民を富農の日本的形態である豪農と特徴づけた[2]。その背後には、「封建制」下の村落において政治的な権力・支配力を有する有力農民は、経済活動の担い手としてだけではとらえきれないとする認識がある。またそこには、このような特徴を刻印された豪農は、順調な経済発展（「ブルジュワ的」発展）の担い手たりえず、それが主導する幕末の経済発展には限界が画されているとする評価も含意されていた。

一九六〇年代後半以降、特に近世史研究において大きな影響力を有した幕末の社会経済史認識は、この佐々木の豪農概念を基軸とするものであったといってよいであろう。その後の研究史は、事実上、この佐々木の豪農イメージからの脱却を促す方向で進展していく。豪農概念が、有力農民の二つの側面――経済的および政治的・社会的機能――を包含することを意図していたことに鑑みるならば、その再検討にも大別して二つの研究潮流が関わっていたとみることができる。一つは一九七〇年代以降台頭した「数量経済史」を標榜し近世における経済発展の進展を主張する潮流である。物価史・人口史といった新領域の開拓と、そこでの数量データの解釈を切り口に、「数量経済史」は市場経済化の進展に関する論証や、マクロ経済変動の分析において、顕著な成果を挙げることとなる(3)。そこから導き出される近世経済史像は、「自給的・停滞的な封建社会」のイメージを完全に払拭したといってよい。そしてまた、明治維新を境とした断続的な歴史認識も、少なくとも経済の局面では容易には受け入れがたいものとなった(4)。

一九五〇―六〇年代の研究史からみれば、それは事実上、先の山崎隆三が注目した、経済発展の担い手としての富農イメージの、新たな手法による再評価でもあった。しかしそのことは、佐々木が改めて豪農概念を導入する契機となっている、自己の経営活動を超えた村落社会における政治的・社会的な機能について、この潮流はほとんど語るところがなかったことにもつながっている。その点において、より直接的に豪農概念の再検討を促したのは、一九八〇年代以降、近世後期の地域社会の形成およびその担い手に関して新たな形で議論を活性化した、「地域社会」論の潮流であろう。その一つの契機は、藪田貫、谷山正道らの「国訴」研究であり(5)、大坂問屋の流通独占に対抗する経済闘争としてとらえられていたこの訴願運動の背景に、「郡中議定」を策定し、飢饉・凶作に関する取り締まりや治安対策などにも関わる、「郡」を単位とした村役人層の組織的な取り組みがあることが明らかにされた。村役人層を豪農に比肩するならば、豪農の政治的・社会的な機能への、新たな視点からの歴史的評価が試みられているのである。久留島浩、平川新らの研究も、論者による力点の違いを含みつつも、いずれも近世後期における村を超えた新たな「地域的結合」の形成を論じている(6)。さらに同時期に提出された渡辺尚志の、豪農の三類型論（在村型Ⅰ、Ⅱ、草莽の志士型）は、自己の経営の利害を追求する在村型IIにたいして、村内の貧農を維持し村落秩序の確保を志向する在村型Iの存在を設定している。[7]佐々木の含意した豪農概念に不可欠な二側面をよりクリアーに示しつつ、その社会的・政治的活動を、村落の「小農保護」機能の発揮としてとらえることで、幕藩制下の支配者の末端としての豪農像に大きな修正を加えているのである。

本書が豪農をキー・ワードとして設定したのは、以上の研究史理解に立脚しつつ、多面的な機能を併せ持った存在としての近世後期の有力農民を表現する上で、この語が最も適していると判断したことによる。後述のように、本書は近世南山城の有力農民の経営構造と村落経済に焦点を当てた第I部に続いて、年貢をめぐる対領主関係が第II部で、そして身分意識を切り口に村内有力者の社会的な位置が第III部で検討されることになる。「封建制下の支配」論を相対化しつつ、有力農民の活動とその意義を多面的に論じるには、近年の豪農概念を用いた研究潮流は、重要な手がかりを与えてくれるのである。

それに加えて、本書では第IV部として、近代史の領域を扱うが、その背景には、近世期の豪農の存在から、どのように近代史を展望できるか、との問いがある。かつての、自由民権運動の担い手として豪農を位置づける議論[8]では、松方デフレ期の運動の挫折が、近世来の発展の切れ目であった。そこでの焦点は、明治維新後の「近代化」政策の路線対立であったから、近代史の領域においても、豪農概念を積極的に用いる潮流が存在していたことになる。これに対して、豪農概念を、近世的な特質——封建制——によって規定する議論においては、明治維新による体制転換そのものが、豪農存在の「切れ目」となった。このため、同じく豪農概念を用いつつも、その時点での近世史と近代史とは、必ずしも実りある接点を見出してきたとは言えないだろう。そして近世史におけるこの発想は、「小農保護」機能の起点を「村請制」の存在に帰し、その「近世的特質」を強調する形で、先の豪農類型における在村型Iの設定にも受け継がれており、近世史研究の側からの豪農把握において根強い考え方といえる。[9]その一方で、この在村型Iの行動様式は、かねてから近代史において農村有力者を表現する際に用いられてきた、「名望家」概念の原型として位置づけられうる可能性も秘めていた。実際、近年の近代史研究の潮流は、かつて支配的であった、明治政府の地方統治の末端として、「上昇転化」後の豪農を「名望家」の名のもとに位置づける見方（名望家支配論）を脱しつつあり、たとえば明治期の地域社会を特徴づける「有産者秩序」の担い手として、名望家の相対的に自律的な役割を評価する議論が提出されるなど、その位置づけは多様化しつつある。(10) 経済主体としても、豪農と近年研究蓄積の進む「地方資産家・企業家」との連続・非連続は、先に触れた明治前期の「豪農」挫折論（上昇転化論）とも関係する論点であるし、「名望家」における経済活動と社会的・政治的活動との連関の具体相も、議論がなされている。(11) 近世史、近代史双方の研究史的文脈を踏まえつつ、それを新たな歴史像構築に貢献する形で架橋する上でも、「豪農」は有効なキー・ワードと考えられるのである。(12)

三　本書の方法と各章の紹介

最後に、本書の方法と概要について触れておこう。南山城という地域は、近世においては日本の代表的な綿作地帯であり、また古くから木津川水運を介した商業、輸送の盛んな、日本で最も先進的な農村地帯であった。本書では、市場が展開し木津川などを通して人、物、金の出入がさかんであったこの先進地域において、近世の発展と達成が近代にどのように継承され、また近代になってどのように変容したのかという問題に取り組む。

その際、本書では、近世において経済の発展したこの地域に輩出した数多くの豪農の動向を重視した。それぞれの豪農が近世においてどのように蓄積をなし、それが近代における地域の産業や商業にどのようにつながっていくのかを、豪農相互の関係、豪農と領主、近代に入ってからは政府との関係、豪農と金融業者との関係、豪農と一般農民・

商人との関係などを通して多角的に見ていき、近世と近代とのつながり、ないし近代化の過程を、地域経済の視点から検討し、併せて身分的・社会的関係も視野に入れる。これまでの研究のほとんどは、一つの家に残された文書群に依拠するものであった。そのことは、地域経済の全体像の把握には限界を伴っていた。それに対し本研究は、一地域の多数の豪農を同時に取り上げ、多角的に検討しようとするものであり、このこと自体、他に例を見ないユニークな試みであると言えよう。

このことが可能になった一因として、一九八〇年代以降各地で盛んに行われた自治体史編纂事業が挙げられる。南山城地域でも各自治体で編纂事業がなされ、そこで写真などのかたちで蓄積された史料を、本研究では最大限に活用した。それは今後の共同研究の方向と可能性を示すものと考える。こうした方法によって、上記課題に取り組み、在地の側から近世・近代移行期の日本、ないしは日本の近代化を見ようとするのが本書である。

第Ⅰ部では、南山城地域の商品経済の発展とその中での豪農の成長のようすを論ずる。第一章「豪農堺屋八木家の蓄積基盤」（小川幸代・井奥成彦）では、木津川水運の中心となった浜（河岸）にあって周辺地域の商業・金融の中核となった堺屋八木家がいかに蓄積を重ねていったかを、金融、商業の面から、領主層、周辺豪農や村、舟運との関係において論ずる。第二章「豪農浅田家の資本蓄積――貸上銀負担と肥料商活動」（石井寛治）では、天明期に領主（津藩）による過酷な負担のために経営難に陥った西法花野村の豪農浅田家が堺屋八木家からの金融により苦境を凌ぎ、幕末から近代にかけて上狛村最高位の資産家として茶商などへさかんに融資を行うまでに資産を蓄積した過程を明らかにする。第三章「南山城加茂郷の農民と家族――観音寺村・里村・北村の史料から」（桜井由幾）では、南山城地域の中ではさほど商品生産が発達していない地域で、日常的な農産物の商品化を通して流通にコミットしていく農民の姿を描く。

第Ⅱ部では、南山城地域の領主と村との関係の実態を論ずる。第四章「近世南山城における年貢負担と村財政」

（谷本雅之）では、年貢賦課率の長期的な動向を検討し、その低下傾向の意義を探る。第五章「畿内豪農の経済活動と年貢・御用金――嘉永七年、旗本天野氏御用状の記述より」（島津良子）では、年貢の決定過程を通して、幕末期の領主と豪農の関係を考察する。

第III部は、豪農たちの身分意識を問題にする。第六章「郷士の家と地域社会――国人狛一族と家臣の近世」（吉田ゆり子）では、国人領主狛氏とその一族・旧臣たちが自らの家をどのように認識し位置づけようとしたかを明らかにする。第七章「祝園神社神主の江戸出訴――旗本天野氏上方代官七代森島清右衛門の行動に注目して」（冨善一敏）では、祝園神社神主の江戸出訴一件を通して、神主と村との関係、地代官と領主、居村、知行所村々との関係を検討する。第八章「無足人たちの明治維新」（菅野則子）では、武士と農民のマージナルな身分である藤堂藩の無足人について、「御一新」に伴い彼らがどのように処遇され、時代の移り変わりをどう見たかを描く。

第Ⅳ部は、豪農たちの近代以降における意識と行動を問題にする。第九章「明治期中小豪農の地域観、時代観――山城国相楽郡祝園村松田弥三郎を素材として」（井奥成彦）では、近世以来の中小規模の豪農である松田弥三郎が、近代以降変容する地域経済の進むべき方向性について苦悩する姿を描く。第一〇章「明治後半期の南山城経済の停滞」（武田晴人）は、近世以来地域経済を牽引してきた豪農たちが明治後期に至って、綿業に代わる産業を見いだせず、また商業、金融面でも振るわず行き詰まりに直面したさまを描く。第一一章「松岡孝吉と電力事業――戦間期における地方企業家から専門経営者への変容」（三科仁伸）は、近世の豪農出身の地方企業家が都市の専門経営者となり、日本の近代化に接近していく過程を描く。

以上、各章から、近世から近代にかけて地域に対する豪農のさまざまな対応のしかた、試行錯誤、そういった中での、近世の領主（近代においては明治政府）―大豪農―中小豪農―一般農民・商人と連なる階層秩序ないしネットワークのあり方と、その動態が明らかになるであろう。

(1) 藤田五郎『封建社会の展開過程――日本における豪農の史的構造』(『藤田五郎著作集』第4巻、御茶の水書房、一九七一年)など。
(2) 佐々木潤之介『幕末社会論――「世直し状況」研究序説』(塙書房、一九六九年)。畿内河内の豪農経営についての分析は佐々木潤之介『幕末社会の展開』(岩波書店、一九九三年)。
(3) 速水融・宮本又郎編『日本経済史1 経済社会の成立 一七―一八世紀』(岩波書店、一九八八年)、新保博・斎藤修編『日本経済史2 近代成長の胎動』(岩波書店、一九八九年)。
(4) 最近の深尾京司・中村尚史・中林真幸編『岩波講座・日本経済の歴史 2巻 近世』(岩波書店、二〇一八年)でも、改めて近世後期における一定の経済発展の存在が、一人当たりGDPの推計作業などとともに論じられている。
(5) 藪田貫『国訴と百姓一揆の研究』(校倉書房、一九九二年)。谷山正道『近世民衆運動の展開』(高科書店、一九九四年)。
(6) 久留島浩『近世幕領の行政と組合村』(東京大学出版会、二〇〇二年)、平川新『紛争と世論――近世民衆の政治参加』(東京大学出版会、一九九六年)。
(7) 渡辺尚志『近世村落の特質と展開』(校倉書房、一九九八年)。
(8) たとえば大石嘉一郎『自由民権と大隈・松方財政』(東京大学出版会、一九八九年)など。
(9) たとえば、渡辺尚志編『畿内の豪農経営と地域社会』(思文閣出版、二〇〇八年)。この論点については、本章執筆者の一人、谷本雅之による同書への書評(『歴史と経済』二〇八号、二〇一〇年)も参照されたい。
(10) 「有産者秩序」論については、奥村弘の一連の論稿(「近代日本形成期の地域構造――地域社会の変容と地方制度改正をめぐって」『日本史研究』二九五号、一九八七年など)、明治期の「名望家」については、石川一三夫『近代日本の名望家と自治――名誉職制度の法社会学的研究』(木鐸社、一九八七年)、同『日本的自治の探求――名望家自治論の系譜』(名古屋大学出版会、一九九五年)、高久嶺之介『近代日本の地域社会と名望家』(柏書房、一九九七年)、飯塚一幸『明治期の地方制度と名望家』(吉川弘文館、二〇一七年)など。
(11) 近年の地方企業家をめぐる議論については、とりあえず以下のサーベイを参照。松沢裕作「日本近世・近代史における「地域」と「地方」」(社会経済史学会編『社会経済史学の課題と展望(社会経済史学会創立八〇周年記念)』有斐閣、二〇一二年)、高柳友彦「「地域」経済史研究の現状と課題――近代日本経済史研究を中心に」(『歴史学研究』九二九号、二〇一五年)。
(12) 松沢裕作『明治地方自治体制の起源――近世社会の危機と制度変容』(東京大学出版会、二〇〇九年)は、制度的断絶説に立脚しつつ、豪農を有力なアクターとして近世・近代史を通貫する議論を提出している。一方、沢井実・谷本雅之『日本経済史――近世から現代まで』（有斐閣、二〇一六年）の第二章四節、第三章七節は、概説的記述ではあるが明示的に、近世から近代への地域社会の連続性の中に、豪農から名望家への移行を位置づけている。

第Ⅰ部　商品経済の発展と豪農の成長

第一章　豪農堺屋八木家の蓄積基盤

小川幸代
井奥成彦

はじめに

山城国相楽郡木津郷（現京都府木津川市木津町）の堺屋八木家は、近世後期において南山城の中核豪農であった。本章では、木津川取締役まで務めた兄の庄兵衛、大路村庄屋であった弟の庄五郎、そしてこの兄弟の父である庄兵衛、この三人の活動を追うことによって、近世後期における同家の蓄積基盤を明らかにするとともに、他の豪農や商人、領主、村々、舟運業者との関係を検討することによって、当該期南山城の経済状況の一端を明らかにしたい。

用いる史料は、①立命館大学所蔵「堺屋八木庄五郎家文書」[1]、②木津川市立中央図書館所蔵「八木芳郎家文書」（写真版）、③京都府立山城郷土資料館所蔵「大路村八木庄五郎家文書」及び④木津川市文化財整理保管センター分室所蔵森岡宣也家文書である。①は主として後述する文政九年分家以前の八木庄兵衛家文書、②は主として分家後の八木庄五郎家文書、③は分家後の八木庄五郎家の主として村方の公的な文書群、④は加茂浜の舟屋の資料である。

一　文政九年家督相続以前の堺屋庄兵衛家の蓄積基盤

堺屋八木家について、古い時代のことはよくわからないが、木津正覚寺に現存する同家の過去帳により、元文年間まで遡ることができる。「堺屋」の屋号を用いるようになったのは安永年間のことである。文政九(一八二六)年には家督相続の際に二家に分かれるが、本節ではそれ以前の同家の経営について見ていきたい。

この時期の史料としては、一定期間の経営状況のわかるまとまった帳簿類が現存しないので、一枚物、いわゆる「一紙類」から考察を行わざるを得ない。残存している「一紙類」は作成された史料全体の中のどれだけの部分のものであるかわからないので、ここから考察できることは限定されるが、可能な限りの考察を行ってみたい。まずは、貸金関係の史料を通して、同家の金融面から見ていこう。

(1) 金　融

堺屋庄兵衛家の貸金関係証文のうち、明確に文政九(一八二六)年までのものとわかるものは一四八点である。それを年別に集計すると、表1のようになる。先にも述べたように、これらが示す事実は、すべての貸金のうちの一部であろうから、貸金の総体を論じることはできないが、残存している証文の金額を足しただけでも、年間の貸金額が銀三〇貫以上に及ぶ年があったり、一件当たりの貸金額が銀二〇貫以上に及ぶことがあったということ、また残っている証文に記載された貸金額は合計で銀二一七貫三〇一匁と金二三両、銭四九一貫、その他を含めると、銀に換算して(金一両＝銀六〇匁＝銭六貫として換算)二八〇貫余、不明部分も足すと総計で約銀三〇〇貫に及ぶという事実が知られるのである。これを先に記した証文数一四八で割ると、貸金一件当たり平均銀約二貫ということになり、決して小口

表1　堺屋八木家年別貸金（文政9年まで）

年	件数	合計金額（銀，匁）	最大金額（銀，匁）	借主の居住地
1783 天明3	2	1500	1000	北笠置1，不明1
1786 天明6	1	150	150	不明1
1788 天明8	1	600	600	相楽1
1789 寛政1	1	200	200	北ノ庄1
1792 寛政4	2	5000	3000	千童子1，不明1
1794 寛政6	2	946	896	千童子1，西垣外1
1797 寛政9	1	500	500	不明1
1800 寛政12	1	92＋米1.4石	92＋米1.4石	市坂1
1801 享和1	3	392＋金1両	350	小寺1，不明2
1803 享和3	1	300	300	相楽1
1804 文化1	3	1564	1000	林・小仲小路1，不明2
1805 文化2	11	14930	4000	小寺2，西吐師2，千童子1，上津1，市坂1，上狛1，不明3
1806 文化3	5	25311	23561	千童子1，上狛1，西吐師1，笠置木屋1，不明1
1807 文化4	9	8796	4000	小寺1，千童子1，梅谷1，新在家1，菅井1，相楽1，大里1，不明2
1808 文化5	10	20885＋銭13.8貫	6000	小寺3，上狛2，市坂1，南出垣外1，北ノ庄1，不明2
1809 文化6	9	18856＋金11両	2000	枝2，千童子1，大路1，鹿背山1，林1，菅井1，不明2
1810 文化7	9	6650＋銭10貫	2000	小寺1，大路1，上津1，梅谷1，菅井1，不明4
1811 文化8	6	1185＋不明	350	大路2，菅井2，小寺1，市坂1
1812 文化9	8	2946＋金6両＋銭104貫	1300	枝2，小寺1，林谷1，相楽1，不明3
1813 文化10	3	900＋銭12貫	300	小寺1，相楽1，不明1
1814 文化11	5	12700＋銭70貫	10000	小寺1，不明4
1815 文化12	2	3000	2000	大路1，相楽1
1816 文化13	2	500＋金1両	500	千童子1，不明1
1817 文化14	4	2000＋金3両＋銭125貫＋不明	2000	千童子2，南笠置1，不明1
1818 文政1	1	銭125貫	銭125貫	木津浜（水主）
1819 文政2	8	4215＋金1両＋銭11.124貫	2000	梅谷2，千童子1，木津（水主）1，鹿背山1，相楽1，不明2
1820 文政3	4	16054＋不明	11261	枝2，千童子1，不明1
1821 文政4	1	銭145貫	銭145貫	木津浜（水主）
1822 文政5	20	31141＋不明	6000	東法花野16，林1，相楽1，不明2
1823 文政6	4	25130	20000	吐師1，東法花野1，狛椿井1，不明1
1824 文政7	5	3514	1500	小寺1，千童子1，林1，椿ヵ1，植田1
1825 文政8	3	4740	4550	西法花野1，菅井1，不明1
1826 文政9	1	2604	2604	不明1

出典）立命館大学所蔵，堺屋八木庄五郎家文書．
注）銀は小数点以下切り捨て．相手村は多い順とし，同数の場合は近い順とした．

の金融を中心にしていたとは言えない。実際、借用人の名前を見ると、綿屋、扇屋、米屋、古手屋、翁屋、布屋、和泉屋、萬屋、たねや、小間物屋、粕屋といった商人名前が多く、借用人の所在地が木津町を形成していた小寺・大路・千童子・枝各村を中心に市坂・上津・梅谷・鹿背山といった木津郷内各村など近隣村、及び対岸の上狛・東法花野・西法花野・新在家・椿井・林ほか、木津川沿いの北笠置・南笠置・笠置木屋・西吐師・菅井といったところへも広がりを見せていることを考え合わせると、堺屋の金融は、木津川の中核都市である木津町や木津川沿いの在郷の商人たちへの商業資金の融通といった性格が強かったと言えそうである。

引当が設定されている場合は、土地・建家・土蔵などの不動産であることが多いが、中には船株、米・実綿などの商品を引当とした場合もある。しかし、引当の記載のあるものは五四点と多くはなく、過半は引当を設定せず、返済できない場合は請人が代わりに返済するとしている。銀一〇貫、二〇貫に及ぶような多額の貸金でも引当を設定していない場合もあり、引当の有無と貸金額の多寡との間に関係性は見られない。引当の有無は、おそらく相手の信用や人間関係によったのであろう。

その他の貸付先としてはａ領主ないし知行所支配役、ｂ地域の豪農、ｃ村方、ｄ木津川の舟運業者などがある。ａでは、中根五兵衛知行所支配役増井周輔・周平父子（相楽村）への貸金を記した文書が四通残っている。文化一二（一八一五）、文政二（一八一九）、同五、同六年のもので、貸金額は最小で銀五〇〇匁、最大で二〇貫に及ぶ。蔵米を引当としている場合もあり、文政六年には年貢米三〇〇石を引当としている。

ｂについては、証文だけからはわからない場合も多いが、とりあえず借主の肩書に「庄屋」とある者、豪農であることがわかっている者を表2に挙げておいた。他にも借主の氏名しか記していない多数の文書の中に、実は借主が豪農であるという場合もあると思われる。少なくとも残された証文類の中で、借主が村方の有力者であることが明らかである場合だけでもこれだけあり、堺屋八木家が単に村内で経済的地位が高かったにとどまらず、周辺地域の豪農た

表 2　地域の豪農への金融

年	月	日	表題	差出人 村名（地名）	差出人 役職	差出人 人名	宛先 村名（地名）	宛先 役職	宛先 人名	内容
天明 8	12	—	借用申銀子之事	相楽	庄屋	源八	木津	—	さかいや庄兵衛	銀 600 目，株借り．入用の節何時にても返済
文化 3	—	—	金銀借用通	市坂	庄屋	喜重郎	木津	—	堺屋庄兵衛	1 月-7 月半年間の借金の記録
文化 4	12	—	借用申銀子之事	大里	—	（浅田）幸蔵	—	—	堺屋庄兵衛	銀 4 貫目，来年 12 月に元利返済
文化 4	—	—	銀子借用通	市坂	庄屋	喜重郎	木津	—	堺屋庄兵衛	1 年間の借金の記録
文化 5	4	—	借用申銀子之事	市坂	庄屋	重兵衛	小寺	—	庄兵衛	銀 1 貫 200 目．引当米 20 石．7 月晦日切り元利返済．返せなければ右米を売って返済
文化 7	6	—	借用申銀子之事	大路	庄屋	武兵衛	小寺	—	庄兵衛	銀 500 匁．来る 11 月晦日限り元利とも返済．期日までに返せなければ村高入米の内にて算用
文政 8	9	—	預り申証文之事	菅井村	庄屋	周蔵	木津小寺	—	堺屋庄兵衛	銀子 120 目．「右要人（要用の意ヵ）故銀子証文 1 通慥に預かり．然る上は私方へ米請取申すべく」
文政 8	11	—	借用申銀子之事	西法花野村	—	浅田金兵衛	東法花野村	—	亀之介	銀 4 貫 550 匁．拠なき要用に付借用．来年 10 月限返済．引当として所持田畑のうち東法花野領分畑 4 反 8 畝．柳本野右衛門・梶田順蔵の「表書之通見届候也」との裏書あり
天保 13	—	—	通	—	—	庄五郎	—	庄屋	茂三郎	貸金・入金の記録
丁卯（文化 4 ヵ慶応 3 ヵ）	—	—	通	—	—	堺屋庄兵衛	市坂	庄屋	喜重郎	貸銀の記録
子	4	7	覚	梅谷村	庄屋	喜兵衛	—	—	堺屋庄兵衛	金 1 両・札 86 匁・銭 36 文，〆 150 匁借用
丑	4	19	覚	梅谷村	庄屋	喜兵衛	—	—	堺屋庄兵衛	金子 3 分
未	1	—	通	—	—	堺屋庄五郎	—	—	森嶋九郎兵衛	貸金・入金の記録
—	8	15	覚	—	庄屋	伊右衛門	—	—	—	金 7 両．10 石手形 1 枚入れ置き申し候

出典）立命館大学所蔵，堺屋八木庄五郎家文書．

ちに金融を行う存在でもあったことがうかがえる。豪農への貸金がその後どのように使われたか、はっきりしないが、豪農自らが営む商業などに用いられたり、村民へ融通されたりしたことなどが考えられる。なお、表2の中では、貸金額の最多は文政八年西法花野村浅田金兵衛に対する銀四貫五五〇匁である。銀子貸主は庄兵衛だが、引当田畑の持主の都合上、東法花野村の亀之介（庄兵衛子）が宛先となっている。ここで、豪農への融通の一例として、浅田家との関係について少し触れておこう。

堺屋と木津川の対岸にいる浅田家との関係については第二章に詳しいが、八木家と浅田家が商業上深く関わるようになったことが顕著に見られるのは、寛政年間からである。浅田金兵衛家の別家である浅田七郎右衛門家には、寛政五（一七九三）年から文化四（一八〇四）年までの間、長男の新吾が堺屋庄兵衛から小麦や油粕などを買っていた「通帳」が残っている。父親の七郎右衛門がこの頃から病気だったので新吾の名義になっているのであろうか。父七郎右衛門は寛政一一年に没し、その時新吾は一三歳であった。この年、新吾は八木家に田畑一四ヵ所を銀一七貫五〇〇目で五年切売却している。七郎右衛門家ではこの後何度かこのようなかたちで八木庄兵衛から融資を受けていた。この間、本家の浅田家でも、八木庄兵衛から融資を受けて肥料商をしていた。同家は八木庄兵衛の荷物を蔵に預かり、蔵敷料を受け取るなどの商売もしていた。浅田金兵衛俊長が天明三（一七八三）年に願い出て庄屋役を退いた後の、浅田家の経営の立て直しに融資をしたのは八木庄兵衛であった。

さて、cの村方への貸金は表3にまとめた。貸金額は最大で銀三貫八〇〇目で、蔵米を引当としている場合もある。借用理由は、書いてあっても「村方入用に付」といった程度で、書いていない場合もある。dの木津川の舟運業者への貸金は表4の通りで、最大で銭一六〇貫文である。こちらも理由は「船加子（水主）要用につき」といった程度のことしか書いていないが、すべてが銭による貸金で、水主仲間に細かく分けて渡されていたことが想起される。

次に、この時期の史料からうかがえる他の経済活動として、舟運と商取引、さらに土地売買を見ていこう。

表 3　村方への金融

年	月	日	表題	差出人 村名（地名）	差出人 役職	差出人 人名	宛先 村名（地名）	宛先 役職	宛先 人名	内容
文化 5	12	—	借用申銀子之事	小寺	庄屋・年寄・後見・百姓代	清兵衛・甚次郎・源介・庄三郎	小寺	—	庄兵衛	銀 2 貫 650 目．来年 11 月切り元利とも返済．期限過ぎれば印形の者ども急度勘定
文化 5	12	—	借用申銀子之事	小寺	庄屋・年寄・後見・百姓代	清兵衛・甚次郎・源介・庄三郎	小寺	—	庄兵衛	銀 3 貫 800 目．来る 11 月晦日切り元利返済．滞れば其元の高入諸役米にて算用
文化 6	10	—	添証文之事	鹿背山村	庄屋・年寄・同断	惣右衛門・利右衛門・清六ヵ	木津	—	堺屋庄兵衛	銀 2 貫目．引当として蔵米 40 石．来る 11 月晦日切返済
文化 13	7	—	借用申銀子之事	千童子	庄屋・年寄・百姓代	勘兵衛・吉兵衛・源七	小寺	—	庄兵衛	銀 500 目．村方入用につき．当年 11 月切り「其元殿所持御高入御上納米御差次相成るべく」．米値段は時相場を以て
文政 2	7	—	一札之事	千童子	庄屋・年寄・百姓代	藤兵衛・吉兵衛・喜六	小寺・千童子		庄兵衛・五郎兵衛	銀 800 目．引当＝米 20 石預かり書付．来る 10 月晦日切り元利とも村方より返済．滞れば「其元殿・五郎兵衛殿所持高上納米にて差次元利とも勘定下さるべく」
文政 2	7	—	添証文之事	鹿背山村	庄屋・年寄	惣右衛門・利右衛門・清六ヵ利右衛門	木津	—	堺屋庄兵衛	銀 2 貫目．引当蔵米 50 石．来る 11 月晦日切元利とも返済
文政 5	1	—	銀子借用証文之事	相楽	庄屋	源八	木津	—	堺屋庄兵衛	銀高記載箇所空白．村方入用にて借用．当年 12 月に村高割賦取り集め元利とも返済．返済できなければ請人より勘定
文政 7	2	—	借用申銀子之事	千童子	庄屋・年寄・百姓惣代	庄六・吉兵衛・藤兵衛	—	—	堺屋庄兵衛	銀 671 匁 4 分．地頭先納銀子村方入用に付借用．月 1 分利息加え，当年 11 月切其許及所持田畑御高入御上納米にて取ヵ次．もし不足すれば村方より相弁ヵ元利とも急度皆済

出典）立命館大学所蔵，堺屋八木庄五郎家文書．

表 4　舟運関係者への金融

年	月	日	表　題	差出人			宛　先			内　容
				村名（地名）	役職	人名	村名（地名）	役職	人名	
文化 5	12	—	（加子仲間銭借用証文）	—	船子仲間惣代	?・左□	—	—	—	銭 160 貫文利足加え
文化 9	12	—	借用申金子之事	—	船加子惣代	嘉七・平兵衛	小寺	—	庄兵衛	金 5 両．伏見・天王寺屋次郎右衛門へ来年 3 月晦日までお貸し下さるよう．右金子私どもへ引き受け来年 3 月晦日切りに元利返済
文化 9	12	—	借用申銭之事	—	船加子仲間惣代	平兵衛・嘉七・喜七・清次郎・清兵衛・忠七	小寺	—	庄兵衛	銭 84 貫文．来年 5 月晦日切りに 42 貫文元利とも返済．残りは来年 10 月晦日切り
文化 11	7	—	借用申銭之事	—	船水主加子仲間惣代	平兵衛・嘉七・清次郎・清兵衛・喜七・忠七	小寺	—	庄兵衛	銭 50 貫文．船加子仲間要用につき．来る 11 月晦日切りに元利返済
文化 11	9	—	借用申銭之事	—	船水主加子仲間惣代	平兵衛・嘉七・清二郎・清兵衛・喜七・忠七	小寺	—	庄兵衛	銭 20 貫文．船加子仲間要用につき．来る 10 月晦日切りに元利返済
文化 14	12	—	借用申銭之事	—	水主仲間中	平兵衛・嘉七・吉治郎・喜七・四郎兵衛・徳兵衛・善吉	—	—	堺屋庄兵衛	銭 125 貫文．返済は来年正月より毎月 30 日切り 12 貫 500 文ずつ
文政 1	12	—	一札之事	木津浜	水主加子中	—	—	—	堺屋庄兵衛	銭 125 貫文．返済は毎月 12 貫 500 文ずつ
己卯（文政 2 ヵ）	5	28	覚	木津	—	水主仲間	—	—	堺屋庄兵衛	銭 11 貫 124 文．当年 11 月切に元利返済
文政 4	12	—	借用申銭之事	木津浜	水主仲間中	伊七・平兵衛・徳兵衛・平吉・文四郎	—	—	堺屋庄兵衛	銭 145 貫文．来る 11 月切りに元利とも返済．正月から 11 月まで 14 貫 500 文ずつ持参
文政 5	—	—	差入申一札之事	—	—	水主源七	—	—	堺屋庄兵衛	新造船代銀 300 目
天保 9	—	—	通	—	—	八木庄五郎	—	—	船ノ長五郎	貸金・入金の記録（記録は墨消されている）
戌	2	29	借用申銀子之事	舟	—	伊八	—	—	—	銀 200 匁．11 月晦日切

出典）　立命館大学所蔵、堺屋八木庄五郎家文書．

(2) 舟運と商取引

八木庄兵衛は寛政八(一七九六)年、木津浜において「小間物屋四郎兵衛」と並ぶ最大の船株持(七株)であり、文化五(一八〇八)年までに小間物屋の船株も四株買得した[2]。船株は売買でき、したがって資力のある者ほど多くの船株を持つことになったのである。

先述の浅田家との関係は、八木家の船株の増加とともに顕著になった。上狛郷のうち浅田家のある西法花野村と東法花野村、野日代村、新在家村の出荷物は古くから木津浜の船が運ぶことになっていた。船株主である八木家にとって、木津郷の出荷物を集荷する場所として上狛村にある浅田家は好条件な存在であった。すなわち、浅田家は環濠集落の中にあり、水害にも遭いにくく、近世初頭からの長い信用もある豪農である。浅田家の蔵を保管場所にして仲買人の荷を集めることは八木家にとって好都合であっただろう。

ところで、八木庄五郎家の文書である「八木芳郎家文書」の中に家屋の図面が二種残っている。文化一〇年のものと一二年のもので、前者が原案、後者が成案と思われる[3]。文化一二年の図面では、本宅(母屋)が中央に南向きで建っている。広さは梁三間桁八間半で、天保四(一八三三)年の「大路村宗旨改帳[4]」に見られる庄五郎の家屋敷(母屋)にほぼ同じである。北側に大きな土蔵がある。西手の土蔵は桁七間、梁は「下ヤ」の一間半を加えて四間半である。一〇年の図面には「下ヤ」の記載はなく、「土蔵　六拾四畳」「半分二階」と記されている。東手は桁五間、梁三間で、一〇年の図面によれば三〇畳ある。一二年の図面では入口が北になっている。北には木津川が流れており、土蔵の北側はその堤道になっている。この家は天保四(一八三三)年の「大路村宗旨改帳」に見られる庄五郎の家屋敷と比較して大差ない。現在残っている八木芳郎家の家屋敷にもよく似ている。庄兵衛は商売が繁盛して、さらに手を広げようとしたのかもしれない。

文政五（一八二二）年、八木庄兵衛は木津川筋六ケ浜物代になっていた。その頃の庄兵衛の商業活動を見てみよう。

文政六年三月、上狛村の浅田七郎右衛門が実綿一七〇〇斤（狛忠三郎分）を預かっていると堺屋庄兵衛に宛てた「覚」がある。(5)この七郎右衛門は三七歳になった浅田南家（別家）の新吾で、幸蔵から七郎右衛門に改名していた。七郎右衛門は狛村忠三郎から実綿一七〇〇斤を仲買して自分の蔵に預かっていたのである。

また、椿井村の半次郎から堺屋庄兵衛に宛てた「預かり申す手形之事」が五通ある。内容は次の通りである。(6)

文政七年一二月　小麦四〇石　忠右衛門分　私土蔵に預かり

文政七年一二月　実綿三〇本　但し大和綿　忠右衛門分

文政七年一二月　実綿三八本　但し五〇斤入り　綿屋善四郎分

文政七年一二月　米　二五石　椿井善四郎分

文政七年一二月　米　二〇石　椿井綿屋善四郎分

これらは椿井村の半次郎が庄兵衛から借銀した引当として自分の土蔵に預かっているという手形である。つまり、庄兵衛は地域ごとに仲買人の蔵を利用して当座保管し、手形のやり取りで商品を売買して、商品は必要に応じて運んでいたと推察される。なお、蔵敷料の記載はない。

またこの頃、庄兵衛は領主米の運用にも関わっていたと見られる。

［史料1］(7)

借用仕米之事

一　米七石　利足は米一斗一升ツ、也

但一石に付　午十二月より也

右之米拙者慥借用仕処実正也、返米之儀来未十一月晦日限ニ元利米共無遅滞急度勘定可仕候、万壱本人故障出来

切月無沙汰罷成候者、証人より急度相弁江返米可仕候、為後日如件

文政六癸未正月証文差入
米午十二月請取有之也

米借用主　増井周輔（印）
証人　増井周平（印）

堺屋庄兵衛殿

この史料の差出人は先述の中根五兵衛知行所支配役増井周輔・周平父子である。増井周輔が堺屋庄兵衛から米七石を文政五（一八二二）年一一月から同六年一一月晦日まで借用すると言い、返済できなければ周平が返済すると言っている。証文は文政六年正月に入れているが、米はすでに五年一二月に受け取っているので、その時からの借用となっている。

次のような史料も残っている。

［史料2］(8)

売渡シ申御蔵米之事

一条様　御蔵米　弐拾石也

右之代銀慥ニ請取相済、何時成共此書付を以相渡シ可申候、為念依而如件

鹿背山村庄屋　利兵衛（印）
同村年寄　源兵衛（印）

文政六年
未十二月　日

木津堺屋
庄兵衛殿

これは木津郷鹿背山村（一条家領五〇八・二六一石）の蔵米のうち二〇石を鹿背山村の庄屋利兵衛が堺屋庄兵衛に売却した手形である。この手形の端裏に「癸未十二月　大工平兵へ分　鹿背山庄屋利兵衛より手形」とあるから平兵衛が

仲介したのかもしれない。

以上見てきたように、庄兵衛の商売は早い時期から水運を利用して活発に行われていたことがうかがえる。

(3) 土地買得

文政九(一八二六)年までの土地売買関係の証文類は三六五点残存している。年ごとの数量を示せば、表5のごとくである。これもあくまでも残存している史料の範囲内での議論となるが、これらの史料からは、この時期すでに相当量の土地を購入していたことがわかる。しかし、その範囲は大路村、小寺村、千童子村など木津郷内にほぼ限定されていた。土地買得の件数(文書数)、面積、購入額ともに享和期後半から文化期前半が最も多く、面積的にも金額的にも文化二(一八〇五)年の約六町歩、銀約九〇貫目が最大である。これらの買得を通じて、総計三五町歩以上が八木家の所有になったことになる。そして、その逆の流れとして、銀約八〇〇貫の貨幣が市中に供給されたことになる。八木家の買得した土地のうちのどれほどが小作地とされ、どれほどが転売などに回されたのか。小作帳簿と思われるものは存在するが[9]、不完全なため、全貌はわからないし、右の証文類との照合も多くは不可能である。また小作証文類は残存数が少なく、数量分析に馴染まない。なお、表5で売得金額が必ずしも面積に比例していないのは、地味などにもよるためと思われる。

また、八木家は貸家経営も行っており、安永九(一七八〇)年から文化八(一八一一)年にかけて四七点の「借家請状」が残っている。

(4) 小　括

以上、一紙類を中心に、文政九年家督相続以前の八木家の経営を検討してきた。これらの史料から取引の全貌を知ることはできないが、ここから少なくともうかがえることは、この時代すでに八木家が自村のみならず木津川を介して広く南山城地域において貸金、商取引、土地買得を行い、資本の蓄積を行うとともに、この地域に貨幣を供給する役割を担っていたことである。これらの活動資金は、外部資金を調達したことを直接示す史料は存在しないことから、基本的には貸金や商取引、小作経営を通じて蓄積した自己資本であったと考えられるが、次の史料に見られるように、都市の金融資本である三井（京都三井組）との関係があったことを示唆する史料も存在する。

［史料3］(10)　御為替御用銀預り申手形之事

合銀五拾貫目也

右者従大坂御金蔵江戸江御差下被為成候御為替御用銀之内書面之銀高慥ニ預り申処実正也、来ル六月廿六日江戸御金蔵江御上納被成候旨承知申候、然ル上者右御上納定日間ニ合候様於京都右銀高無相違急度相渡可申候、依之銘々印形仕候処、仍如件

文政七年申四月

城州相楽郡木津郷
小寺村百姓当時同村出郷
出垣外村住居罷在候
小右衛門　印
小寺村百姓当時同村出郷
大路村住居在罷(ママ)候
庄兵衛　印
小寺村
又右衛門　印

三井三郎助殿
三井次郎右衛門殿

表5 堺屋八木家の土地買得（文政9年まで）

年	件数	合計面積（反）	合計金額（銀，匁）	売主の居住地
1753 宝暦3	1	0.8	600	不明1
1769 明和6	1	0.5	900	千童子1
1772 安永1	1	不明	120	小寺1
1776 安永5	1	0.8	1530	小寺1
1777 安永6	3	0.4＋居宅など	4300	千童子2，小寺1
1779 安永8	3	3.3＋建屋2	5200	大路2，千童子1
1780 安永9	1	0.03	120	大路1
1781 天明1	5	1.3＋家屋敷	5750	大仏新正面町2，小寺1，千童子1，不明1
1782 天明2	1	土蔵・建具	400	千童子1
1785 天明5	4	4.9	22200	大路2，小寺1，千童子1
1786 天明6	6	3.4＋居宅・建具など	9050	小寺5，大路1
1787 天明7	4	0.3＋居宅・小家・建具	2950	小寺2，大路1，千童子1
1788 天明8	7	7 ＋家	32850	千童子3，小寺2，大路1，上津1
1789 寛政1	6	3.6＋建家	14690	大路2，小寺1，千童子1，市坂1，大野1
1790 寛政2	8	2.4＋建家・土蔵・小家	13600	小寺4，千童子2，大路1，不明1
1791 寛政3	2	1.9	11500	千童子2
1792 寛政4	9	4.7＋居宅建物・蔵	21450	大路3，千童子3，小寺2，不明1
1793 寛政5	12	7.2	16200	千童子6，小寺3，大路2，不明1
1794 寛政6	4	2.5	5600	小寺2，大路1，南川1
1795 寛政7	6	3.3＋家	5050	千童子5，大路1
1796 寛政8	4	1.8＋家	4278	千童子2，市坂1，不明1
1797 寛政9	2	2.4	5900	大路2
1798 寛政10	2	2.8	1200	千童子2
1799 寛政11	4	3.2	3300	大路2，小寺1，市坂1
1800 寛政12	8	2.8＋建家2	11500	小寺3，大路2，千童子2，不明1
1801 寛政13/享和1	5	3.9＋建家	4450＋不明	大路2，小寺1，千童子1，不明1
1802 享和2	8	4.6＋建家	8600	小寺4，千童子2，枝1，上津1
1803 享和3	10	25.5＋居宅・土蔵など	53450	大路7，小寺2，上津1

1804　享和 4/ 文化 1	9	5.8＋屋敷・居宅・建物・土蔵 3 など	16614	小寺 5，大路 2，上津 1，不明 1
1805　文化 2	23	57.5＋建家 2・屋敷	88257＋不明 4	大路 11，千童子 8，小寺 3，不明 1
1806　文化 3	14	19.7＋宮地・蔵	22803＋金 15 両	千童子 7，小寺 3，大路 2，上津 1，菅井 1
1807　文化 4	16	27.6＋建家 3・屋敷 2・小屋 2	39375＋不明 1	千童子 7，小寺 6，大路 3
1808　文化 5	15	6.3＋建家 6・林・小屋 1	23857＋銭 1 貫	千童子 9，小寺 2，大路 1，菅井 1，不明 2
1809　文化 6	41	28.7＋建家 4・家 1・水戸 1	67590＋銭 66 貫	千童子 22，大路 15，小寺 1，不明 3
1810　文化 7	15	13.0＋土蔵 2	24900	千童子 8，大路 4，小寺 1，枝 1，菅井 1
1811　文化 8	12	13.9＋建家 1	17675	大路 5，小寺 2，千童子 2，市坂 2，枝 1
1812　文化 9	9	4.3＋建家・土蔵・立木	17470＋不明 1	小寺 4，大路 4，千童子 1
1813　文化 10	5	0.6＋居宅 2・土蔵・石臼・小家	14630	小寺 1，大路 1，菅井 1，不明 2
1814　文化 11	3	建家・土蔵・居宅	3150＋不明 2	小寺・上狛 1，千童子 1，不明 1
1815　文化 12	2	1	900	千童子 2
1816　文化 13	8	11.0＋建家 3・蔵 3・船株 1	17344	千童子 3，大路 2，大路・千童子 1，不明 2
1817　文化 14	3	6　＋不明	6760	大路 2，不明 1
1818　文化 15/ 文政 1	5	10.5＋立木・屋敷井戸石不残	26440＋銭 150 文	大路 2，千童子 1，木津 1，梅谷 1
1819　文政 2	15	6.0＋土蔵	18535	大路 7，千童子 4，小寺 2，上津 2
1820　文政 3	7	8.6	18551	千童子 6，小寺 1
1821　文政 4	4	0.7＋建家 2	2198	小寺 1，千童子 1，不明 2
1822　文政 5	9	6.6＋土蔵・建家 3	13977	小寺 3，上津 2，大路 1，木津 1，新在家 1，不明 1
1823　文政 6	2	0.2＋不明	1050	千童子 1，不明 1
1824　文政 7	10	16.7＋建家 4・土蔵など	41584＋銭 20 貫	小寺 5，千童子 3，大路 1，不明 1
1825　文政 8	6	14.9＋建家・土蔵・門長屋・井戸	29886	小寺 3，千童子 1，枝 1，相楽 1
1826　文政 9	4	0.9＋屋敷 2	2900＋金 2 両	小寺 1，千童子 1，枝 1，不明 1

出典）　立命館大学所蔵，堺屋八木庄五郎家文書．

三井元之助殿

右之通相認候得共御差繰之御相対を以来ル　月廿六日限於京都相渡可申候、尤も利足銀拾貫目ニ付一ヶ月分銀宛之積りを以来ル　月迄之分此方勝手ニ寄当座相渡申候、為後日仍如件

文政七年申四月

［史料4］(11)　御為替御用銀預り申手形之事

合銀四拾貫目也

右者従大坂御金蔵江戸江御差下被為成候御為替御用銀之内書面之銀高慥ニ預り申処実証也、来ル十二月廿六日江戸御金蔵江御上納被成候旨承届申候、然ル者右御上納定日間ニ合候様於京都右銀高無相違急度相渡可申候、依之銘々印形仕候処、仍如件

城州相楽郡木津郷
小寺村百姓当時同村出郷
出垣外村住居罷在候
小右衛門（印）
小寺村百姓当時同村出郷
大路村住居罷在候
庄兵衛（印）
小寺村
又右衛門（印）

文政八年酉十月

三井三郎助殿
三井元之助殿

三井次郎右衛門殿

［史料5］(12)　証文之事

一　従大坂御金蔵江戸江御差下被為成候御用銀之内別紙本証文之銀高拙者共就要用連印を以慥ニ預り申処実正也、
右為引当書入申候小右衛門庄兵衛所持之田畑左之通

城州相楽郡木津郷
小寺村
小右衛門所持（印）

同村
庄兵衛所持　（印）

一　上田反別〆三町弐反七畝四歩
上畑反別〆三反壱歩
合分米〆四拾三石五斗四升五合
合徳米〆四拾石九斗五合

右字
やしき五ヶ所　（中略）　川尻壱ヶ所
〆五拾五ヶ所

一　上田反別〆四町四反七畝拾弐歩
分米〆五拾八石七斗七升
徳米〆六拾壱石弐斗七升三合

右字
渡し田六ヶ所　（中略）　なら道壱ヶ所

〆四拾七ヶ所

右之通書入置申候、尤右田畑小右衛門、田地庄兵衛所持相違無御座候、則別紙反別訳書帳相渡候、然ル上は限月之節万一返済相滞り候ハヽ、右田畑外方江早速譲り渡代銀を以急度相渡可申候、若不足仕候ハヽ、判人之銘々所持の田畑譲り渡家屋鋪売払代銀を以急度可致皆済候、勿論引当之田畑何方江も質物等ニ書入置候儀一切無御座是迄外之御名目金銀借請候義一切無之候、尤拙者共就要用預り申処紛無之地頭之入用等ニ而は曽而無御座候、自然連印之内如何様之難渋出来候共右御用銀高相残候者より都合仕急度可致皆済候、万々一連印之内相退候歟亦は故障之儀有之候共家督相続之者江無違背為引請可申候、為後日引当証文仍如件

城州相楽郡木津郷
小寺村百姓当時同村出郷
出垣内村住居罷在候
小右衛門（印）
小寺村百姓当時同村出郷
大路村住居罷在候
庄兵衛（印）
小寺村
又右衛門（印）

文政八年酉十月

三井三郎助殿
三井元之助殿
三井次郎右衛門殿

史料3は三井の案紙、史料4と5は八木家に残された証文である。4と5には「反古也」の墨書と共に×印もあり、返却済の証文であると判断される。案紙では銀五拾貫目の借用とあるが、翌年実際に借用したのは銀四拾貫目という

ことだろう。引当が書かれた史料5は三井にも案として存在しており、四拾貫借用でも五拾貫借用でも引当は同じということがわかる。この後も小寺村のこの土地を引当として、小右衛門（小寺村庄屋）と八木家は三井から借銀している。後年の史料[13]で京都代官小堀家が実の借用主であることがわかった。つまり、名目銀を借り受けていたのである。三井からのこのような借銀は何度か行われており、堺屋が商用資金として借用したわけではないが、三井との長いつきあいの間には商用資金の融通をも仰いでいた可能性を否定することはできない。

二　文政九年の家督相続

文政九（一八二六）年八月、木津郷小寺村（幕府領）の堺屋庄兵衛は息子の宇兵衛と庄五郎に家督を譲った。その譲り請け状を見てみよう。

［史料6］[14]　　跡式譲り請之事

一　堺屋庄兵衛跡宇兵衛相続可致事
一　金銀田畑舟株所持金銀貸付共、本家六分、新宅四分
一　諸道具両家是迄所持之通可致候事
一　辻巨野母儀庄兵衛支配
一　大西亀之介儀庄五郎支配
右両人田畑之儀高割無之候様惣高之内ニ而割合可申候、残四六ニ割取可申候事
一　小寺村小右衛門組田畑不残此儘差置候事
右書付之通此度私共へお譲り被下難有仕合奉存候、然ル上は兄弟共は勿論一家諸親類少しも故障無御座候、尤名

跡相続の義ハ互ニ心ヲ合不法之儀、少しも不致いつ迄も六つま敷可仕候、為後日之譲り請証文仍而如件
文政九丙戌年八月八日
宇兵衛事　庄兵衛
庄五郎
証人　藤　介
武　八
金兵衛
嘉兵衛
小寺村庄屋　小右衛門
御親父様

この証文は跡式を譲り請けた宇兵衛と庄五郎から父親の八木庄兵衛へ宛てたものである。堺屋庄兵衛の名は兄の宇兵衛が襲名した。兄が「本家」、弟の庄五郎が「新宅」とあるが、第三項に「諸道具両家是迄所持之通可致候事」とあることから、新宅はすでに存在していて本家とは別に生活していたことになる。先述した、文化一二（一八一五）年に庄兵衛が建てた家が庄五郎に譲られた「新宅」と考えられる。文化一二年に庄五郎はまだ一一歳である。先に掲げた文政七（一八二四）年と八年に三井から御用銀を借用するための証文に「小寺村百姓当時同村出郷大路村住居罷在候」とある庄兵衛の住居は大路村のこの屋敷であった。小寺村にすでに家があったので、大路村の家は「新宅」なのである。小寺村の八木庄兵衛家は現存しない。したがって本家との比較はできないものの、大路村の八木家は木津川舟運に便が良く、蔵も大きい。

庄五郎は文政九年八月当時二二歳で、七年後の天保四（一八三三）年には大路村庄屋であり、妻子四人のほかに「母もん」（五七歳）と同居していたことが大路村宗門改帳[15]から知られる。一方、兄の庄兵衛は文政九年当時三一歳で、天

保五年には小寺村の庄屋で、小寺村に住んでいた。譲り請け状によると、金銀、田畑、舟株、所持金貸付は本家（宇兵衛）六分、新宅（庄五郎）四分の割合で譲られている。なお、父庄兵衛は庄太郎と改名し、妻「いな」がいるので、宇兵衛と庄五郎は異母兄弟と推定される。

第四項の「辻巨野母」は木津郷相楽村の郷士で、文政六年一二月に堺屋卯兵衛の子卯之助が養子に入り、襲名し、家督を相続している[16]。第五項の「大西亀之介」も庄兵衛の子で、相楽郡椿井村の百姓大西平右衛門（東法花野在住か）の跡に入り、株立てをした[17]。表2の東法花野村亀之介と同人と推定される。大西平右衛門は文政九年以降、相楽郡上狛の新在家村に移住した[18]。父庄兵衛は、辻巨野母については庄兵衛（宇兵衛）が「支配」し、大西亀之介については庄五郎が「支配」するようにと言っている。ここでいう「支配」の実態は不詳だが、これも四分、六分に分けるようにとある。最後の項では、小寺村の小右衛門組の田畑は残らずこのままにしておくようにとある。これはおそらく、質地が含まれているからであろう。文政八年に三井の質地となり、以後もその可能性が見込まれるとの判断からと理解される。

三　文政九年以降の堺屋

文政九年に兄弟で本・分家に分かれて以降の史料は極端に少なくなる。これは、八木家がどこかの時点でその時期の史料をまとめて処分したためだろう。残っている中では弟庄五郎家の史料が多い。ただし、庄五郎家の史料の中に兄庄兵衛関係の史料も少数ながら含まれており、兄弟が経営を同じくしていた可能性もある。後述するように、庄兵衛が木津川舟運の取締役として忙しくしていた関係で、経営面で庄兵衛の名前があまり出てこないのかもしれない。

(1) 金　融

文政一〇年四月二二日に書き起こされ、裏表紙に「堺屋庄五郎」とある「大福帳」と題する貸付残高を記した帳簿が残っている[19]。これは、前年の分割相続に伴って庄五郎が親の庄兵衛から引き継いだ債権を中心に、その後加わった若干の債権を加筆したものである。最も古い債権は文化一四(一八一七)年のものである。親が有していた債権のすべてを引き継いだのか、それとも債権も兄との間で六:四の割合で分割相続して、そのうちの「四」の部分を庄五郎が引き継いだものなのかはわからない。しかし、この帳簿に記されている貸付残高総額銀三二五貫という数字は、債権のすべてであるとしてもたいへんな額であり、ましてやこれが親の代の四割分にその後の若干が加わったものであるとすれば、親の代にはその二・五倍もの貸付残高があったことになる。いずれにしても、先代の庄兵衛の時代から貸金が堺屋の蓄積基盤であり、堺屋が南山城地域の中核豪農であったとするにふさわしい数字であると言えよう。

表6は、貸付残高によって大まかにランク分けし、ランクごとの貸付先数、貸付残高、貸付相手の所在地を示したものである。また表7は、貸付残高銀一貫以上の相手を額の大きい順に示したものである。表6からわかることは、貸付残高一〇貫以上の五名の大口の貸付先が金額的には全体の三分の一以上を占めて最も多く、次のランクである五貫以上一〇貫未満も含めると、貸付残高五貫以上の一三名で金額的には全体の半分以上を占め、一方で貸付残高五〇匁未満の小口の貸付先が人数的には七九名と最も多いということ、また地域的には、木津川流域の南山城地域を中心に、遠いところでは南都、郡山、丹波市、淀川との接点である八幡、あるいは伊賀方面にまで拡がっていることである。表7により、貸付残高上位者を見ると、桶屋、綿屋、あめ屋、油屋、紺屋といった、商人と思われる者が多く、増井周助は先にも述べたように中根五兵衛知行所支配役である。また「庄屋」と記されている者も散見される。こうしてみると、堺屋は、木津川流域の南山城地域の商人ないし豪農を主要貸付相手とし、一方で小口の消費者金融的な業務も行っていたことがうかがえる。表7に出てこない、貸付残高の小さい者の中には、水主仲間や舟ノ善吉・徳兵

表6　文政10年4月22日「大福帳」に見る堺屋の貸付残高

貸付残高（銀）	相手数	貸付残高計（銀）	貸付相手所在地
10貫以上	5	119683	平尾1，相楽1，不明3
5貫以上10貫未満	8	56243	狛2，平尾1，当尾1，不明4
1貫以上5貫未満	48	110610＋金52両	椿井5，山田4，小中2，鹿背山2，御村方，枝，梅（梅谷），吐師，林，城，ミト，トノ，白ヵ山，南都，郡山，丹波市，不明23
500匁以上1貫未満	28	18262＋金12両	椿井2，菅井2，市坂2，梅（梅谷），吐師，鹿背山，祝園，山田，イソ，綺田，井関川，北ノ庄，清水谷，南都三条，小倉，不明10
500匁未満	79	17191＋銭25740文	菅井12，相楽6，市坂4，山田3，小寺2，木津，千童子，上津，南川，梅谷，下狛，林，小中，祝園，宮後，十，綺田，南，とうろじ，西，市場，北，笠置，丹波市，八幡，伊賀，不明31
計	168	325906	

出典）木津川市立中央図書館所蔵，八木芳郎家文書.
注）匁未満切り捨て．合計の数値は帳簿に記してある小計の合計（金や銭も合算してある）．所在地は多い順とし，同数の場合はおおよそ小寺村から近い順とした.

衛、舟ノ伊七といった舟運業者の名前も見られる。

引当の設定については、貸付残高最大の桶屋六郎兵衛は引当なしである。二位の綿屋宇八の場合は二七貫八六三匁のうち八〇〇目について米が引当となっているが、その他については「年賦」となっている。三位の増井周助の場合は銀一二貫目分に対して「永代七石宛」となっているが、これは毎年蔵米で七石ずつ返却するということであろう。引当の設定はない。四位の徳本友右門の場合は米が引当とされている。五位の綿屋儀兵衛は田地引当である。貸付残高五貫以上一〇貫未満の層八名については、全額に対して引当が記されている場合が三名、部分的に引当が記されている場合が四名、引当が記されていない者が一名である。引当には田地のほか、蔵米、繰綿、実綿といった商品が宛てられている。一六八名全体の中では五十名余に対して引当が記されており、どちらかといえば貸付残高の多い層のウエイトが高い。この帳簿には請人については記されていないが、先の証文類の分析の結果も考え合わせれば、全体的には、引当なしの年賦払いで請人が保証するというケースが多かったと思われる。

さて、これ以降の年代については、堺屋の金融に関するまとまった帳簿が存在せず、先に述べたように一紙類の残存量も多くな

表7　文政10年4月22日「大福帳」に見る堺屋の貸付残高上位（銀1貫以上）

相手	所在地	貸付残高（銀，匁）
桶屋六郎兵衛	平尾	42029
綿屋宇八		27863
増井周助	相楽	27108
徳本友右衛門		12390
綿屋儀兵衛		10293
福井三郎右衛門		8554
判場嘉兵衛		8537
與兵衛	平尾	8240
あめ屋源七	狛	7419
油屋喜介	狛	6579
福井藤次良		5872
嶋本善五郎		5771
紺屋喜介・重兵衛	当尾	5271
福井兵右衛門		4288
忠助	椿井	4230
紺屋喜太郎	南都	4200
油屋喜三郎		4075
七郎兵衛	椿井	4000
油屋平三郎		3960
綿屋佐兵衛		3839
芦田屋権兵衛		3720
酒屋忠兵衛		3660
惣代仲	御村方	3600
柳屋平七		3457
忠右衛門	椿井	3382
常磐御所		3840
白銀屋臨ヵ介		金52両
松屋孫兵衛	丹波市	3077
布屋源四郎		3000
福井八右衛門		2802
善四郎	椿井	2770
五郎兵衛	林	2769
和泉屋吉兵衛		2474
近江屋八右衛門		2400
新兵衛	小中	2396
土久里屋五郎兵衛	吐師ヵ	2344
福井徳兵衛		2325
平助	城ノ	2110
利右衛門	鹿背山	2005
庄屋安右衛門	山田	1854
質屋惣介		1837
横村小右衛門		1754
惣右衛門	小中	1681
庄屋清兵衛		1653
正覚寺		1622
武兵衛	枝村	1575
池之方	梅（梅谷）金岩谷	1565
荒物屋喜六		1400
三右衛門	山田	1344
庄兵衛	山田	1279
翁屋喜右衛門		1269
近江屋喜作		1200
角右衛門	山田	1184
庄兵衛	白ヵ山	1171
伊三郎	椿井	1147
米屋平五郎		1139
翁屋庄三郎		1094
綿屋忠助	郡山	1074
勇介	ミト	1042
忠三郎	トノ	1003
市郎治	鹿背山	1000

出典）木津川市立中央図書館所蔵，八木芳郎家文書．

いので、残っている一紙類の中から貸金関係の典型的な例をいくつか示して、その実態を垣間見てみよう。

［史料7］[20]　借用申米之事

大路村
一　御蔵米拾七石也
　　壱石ニ付百匁かへ
代　壱貫七百匁
右之米慥ニ請取代銀借用申す所実正也、返済之儀は巳十一月より申年迄十一月晦日三ヶ年限ニ右代銀月ニ七朱半加利足元利共急度返弁可仕候、万一本人より右代銀少ニ而も相滞儀有之候ハヽ、請人方より元利共急度返弁可仕候、為後日米代銀借用証文仍而如件

天保四癸巳十一月

米買主
塩屋　清　蔵
伏見
請人　天王寺屋忠兵衛

木津
堺屋庄五郎殿

右は「借用申米之事」とあるものの、借用したのは米の代銀であり、事実上の借金証文である。塩屋清蔵は堺屋庄五郎から大路村御蔵米一七石を購入し、代銀一貫七〇〇匁（一石につき一〇〇匁）の支払いを三年後にし、その間借用することにしている。利息は月に七朱半（七・五％）である。清蔵が払えない場合は伏見の天王寺屋忠兵衛が元利を支

払うことになっている。代銀は三年後に利息がついて入ってくるが、この時点でも庄五郎にはこの程度の額を三年待つことなど痛くも痒くもないほどの財力があったのであろう。

翌天保五(一八三四)年二月一七日、庄五郎は相楽村の増井周平に金五〇両を貸した。使途は「江戸賄金」とある[21]。増井周平も、当時父親の跡を継いで旗本領の支配人であったかと思われる。庄五郎はこの時点でも領主賄い資金を供給する役割を果たしていたのである。

天保五年五月には庄五郎は小寺村の忠兵衛に金子五両を貸した。返済が遅滞した場合の条件が注目されるので、次に示そう。

[史料8][22]　借用申金子証文之事

一　金子五両也

右之金子我等此度無拠要用ニ付慥ニ借用申処実正也、御返済之儀は来未十二月晦日限ニ元利都合仕急度御返済可仕候、若万一借用人方ニ故障有之及遅滞候ハヽ、請人之私より御返済可仕、尚又其許様御勝手ニ付私方ニ而船御造被成候ハヽ其代銀ニ而御差次被下候共少も申分無御座、為後日金子借用証文如件

天保五年午五月

金子借用人小寺村
忠　兵　衛(印)
請人伏見
天王寺屋　治郎右衛門(印)
奥田屋　治　兵　衛(印)

堺屋庄五郎殿

借用人が返済できない場合は請人が返済する、もし庄五郎が請人方で船を造るのであれば、その代銀で充当させてもよいと述べている。請人の天王寺屋治郎右衛門と奥田屋治兵衛は船作りを営んでいたのである。

嘉永年間の借用証文を見ると、庄五郎は金利を月八朱（八%）に引き上げたようである。嘉永三（一八五〇）年一二月に和州櫟本村油屋嘉兵衛、同村油屋三郎兵衛、同郡今市村油屋兵吉、櫟本村油屋岩吉の四名が堺屋庄五郎から銀五〇貫目を借用した。理由は「無拠要用ニ付」としか記していない。返済は「来亥十一月限り」つまり一年後となっていて、「利足　月八朱」とある。請人はなく、「口入証人」が木津の堺屋卯兵衛であった(23)。嘉永五年一二月、布屋源四郎が堺屋庄五郎から銀二貫目を預かった証文にも、「御入用之節は何時成共銀壱貫目ニ付月八朱之利足相加返弁可申候」とある(24)。

嘉永五年一二月、八木庄五郎が桂御殿御貸付所に出銀している史料がある。以下のごとくである。

[史料9](25)　　奉拝借御銀之事

　　合銀四貫也　　　為　御利足月

　右は

其御殿　御納戸金之内書面之銀高連判を以慥ニ奉拝借候処実正也、来　月廿五日限無相違返上納可仕候、尤臨時御入用之節限月不拘何時成共早速上納可仕候、則為引当左之通

一　家財諸道具　　一式　　　連判中所持

右之通差入置候、万一返上納日限及遅滞候ハヾ右諸道具売払代金を以上納可仕候、若不足仕候歟連判之内品替在之候共相残連判之者並跡相続人引請元利都合急度皆上納可仕候、為後日御銀奉拝借証文仍而如件

　嘉永五年十二月

　　　　城州相楽郡相楽村

　　　　　庄屋

　　　　　　儀兵衛（印）

年寄
惣右衛門（印）
組頭
治兵衛（印）
百姓代
新　吾（印）
増井周平（印）

桂御殿
御貸付所

右書面之通相違無御座候、尤地頭要用ニ而は無之村方要用ニ奉拝借候処実正也、万一返上納限月及遅滞候ハヽ、村中高割ニ取集メ元利都合仕急度皆上納可仕候、且連判之内村役相退候とも跡役之者江前文之趣無違背為引受引当之品は勿論先役供ニ急度皆上納可仕候、此段相違無御座候ニ付為念奥書連印依而如件

庄屋
儀兵衛（印）
年寄
惣右衛門（印）
組頭
治兵衛（印）
百姓代
新　吾（印）
増井周平（印）

右其許出銀相違無之限月取立相渡し可申候、依而如件
桂御殿御貸付所（印）
支配人　河邑源四郎（印）

八木庄五郎殿

右の証文には八木庄五郎が出銀したことが明確に書かれているが、これは名目銀への出資である。『木津町史』の桂御殿御貸付所の分析によれば、八木庄五郎は出資することで利鞘を得ていた[26]。貸付所支配人河邑源四郎は千童子村庄屋、借受人連名のうち増井周平は前出の旗本中根知行所支配人である。桂御殿御貸付所から借銀するには、借銀願を書いて審査を受けて初めて右のような証文に至る。桂御殿御貸付所の引当は家財諸道具であることに特徴がある。

(2) 商取引

商取引に関しても当該期のまとまった帳簿はなく、「一紙類」も少ないので、やはり残存史料の中から典型的な例を見ることによって、実態を垣間見ることにしよう。

庄五郎は父から新宅を受け継いだ後、米の売買を広げていったようである。庄五郎は近隣はもちろん、江州（近江）の商人とも取引していた。まず、近隣の例から見てみよう。

［史料10[27]］　売付申米之事

一　米拾石也

右之代銀慥ニ受取相済申候、何時成共此書付引替ニ米相渡シ可申候、為後日之米預かり証文仍而如件

文政十二丑年

十一月

米売主
枝村　庄　吉（印）
請人　清兵衛（印）
同　長右衛門（印）
同　武兵衛（印）

大路村

庄五郎殿

右の通り米代銀慥ニ請取申候、以上

一　銀（印）

枝村
庄　吉（印）
同村
清兵衛（印）
同村
長右衛門（印）

堺屋
庄五郎様

史料10は文政一二（一八二九）年に木津郷枝村（幕府領）の庄吉が庄五郎に米一〇石を売却したときの証文である。

次の史料は相楽郡祝園村の森嶋九郎兵衛が庄五郎に蔵米二七石を売却したときの手形である。

［史料11］　売渡申蔵米之事(28)

一　合弐拾七石也

右之代銀慥ニ受取相済候、以此手形米相渡可申処如件

天保四年
巳二月
森嶋九郎兵衛（印）

堺屋庄五郎殿

また次の例は、天保六（一八三五）年に木津郷鹿背山村（幕府領）の庄屋利右衛門が「一條様御米」三〇石を庄五郎に

売却したときの米手形である。

［史料12］[29]　売渡シ申米手形之事

一條様

　御米三拾石也

　右之代銀慥ニ請取相済申候、何時ニ而も以此手形米相渡し可申候、米手形仍而如件

　天保六年　　　　　　　　　　　　　　　鹿背山村

　　未十二月日　　　　　　　　　　　　　　庄屋　利右衛門（印）

　　　堺屋　　　　　　　　　　　　　　　　年寄　源兵衛（印）

　　　　庄五郎殿

庄五郎が大路村の稲田弥平次を介して米のほか実綿、大豆などを購入している例も見られる。弥平次の手形には年次の記載がないことが多いが、次の手形は天保一二（一八四一）年のものと推定される。

［史料13］[30]　覚　　米屋喜七殿分

一　実綿四拾斤入　拾弐本

右之通り慥ニ預り申候、此手形引替何時ニ而も相渡し可申候、為念依而如件

　丑閏正月四日　　　　　　　　　　　　　　稲田弥平次（印）

　　堺屋庄五郎殿

天保一一（一八四〇）年大路村の宗旨改帳（「浄土宗宗門御改寺請並家数人別牛馬員数帳」）によれば、稲田弥平次は天保一二年当時、持高は三石三斗三升一合であったが、屋敷（一五間×二四間）、本家（梁行六間桁行六間）、土蔵二軒（梁行二間桁行三間、梁行二間桁行三間半）を持っていた。史料13と同様な手形で、天保一二年前後と考えられる手形五通も残

っている。要点を示してみよう。(31)

寅十一月八日　実綿四拾斤入　弐拾八本　狛　綿屋直七殿出
寅十一月十一日　実綿四拾斤入　五拾弐本　狛　直七殿口　池田出
寅十一月十五日　実綿四拾斤入　弐拾四本　狛　藤三郎殿口
辰十二月廿三日　大豆　拾石　狛林村　藤兵衛殿
未八月十二日　相楽村御蔵米　拾石　奈良屋平兵衛殿

最初の四例は狛郷から出荷されたもので、そのうち二例は狛郷の綿屋直七が出したものである。
次の史料は嘉永四（一八五一）年に庄屋儀兵衛が庄五郎に米五〇石を売却したときの手形である。売主の村名は記されていないが、木津郷相楽村（旗本領）である。

［史料14］(32)　売渡シ申米之事

一　米五拾石也

右之代銀慥ニ請取相済申候、何時成共御入用之節は此書付ヲ以米相渡し可申候、為後日之預り手形仍而如件

嘉永四亥年
十二月　庄屋
儀兵衛（印）
堺屋
庄五郎殿

同年同月に儀兵衛が庄五郎に米四〇石を売却した手形も別にあり、形式は同様である。
以上、近郷の地域との間の米取引の例を見てきたが、一方で遠方の江州の商人とも取引をしていた。安政四（一八五七）年正月と二月に庄五郎が江州深川村の米屋忠右衛門から「水口御蔵米」を購入していた「覚」が残されている。

その中の一例を示そう。

［史料15］[33]　覚

深川村

一　水口御蔵米　五拾俵　売付

杣中村水口村

一　内納米　五拾俵　同断

〆　百俵也

但し　長野着直段弐俵ニ付三歩弐朱替也

代金四拾三両三歩也

右之通代金慥ニ請取申候、尤米之儀来十五日頃迄ニ無相違急度源蔵宅へ差送り可申候、為念請取書如此ニ御座候、以上

安政四丁巳二月二日

江州深川村

米屋忠右衛門（印）

木津

堺屋正五郎殿

「源蔵宅」は江州信楽郡長野村の源蔵（「長谷源」か）で、庄五郎から駄賃や庭賃を受け取っている「覚」が残っているから、運送業者（馬方）かもしれない。

庄五郎は同年正月二二日にも右の米屋忠右衛門から水口御蔵米を四〇俵購入しており、その「覚」には「米之義は当廿七日限ニ無相違長野源蔵宅へ出し可申候」とある。[34]また、同二二日、深川村の米屋某から森屋村の蔵米一〇俵、

小麦一〇俵を購入したが、これも源蔵宅まで送られた[35]。右の史料の翌二月三日には、庄五郎は長野村の忠左衛門から米八俵を購入した（一俵は四斗一升入）。忠左衛門の名の左側には源蔵の印がある。忠左衛門と同村であるから、米はすぐに源蔵宅に集荷されたのだろう[36]。

以上、断片的な史料を例示するだけで結論を早計に導き出すことは慎まねばならないが、幕末にはそれまでにはなかった江州の商人との米取引を行っているように、堺屋庄五郎は商圏を拡げていったように思われる。庄五郎（誓裕）は安政六年八月に五五歳で死去したが、それ以前に猶松に庄五郎の名を譲り（長男松之介は天保六年に五歳で死亡）、自らは「芳二郎」と称していたようである[37]。庄五郎誓裕は嘉永六（一八五三）年二月小堀勝太郎役所から袴帯釼を免されたことを付記しておく。理由は「庄屋役実体相勤候ニ付」であった[38]。

四　木津川上荷船取締役堺屋庄兵衛

一方、庄五郎の兄の庄兵衛は先代から木津川筋六ケ浜上荷舟年寄を滞りなく務めてきたことが認められ、天保一二（一八四一）年一〇月に木津川上荷舟取締役となった[39]。この庄兵衛（為章）以前にこの役は見当たらないので、このとき設けられた役と思われる。庄兵衛為章は、安政五（一八五八）年七月に六七歳で死去し、子の庄兵衛（為親）が取締役となっていた。

元治元（一八六四）年七月、禁門の変が起こり、第一次長州戦争が始まった。京都は大火となり、食料をはじめとする生活物資が京都に運ばれ、木津川筋も混雑した。九月には伏見御役所川方与力津田為助と同心水野彦左衛門の木津川筋見分があった。翌慶応元（一八六五）年、木津川筋六ケ浜は上荷船の規則を守っていないと舟役所から御叱りを受け、同時に八木庄兵衛は取締りを怠ったと御叱りを受けた。そこで、閏五月八日付で、六ケ浜の舟年寄と水主惣代連名で、この度は許してほしいと歎願書を差し出した。その写しが加茂浜の森岡家に残っている。取締役の立場から書かれた八木庄兵衛為親の歎願書を次に示す。

［史料16(40)］　乍恐以書付奉歎願候

一私庄兵衛義不調法者ニ御座候処、亡父庄兵衛同様木津川筋六ケ浜上荷舟取締役被　仰付、別而天保度御支配様格別之思召を以上訴帯劔被　仰付、冥加至極難有仕合奉存候、猶其節六ケ浜舟々取締方厳敷被　仰付、於木津浜上荷舟四丈五尺ニ御定、満水三十駄積、干水者其日之水面ニ応シ日々之積受駄数可取極、都而取締方厳敷被仰付置候、然ル処、又候近年来六ケ浜水主共ニ至迄心得違仕り、舟尺改印も不受申、其上舟々寸延過積自儘舟稼仕候段達御聞、今般一同被召出厳敷御糺御叱り相成申候、右は畢竟私庄兵衛義取締方不行届キニ付蒙御差当、何共奉恐入候、向後之義者急度取締可仕候間、何卒格別之御憐愍を以、今般之義は御免被成下候様仕度、偏ニ奉願上候、以上

木津川筋六ケ浜
上荷舟
取締役
八木庄兵衛
同介役
嘉三郎

慶応元年
丑閏五月八日

木村宗右衛門様
角倉與一様
御役所

問題となったのは上荷船の大きさと積載量が守られていないことで、詳しくは、尺改めの極印を押していないこと、

日々の積荷駄数改めを受けていないことが挙げられている。天保以降格別取締りがあったと記されているが、近くは文久三(一八六三)年八月からも木津浜において庄兵衛が毎日駄数改めをすることになっていた[41]。舟の大型化、積荷数の超過は、木津川舟運の需要が伸びていたことを示しているともいえよう。一方で取締りを厳格化していたことの背景には、国内外における政治状況の変化に対して幕府が感じていた危機意識から、治安維持の目的もあったと考えられる。

この一件がどのように決着したのか、次の史料を見よう。

[史料17][42]　木津川筋六ヶ浜積船定書

一　上荷舟形定尺之義は、天保安政両度申渡堅相守事、今度於木津表ニ無極印之船幷船尺改方之儀は取締役八木庄兵衛江厳敷申付候間、改を受、全ク船形定メ尺ニ候共改極印無之は改極印ヲ可受、寸延之分急速切縮メ申付候而は可為難義、依之任旧例ニ、当月より四ケ月迄之内切縮可致、尚格別勘弁ヲ以右期月迄船稼候共免遣し候間、其分は廿駄積早速切縮メ候向は定数参拾駄積等可相心得事、木柴出荷物積受候ハヽ、日々木津表ニおゐて取締役八木庄兵衛改を受、送り状為引合、無相違おゐては改印可致、浜入候ハヽ同所船番所江相断、役人共之改を受、右送り状ニ押切可致遣事、但し満水参拾駄積、日々干水等有之節は其日々之水面ニ応積受可申、尤同所改を受、自然通積等有之候ハヽ、任旧例ニ日数廿日繋船申付候、且又木津表送り状改印ヲ不受淀入候は、規定相背抜船之廉ニ候間、同所船番所淀先ニおいて是又同様繋船申付候、

一　御用船向申付候ハヽ、兼而申渡し置候通無違儀船々差出相勤可申候

右之条々船持共は無申迄水主共末々ニ至迄堅相守正路ニ船稼永続可致候

慶応元年
丑閏五月　　八木庄兵衛

木村惣右衛門（印）
角倉　與一（印）

右の定書は舟方役所の両名から八木庄兵衛へ出されたものだが、船持はじめ水主に至るまで知らしめて守らせるようにとの趣旨である。庄兵衛は取締役の役職は継続されたものの、木津浜に居て日々の船改めをし、御用船を申しつけられれば速やかに対応しなければならないことを厳しく申しつけられたのである。

なお、この一件の取調べ過程において、船持どもと水主どもを召し連れて船年寄が出頭するように、と船役所から召し出しがあった。それに対して、加茂浜と笠置浜の船年寄は、「加茂笠置両浜之義は、先年より壱ケ年限り召抱之水主共之義ニ付き、水主共召連罷出候而は、御地頭表差支之義も有之候而は奉恐入候間」という理由で水主を連れていくことを断った。水主どもへ言うことがあれば、船持どもが持ち帰って伝えるとも付け加えていた[43]。加茂笠置浜は一線を画した行動をとっていたのである。

この一件の二年後の慶応三（一八六七）年七月二六日、庄兵衛（為親）は五五歳で没した。ここまで見てきたように、八木庄兵衛家が担当した木津川筋六ケ浜上荷舟取締役の任務は、容易なことではなかった。庄兵衛家は、庄五郎家のように商売に力を注ぐことができるような環境にはなかったとも考えられる。

五　その後の八木家

庄五郎誓裕の子庄五郎浄裕は慶応元年九月、御進発御用途上納金の褒美として小堀数馬から一代苗字を免された[44]。しかし慶応二年三月に彼は二八歳で死去した。その子芳次郎が生れたのは元治元（一八六四）年で、庄五郎が死去する二年前のことである。その後庄五郎家には、芳次郎の義父として、庄五郎の妻田鶴の兄である増井秀平が入った[45]。

明治四(一八七一)年の史料[46]によれば、木津浜船惣代は千童子村の河村源四郎になっていた。明治七年六月五日の「船税御上納書」[47]から木津浜の船持と船数について見ると、次のようである。なお、船税は一石につき一ヵ年五銭であったから、彼らは明治七年一月より六月までの間、合計二〇円九〇銭を上納していた。

三〇石積	八木庄五郎	六艘
	八木庄左衛門	四艘
	土久里五郎兵衛	三艘
	河邑源四郎	二艘
	喜多幸左衛門	二艘
	八木庄兵衛	二艘
	飯田喜三郎	一艘
	飯田佐平	一艘
	八木宇兵衛	一艘
四七石積	八木庄兵衛	一艘
	喜多幸右衛門	一艘
四八石積	喜多幸右衛門	一艘
一二石積(渡船)	河邑源四郎	二艘
一〇石積(渡船)	河邑源四郎	一艘(休足船)

これによれば、木津浜の船は三〇石積の船が多数で二二艘あり、そのうち八木庄五郎は六艘所持していて最も多い。なお、この時庄五郎は故人だが、名義人として残っていたと判断される。八木庄兵衛は、三〇石積は二艘しか所持していないものの、より大きな四七石積の船を一艘所持している。積載量で比較すれば、庄五郎一八〇石、庄兵衛一〇七石で庄五郎の方が多い。三〇石船を四艘所持している八木庄左衛門は一二〇石、それに三〇石船一艘を所有している八木宇兵衛を含め、江戸時代から続く八木一族で積載量の合計は四三七石にもなり、明治に入ってもこの地域での

八木一族の圧倒的な経済力がうかがわれる。

また、近世においては木津川六ケ浜上荷船の大きさは一〇石積みが標準であったが[48]、近世末には船が大きくなり、しばしば問題になっていた。木津川水運の盛行に伴って船も大きくなったとみてよいだろう。

明治一五(一八八二)年になると、八木秀平が木津町船持物代として、京都府知事に木津川洪水の節の渡船通行につき「御伺書」を提出した[49]。八木秀平は庄五郎浄裕の遺児芳次郎の養父で、八木家の当主である。伺書の内容は、渡船通行止めの時間帯に荷船を渡船の代用として、渡船と同じ賃銭をとってもよいかというもので、木津町戸長河村源四郎と連名で伺っていた。八木秀平は同年三月に木津船持が協議のうえ陸荷運送店「迅運社」を開業した時には、船持として名を連ねていた[50]。同一五年二月一〇日には八木庄兵衛が木津町物代の一人として、木津川橋梁架設願いを京都府知事に出している[51]。

八木庄五郎家の文書である八木芳郎家文書に、明治四年の「西京鉄道会社」の規則書[52]があるが、この時期の八木庄五郎家の当主は秀平である。明治二二年一月一九日の『日出新聞』に、「本郡に於て、将来大地主となるべき資格ある人、即ち地価一万円以上の所有者に、木津駅の飯田房次郎・同熊次郎・同定次郎・八木秀平、北稲八妻村の藤田金一郎、下狛村の安宅新兵衛の六名なりと」と掲載されている。秀平は資産家ということで出資を依頼されたのであろう。しかし、西京鉄道会社は実現しなかった。明治二四年になると鉄道普及の影響は木津川水運にも及び、同年二月五日の『日出新聞』には、「今般奈良へ汽車全通せしを以て、相楽郡木津川筋より八幡などに至る運搬荷物は、悉皆奈良廻しと為し、汽車積みにすれば水難及び日限も後る丶の憂へなしとて、水運を借らざるもの多くなり、木津舟は多くは休業の有様となれり」とある。秀平は大正元(一九一二)年一二月に八七歳で没した[53]。

明治三一(一八九八)年発行の『日本全国商工人名録』第二版の「京都府多額納税者及大地主」の項に「八木芳次郎」の名がある(地価額は空欄になっている)[54]。芳次郎は明治一九年一〇月、東京府中学校より第一高等中学校へ転学して学問をし、地元に戻って木津町収入役を務めた。また、明治二八年には株式会社相楽銀行の設立発起人に加わった[55]。彼は大正九年一二月、五六歳で没した[56]。次の代の芳之助の名が、昭和八（一九三三）年発行の「京都市及山城全郡長者番付」に、資産額四〇万円として記されている。肩書は「京大教授」である[57]。

現在、八木家は他へ移り住んでおり、木津川の川縁の豪邸には誰も住んでいないが、近くに住む同家の執事とも言うべき管理人が管理しており、イベントの時などに一般に公開されている。邸内に大きな蔵がいくつも並ぶ光景は圧巻で、かつて水運が盛んであった頃は米や綿などの商品が、また水運が衰えた後も小作米が盛んに出し入れされていた光景が彷彿とされる。蔵のうちの一つはコンサート会場として使われており、片隅に、同家が幕末に購入したと伝えられるアメリカ製の Knabe（クナーベ）ピアノがさりげなく置かれている。

（1）この文書群は、木津川市立中央図書館では「木津村文書」として写真版で収蔵されている。
（2）堺屋八木家の船株買得の動きについては『木津町史　本文篇』（木津町、一九九一年）五八四—五八七頁参照。
（3）木津川市立中央図書館所蔵、八木芳郎家文書（写真版）、L‐一四九、L‐一四八。
（4）京都府立山城郷土資料館所蔵、大路村八木庄五郎家文書、一—一。
（5）木津川市立中央図書館所蔵、八木芳郎家文書（写真版）、N‐一〇—五。
（6）同前、E‐二—一、E‐二—二、E‐三—一、E‐三—二、E‐三—三。
（7）木津村文書、二四一〇。
（8）同前、二四一一。
（9）立命館大学所蔵、堺屋八木庄五郎家文書、六四六—六五〇。
（10）三井文庫所蔵、御為替御用銀代附本証文、城州木津郷銀案紙ほか追六六四‐一。
（11）木津川市立中央図書館所蔵、八木芳郎家文書、N‐一六。
（12）同前、N‐九—一。
（13）同前、N‐九—三、N‐一三、木津川市立中央図書館所蔵、飯田晴穂家文書、B‐七九六。
（14）同前、N‐二—二。

(15) 京都府立山城郷土資料館所蔵、大路村八木庄五郎家文書、一—一。
(16) 立命館大学所蔵、堺屋八木庄五郎家文書、一及び六七三。
(17) 木津川市立中央図書館所蔵、八木芳郎家文書。
(18) 同前。
(19) 同前、N‐一八。
(20) 同前、D‐一八。
(21) 同前、H‐七、H‐三三。
(22) 同前、D‐一八。
(23) 同前、D‐五四—一。
(24) 同前、D‐五九—一。
(25) 同前、D‐五七。
(26) 『木津町史　本文篇』(木津町史編さん委員会、一九九一年)七二八—七三一頁。
(27) 木津川市立中央図書館所蔵、八木芳郎家文書、E‐六。
(28) 同前、E‐七—一。
(29) 同前、E‐一一。
(30) 同前、F‐一六—一。
(31) 同前、F‐一六—二、F‐一六—三、F‐一六—四、F‐一五—三、F‐一五—四。
(32) 同前、D‐五六。
(33) 同前、B‐一—三。
(34) 同前、B‐一—一。
(35) 同前、B‐一—二。
(36) 同前、B‐一—八。
(37) 京都府立山城郷土資料館所蔵、大路村八木庄五郎家文書、宗門改帳、過去帳。
(38) 木津川市立中央図書館所蔵、八木芳郎家文書、K‐八。
(39) 木津川市文化財整理保管センター分室所蔵、森岡宣也家文書、七二。
(40) 同前、三九。

(41) 同前、森岡宣也家文書。
(42) 同前、四二。
(43) 同前、森岡宣也家文書、慶応元年閏五月四日付「乍恐御断書」。
(44) 木津川市立中央図書館所蔵、八木芳郎家文書、Q‐四。
(45) 正覚寺所蔵、八木家過去帳。
(46) 河村裕家文書、『木津町史』史料篇Ⅲ（木津町史編さん委員会、一九八七年）、六一七―六一八頁。
(47) 同前、六二四―六二五頁。
(48) 『木津町史』本文篇、五七三頁。
(49) 京都府庁文書、明治一五―四三、『木津町史』史料篇Ⅲ、六八二頁。
(50) 八木芳郎家文書、『木津町史』史料篇Ⅲ、六二六頁。
(51) 京都府庁文書、明治一五―四二、『木津町史』史料篇Ⅲ、六八二頁。
(52) 木津川市立中央図書館所蔵、八木芳郎家文書、L‐一三五。
(53) 正覚寺所蔵、八木家過去帳。
(54) 渋谷隆一編『都道府県別資産家地主総覧〔京都編2〕』（日本図書センター、一九九一年）六八頁。
(55) 八木芳郎家文書、『木津町史』史料篇Ⅲ、三六一―三六六頁。
(56) 正覚寺所蔵、八木家過去帳。
(57) 渋谷隆一編『都道府県別資産家地主総覧〔京都編1〕』（日本図書センター、一九九一年）一八三頁。

第二章　豪農浅田家の資本蓄積
——貸上銀負担と肥料商活動

石井寛治

一　問題の設定

東京大学経済学部資料室所蔵の南山城・浅田家文書の分析を中心とする共同研究は、その第一次の成果報告として石井寛治・林玲子編『近世・近代の南山城』[1]（一九九八年）を刊行した。しかし、そこでは近世の先進地域としての南山城における経済発展がどのような幕藩権力の支配のもとで展開し、近代における地域経済の発展へといかに繋がったのかという問題[2]をはじめ、いくつもの検討課題が残されたままとなったため、われわれは新たな共同研究を組織し、対象地域を旧山城町（現木津川市）から南山城全体へと拡大しつつ史料の調査と分析を進めてきた。

本章は、地域の大庄屋を務めた浅田家が、一八世紀末期には藤堂藩＝津藩の課する過酷な負担のために経営上の困難に陥り、木津町の有力豪農堺屋八木庄兵衛家からの金融に支えられて存続するようになったこと、その後、堺屋への金融的依存から脱却して徐々に困窮状態から立ち直り一九世紀末期には南北両浅田家は上狛村最高位の資産家として茶商その他への盛んな融資を行うまでになった過程を明らかにしたい。

一九世紀末から二〇世紀初頭の浅田家の資産状況については、前記成果報告においてある程度明らかにされている。すなわち、大正一〇(一九二一)年当時の課税所得額は、本家の浅田操(金兵衛＝北家)が上狛村第一位の四一二〇円、分家の浅田顕治(七郎右衛門＝南家)が第五位の三一五〇円で、金兵衛家の明治一七(一八八四)年の所有地価は七五八九円四六銭、貸金・現金などを含む総資産は一万一五〇〇円弱であったこと[3]、七郎右衛門家は一八九〇年代に同村茶商大村定右衛門や吉川喜左衛門らにそれぞれ数百円規模の長期融資を行っていたことが指摘されている[4]。

その後の調査によれば、明治二八(一八九五)年当時の所得額において、浅田金之助・金兵衛は計九七〇円(うち金之助二九七円・金兵衛六七三円)で、上狛村では茶商大村定右衛門九八一円に次ぎ第二位、浅田顕治は四九三円で茶商大村小兵衛六九〇円にやや劣る地位にあった。ちなみに、同年の木津町の所得額のトップは飯田房次郎二六二一円、第二位が浅田家との関係で問題となる八木芳次郎家(庄五郎家)一八八一円であり、庄五郎の兄の庄兵衛は三六七円と庄五郎家に較べて大分下がっている[5]。この時期までに再上昇したとはいえ浅田両家合計の一四六三円は、八木両家の合計二二四八円の六五％にとどまることに留意しよう。なお、一八八〇年代の浅田金兵衛家は、九〇年代の浅田七郎右衛門家と同様に、金融活動を行った記録が残されていることも注目される。すなわち、明治一五(一八八二)年二月末現在の浅田金兵衛家は、一八人に対して一七八八円七五銭七厘(一〇〇％)の貸付残高を有しているが、残高一〇〇円以上の八人への計一四七五円七五銭七厘(八二・五％)が中心で、金額からみて茶商や絞油商などへの商業資金の融資を行っていたものと思われる[6]。

ところで、こうした状況から一世紀前の一八世紀末期の浅田両家は、著しい資金難に陥っており、とくに木津の堺屋庄兵衛家から多額の負債を背負っていた。この点はすぐ後で詳しく検討するが、残存している浅田金兵衛関連の貸借証文を通覧すると、延宝六(一六七八)年から天明三(一七八三)年までの一〇六年間には金兵衛からの近隣への貸金証文が四三通（うち狛四ヶ村三二通、隣接する椿井村・林村一一通）あり、金兵衛の借用証文が皆無なのに対して、天明四（一七八四）年から文政九（一八二六）年までの四三年間には金兵衛からの貸金証文がわずか五通（銀一貫六〇〇匁）に激減した反面、金兵衛の借用証文が一四七通（合計銀三二五貫五四六匁）に急増した。借入先の所在不明六通を除くと、狛四ヶ村が三〇通、隣接する椿井村・林村が四四通あるほかに、木津町が五九通、伏見町が六通、南都と伊賀上野が各一通と広域にわたっている。しかも木津町以下からの計六六通の借入れは一通当り平均三貫一〇三匁と近隣からの平均一貫三九三匁の倍以上の大口である。とくに、木津町の堺屋庄兵衛からの借入証文は五九通と群を抜いて多く、借入額合計は一八五貫四〇〇匁と全体の五九％を占めていることが目立っている。[7]

問題の第一は、浅田金兵衛家（および七郎右衛門家）が、なぜ天明期以降に債権者から債務者に転落し、木津町の堺屋庄兵衛からの多額の借入を仰いだのかということであり、第二にいかにして浅田家がそうした借金を返済し、幕末維新期に資本蓄積を進めることができたのか、ということである。

二　「切印金」制度の廃止と豪農の打撃

天明期から浅田家の借金が増加した理由は、凶作による面だけでなく、藤堂藩＝津藩への貸上銀の負担とりわけ上納銀の事実上の踏み倒しによる面が大きい。幕府の寛政改革においては諸国代官を介して豪農に公金一五万両を貸し付け、その利子を用いて疲弊した農村の再建を図った。[8]それに対して、寛政期の津藩では、豪農商からの貸上銀を利用してきた農村救済政策が行き詰まったために、貸上銀の無利子・年賦償還が実施され、農村とくに多額の貸上銀を負担してきた豪農層に大きな打撃を与えた。

津藩では享保期の飢饉を契機に、「切印金」制度という領民救済の政策を享保一七（一七三二）年に開始したが、それは主として村役人クラスの豪農から利子付きで集めた貸上銀を疲弊した農民に無利子ないし低利子で貸し出すというものであった。藩からの貸出しに際して担当奉行が証書と帳簿に割印＝切印をしたことから、「切印金」制度と呼ばれたのである。[9] この制度が城和領において何時から施行されたかはわからないが、西法花野村の金兵衛と七郎右衛門が宝暦九（一七五九）年から同一三（一七六三）年にかけて隔年に「御用金」を引き受けていたこと、その利子受取額は金兵衛九四匁九三、七郎右衛門一八四匁七八であって、狛四ヶ村二四名の引受け者の受取利子合計五七六匁八七の四八・五％に達することがわかっている。[10] 浅田両家が多額の「御用金」を引き受けた理由については、次の証文から窺えよう。[11]

［史料1］　　証文之事

一　金拾両　　　　卯年御用金上　　　但シ利足六歩
一　金弐両　　　　巳年御用金上　　　但シ利足七歩
一　金拾両　　　　未年御用金上　　　但シ利足八歩
一　銀百八拾匁　　未十一月右同断　　但シ利足加詰壱割

右之代銀慥ニ請取御用銀ニ差上候所実正也　尤御返済無之内万一其元御年貢銀調達難成義ニ及候ハバ　四ヶ村ゟ急度相弁元利共返済可申候　為後日依而如件

宝暦十三年　未十一月　　　　四ヶ村惣代
西法花野村庄屋　九郎兵衛　印
新在家村庄屋　佐兵衛　印
東法花野村年寄　平七　印
野日代村年寄　直七　印

同村頭百姓　武右衛門　印

西法花野村　金兵衛殿

すなわち、「御用金」のこの部分は、もともと西法花野村を含む狛四ヶ村全体に課せられたものの一部分であり、浅田両家にとっては所持石高からすればきわめて過重な負担であったが、宝暦八(一七五八)年まで一〇年間大庄屋を務めた金兵衛が引き受けたのであった。ここには石高制に基づく年貢上納とは異質な総合的な経済的地位による負担が見られるとともに村役人であったという政治的地位に照応した負担が求められていたのであろう。そのために四ヶ村の惣代は、もしも貸上銀が戻って来ないために金兵衛が年貢上納に差し支えた場合には、引受け分について「元利共返済」するとまで約束したが、すでに宝暦一三(一七六三)年後半の段階で三回分が戻って来ない状態であり、金兵衛の負担はしだいに加重されつつあった。

金兵衛のような村役人は、藩郡奉行・大庄屋経由での拝借銀を村内の困窮者に分配する役目も担っていた。例えば、天明五(一七八五)年についての西法花野村の「拝借銀利取立帳」によれば、「高持拝借銀元」一一匁五分についての利子一匁一分五厘(一〇%)七名、同六分九厘(六%)七名、「無高拝借銀元」六匁九分についての利子六分九厘(一〇%)三名、同四分二厘(六%)二五名の名前が記録されており、無高層を中心とする四二名の困窮者(同村戸数のほぼ半数)へ拝借銀が配られて利子が集められている。[12] この時期には困窮者への貸付も無利子ではなく六%ないし一〇%という有利子となっていることがわかろう。

「切印金」制度は、このように、主として富裕農民である村役人クラスの豪農層からの貸上銀を原資に、困窮農民への救済融資を図ったものであったが、逆利鞘分を藩当局が負担するという構想は財政的にそもそも無理があり、困窮民への融資が年賦で返済され終わる保証もなかった。そのため藩当局は困窮農民への貸付に上述のように利子を課すようになるとともに、豪農からの貸上銀の返済を延期するようになった。

浅田家の天明六（一七八六）年の「万差引覚帳」によれば、金兵衛は、宝暦九（一七五九）年からほぼ年々二両ないし一〇両の貸上銀を上納していたが、安永二（一七七三）年からは元金が年賦返済となり、天明四（一七八四）年暮れからは年四％の利子支払いもなくなった。こうして天明六（一七八六）年正月調査の「御かし上金元」は二二〇両八歩（樹桂様分〔七郎右衛門妻〕三三両一歩二厘、金兵衛分一五七両六歩八厘）へと膨れ上がったのである。[13]三二万石の津藩では寛政四（一七九二）年には「切印金借入総額六万両を五年間据置とした」[14]と指摘されているから、その平均基準からすれば一三二五石の狛四ヶ村での切印金貸上残高は二五〇両程度で済むはずである。ところが、金兵衛・七郎右衛門の負担が狛四ヶ村の半分程度だったとすると、天明六（一七八六）年当時の狛四ヶ村の負担は推定四四〇両程度となるから、津藩城和領における貸上銀負担率は津藩本領地における負担率よりもかなり重いということになる。

津藩では、寛政八（一七九六）年になると、遂に切印金制度を「百年賦」償還とし、私貸借の返済も無期延期とした。中世の徳政令並みの「棄捐令」の発布である。ところが同じ津藩でも狛四ヶ村においては、それに先立って寛政六（一七九四）年暮れに「百年賦」ではなく「千年賦」の措置が取られた。浅田家文書には次のように記されている。[15]

〔史料2〕　宝暦九卯年より以来村々より差上候御用金　安永二巳年より元金之内五ヶ四分無利納崩ニ被仰出五ヶ一分利足五ヶ四分納入銀共天明三卯年迄被下候所　其後右利足幷納崩銀御延引被仰出候　然ル所去寅暮より無利子千年賦納崩ニ被仰出　右割合之金銀御渡被遊候（後略）

寛政七（一七九五）年八月に金兵衛へは、銀二貫八三七匁三二に対して二匁八三七が返済され、七郎右衛門の場合も、三貫三二五匁七六に対して三匁三二五が返済されている。[16]合計すると、浅田両家の貸上銀残高は六貫一六三匁〇八、銀六〇匁＝金一両として一〇二両余になる。浅田両家へのかかる年賦支払いは少なくとも安政二（一八五五）年まで六〇年間にわたって行われていた。[17]

三　堺屋庄兵衛からの借入と返済

浅田金兵衛家の所持石高は天明八(一七八八)年にはピークの一八三石余に達していたから、上述のように両浅田家合せて銀六貫目程度の貸上銀が「千年賦」という事実上没収の憂き目に遭ったからといって、両家の経営が直ちに行き詰まるとは考えられない。では、借入証文が急増するのはどのような理由によるのであろうか。

浅田金兵衛は天明三(一七八三)年に西法花野村庄屋を退役し、その頃から浅田家の資金借入が増えるが、比較的大口の借入先は他町村に広がっており、伏見の鉄屋長兵衛と木津の堺屋庄兵衛がその代表であった。いま両者への最初の借用証文を引用すると次の通りである。(18)

[史料3]　借用申銀子之事

一　合銀　弐貫目也

右銀子依有要用借用申処実正也　然ル上ハ来ル未ノ二月晦日限ニ元利共急度返済可仕候　為後証依而如件

天明六午ノ極月　カリ主　浅田金兵衛　印
同九郎兵衛　印

伏見油かす　鉄屋長兵衛殿
同　又吉殿

借用申銀子之事

一　合銀　壱貫目也

右之銀子依有要用借用申処実正也　返済之義者来ル十月晦日限ニ元利共急度返弁可申候　為後日借用証文依而如件

寛政二戊七月　　借主　浅田金兵衛　印

木津　庄兵衛殿

狛みどノ　又七殿口入

前者の鉄屋長兵衛は一七七〇・八〇年代の浅田家の油粕の主要購入先で、例えば安永三(一七七四)年一一月から翌四年正月には金兵衛家が計三三三玉の油粕を銀一貫四六九匁五で現銀購入していたが(19)、天明六(一七八六)年には浅田九郎右衛門とともに銀二貫目を二ヶ月間借用している。鉄屋からの同様な借金は、天明七(一七八七)年一二月に金兵衛・九郎右衛門二貫五〇〇目、寛政二(一七九〇)年一二月に金兵衛・九郎右衛門三貫目、寛政三(一七九一)年一二月に金兵衛・七郎右衛門四貫目、寛政四(一七九二)年閏二月に金兵衛・金吾一貫目、同年一二月に金兵衛・七郎右衛門四貫目と続くが、鉄屋宛ての証文はここで途切れている。こうした事情から考えると、貸上銀の返済が徐々に滞りはじめ、ついに事実上打ち切られたことによる直接の打撃は、まず毎年の手作経営に不可欠な油粕の購入資金の不足として現われ、浅田家は当初その窮地を購入先の伏見の鉄屋に依存することによって乗り切ろうとしたと言えよう。享保期の挫折から資産家としての地位を回復した浅田家にとっての新たな経営危機は、農業経営のために必要な資金がショートするかたちで現われたのである。鉄屋は単なる肥料問屋でなく、屋号が示すように鉄製品をも扱っており、浅田家は必要な鎌の購入に際して鉄屋を利用するなど、密接な関係を取り結んでいた(20)。それが、浅田からの借入依存が油粕の購入資金を超えて年々増加し、寛政四(一七九二)年には年間五貫目という多額の融資を行ったところで浅田家への金融支援から脱落した。その理由がどこにあるかは明らかでないが、浅田家の資金ショートが肥料購入資金の範囲を超えて深刻化したことは間違いなかろう。

鉄屋に代わって後者の木津（堺屋）庄兵衛からの借用証文が登場する。堺屋が浅田家の油粕取引先として現われたのは、この頃のことであり、そう古いことではない。堺屋が扱う油粕は伏見粕や大坂粕であり、木津粕はない。浅田が油粕を木津の堺屋経由で購入するようになったのは、同地に絞油業が成長したためでなく、堺屋から油粕を信用で買えたためであり、それとともに堺屋から多額の融資を受けるためであったと思われる。表示したのは、寛政二（一七九〇）年以降の堺屋からの融資残高の推移である（表1）。一九世紀に入る頃から残高が増えはじめ、銀一〇貫台を継続借入するまでになっている。その内、油粕代の部分はあまり多くない。文化五（一八〇八）年末の融資残高一四貫三一七匁（年利一二%）は、翌文化六年中に三貫六四一匁返済されるが、三月に粕五〇玉が二四七匁五（一一月まで年利一四%という高目の利子）で信用販売され、さらに七月には銀五〇〇匁が一一月まで年利一五%という高金利で融資された結果、ほとんど融資残高が変わらなかった[21]。文化七（一八一〇）年中の貸借の動きも、二月に油粕六五玉が三二一匁七五で販売されて同月内に五〇〇匁が支払われ、その他の動きがなかった結果、年一二%の利子が加わって、年末残高は一四貫三六五匁に増加した[22]。翌文化八年末にかけて融資残高の増勢は依然として止まらないことが表から窺えよう。

このような借入残高の増加傾向は、後述するように、浅田家の金利を含む肥料購入コストを押し上げただけでなく、借入利子全体の負担を高めることになった。さらに、借入金が増加したことは、津藩が文化六（一八〇九）年から、「切印金」制度の挫折を踏まえて新たに「義倉積立

表1　堺屋庄兵衛から浅田金兵衛への融資残高（年末）

年		額	年		額
1790	寛政2	銀1貫	1804	文化1	銀10貫500
1792	寛政4	銀1貫	1805	文化2	銀5貫
1794	寛政6	銀1貫	1806	文化3	銀10貫500
1795	寛政7	銀2貫500	1807	文化4	銀13貫973
1797	寛政9	銀3貫	1808	文化5	銀14貫317
1798	寛政10	銀10貫800	1809	文化6	銀13貫
1799	寛政11	銀2貫	1810	文化7	銀14貫365
1800	寛政12	銀2貫	1811	文化8	銀15貫678
1801	享和1	銀9貫	1822	文政5	銀4貫100
1802	享和2	銀5貫500	1825	文政8	銀1貫
1803	享和3	銀2貫500			

出典）浅田家文書，続K-359～546から堺屋分を抜き出す．また続D-9-57, 62，L-1990-9も参照．

銀」制度を開始し、再び豪農への負担を要請したことへの四ヶ村のリーダー金兵衛の対応を困難にさせたものと思われる。「義倉積立銀」の検討は次節に譲り、ここでは金兵衛家が所持する土地の譲渡によって堺屋への金融的依存から一挙に脱却したことを示そう。次に引用するのは、文化一〇（一八一三）年正月に浅田家の土地を堺屋庄兵衛へ七ヶ年切りで質入れして銀二〇貫目を借り入れた証文であり、実際には銀二〇貫での土地の売却であった。[23]

［史料4］　七ヶ年切リニ質物ニ入渡シ申田畑之事

一　銀合　弐拾貫目也

右之銀子ニ　野日代村、東法花野村、西法花野村、三ヶ領之内……〔高三八石二七五〕……右之田畑是迄所持仕来候得共、御年貢御未進銀ニ相詰リ当酉正月ヨリ来卯正月迄七ヶ年切ニ質物入渡、銀弐拾貫目慥ニ受取申所実正也、然上ハ切月ニ銀子相立田畑請戻シ可申候、万一銀子少々ニ而茂相滞候ハヽ右田畑其元へ作配可被成候、其時一言ノ申分も無御座候、勿論田畑ニ付余人ノ差構少も無御座候、為後日質物ニ入渡証文依而如件

質物入渡元西法花野村　金兵衛
証人同村　宇八
同村組頭　又四郎
同村年寄　孫三郎
同村庄屋　七郎兵衛
野日代村組頭　源兵衛
同村年寄　又兵衛
東法花野村組頭　角兵衛
同村年寄　平五郎
同村・野日代村庄屋　平助

東法花野村　又七殿

木津の庄兵衛に宛てたはずのこの証文の形式上の宛先が、東法花野村の又七となっている理由については、三七ヶ所の田畑の内訳を記した「添証文」に、「名前之義者藤堂様御国法ニ付東法花野村又七殿名前ニ致シ、別紙田畑証文相渡シ申置候相違無御座候」と説明されている。すなわち、藤堂藩＝津藩の藩法では、幕府領を中心とする木津小寺村への土地保有権の移動が禁止されていたので、形式上は津藩内城和領の東法花野村の者の名義を用いたのである。金兵衛家の所持石高が、天明八（一七八八）年の一八三石から文化一二（一八一五）年には一五九石へと減少した背後には、かかる借金返済のための土地質入＝売却があったのであろう。[24]

なお、堺屋側の史料によれば、堺屋は金兵衛家だけでなく、七郎右衛門家（＝南家）にも融資をしていた。文化二（一八〇五）年六月当時、浅田新吾家（＝南家）は、一一ヶ所の田畑（高四石四〇三）を五年切りで質入れして、銀一二貫二〇〇匁を五年間、堺屋庄兵衛家から借用しているが、[25]これは金兵衛家（＝北家）について見たのと同様に事実上の土地売却で、累積した借入金を一挙に返済するための措置だった可能性もあろう。もっとも七郎右衛門家の堺屋からの借用はその後も行われ天保九（一八三八）年正月にも、堺屋庄五郎（庄兵衛の弟）から、銀九貫五五〇匁を月七朱利で借り入れた記録がある。[26]

四　「義倉積立銀」制度による豪農の負担

先にも触れたとおり、津藩では文化六（一八〇九）年から新たに「義倉積立銀」制度を開始した。災害や困窮の救済は藩権力の支配の正統性を支える基本機能の一つであったから、寛政六（一七九四）年に城和領、寛政八（一七九六）年に本藩での「切印金」制度が崩壊したあとの救済政策の再建は不可避であった。一般に「義倉」は穀類の貯蔵の形を取るのに対して、津藩では金銭形態での貯蔵の形を取る点でやや特異であり、本来の救済機能から逸脱する可能性を孕んでいたことを予め留意しておきたい。

津藩の義倉の計画は、「町郷から預金を募り、藩が管理して貸付けを行い、その利息で災害や困窮への社会事業費に充てるというもの[27]」と説明されているが、正確に言えば、領内からの預金を藩内商人に貸し付けて生み出した利鞘を一一年計画で貯めて基金とし、その運用益を救済資金に運用する計画であった。その仕組みを『山城町史　史料編[28]』によって見ると、最初の年は一〇〇組の各八〇人が一人当り銀二〇〇匁を三月と九月に積み立て、毎年末に一組五人ずつが積立分を元利返済され、未返済の者のみが引続き積み立てる形で一〇年間積立・返済がなされた結果、一一年目に残りの三〇人への元利返済が行われる。この間、「義倉方」の蓄積資金は「御勝手方」を通じて町人へ年八%利で融資され、一組当り五三貫三九三匁余の利鞘が生じるので、一〇〇組八〇〇〇人からの拠金によって一一年掛かりで資金九万両弱が積み立てられ、それを義倉基金として年八%に当たる利息七一一九両余を「毎年御領下窮民御救幷絶家仕候百姓御取立等被仰付候事」としている。この計画は、藩内商人への融資の利息を用いて救済資金に充てる点で、寛政改革において幕府が公金一五万両を豪農に貸与してその利息を用いて救済政策を行ったのと一見類似しているが、津藩の場合は町人へ貸与すべき基金がまったくない状態で、その基金そのものを農民からの貸上銀によって創出せんとした点が基本的に異なっている。

したがって今述べたような津藩の計画が予定通りに行けば、文化六(一八〇九)年から始まった一一年計画によって文政二(一八一九)年には幕府が寛政期に支出した一五万両の公金の過半を占める九万両弱の「義倉」資金が積み立てられ、以後、元金を返済した上で、その利子を使うだけで津藩の農村対策は順調に進展するはずであった。浅田家のある西法花野村で文化五(一八〇八)年一〇月に計画された積立計画は次のように一〇年間、毎年同額の銀一貫六〇〇匁を積み立てるというもので、先に引用した本藩の新規積立額を漸減する計画とは若干異なっていたが、計画期間が一〇年間であるところは一致しており、義倉に必要な資金は一〇年間で積み上がるものと予想されていた。西法花野

村の場合は、具体的な負担予定額まで記されているので、ここに引用しておこう。(29)

［史料5］　文化五年
　義倉積金名前帳
　辰十月　　西法花野村

覚

一、此度被仰出候義倉積金之儀、委細被仰聞、夫々会得仕候ニ付、来巳ノ年より十ヶ年之内、壱ヶ年ニ左之通積
立可申候

三月九月両度ニ　　西法花野村

一、四百目　金兵衛　印
一、三百目　幸　蔵　印
一、四百目　宇　八　印
一、百目　清兵衛　印
一、五拾目　九郎兵衛　印
一、五拾目　又四郎　印
一、五拾目　喜　七　印
一、五拾目　孫三郎　印
一、五拾目　伊　八組合　印
一、五拾目　平兵衛組合　印
一、五拾目　吉兵衛組合　印
一、五拾目　伝四郎組合　印

〆　壱貫六百目

右之通相違無御座候　以上

辰十月

西法花野村年寄　孫三郎　印

同村庄屋　幸　蔵　印

中　仁兵衛殿

これによれば、一〇〇匁ないし四〇〇匁の元庄屋金兵衛、現庄屋幸蔵（＝浅田七郎右衛門）、綿商人卯八、同清兵衛までの四名が全体の七五％を占め、単独で五〇匁の九郎兵衛から孫三郎までの四名が一二・五％、組合（複数）で五〇匁の伊八から伝四郎までの四名が一二・五％を負担するという著しい傾斜配分の約束になっており、前述の「切印金」の場合程ではないとはいえ浅田両家に代表される豪農クラスにいかに負担が集中しているかが明らかである。

問題は、この義倉積立銀が計画通りに進行して、開始後一一年目（文政二年＝一八一九年）に領民から貸し上げられた積立銀が返済され終わった上で、目標とする基金が蓄積されたかどうかである。文政三（一八二〇）年九月現在の津藩全体の「義倉積立銀」の状態を加茂組大庄屋梶田順蔵の記す「役用日記」によって見よう(30)。

［史料6］　九月二十三日

（前略）旧臘御書付を以被仰出候者、義倉積立金之利金過金之内、初年ゟ終年迄年々諸雑用且御領下水損雹雑多之御救等御下行ニ相成候引残

金　壱万九百五拾三両六歩一厘六毛五糸

銀　七百拾五貫七百五拾九匁八分

此金銀者則義倉御元金ニ相成候物ニ付年五分之利足を以御勝手方江御預リ被成置

金　五百四拾七両六歩八厘八糸弐忽

銀　三拾五貫七百八拾七匁九分九厘

内
伊勢御領分　金　五百四拾七両六歩八厘八糸弐忽
伊賀　　　　銀　弐拾八貫百五匁七分六厘
城和御領分　銀　七貫六百八拾弐匁弐分三厘
右金銀益者被仰出有之候通御領下窮民御救幷絶家之者為御取立来暮ゟ年々御領下江御下行被成候　尤下振之義者其所ニ関リ候役人共相考伺之上取斗可申候（下略）

これによれば、一〇年間に義倉積立金として集めた資金の利子から費用や救済支出を差し引いた残りが二万三〇〇〇両弱あり、それが「義倉御元金」として五％利子で運用され、そこに生ずる「金銀益」が予定通り救済に支出されることになっていた。計上された「義倉御元金」のうち、「城和御領分」が一五三貫六四四匁六分に達することも運用益から判明しよう。一〇年間の救済支出を差し引いてもなお二万両を超える「義倉御元金」が蓄積された点では、それなりの成果を挙げたと評価できよう。しかし、当初の計画に較べると「義倉」の蓄積は決して十分ではなかっただけでなく、一〇年期限での積立金の返済は津藩外部からの借入に頼らねばならなかったため、その後も引き続き義倉積金の貸上げが村々の豪農たちに課せられるとともに、文政一二（一八二九）年には、次のように返済金を貸上金に転換するように奨励された(31)。

［史料7］
（前略）来寅年（天保一年＝一八三〇年）十二月義倉積立金之元利御割下ヶ有之、猶又翌卯（天保二年＝一八三一年）春ゟ是迄通積立可被仰出候、然ル処先年義倉終年御割下ヶ之金子者寨他（藩外）ゟ御借入ニ而御費用も有之候ニ付、此度者可相成程御領下ニ而御借入ニ取斗、右御利足も多分御領方江相納候得者、上下之御都合ニ候間、此主意下方能会得致候様、郷方役人ゟ申渡し多少とも分限ニ応シ精誠致調達候様可申達旨被仰出候事、（中略）義倉江積立候而者五歩利ならでハ手入ニ相成不申、此度被仰出之貸上ケニ致シ置候得ハ六歩五厘ニ而一歩五

厘ノ徳有之候（下略）

すなわち、返済を求める義倉積立が五％利であるのに対して、返済を求めない貸上げ扱いの場合は六・五％利とすることによって、運用基金の増加を図っているのである。その結果、天保二（一八三一）年から始まる一〇年間の積立が終わった天保一二（一八四一）年一二月の返済計算に際して、例えば西法花野村の浅田七郎右衛門・九郎兵衛・喜七三名は、毎年四〇〇匁ずつ積み立てた合計五貫四三六匁七九のうち四貫匁を「御貸上銀」としての継続利用に供し[32]、同様な事例が繰り返されることになった。

こうして、明治七（一八七四）年二月の京都府知事への報告によれば、慶応三（一八六七）年暮れの津藩古市勘定所への貸上銀残高は二七七貫九二三匁であり、前述の文政三（一八二〇）年当時の城和領「義倉御元金」一五三貫六四四匁の一・八倍に膨張したのであった[33]。

浅田両家が義倉積立銀の賦課によってどのような打撃を蒙ったかは明らかでないが、木津の堺屋庄兵衛への金融的依存から脱却したことを前提に、次節で見るような経済活動の活性化を図ることを通じて新しい負担に対応しえたものと見做して大過なかろう。

〔付論一〕　新しい負担はすでに指摘したように村役人クラスの豪農に相対的に重課されたから、そうした豪農の中には負担に耐えかねて没落を余儀なくされた者もあった。万延一（一八六〇）年に当尾郷尻枝村の大庄屋吉岡本介が津支藩の久居藩からの借財銀八〇貫匁の返済のために全財産の処分を余儀なくされているが[34]、その困窮の一因は義倉積立銀制度と関連があったようである。例えば、藩の米切手一一八〇石を一時借用した際に「和爾組当尾組入用」と書いたのは嘉永二年「義倉割渡銀当尾組ゟ取替罷在候処一時ニ御組内ゟ御返済難相成趣ニ付、此見替とシテ前文ノ通和爾当尾両組入用と書上候義御相談上取扱申候[35]」と記されているように、村役人としての行為であったが、それを吉岡個人の借財とされたという。

五　浅田諸家の油粕取引の拡大

では、文化一〇(一八一三)年の土地売却を通じて堺屋への負債を返納した後の浅田家は、どのように経営を再建したのであろうか。まず、浅田金兵衛家は所有倉庫を利用して米・麦や綿花などを預かり、倉敷料を稼いでいる。早い時期の例を挙げれば、次の通りである。[36]

［史料8］　覚

一、文庫入くりわた六本、去冬綿屋宇八殿出、預リ内ヲ右宇八殿へ御渡し可被下候御願申上候　以上

癸酉〔文化一〇〕三月十二日　　堺屋庄兵衛　印

浅田金兵衛様

これによれば、野日代村の綿商人綿屋宇八から繰綿六本を購入した木津の堺屋庄兵衛が、現物を西法花野村の浅田金兵衛家の「文庫」(土蔵)に預けておき、時期を見て購入先の宇八へ引き渡すよう依頼している。浅田家は同様な倉庫業務をその後も繰り返し行っており、例えば文政五(一八二二)年については、次のような蔵預り関係の「覚」が残されている。[37]

六月二二日　　小麦五〇石　　イソ喜七殿分
一〇月七日　　実綿五五〇斤　　喜七殿分
一一月七日　　繰綿七八貫目　　勇助分
一二月八日　　実綿二〇本(一〇〇〇斤)喜七殿分

一二月二〇日　実綿八〇〇斤　忠兵衛分、忠三郎分
一二月　繰綿一〇貫目入一一本　忠兵衛分（但シ百姓繰）
一二月　米九〇石代銀四貫一〇〇匁請取　米売主上狛村金兵衛→堺屋庄兵衛
一二月　米九〇石也　蔵敷料石に月一分　米預り主金兵衛→堺屋庄兵衛

いずれも木津の堺屋が購入した小麦五〇石、米九〇石、実綿合計二三五〇斤、繰綿合計一八八貫を預かっているが、そのうち米だけは浅田家が売主である。九〇石というのは、浅田家の小作米の一部と思われ、浅田家が米商人として売買した形跡は見られない。米についての「蔵敷料」は「石に月一分」（銀一匁の一〇分の一）とされているから、米九〇石を一ヶ月預かることから浅田家は銀九匁の蔵敷料を得ることになる。三ヶ月で二七匁、金では二分弱に過ぎない。おそらく本格的な倉庫業というより、土地売却によって空いた小作料のための倉庫を有効活用したのであろう。それでも浅田家が、土地売却によって得た「自由」な設備を活用し、流通・金融面での活動を活性化しつつあることの一端が窺えよう。

浅田家の蓄積の基本は、小作料収入と貸金収入と思われるが、手作経営を含めた農家経営については前述の第一次成果報告での井奥論文以上の分析の用意はない。ここでは、まず文政一（一八一八）年の対外貸借の分析を通じて、浅田家経営の急成長が始まったことを確認し、その上で綿花や菜種・油粕などの商品作物の流通・金融面から若干の追加的検討を試みることにしたい。

次のデータは浅田北家の文政二卯（一八一九）年初めの対外貸借の一覧であり、前年（文政一寅）の活動の成果という意味で「寅年算用〆」とされている。[38]

［史料9］

一、五貫五百拾壱匁六分四厘　かし　〔油粕代売掛、上納不足銀貸等〕

一、弐百弐拾四匁弐分五厘　　札銀〆（藩札を貸銀として現銀と区別）
一、弐貫六百弐拾弐匁四分　　米麦代〆（二石四八・六匁の米として五四石）
〆八貫三百五拾八匁弐分九厘
　内
　四百八拾五匁四分八厘　　預り（他よりの借金残高）
引残而七貫八百七拾弐匁八分一厘
　但し　丑年分　七百八拾六匁九分四厘過（年一〇％の成長率）

ここには、金属貨幣の持ち高や年貢上納分に充てた収入という内部総資産に相当する部分を除いた文政二（一八一九）年の年初段階の対外純資産（資産―負債）が銀七貫八七二匁八一であると計算され、それは一年前の文政一年の年初当時より七八六匁九四だけ多いと記録されている。貨幣のうち「札銀」だけが掲出されているのは、藩札が藩による負債と観念されているからであろう。「米麦代」は小作料・手作収入から年貢を差し引いた「剰余分」を貨幣換算したものと思われる。仮に文化一〇（一八一三）年正月に土地売却で銀二〇貫を入手したときの負債が一五貫だったとすると、差引五貫目の債権となり、それが六年後の文政二（一八一九）年正月に八貫目になるためには、年平均八％の成長が必要となる。文政一年の年間成長率はほぼ一〇％という驚くべき高率であるが、それに近い成長が続いたことになろう。仮に八％の急成長がその後も持続すれば、浅田家の対外純資産は一〇年後には二一・一六倍、二〇年後には四・六六倍、三〇年後には一〇・〇六倍へと激増することになる。実際のテンポはそれを下回ったであろうが、傾向として右上がりの成長傾向が見られたことは重要な変化と言えよう。

綿花取引については、畿内では文政六（一八二三）年の大規模な国訴によって大坂綿問屋の流通独占が否定され、安政一（一八五四）年の国訴では在方商人についても特権が否定され、生産者による綿花取引の自由が保障された。他方、菜種油・綿実油の取引については文政六(一八二三)年の国訴によっても大坂油問屋の特権が否定されず、天保三(一八三二)年一一月に漸く大坂油問屋の特権が否定されたが、翌天保四(一八三三)年一〇月の京都町奉行所は、山城・大和・近江・丹波の油仕法を逆に強化しており、安政二(一八五五)年の在方商人の油取引に関する国訴によっても、菜種買入価格の協定のみが否定されるに止まり、在方油商人の特権が全体として否定されるのは慶応一(一八六五)年のことであった。それ故、浅田家は自分の生産した綿花や菜種の取引を行い、規制廃止が進むにつれて生産者としての利益が増えることがあったとはいえ、在方商人に伍して自ら売買を行うことは困難であった(39)。

それに対して、菜種から油を絞る際の副産物である油粕の絞油屋との取引は自由に行われた。一八世紀末の浅田家の油粕購入先は、伏見・大坂が中心であった。寛政一酉(一七八九)年の「野方覚」によれば、大坂の古座屋武兵衛から三月に一〇〇玉を銀六〇〇匁、六月には六〇玉を銀三六〇匁という一玉六匁価格で現銀購入し、伏見の鉄屋長兵衛からは三月に一〇〇玉を六五五匁という一玉六・五五匁価格で購入している。後者がとくに高値なのは四ヶ月の信用買いのためであろう。この年の単価は、第一次成果報告で明らかにされた一七七〇年代の一玉四匁台に比べて高騰しているが、それは一時的なものであったことに留意したい(40)。

こうした油粕仕入は、前述のように木津の堺屋庄兵衛からの信用買いに変化する。先に浅田新吾家〔南家〕の享和四(一八〇四)年の場合を見よう。この年の同家の持ち高は、西法花野村一九石二〇六六、東法花野村四石八五七七、野日代村七石六四一〇、新在家村七石四六六〇、計三九石一七一三と、金兵衛家の五分の一程度の所持高である。木津堺屋庄兵衛から年初に九貫三三八匁一四の「かり」があるのに加えて、二月までに、さらに一貫二三匁三六の「かり」増しをして残高が一〇貫三六一匁五となっているが、そのうち正月の五四〇匁は「上大坂粕　百玉かり」とあって、大坂粕を堺屋から信用で購入し、一玉五・四〇匁支払っていたことが判明する(41)。

文化六(一八〇九)年の浅田金兵衛宛ての堺屋庄兵衛の「覚」では、信用購入の際の利子率がわかり、一玉四・九五匁の油粕に利子付きで一玉五・三〇匁支払っていることが判明する。[42]

［史料10］

辰十一月晦日

一、銀拾四貫三百拾七匁三分五厘　かし

　リ　壱貫七百拾八匁八分　十一月迄〔年一二%〕

（中略）

三月十四日

一、弐百四十七匁五分　粕五十玉　代銀かし

　五月より　リ　十七匁三分弐厘　十一月迄〔年一二%〕

七月九日

一、銀五百匁　かし

　リ　廿五匁　十一月迄〔年一二%〕

すなわち、堺屋からの負債への利子は年一二%であり、この年の油仕入に際しても年一二%という利子が付いている。この信用買いは浅田家の資金不足をカバーする反面で、堺屋の仲介手数料と貸付利子の両面から浅田家の肥料購入価格の高騰を招いたものと思われる。

文化一〇（一八一三）年に堺屋からの借金を返済したあとの浅田家の油粕購入先を見ると、文化一二（一八一五）年には、野日代村の宇八から一〇〇玉、大坂の古座屋武兵衛から三〇玉を新規購入し、[43]文化一五（一八一八）年には、大坂で一〇〇玉、椿井村経由で五〇玉を仕入れており、[44]大坂から直接か、近隣の肥料商経由で現銀仕入をするような形に回帰している。

表2　文政2(1819)年における浅田金兵衛家の油粕の売買状況（1玉当たり匁）

	所在	名前	売買月	数量（玉）	伏見価格	船賃・口銭とも	利子とも
購入先	ミト	勇助	5月	64	4.28	4.42	
販売先	小中	喜十郎	閏4月	5	4.25	4.48	4.88
	小中	喜十郎	5月	4	4.28	4.45	4.80
	ノビ	平十郎	閏4月	4	4.28	4.48	4.88
	ノビ	武助	6月	25	4.28	4.43	

出典）「文政弐卯年正月　当座万覚帳」（浅田家文書，I-179）．

表3　文政4(1821)年における浅田金兵衛家の油粕の販売状況（1玉当たり匁）

	所在	名前	販売月	数量（玉）	伏見価格	船賃・口銭とも	利子とも
販売先	小中	喜十郎	4月	6		4.43	4.83
	小中	喜十郎	6月	4		4.43	4.74
	ノビ	平十郎	4月	7		4.43	
	小中	忠兵衛	2月	50		4.40	
	小中	忠兵衛	5月	3		4.40	
	シン	藤左衛門	4月	20	4.10	4.24	

出典）「文政四巳年正月吉日　当座万覚帳」（浅田家文書，I-180）．

その取引の実態を検討しよう。まず、文政二（一八一九）年には、購入先・販売先ともに上狛村内と思われ、購入先は勇助のみが記されているが、購入された油粕の半ばが販売されている。油粕に関しては幕府や津藩などによる規制がないため、浅田家が自由に肥料商として活動できたのである。もっとも、その売買差益はあまり大きくない。伏見から木津川経由で運んで上狛で陸揚げして、しばしば掛売りの形で販売されているが、販売価格も伏見の価格が基準となって記されており、掛売りに伴う利子の方が収益としては重要である[45]（表2）。

文政四（一八二一）年については販売先が三八玉から九〇玉に増加している。ここでも伏見の価格が販売価格の基準の意味を持っていたようで、利益幅は掛売りによる利子収入が大きい（表3）。

狛四ヶ村での油粕の消費量を見ると、文化五（一八〇八）年に五五六九玉という報告がある。一玉を銀四匁としても二二貫二七六匁というマーケットが開けており、その広がりは当時の四ヶ村の菜種生産量六〇石七二の価格三貫五八二匁（一石＝五九匁として）の六・二倍に当たる[46]。浅田家の肥料商人と

表4　安政4(1857)年における浅田金兵衛家の油粕購入状況（1玉当たり匁）

	所在	名前	購入月	数量（玉）	淀価格	船賃・口銭とも	延払い期間
購入先	大坂	平野屋喜兵衛	2月	70	6.50	6.78	2ヶ月半
	大坂	平野屋喜兵衛	11月	30	6.50	6.78	2ヶ月
	大坂	古座屋幸七	2月	50	6.10	6.38	1ヶ月半
	大坂	古座屋幸七	2月	60	6.10	6.38	1ヶ月半
	大坂	古座屋幸七	2月	10	6.10	6.38	1ヶ月半
	イソ	弥助	2月	50	6.10	6.46	9ヶ月
	イソ	弥助	2月	30	6.10	6.70	9ヶ月

出典）「安政四年正月吉日　巳歳当座覚附込帳」（浅田家文書，I-186）.
注）　弥助以外の船賃・口銭は弥助の平均値である0.28匁を当てた．弥助に払う利子は月8朱（年9.6%）である．

しての活動の可能性はかなり広いと言ってよかろう。

さらに注目されるのは、後述する〔付論三〕によると、天保期（一八三〇―四三年）にかけて、油粕の価格が一玉当り六匁水準へと高騰していることである。第一次成果報告では天保期の史料がないとされていたが、天保期における油粕代の高騰はこの地域でも起こったようである。そうした動きを踏まえて、次に、やや時期が下るが、安政四（一八五七）年と文久一（一八六一）年について検討する。表4によれば、一八五七年の浅田家の油粕購入量はさらに増大して合計三〇〇玉になっており、その大半は大坂の肥料問屋との直接取引によって調達していることが窺える。

その場合、大坂からの購入に際しては、二ヶ月前後の延払いが普通であり、上狛村の肥料商からの購入はさらに長期の延払いがなされていることがわかる。こうした民間相互の信用取引が、浅田家の商人活動の拡大を支えていた。購入先からの信用供与は、さらに販売先への浅田家による信用供与を可能にしているはずである。文久一（一八六一）年における浅田家の油粕売買の実情を記した表5によれば、浅田家は大坂から直接・間接に信用で購入した油粕三四〇玉のうち、二八〇玉を上狛村の農民に、より長期の信用販売を行っていた。もっとも前年からのストックも若干あるから、浅田家が手作経営のために使った部分はこの差額六〇玉より多い可能性があるが、それは問題ではない。問題は浅田家が肥料商人としての活動を精力的に拡大したことであり、そのことが地域の農業生産の活性化に役立ったのではないかということである。

表5　文久1(1861)年における浅田金兵衛家の油粕売買状況（1玉当たり匁）

	所在	名前	売買月	量（玉）	淀価格	船賃・口銭共	利子とも	延払い期間
購入先	大坂	古座屋幸七	正月	100	9.50	9.70		1ヶ月
	大坂	古座屋幸七	3月	50	10.40	10.60		半ヶ月
	大坂	古座屋幸七	5月	40	10.90	11.38		半ヶ月
	大坂	古座屋幸七	11月	20	9.10	—		—
	スミ	喜兵衛	11月	100	9.50	—		1ヶ月半
	スミ	喜兵衛	11月	30	9.40	—		1ヶ月半
販売先	イソ	弥兵衛	昨12月	6	7.80	7.99	8.70	4ヶ月
	イソ	弥兵衛	2月	4	7.60	7.80	8.36	3ヶ月
	イソ	弥兵衛	2月	3	7.60	7.79	8.35	3ヶ月
	スミ	清七	8月	30	8.40	8.63	8.84	2ヶ月
	スミ	清七	正月	30	9.50	9.70	10.32	4ヶ月
	スミ	清七	5月	15	10.65	11.52	11.27	4ヶ月
	スミ	清七	12月	50	9.10	—	—	—
	イソ	弥助	正月	10	9.50	9.70	—	—
	イソ	弥助	2月	50	9.95	10.15	—	—
	イソ	弥助	5月	10	10.90	11.10	—	—
	イソ	弥助	11月	50	9.10	—	—	—
	イソ	弥兵衛	4月	1	9.95	10.95	—	—
	イソ	弥兵衛	4月	10	9.95	10.15	—	—
	イソ	弥兵衛	5月	5	10.90	10.95	—	5ヶ月
	ミト	佐助	12月	6	9.65	—	—	—

出典）「万延弐年正月吉日　酉歳当座覚附込帳」（浅田家文書，I-188）．

その点で重要なのは、油粕の購入価格も販売価格もともに集散地である淀の価格が基準となっている事実であり、同地の価格は自由な競争のなかで設定されたものであるから、耕作農民の利害に沿った可能性が大きいことである。

油粕の取引は、もちろん肥料商としての浅田家の資本蓄積にも役立った。しかし、それは、特権に依存した販売価格の吊り上げによるのではなく、取引量を拡大することによって大坂や伏見・淀における購入に際しての交渉力を強化して、購入価格の引き下げに努め(47)、安い肥料を自分の手作地・小作地だけでなくその他の村内農民にも信用販売したことを通じての蓄積であったと見るべきであろう。

〔付論二〕　浅田七郎右衛門家の油粕取引

浅田南家文書には、上狛村から木津川を若干遡った笠置村の絞油業者近江屋西村喜作から七郎右衛門家（南家）に宛てた若干の書状がある。年次は不明だが八月二五日付書状は、「此節粕少々留リ御座候、御地浜着四百七拾五匁位ニ売れ不申候哉一寸御尋申上候、右値段ニ而売口御座候ハヽ御世話可被下候様奉願上候」[48]と、一玉当り四・七五匁程度で販路がないかと問い合わせている。また、一一月一四日付書状は、「今日粕六拾玉積入申候間、御改御入手可被下候、尤直段御地浜着五百三拾匁ニ御座候間左やうニ御含可被下候」と油粕を送ったので一玉当り銀五・三〇匁で販売して欲しいと述べた上で、「当夏以来より甚中兼候儀御願申上候銀子之儀、当月晦日あたり弐貫目斗御間ニ合可被下候ハヽ忝仕合ニ奉存候」[49]と、銀二貫目の資金融通を頼んでいる。この融通は実現し、翌年と思われる一一月二五日付の書状では、「銀子弐貫目斗御取かへ御間ニ合可被下候様奉願候、当夏参上仕候節御咄申置候通之事ゆへ一両年之処者甚銀子不巡リニ而こまり居候ニ付御申上候、何とぞ何とぞ一両年之処御世話可被候様奉願上御おんは相わすれ不申候間宜敷御願奉申上候、……此度者油株成共質物差入可申候」[50]と、油絞株を質に入れるので是非融資を継続し窮境を救ってほしいと懇願している。このように七郎右衛門家もまた在方商人として油粕売買を行い、必要に応じて絞油業者に融資していたのである。

〔付論三〕　天保八(一八三七)年における浅田九郎兵衛家の油粕取引を巡る訴訟

浅田一族では、西法花野村の浅田九郎兵衛家も、肥料商人として活動していた。同家は、天保八年に、南笠置村の絞油業者近江屋喜助から油粕三一〇玉を購入する約束で代金三一両(一〇玉＝一両、一玉当たり銀六匁)を渡したにもかかわらず、五五玉しか渡さなかったので訴訟に及んだ。その冒頭の部分を引用しよう[51]。

相手喜作義者油屋職仕居、私義百姓渡世之者ニ而年来油粕買受居ル儀ニ御座候、然ル処当七月当村百姓共三百人之内壱人ハ他領神童寺村民右衛門与申者与申談之上、私壱人引受相手喜作方ニ而肥油粕三百拾玉買受候約束仕、即前段之通代金不残両度ニ先渡仕置、粕之義者七月ゟ当九月晦迄追々受取候約束之処、書面之通五拾五玉相渡候得共、其余約束日限相過候而も不相渡候ニ付喜作方江催促仕候処、去月十一日喜作ゟ申越候者此節菜種買先ゟ参リ不申故油職休居粕無之段々延引ニ相成候得共、無程油職ニ取懸リ候間何卒十一月指入頃迄相待呉候様断申ニ付、相違有之間敷与奉存任願相待遣居候得共不相渡候（下略）

これによれば、浅田九郎兵衛は、村内の百姓らと相談して喜作から油粕を共同購入する代表者の役割を担い、代金を前渡したにもかかわらず、喜作が菜種原料の入手難を理由に納品を遅らせたので訴えたという。訴状の後の方で、九郎兵衛は「私義是迄年来喜作方ゟ粕買居候事故、私壱人ニ引受金子も私方江外ゟ受取喜作方江相渡置候」と説明しているので、この取引は九郎兵衛が肥料商人としての活動を始めた頃の共同購入だったように思われる。したがって、この当時の同家の肥料取引をあまり高く評価することは慎まねばならないが、同家が肥料商人となる出発点が遅くとも近世末期にあったことは確かであろう。

六　結　語

幕府の寛政改革が農村救済を最大の目標とし、蓄積した公金を投入したのに倣って諸藩でも類似した改革がなされたが、藤堂藩＝津藩においては逆に「切印金」という藩内富裕層への御用金に依拠して享保期以来行ってきた第一の救済策が行き詰まり、「百年賦」返済という事実上の借金踏み倒しを実施し、城和領では「千年賦」という一層過酷な借金踏み倒しを断行した。そのため、浅田家のように御用金の傾斜配分で重い負担に耐えてきた村役人クラスの豪農は、農業経営に必要な肥料購入の資金ショートに陥った。

浅田家は、木津の堺屋庄兵衛に肥料の信用購入を依頼することをはじめ、多額の融資を仰いで資金ショートを切り抜けようとしたが、金融依存を続ける限り肥料の高値仕入を余儀なくされた状況や、津藩が文化六(一八〇九)年から実施した新しい「義倉」積立による第二の農村救済策への村役人クラスとしての対応が困難となる状況を恐れて、文化一〇(一八一三)年には保有地の一部を質入＝売却して堺屋への借金を返済した。

こうして流通・金融面で獲得した自由を活用して、浅田家は経済活動を活性化したが、収益の基本は依然として小作料収入とそれに関連する農民金融の利子収入だったと思われる。しかし、在方商人としての活動の拡大も無視できない重要な役割を果たした。とくに幕府の規制が大きい綿花取引や菜種取引と異なり、自由な取引が認められていた油粕肥料の取引を拡大し、在方肥料商人として地域への安価な肥料の導入に努めたことは、地域全体の生産力の向上をもたらし、浅田家の手作・小作経営の収益を押し上げた。その結果文政一(一八一八)年の浅田家の対外純資産の年成長率は一〇%もの高率となった。

津藩の「義倉」積立制度は当初ある程度の成果をあげたが、穀類でなく金銭を積み立てるという特異な方式は、当初計画に反して藩の負債の累積を招き、積立金の返済難は一部の村役人クラスの豪農を破綻させた。津藩は一八六四年から「元治講」と呼ばれる広範囲の藩士・百姓からなる相互融通の方式による第三の救済策を開始したが、この部分は明治政府による新旧公債交付の対象外とされたため、領民の不満は明治九(一八七六)年の東海大一揆(伊勢暴動)の一因となって爆発する。その点の検討は今後の課題としなければならない。

(1) 石井寛治・林玲子編『近世・近代の南山城――綿作から茶業へ』(東京大学出版会、一九九八年)。
(2) 前掲注(1)石井・林編『近世・近代の南山城』においては、藤堂藩における年貢負担とくに有力農民からさまざまな形での貸上銀を徴収したことに関する分析がないだけでなく、一九世紀前半期については史料上の制約もあって分析がきわめて手薄である。
(3) 武田晴人「上狛村の階層構成と茶業の担い手たち」前掲注(1)石井・林編『近世・近代の南山城』三三四、三四〇頁。
(4) 石井寛治「南山城茶業の展開と茶業金融」前掲注(1)石井・林編『近世・近代の南山城』三〇六―三〇七頁。
(5) 八木芳郎家文書Q一四二(木津川市中央図書館所蔵)。
(6) 浅田操家文書(同家所蔵)№六六九「明治十五年午一月以降　金銭貸附勘定簿　浅田将俊代」。なお、前年一月末の貸付

残高九五四円二七二（七人）に較べると一・九倍に急増している（№六六八「明治十四年巳一月以降　金銭貸附勘定簿」）。

（7）「浅田家文書仮目録〈続〉」K－一六～K－七〇六から金兵衛名のものを抜き出した。文化一〇年一月に金兵衛が木津の庄兵衛から土地担保で借り入れた銀二〇貫は、後述するように事実上の土地販売代金なので除外した。天保一一（一八四〇）年から慶応四（一八六八）年までの期間は貸付証文が一〇通、借用証文が六通と少ししか残っていない。ただし、ここでの計算は残存証文に基づくものに過ぎず、享保一八（一七三三）年当時の浅田家が合計五二貫三五六匁という莫大な借金をしていた事実などは度外視されている（小川幸代「庄屋浅田家と藤堂藩」前掲注（1）書）。ここで指摘したいのは天明期を境に浅田家が資金の貸手から借手に転換したことである。

（8）竹内誠『寛政改革の研究』（吉川弘文館、二〇〇九年）二三頁。

（9）深谷克巳『津藩』（吉川弘文館、二〇〇二年）二〇二頁。

（10）「宝暦一三年一二月　未年御用金利足算用帳　狛四ヶ村」（浅田北家文書、八一）。残りの二二名の受領利子額は、四〇匁台一名、三〇匁台二名、二〇匁台一名、一〇匁台六名、五～一〇匁五名、五匁未満七名であった。

（11）「証文之事」（浅田家文書、続D－七－一八）。ほとんど同様の内容の六〇〇匁に関する明和七（一七七〇）年当時の証文が残されている（「明和七寅年三月　御貸上村証文」浅田家文書、続D－七－二〇、二一、二二）。

（12）「天明五年巳十二月　拝借銀利取立帳　西法花野村」（浅田家文書、D－七二〇）。

（13）「天明六年午正月吉日　万差引覚帳　浅田金兵衛」（浅田家文書、I－一四〇）。

（14）前掲注（9）深谷『津藩』二一六頁。

（15）「寛政七卯年七月十三日　宝暦九卯年より安永八亥年迄村々差上申御用金此度千年賦割御下被下候帳写　狛四ヶ村」（浅田北家文書、九二）。なお、「千年賦」に関しては天明期の佐賀藩においてすでに行われており、先例がなかったわけではない（藤野保編『続佐賀藩の総合研究』吉川弘文館、一九八七年、三三一頁）。

（16）「千年賦割寛政六寅年分卯年八月に渡し」（浅田北家文書、九三）。

（17）「宝暦五午年二月、宝暦九卯年ゟ安永八亥年迄、村々差上候御用金銀　寛政六年ゟ千年賦割相渡シ帳」（浅田北家文書、第二次A－二二）。

（18）「借用申銀子之事」（浅田家文書、続K－三五四）、「借用申銀子之事」（浅田家文書、続K－三五九）。

（19）井奥成彦「近世南山城の綿作と浅田家の手作経営」前掲注（1）石井・林編『近世・近代の南山城』二六〇頁。安永三（一七七四）年一一月にも油粕六〇玉、銀二五八匁と小玉銀一〇〇匁（＝推定二三玉）を購入しているので、それらを合わせると安永四（一七七五）年分は三三三玉、銀一貫四六九匁五となる（浅田家文書、I－六二）。

(20)「安永四年正月吉日　未年野方覚　浅田金兵衛」(浅田家文書、I－六二)。
(21)「覚」(浅田家文書、続D－九－六〇)。
(22)「覚」(浅田家文書、続D－九－六二)。
(23)「七ヶ年切リニ質物ニ入渡シ申田畑之事」(浅田家文書、続K－五〇〇)。
(24)前掲注(19)井奥「近世南山城の綿作と浅田家の手作経営」二五四頁。
(25)「五ヶ年切戻り証文之事」(木津村文書、〇一―二七八)。
(26)「天保十一年　通　堺屋庄五郎」(木津村文書、一七―三四)。
(27)前掲注(9)深谷『津藩』一三五頁。
(28)上田正昭監修『山城町史　史料編』(山城町役場、一九九〇年)四九〇―四九六頁。
(29)同上書、四九五―四九六頁。この計画通り金兵衛が毎年四〇〇匁ずつ上納したことは、文化一〇(一八一三)年一二月に梶田順蔵が西法花野村庄屋七郎右衛門宛てに、金兵衛の「義倉振上」二貫二七四匁六九の「覚」を記していることから明らかである(浅田家文書、続D－六－五)。
(30)「役用日記　文政三辰年正月　梶田」(加茂・文化財整理保管センター、梶田家文書)。
(31)「御書附一通　城和加判奉行」(浅田家文書、D－八四一)。
(32)「天保十二年丑十二月　天保弐卯歳義倉積銀壱歩落札ニ付割渡し　西法花野村」(浅田家文書、D－四四三)。
(33)「旧津県江調達銀之義ニ付御断書　北村梶田慶次郎」(加茂・文化財整理保管センター、梶田家文書、一八一－一)。
(34)「覚」(加茂・文化財整理保管センター、梶田家文書、六四－三六五～三七六)。
(35)「為取替申一札」(加茂・文化財整理保管センター、梶田家文書、八一－三九三～四一一)。
(36)「覚」(浅田家文書、続D－九－六五)。
(37)東京大学経済学部所蔵『浅田家文書仮目録』(一九九二年、同学部図書館文書室)二四一頁。
(38)「文政弐卯年正月　当座万覚帳」(浅田家文書、I－一七九)。
(39)油仕法については、津田秀夫『封建経済政策の展開と市場構造』(御茶の水書房、一九六一年)による。なお、天保二年一〇月に絞油仲間が無株で菜種売買した林村百姓宇兵衛と西法花野村百姓七郎右衛門を訴える事件が生じたことから、浅田家が菜種売買に非合法に携わっていたことがわかるが、この事件以降は菜種売買から撤退を余儀なくされたようである(『山城町史』史料編、一九九〇年、五六六―五六八頁所載の23、24浅田北家文書、および、「天保三辰年三月廿五日　乍恐奉願口上書　御奉行様　上狛村庄屋宇兵衛ほか」安宅孝郎家文書、二九〇九参照。訴訟事件の経緯については、二〇〇二年一二月二五日と二〇〇四年九月四日の南山城研究会での小川幸代報告「南山城の菜種生産と取引」による)。

(40)「天明九年正月吉日　酉年手作野方覚　浅田金兵衛」(浅田家文書、Ⅰ-六五)、前掲注(19)井奥「近世南山城の綿作と浅田家の手作経営」二六〇頁。

(41)「享和四年正月吉日　亥〔子〕歳勘定覚帳　浅田新吾」(浅田家文書、Ⅰ-一五一)。

(42)「覚」(浅田家文書、続D-九-六〇)。

(43)「文化十二年正月吉日　亥歳手作野方帳」(浅田家文書、Ⅰ-六六)。

(44)「文化十五年正月吉日　寅歳当座覚附込帳」(浅田家文書、Ⅰ-一七八)。

(45)伏見や淀は、淀川本流・宇治川・木津川等の淀川水系の河上交通において、三〇石以上の過書船や淀二〇石船などが米穀・塩・薪・肥料などの積み下ろしを行う重要な拠点であった(川名登『近世日本の川船研究』下巻、日本経済評論社、二〇〇五年)。したがって、そこでは油粕の集散・売買が行われていたものと思われる。

(46)「文化五年八月　諸事願書帳　狛四ヶ村」(浅田家文書、D-一〇六)。

(47)慶応一(一八六五)年の浅田金兵衛家は、二月に大坂の古座屋幸七から油粕一三〇玉を一玉二二・五匁で仕入れると同時に、三月には和州平松村(現奈良市)の平七から、油粕一五〇玉を一玉二六・三匁で仕入れているが、後者のうち五〇玉は浅田七郎右衛門家の分であり、共同の力で新しい産地からの油粕の直接仕入れを行っていた(「元治二年正月吉日　丑歳当座覚附込帳」浅田家文書、Ⅰ-一九二)。なお、銀価格は一両=一一〇匁に半減している。

(48)浅田南家文書、L五〇。

(49)浅田南家文書、L五二。

(50)浅田南家文書、L五七。

(51)「諸事御願控」(浅田家文書、D-八〇〇)。

第三章　南山城加茂郷の農民と家族
——観音寺村・里村・北村の史料から

桜井由幾

はじめに

『近世・近代の南山城』で、筆者は西法花野村の宗旨改帳を中心に、上狛の農民家族の一八世紀後半から一九世紀初頭にかけての人口減少、家族規模の縮小、婚姻関係の弱体化、単身化などを指摘し、同時に一八世紀後半からの復活を見た。しかしながら、寛政期後半から文化・文政期の史料が見いだせなかったため、これらの現象をめぐる背景まで追求することができなかった。本章では、西法花野村と同じ藤堂藩城和領の加茂郷に属する観音寺村、里村、北村の史料を中心に農民家族の状況を探ってみたい。

里村は高八七〇石八斗六升一合、北村は六八二石九斗六升五合、観音寺村は七三二石七斗九升二合の中規模の村々で、上狛とは木津川を挟んだ位置にある。北村と観音寺村は、木津川舟運に関わっているが、舟運関係については本書第一章に詳しいので本章では取り上げない。

一　年貢未進と沽却

(1)　人口と家数

寛政期は、本藩である津藩が財政危機の最中にあり、藩制改革による年貢増徴と同時に農民救済策である切印銀制度の改善などが施行されていたという。寛政期の伊勢・伊賀の様相と、藩政イデオローグたちの危機感については、深谷克己氏が分析されているが(1)、南山城でも同様の状況があったと思われる。寛政三(一七九一)年四月、観音寺村の庄屋であった松岡新八は、大庄屋松岡新六に意見書「乍恐奉願口上書」を差し出した(2)。

［史料1］　乍恐奉願口上書

一　当村之義、先年庄屋役相勤候宗兵衛在役之節、自分不仕合ニ付退役仕候節、未進借財御調被下候処、一廉不足ニ相成右宗兵衛沽脚仕団地家財家屋鋪茂売払、一家共迄夫々打掛ケ蔵方も散々誤断申立候而茂、猶残ル処銀五貫四百目余不足ニ相成致方無之村方引請ニ可仕様被仰付無是非村請ニ相成

（略）

①当村之義、古来者凡竈百軒と申村柄ニ候処、尚其節五拾軒ならて無御座様ニ滅絶仕候義を歎御願申上候義ニ御座候、既五拾五年以前元文年中巳年家数八拾九軒人数三百九拾弐人、寛延二巳年宗旨御改帳八十軒人数三百三拾九人と相見へ申候、当時ニ而者四拾三・五軒ならて無御座、尤当宗旨御改帳六拾軒人数弐百四拾九人と在之候得共、右之内四軒ハ寺院無住、拾軒余ハ独身者又者弐人三人人別も御座候得共、他所他村江奉公稼ニ罷出、又ハ一家内へ掛り人と相成居無家者共ニ而、当時耕作仕候者ハ四拾三軒ならて無御座、ケ様ニ成行候義何共歎鋪奉存候（略）②尤私村方之義未進借財如何様之義在之候而も、銘々仕舞ニ而、一向村方助合仕候義ハ無御座、

自分拂之義ニ付、其身分不仕合相重り候得者、無拠御未進相重ミ、尤前広ニ沽脚支払為仕候様ニ、時村役人執計いたし候得者可然義ニも可在御座候得共、惣躰之人兎角沽却いたし候義を厭一ケ年ニ而も可成丈者其侭ニ而相続致度様存無拠義を申立候ニ付、村役人共可成義ニ候ハヽ、其分ニ而相続為致度存、施遣シ候内、又々不仕合相続尚未進相重致方も無之様ニ相成、無拠為及沽却、百匁弐百匁不足候共其人ニ引負セ置申義ニ付、夫ゟ段々利倍相成成立相続難相成ヲ存、出奔いたし他所へ引越シ、又者其侭ニ而居候ニも成立も出来不申、終ニ其人も断絶仕候様成仕合ニ而、段々人家を相減シ申義ニ御座候、猶此侭ニ而ハ又々此後段々人家も減少可仕義ハ相見へ候得共、相増可申義者聊相見へ不申、歎舗奉存候

（略）

寛政三亥年四月

願人
観音寺村庄屋　新八　印
同村　年寄　久左衛門印

松岡新六殿

表1　観音寺村の人口

年	人数	男	女	家数
文化6	276	137	139	63
文化7	283	138	147	67
文化8	286	140	146	67
文化9	289	137	152	62
文化13	277	130	147	59
文政3				57
文政6	281	140	141	58
文政9	276	137	139	57
文政13	283	139	144	57
天保2	291	148	143	58
天保4	287	147	140	58
明治2	339	167	178	72
明治3	315	147	168	69*
明治4	316	147	169	68*

注）＊4軒分別張のため＋4となる．

①の部分で、松岡新八は、本来観音寺村は、竃数一〇〇軒であったが、元文年間（一七三六—四一年）に八九軒三九二人、寛延二（一七四九）年に八〇軒三三九人、となり、現在は宗旨改帳上では六〇軒二四九人に減ってしまっている。しかもこの六〇軒のうち四軒は無住の寺院、一〇軒余りは独身者や二人三人の少人数家族であり、他所他村へ奉公に出ていて村内にいない者、家を失い掛り人として他家

表2　里村の人口

年	人数	男	女	家数
文化6	631	406	325	139
文化7	630	309	321	143
文化8	632	311	321	143
文化15	649	323	326	144
文政9	663	347	316	145
文政12	673	346	327	140
天保13	700*	368	332	150
明治2	669	336	313	147
明治4	666	332	334	147
明治10	677			149

に入っている者などを除けば、耕作に携わる家は四三軒しかないと指摘している。

まず、人口の減少についてみてみたい。表1は観音寺村の「宗旨人別改帳」を集計したものである。新八は寛延二年で三三九人と述べているが、文化六(一八〇九)年には二七六人となり、以降は若干の増減を繰り返しつつも二七〇―二八〇人台を維持している。そして文政期末あたりから天保期にかけて増加傾向に移る。しかし、彼のいう元文のレベルまで回復するのは明治に入ってからである。表2は里村の例である。文政期より天保期に人口が増えていて、これは明治期より多い。しかし、この数字は出奔人を数に入れているためで、七〇〇人のうち五一人が出奔中、一家挙げての出奔が一〇家族あり、単身者で出奔している者もあるので、軒数も実際は文政期程度になる(3)。一方、家数をみると、観音寺村では、元文期の八〇軒には及びもつかない六〇軒台から文政期には五〇軒台に減少する。その後、明治初年には七〇軒を超え増えていく。里村では家数自体は大きな変化は見せず、漸増傾向にある。両村とも、安定的人口、家数の増加は明治に入ってからといえよう。

彼が②で指摘したもう一つの問題点、農業経営が維持しにくい、単身者や二、三人の家族の増加について見る。寛政期は史料に欠けるので、新八の叙述に任せるとして、表3・4は観音寺村と里村のその後の家族規模の変遷を示すものである。観音寺村では文化八、九(一八一一、一二)年では三人以下の家族は村の三割に達している。家族の数は、結婚・出生・養子縁組・死亡などによって短期間で変わりうるので、必ずしも直ちに、貧窮の指標にはならないが、以降、天保期には二割を切り、明治期には再び上昇傾向に移る。ただし、明治期の小家族は家数の増加を伴っており、兄弟や親の隠居による別家が大きな要因となっていて、寛政期に新八が指摘したこととは、かなり背景は異なっている。一方、里村では、文政年間には二五%であったものが天保年間には四割にも達している。後述するように、宗旨

表3　観音寺村の家族規模

人数	文化8年 家数	文化9年 家数	文化13年 家数	文政5年 家数	文政8年 家数	天保3年 家数	明治3年 家数	明治6年 家数	明治8年 家数
1	3	1	3	2	1	1	6	4	10
2	6	6	6	5	4	3	4	2	1
3	13	12	7	7	7	5	9	10	7
3人までの計	22　35.5%	19　30.6%	16　25.3%	14　24.6%	12　20%	9　16%	19　30%	16　22%	18　22%
4	7	8	13	10	10	10	13	12	20
5	12	11	10	14	17	13	11	23	20
6	14	15	8	6	11	12	17	13	16
7	5	5	9	11	3	6	9	8	4
8	2	8	2	1	2	4	4	2	2
9		1	2	0	1	3		1	2
10				1		1			
	62	67	60	57	56	58	73	75	82

表4　里村の家族規模

人数	文政11年 家数	天保13年 家数
1	8	29
2	10	13
3	19	29
3人までの計	37　26.7%	71　41.3%
4	30	26
5	26	28
6	22	24
7	15	11
8	4	7
9	6	1
10	1	1
12		1
	141	170

人別改帳上に文化・文政期からの出奔人が帳外にならずに記載されているのも要因の一つであるが、里村の場合は観音寺村より状況が深刻であるとはいえよう。観音寺村の場合では出奔人は文政期に一人確認できるだけである。一方、掛り人という何らかの事情で他家の一筆に入っている者は観音寺村には見られる。妻の連れ子なども代替わりすると掛り人として扱われることが多い。

(2)　出奔人と奉公人

里村では、文久四(一八六四)年に、文政九(一八二六)年以来の出奔人六家族三一人を宗旨人別改帳から外した。その外の出奔届を含めて判明する出奔人の一覧が表5であるが、いずれも無高の者である。下作と日雇で生計を立てていた。天保九(一八三八)年八月に出奔したとされる西弁蔵は無足人である。文政七年までは四石程度の高を保持していたが、文久

表5　里村の出奔人

出奔年	（出奔時年齢）	備考
文政9年	嘉助（41）	無高
	妻（38）	
	男子（9）	
	女子（6）	
文政10年	長兵衛（27）	無高・日雇
	妻（29）	
	養子（8）	
	男子（5）	
天保3年	磯五郎	無高
	妻	
	男子	
	男子	
	弟	
	妹	
天保8年	儀兵衛（48）	無高
	妻（36）	
	女子（5）	
	男子（4）	
天保9年	西弁蔵（49）	無足人・無高・下作・日雇，自分家
	男子（23）	鹿背山村へ奉公
	男子（17）	大坂へ奉公
	女子（14）	
	男子（8）	
天保13年	吉兵衛（39）	無高・借地借家・下作・少々稼
	妻（38）	
	男子（15）	
	女子（13）	
	男子（10）	
	男子（7）	
嘉永7年	□□	
	男子（35）	
	男子妻（26）	
	男子男子（2）	
慶応□	佐右衛門（32）	出奔届による
	妻（19）	

四年の時点では無高になっている。屋敷地は保有していた。男子二人は奉公に出ていたが、大坂に奉公していた二男は奉公先から直接姿を消したという。家族の形は典型的な単婚小家族であり、家族ぐるみの出奔は、上狛の村々で見た例や寛政三（一七九一）年に松岡新八が憂慮していた剝片化小家族の消滅とは異なった様相を見せている。年貢未進で小農経営から切り離された農民は、労働力はあっても、もはや農村で暮らす意味を失っていたといえよう。

奉公人については『近世・近代の南山城』第四章で林玲子氏が観音寺村（「奉公罷出人別改帳」「城和領下組違幷御内分共其外他国他領江奉公稼日雇此他牛馬増減改帳」観音寺区有文書）も含めて詳細な分析を加えられているが、松岡新八の口上書と同時代の観音寺村は、寛政四年に三二人、五年は二三人の奉公人が届出されている。六〇軒前後の村では、どこの家でも奉公人を出しているという印象であったであろう。以降、幕末まで六人から一〇人程度の奉公人が出ている。表6（後掲）は嘉永四（一八五一）年に観音寺村が凶作に際して生活困窮者に対して行った穀物の貸付けと支給の「覚」から「難渋者」とされる二〇軒のリストである。子どもや兄弟姉妹が奉公稼ぎに出ている家は七軒、三分の一である。必ずしも正規の奉公の届が出されているとは限らない。林氏は、前掲論文で、奉公人の輩出と持高にはあまり関連はないと結論づけられておられるが、それは見方を変えると、持高があることと、生活できることが一致しなくなり始めていることを示す一方、奉公で家を離れるのが出奔一歩手前の生存手段であったことは明らかである。

(3) 年貢未進と沽却

(1)と(2)では、農民家族の状況を見てきたのであるが、次に農地の保有についてみよう。表6—8は観音寺村と里村と北村の持高構成である。観音寺村では、天明元（一七八一）年にすでに五石未満の保有者が四〇％、一〇石未満で見ると五〇％に達する。この状態は五石未満層をジリジリ増やしつつ明治二年には七二％に達している。二五石以上四五石未満の層は個々の浮沈はありながらも安定的に推移する。そして一方的に保有高を増加させていくのが松岡家である。松岡家は、新六・新八と、祐一郎の系統の二家あり、庄屋・大庄屋・目付庄屋などの地位を交替で務めていたが、新八家は、借財で財政的に落ち込み、松岡祐一郎家が文化年間に一一五石を超える集積に達し、明治二年には一二〇石を超えていて、観音寺村内では抜群の地主となっている。里村の場合はさらに極端で中層が天明期ですでに壊滅状態となっている。

自立した農業経営が不可能な零細持高者や無高者が増加する理由を、松岡新八は史料1の②で述べている。年貢未進が起こった時、村役人がすぐさま「沽却」処分をして清算すべきところ、皆、「沽却」を嫌がり先延ばしにするため、未進が累積し、「沽却」を行った時点では、累積額に一〇〇—二〇〇匁も不足することになり、利息も加わっていくので借銀が増え、家が断絶するし、人口も減ると分析している。

表 6　観音寺村の村土地保有

	天明元年		寛政 3 年		寛政 6 年		寛政 10 年		文化元年		文化 8 年		文化 10 年		明治 2 年	
1 石未満	5		5		5		7		7		9		11		11	
2 石未満	2		4		2		3		9		7		5		5	
3 石未満	4		2		3		3		6		7		4		4	
4 石未満	4		5		5		5		5		6		8		4	
5 石未満	2	17	3	19	5	26	6	28	4	31	4	33	5	33	5	29
6 石未満	2		4		5		7		7		7		3		5	
7 石未満	3		4		1		1				2		2		4	
8 石未満	3		2		3		1				1		2		3	
9 石未満	0		1		1				2		2		3		4	
10 石未満	1	9	3	14	3	14	4	34	2	11	3	15	3	13	4	20
15 石未満	9		5		5		7		8		5		11		6	
20 石未満	8		3		8		5		5		5		4		5	
25 石未満	3		3		2		3		3		3		2		3	
30 石未満	1	21	2	13	1	16	2	17		16	1	14		17	1	15
	30 石 028	1		1	31 石 524	1	39 石 570	1	32 石 022	1	33 石 312	1	31 石 029	1	32 石 885	1
	38 石 459	1			39 石 570	1					31 石 312	1	31 石 620	1	36 石 983	1
	42 石 138	1			44 石 889	1	44 石 455	1			44 石 601	1	44 石 248	1		
															53 石 932	1
	65 石 899	1		1	71 石 457	1	74 石 768	1	75 石 337	1	76 石 048	1	77 石 385	1		
	67 石 674	1		1	90 石 303	1	92 石 290	1	99 石 088	1	102 石 884	1	115 石 881	1	120 石 960	1
高持計		52		49		61		63		61		67		68		68
村総作			20 石 407		21 石 165		15 石 360		15 石 594		13 石 042		11 石 026			
出作	5		4		3		3		4		3		3		3	
講	3		3		3		3		5		6		5			

出典）　御免割高寄帳.

表 7　里村の土地保有

	天明 2 年		寛政元年		文政 8 年	
1 石未満	26		17		12	
2 石未満	13		16		11	
3 石未満	16		12		13	
4 石未満	13		7		10	
5 石未満	8	76	9	61	12	58
6 石未満	6		5		7	
7 石未満	5		4		5	
8 石未満	3				1	
9 石未満	2		2		4	
10 石未満	2	18	4	15	3	20
15 石未満	4		7		3	
20 石未満	1		4		2	
25 石未満					3	
30 石未満		5		11	0	8
	30 石 002	1	33 石 944	1		
	33 石 554	1	35 石 567	1		
	36 石 886	1	37 石 206	1		
	49 石 629	1			43 石 899	1
	74 石 024	1			69 石 607	1
	101 石 202	1	120 石 084	1	101 石 085	1
高持計		105		91		89
村総作	115 石 497		23 石 519			
出作				5		16
講		11		14		

表 8　北村の土地保有

石高	天保 12 年		明治 9 年	
1 石未満	15		23	
2 石未満	13		22	
3 石未満	12		1	
4 石未満	14		5	
5 石未満	6	60	8	59
6 石未満	4		8	
7 石未満	6		3	
8 石未満	4		5	
9 石未満	2		2	
10 石未満	2	18	6	24
15 石未満	5		4	
20 石未満	2		5	
25 石未満	2		0	
30 石未満	0	9	0	9
	30 石 368	1		
	42 石 186	1		1
			77 石 155	1
高持計		89		94
村惣作	61 石 544.4		35 石 365	
出作	15		計 27	
講	5		元講 5 石 447	

出典）北村文書 321，北村文書 106.

年貢は村請であるから、未進分は未進者が借銀をして納入するのが原則であろうが、個人で借り入れることができない場合、村が立替えて納入している。立替えの原資については後述するが、「沽却」とは、村が貸した未進立替え分を清算するために、未進者の家財を公売することである。史料2は観音寺村の庄屋松岡祐一郎が大庄屋に提出した未進銀貸付の内容である。嘉永四年に二六貫目一五〇匁の未進が発生しており、それを松岡自身が月一割三分の利息で肩代わりしていることが示される。松岡祐一郎は、自分の資金で貸しており、どこかから借り入れているわけではないといっている。この時点では、村方の肩代わりはないのであるが、村方で肩代わりする場合は、村役人が連名で借り入れをして、それを未進者に貸し付ける形になる。[4]

［史料2］　嘉永四年　松岡祐一郎未進銀貸付一覧

嘉永四年未進銀取調　松岡祐一郎

	銀（匁）
藤助	一八二一
権平	七八五九
平蔵	三一三四
長四郎	六九四一
きく	五二七
平次郎	二六七五
甚四郎	一六七一
嘉三郎	一五二二
〆	二六一五〇

庄屋取替利足月一割三分
庄屋自分取替銀ニ而蔵方別段無御座候

村方江之取替ハ当時ハ無御座候

年寄勇助

庄屋松岡祐一郎

勝田重太郎殿

史料3は文久元年の「村持銀子貸渡帳」の内容である。藩の主催する御切銀から三八一五匁七九を、一〇人の村民が借り入れている。六人は保有地を担保にしているが、四人は無担保で、保証人だけで四〇〇匁を借りている。これは必ずしも年貢貢納の資金ではないかもしれないが、返済できなければ保有地は村のものになる。村有となった土地は村惣作地となり、改めて小作に出される。惣作地の変遷は表6—8を参照されたい。

［史料3］　文久元年　観音寺村村持銀子貸付一覧

文久元年村持銀子貸渡帳　観音寺村

	銀（厘）	（担保）	畝	歩
やな	五〇〇〇〇	下々田	八	二六
庄次郎	二〇〇〇〇	下田	二	一七
久兵衛	七一五七九	上田	一	二八
		下田	二	二六
		下田	〇	六
		下畑	二	八
藤七	三〇〇〇〇	中田	一四	八
	二〇〇〇〇	下々田	五	四
利八		新開田	〇	八
源次郎	五〇〇〇〇	上田	八	一

伊兵衛　請人伊右衛門　四〇〇〇
栄次郎　請人半右衛門　四〇〇〇
要蔵　請人甚右衛門　四〇〇〇
兵左衛門　請人源四郎　二〇〇〇

右之銀子前書之者共高利成替入用ニ御切印銀当十二月御拝借銀内奉願候処御承知被下、右之銀高御貸渡被下借用申処実正也、然ル上ハ返済之儀は御差図次第元利返済可申候、若又相滞候ハヽ引当田地売払銀子ニ而皆済可仕候、引当無之者は請人ゟ急度皆済可仕候、為後日借用証文仍而如件

文久元酉年十二月

借用主　やな
　　　　庄次郎
　　　　久兵衛
　　　　藤七
　　　　利八
　　　　源次郎
　　　　伊兵衛
請人　伊右衛門
　　　栄次郎
請人　半右衛門
　　　要蔵
請人　甚右衛門
　　　兵左衛門
請人　源四郎

村役人中

史料4は慶応元年の観音寺村の村役人が大庄屋勝田寛次郎の役銀から五貫三一九匁七分九厘を借用したもの、史料5は慶応三年同じく三一六匁七分九厘の借用書である。小前取替銀にするために村役人が引当をして借りたとある。このように未進年貢は、村の肩代わりという形で処理されるのであるが、未進者の方は利息のついた借銀をさらに背負うこととなる。肩代りした村方も貸銀を回収しなければならない。そこで行われるのが「沽却」である。[5]

[史料4]　慶応元年　観音寺村村役人借用証文

御役内御預り銀借用証文

借用仕銀子之事

一銀五貫三百拾九匁七分九厘

右者御役内御預り銀之内小前取替入用借用仕候処実正也、利足年五分之定来寅十一月晦日限元利共無相違返済可仕候、尤村役人共江丈夫ニ引当取置候間、万一少しニ而も相滞候ハヾ右引当売払銀子ヲ以聊無相違急度返済可申候、為後日仍而如件

観音寺村組頭　善右衛門
同村同断　権次郎
同村年寄　安右衛門
同村名主　松岡新八
同村同断　中　儀蔵

勝田寛次郎殿

[史料5]　慶応三年　観音寺村役人借用証文

御役内御預り銀借用証文

借用申銀子之事

一銀三百拾六匁七分九厘

（同上文）

観音寺村組頭　権次郎
同村年寄　安右衛門
同村庄屋　松岡新八

勝田寛次郎殿

史料6は文化一三（一八一六）年の観音寺村の半沽却の史料である。借銀が三三〇匁弱に達したため、半沽却にするというものである。

［史料6］(6)

乍恐奉願口上覚

一　無高　観音寺　忠七

右之者年々御上納滞候ニ付借銀相重り当村借仕高三百廿九匁四分五厘相重候故半沽却仕度旨願出候ニ付、右之通御届奉申上候、以上

文化十三子年十二月　観音寺村年寄

庄屋

松岡新次郎様

三二九匁弱の未進銀のために無高の忠七が半沽却をするという内容である。忠七の場合は、この半沽却で借銀はなくすことができた。しかし、沽却で未進借銀が清算できないことの方が多い。

さらに沽却の内容を具体的に見るために、里村の一連の沽却関係の史料を見る。

［史料7］(7)

天明二年　　里村
枯(ママ)脚人付立テ帳
寅十二月　　九郎兵衛
　　　　　　彦兵衛
　　　　　　次郎右衛門
　　　　　　惣八

覚　　惣八

一家　壱軒　　一むしろ　五枚　　一戸たな　壱ツ
一せつちん　壱軒　　一あんどん　壱ツ　　一ばしりら？　壱ツ
一ふすま　四本　　一はしご　壱ケ　　一ほうろく　壱つ
一小しやうじ　三本　　一なべ　壱ツ　　一めしつき　壱つ
一しやじ　三本　　一ミソおけ　三ツ　　一たらひ　弐わ？
一戸　五本　　一におけ　壱荷
一上敷　六枚　　一水鉢　壱ツ

覚　　次郎右衛門

一家　壱軒　　一立戸　四枚　　一桶　三ツ
一雪隠　壱軒　　一むしろ　八枚　　一樽　壱ツ
一半ひつ　壱ツ　　一飯ひつ　壱ツ　　一かわご　弐ツ
一戸　一本　　一かこ　三ツ　　一荷桶　三荷

内壱ツくたけ

一すり鉢　壱ツ　一火打箱　壱ツ　一たご　壱荷
一はしり　壱ツ　一釜　壱ツ　一箒木　壱本
一押敷　弐枚　一たらい　壱ツ　一あんどん　壱ツ
一わん　三ツ　一はしご　壱丁
一同籠　壱ツ　一鎌　壱丁
〆

九郎兵衛

一家　壱軒　一はしり　壱ツ
一桶　弐ツ　一茶わん　三ツ
一いかき　弐ツ　一荷桶　壱ツ
一釜　壱ツ　一かこ　弐ツ
一箱　壱ツ　一ミ　壱丁
一桶　壱ツ　一ひはち　壱ツ
一つぼ　壱ツ　一かこ　いかき
一ほうろく　壱ツ　一はしこ　壱丁
一桶　弐ツ　一ろうわ?　四束
一はんびつ　壱ツ　一しやじ　壱本
一箱　壱ツ　一あんど　壱ツ
一糸車　壱丁　一むし　十枚
一たれみ　壱丁　一柿木　四本
一梅木　壱丁

一山　　拾弐歩割　松木凡四駄
　　　　　　　　　打木凡弐拾五束程
　　　　　　　　　松葉凡十俵程
　　　　　　　字立岡山

〆

（彦兵衛分略）

ここでは四人が、沽却をするのであるが、まず史料7のように、売るべき家財を書き上げる。家・雪隠・小屋などから、障子・襖・敷物・戸などの建具、さらに茶碗・しゃもじ・鍋・焙烙などの什器、農機具、山の松の木から柿の木まで書き上げられている。算用帳には、書き上げられた私財を買った者の名前、金額も記載される。

文政六年には清四郎・又四郎・伊兵衛・茂助・庄右衛門・伊八の六名が沽却になった。

	未進額	売上額	不足額	村立替額
伊八	六四六匁八八	三三六匁一	三一〇匁七八	二五五匁七一
庄右衛門	五二五匁五四	二二五匁五四	三〇〇匁	一四九匁一一
伊兵衛	一一〇二匁五〇	三二〇匁五九	七八一匁九一	三九〇匁七五
茂助	四四五匁八三	一一一匁五七	三三四匁二六	一六七匁一三
清四郎	五四三匁九二	一六六匁九八	三七六匁九四	一八八匁九七
又四郎	三四七匁二七	一三七匁三六	二〇九匁九一	一〇四匁九六

売上げが未進額には全く及ばないが、この内、村ではすでに計一貫二五六六匁を立替払いしている。この部分の処理が、先の例と同様に「弱百姓難渋御助免」として二七五匁六分一厘、一一一匁五分を家別に五分から一匁ずつ負担、六八匁五四を村惣作から出し、それでも不足する八〇匁九八を、高持から一石に付き一匁三分一厘を徴収して処理している。沽却者は、不足額から村で立て替えた分の差額が未進として、残ることになる。

表 9　里村の難渋届（文政 7 年）

名前	持高（合）	預り地（畝）	続柄（年齢）	村方借銀（匁）	内借銀	下げ札
藤蔵	5790		（32）	76483	65000	此高譲り候共値で候望人無御座地面ニ付作徳無少候故難渋仕候
			妻（35）			
			男子 1（9）			
			男子 2（6）			
			女子（3）			
			母（65）			
小四郎	3354		（45）	21644	10000	
新蔵	0	45*1	（61）	12897	10400	*1 此高惣作高之内貰候儀故値ニ相成不申候
			男子 2（30）			奉公稼ニ罷出居候
			男子 3（16）			
			男子 1（33）			
			男子 1 妻（27）			
			男子 1 男子（5）			
			男子 1 女子（3）			
長兵衛	900	30	（63）	7038	13000	
			養子（24）			
			養子妻（26）			
			養子男子 1（5）			
			養子男子 2（2）			
滝蔵	2713	20	（29）	34014	10000	
			妻（23）			
			女子（6）			
			男子（3）			
兵蔵	6329	10	（48）	61280	30000	
			妻（37）			
			男子 1（16）			
			女子 1（13）			
			女子 2（10）			
			女子 3（8）			

			男子２（5）			
			男子３（2）			
九左衛門	6288		（56）	27040	36000	此高無値貰候処其後洪水ニ而地所悪敷相成候今譲候ハヽ値添不申候而ハ貰人無御座候
			男子１（29）			
			男子２（23）			
宇八	0		（43）	16405	7000	
			女子（22）			
			男子（19）			
庄左衛門	2531	10	（39）	14911	34000	
			妻（35）			
			女子１（13）			
			女子２（9）			
			男子（5）			
			女子３（3）			
喜内	6370	22	（57）	38127	37000	
			妻（56）			
			男子２（21）			奉公稼ニ罷出居候
			男子１（32）			
			男子１妻（27）			
			男子１女子（8）			
			男子１男子（6）			
			母（84）			
千助	0	45	（66）	43663	26000	
			妻（27）			
			女子（33）			奉公稼ニ罷出居候
			男子（44）			
			男子妻（35）			
			男子男子（11）			
平七	1760	53	（64）	35818	20000	
			妻（ ）			
			男子２（ ）			
			男子１（ ）			

表9　つづき1

名前	持高（合）	預り地（畝）	続柄（年齢）	村方借銀（厘）	内借銀	下げ札
平七			男子1男子（　）			
喜十郎	0	50	（49）	20000	11000	
			妻（37）			
			女子1（17）			
			女子2（14）			
			男子1（11）			
			女子3（8）			
			男子2（3）			
伊兵衛	0		（43）	39074	30000	
			妻（38）			
			男子（17）			
			女子1（13）			
			女子2（9）			
			女子3（5）			
			女子4（2）			
			父（64）			
源蔵	0	70	（48）	14571	20000	
			妻（39）			
			女子1（13）			
			女子2（11）			
			男子（5）			
吉三郎	3887	30	（32）	57110	32000	此高無値貫候処其後洪水ニ而地所悪敷相成候今譲候ハヽ値添不申候而ハ貰人無御座候
			女子（5）			
			弟1（25）			奉公稼ニ罷出居候
			妹1（23）			奉公稼ニ罷出居候
			妹2（18）			
			弟2（17）			
			母（57）			

源兵衛	3903	10	(52)	30449	30000	此高惣作高之内貰候儀故値ニ相成不申候
			男子 (18)			
伊兵衛	2450	30	(46)	15255	19000	此高惣作高之内貰候儀故値ニ相成不申候
			妻 (37)			
			男子 1 (16)			
			女子 1 (13)			
			男子 2 (11)			
			男子 3 (8)			
			女子 2 (2)			
伝四郎	0	25	(50)	1410	3000	
			妻 (42)			
			男子 1 (20)			奉公稼ニ罷出居候
			男子 2 (18)			奉公稼ニ罷出居候
			男子 3 (15)			奉公稼ニ罷出居候
			女子 (11)			
			養子 (8)			
			男子 4 (6)			
			男子 5 (2)			
清次郎	3620	20	(35)	9995	20000	此高無値貰候処其後洪水ニ而地所悪敷相成候今譲候ハ、値添不申候而ハ貰人無御座候
			妻 (29)			
			男子 1 (8)			
			男子 2 (5)			
			女子 (2)			
弥兵衛	0	50	(42)	7136	4000	
			妻 (40)			
			女子 1 (11)			
			男子 (9)			
			女子 2 (7)			
久兵衛	0	60	(59)	15098	30000	
			養子 (32)			
			養子妻 (33)			
			養子男子 1 (7)			

表9　つづき2

名前	持高（合）	預り地（畝）	続柄（年齢）	村方借銀（厘）	内借銀	下げ札
久兵衛			養子男子2（2）			
孫兵衛	550	35	（34）	10150	15000	
			妻（29）			
			女子1（7）			
			男子（5）			
			女子2（3）			
清四郎	3134	20	（38）	18897	40000	此高惣作高之内貰候儀故値ニ相成不申候
			妻（33）			
			女子1（9）			
			女子2（7）			
			女子3（5）			
			母（73）			
茂助	0	20	（35）	1863	6000	
			妻（35）			
			男子1（6）			
			男子2（3）			
与兵衛	0	40	（50）	24631	15000	
			妻（47）			
			養子（28）			奉公稼ニ罷出居候
			男子1（21）			奉公稼ニ罷出居候
			男子2（16）			奉公稼ニ罷出居候
			男子3（11）			
			男子4（5）			
			弟（40）			
嘉助	0	45	（35）	19470	23000	
			妻（32）			
			男子（3）			
喜兵衛	950	50	（27）	16042	20000	
			妻（24）			

			男子（3）			
			母（69）			
太四郎	1190	40	（43）	8040	7000	
			妻（32）			
			男子（5）			
吉次郎	1643	35	（33）	26993	20000	
			妻（33）			
			女子（8）			
			男子1（6）			
			男子2（3）			
又四郎	1331	50	（59）	10497	40000	
			妻（59）			
			女子（33）			
			女子女子（13）			
			養子（7）			
庄六	6087	50	（64）	45704	30000	此高惣作高之内貰候儀故値ニ相成不申候
			男子2（28）			
			男子3（25）			
			男子4（21）			
			男子1（30）			
			男子1妻（31）			
			男子1男子（6）			
			男子1女子（3）			
武平次	385	30	（44）	31633	20000	
			妻（35）			
			男子1（10）			
			男子2（8）			
			女子（5）			
			男子3（2）			
			父（71）			
			母（73）			
与八	0	50	（38）	33295	30000	
			妻（31）			

表9　つづき3

名前	持高（合）	預り地（畝）	続柄（年齢）	村方借銀（匣）	内借銀	下げ札
与八			女子（8）			
			男子（4）			
			弟1（31）			奉公稼ニ罷出居候
			弟2（27）			
治郎左衛門	0	35	（46）	5009	8000	
			妻（38）			
			女子1（12）			
			女子2（10）			
			男子1（8）			
			男子2（5）			
			女子3（3）			
庄次郎	1508	30	（47）	4835	17000	
			妻（36）			
			女子（10）			
磯次郎	2694	30	（35）	13633	35000	此高惣作高之内貫候儀故値ニ相成不申候
			弟（26）			奉公稼ニ罷出居候
			妹1（23）			
			妹2（19）			
			母（58）			
源左衛門	1770	50	（33）	39134	40000	
			妻（26）			
			男子（5）			
			女子（2）			
			父（66）			
久八	0	70	（63）	21602	30000	
			男子1（28）			奉公稼ニ罷出居候
			男子2（26）			奉公稼ニ罷出居候
			男子2妻（25）			
忠三郎	0	40	（35）	14156	5000	

			妻（28）			
			女子 1（7）			
			女子 2（2）			
喜四郎	0	50	（43）	15020	32000	
			養子（15）			
			母（65）			
源次郎	1235	40	（37）	67624	30000	
			妻（32）			
			妹 1（28）			
			妹 2（23）			
			養弟（25）			
			母（62）			
藤七	1855	50	（47）	17867	28000	
			妻（43）			
			男子（20）			
			女子 1（14）			
			女子 2（12）			
			女子 3（8）			
市右衛門	0	15	（53）	8307	10000	
			妻（48）			
			養子（27）			奉公稼ニ罷出居候
			女子 1（24）			奉公稼ニ罷出居候
			女子 2（15）			
			男子（12）			
十右衛門	1136	20	（46）	17153	7000	※此高惣作高之内貫候儀故値ニ相成不申候
			妻（39）			
			男子 1（12）			
			男子 2（10）			
			女子（7）			
			男子 3（4）			

表 10　嘉永 4 年観音寺村の難渋者一覧

名前	持高（合）	預り地（畝）	続柄（年齢）
平蔵	無高	45	(56) 妻 (50) 男子 1 (21) ※ 女子 (19) 男子 2 (12)
長四郎	無高	50	(42) 妻 (40) 養女 (17) 男子 1 (15) ※ 男子 2 (12) 女子 (9) ※ 姉 (52)
藤助	341	40	(49) 妻 (36) 女子 (12) 男子 (3)
栄次郎	1547	95	(31) 妻 (26) 妹 (17) 母 (60)
嘉三郎	無高	43	(36) 妻 (31) 女子 1 (9) 女子 2 (3)
忠次郎	476	60	(42) 妻 (36) 女子 (10) 男子 (6)
善次郎	634	60	(23) 弟 (16) ※ 母 (44)
要蔵	無高	70	(45) 妻 (37) 男子 1 (14) 男子 2 (10) 女子 (7)
つる	無高	10	(59) 養子 (34) ※ 女子 (20) ※
清兵衛	無高	87	(66) 妻 (56) 男子 1 (32) 女子 (22) 男子 2 (18)
平次郎	無高	20	(51) 妻 (56)
きく	無高	10	(36)
庄次郎	3451	50	(35) 妻 (31) 女子 1 (8) 男子 (5) 女子 2 (2) 母 (58)
啓次郎	無高	5	(53) 妻 (34) 女子 (17)
清次郎	927	50	(52) 妻 (44) 女子 1 (21) ※ 女子 2 (16) ※ 女子 3 (12)
利八	2087	25	(33) 姪 (22) ※ 甥 (14) ※ 兄 (49) ※ 兄妻 (48) ※
作次郎	3539	70	(46) 妻 (45) 男子 1 (18) 男子 2 (17) 男子 3 (14)
重蔵	無高	50	(25) 妻 (27) 女子 (2)
清三郎	無高	55	(22) 妻 (26) 女子 (3) 弟 (30) ※ 母 (60)
藤七	3540	60	(36) 妻 (34) 男子 (2) 養妹 1 (29) 養妹 2 (23) 養母 (59)
			8400（内 2520 拝借） 5880 下行

出典）観音寺区有文書 2678「覚」.
注）拝借分は 5 年間で返済完了している．※は奉公稼中.

文政七(一八二四)年の里村「必至極窮ニ付夫食米名前御配帳」を見てみたい(表9)。四五軒の必至極窮者が書き出されている。凶荒時の救済記録であるが、村の半数にあたる。無高は一八軒であるが、六石余を所持している藤蔵の部分には「この地面は村惣作地から貰ったものであるから値段がつかない」と注記され、兵蔵の五石七斗九升の持高には「この高は売ろうとしても買い手がつかない作徳の少ない土地である」とある。このような注記は大半の持高についており、年貢未進があっても担保にならない状況になっている。表中の村方借銀は、彼らの村方への負債の総額で、拝借銀は借りた元金である。差額は利息の蓄積である。ここで必至極窮とされる四五軒中、元金が減っている例は一件のみである。土地を失った後も未進年貢が増大し続けていることがわかる。沽却はこのような事態の下で行われるのであるが、沽却を経ても負債は改善したとは思えない。表10は観音寺村の嘉永四年の「難渋者届」である。難渋者二〇軒で、村の三分の一である。三石余までの零細な石高所持者と無高の者が半々で、預り地と合わせてほぼ一町一〇石規模の経営であることが窺える。

非常な貧窮を思わせる一方、寛政三年に松岡新八が懸念していた諸問題、人口減少には歯止めが掛かっており、とくに里村では子ども数が増えて、出生も順調のように見える。家数も元文の時代には戻らないまでも、減少はせず六〇軒前後で維持されている。先に見た無足人西家のように家族が順番に出奔してしまった例もあるが、出奔の激増という程には至っていない。明和期には年貢減免を訴える越訴の動きがあったが、以降は取り立てた騒動の気配もうかがえない。未進年貢を負って借財が嵩んでも、子女を奉公稼ぎに放出しつつ、一応の日常生活を営んでいく農業生産力は保持されていると考えてよい。

連印				印	宛先	
惣代組頭亀右衛門	同断喜十郎	年寄治兵衛	庄屋久左衛門	抹消	梶田順蔵	
		年寄治兵衛	庄屋久左衛門	抹消	梶田順蔵	
		年寄治兵衛	庄屋久左衛門	ひかえ	郡奉行所	
		年寄治兵衛	借主庄屋久左衛門	あり	梶田順蔵	
惣代組頭宇右衛門	同断喜十郎	年寄治兵衛	庄屋久左衛門	あり	梶田順蔵	
		年寄治兵衛	借主庄屋久左衛門	あり	梶田順蔵	
惣代組頭宇右衛門	同断喜十郎	年寄治兵衛	庄屋久左衛門	あり	梶田順蔵	
		年寄治兵衛	借主庄屋久左衛門	抹消	梶田順蔵	
		年寄治兵衛	庄屋久左衛門	あり	松村助左衛門（市問屋）	
		年寄宇右衛門	借主庄屋松岡新八	あり	梶田順蔵	
		年寄宇右衛門	借主庄屋松岡新八	あり	梶田順蔵	
		年寄宇右衛門	借主庄屋松岡新八	あり	梶田順蔵	
惣代組頭善右衛門	同断喜十郎	年寄宇右衛門	庄屋松岡新八	あり	勝田重太郎	
借主善蔵		年寄安右衛門	庄屋中儀蔵	あり中儀蔵のみ抹消	勝田寛次郎	加役馬場武兵衛
		年寄安右衛門	庄屋中儀蔵	あり馬場武兵衛のみ抹消	郡奉行	加役馬場武兵衛

二　村役人層の立場

第一節では下層の農民家族が、年貢未進のため自作地を失い、時には家財も失いながらも、子ども数は増え、老人も長命化し、農業経営から離脱しないで村内で生活を持続している状況を見てきたが、その一つの背景には、先にも述べたが、未進年貢の村方での肩代わりがある。村方貸付の原資を村役人が連名で借り入れることにも触れた。表11は観音寺村の村方借入証文を見いだせる限りでまとめてみたものである。借入先は、稼増積金・ため池普請銀、街道筋の馬持への補助銀、災害補助金などを又借りする場合もある。返済できない場合は連印の村役人が責任を持つと明記されている。表12は天保一三年、松岡新八が、借財が嵩んで庄屋を引退する羽目に陥った際の村内・里村・兎並村からの貸借状況である。合計二六貫四四〇目となる。この外に高田村の利兵衛から村方入用のためという借入もあった。

［史料8］　（天保一四年）

表 11　観音寺村村役人借用銀証文一覧

	銀目	目的	借用先	返済期日	利足	引当
文政 4 年 12 月	1600	上納入用		来 11 月 30 日	年 1 割	あり
文政 5 年 12 月	656.136	上納入用	稼増積金	来 11 月 30 日		なし
文政 8 年 12 月	800		溜池普請銀	普請完成後		
文政 10 年 12 月	122.13	上納入用		来 11 月晦日		なし
文政 11 年 12 月	2000	上納入用		来 11 月晦日		あり
文政 11 年 12 月	688.352	上納入用		来 11 月晦日	年 8 分	なし
文政 12 年 12 月	2000	上納入用		来 11 月晦日	年 1 割	あり
文政 13 年 12 月	122.13	上納入用		来 11 月晦日	年 8 分	なし
文政 13 年 12 月	3500	村方小前借財銀済替入用	馬持難渋切印銀借用銀内	来 12 月	年 1 割	連印者相弁
天保 4 年 12 月	215.3	上納入用		来 11 月晦日	年 8 分	あり
天保 5 年 12 月	332.67	上納入用		来 11 月晦日	年 8 分	あり
天保 5 年 12 月	984.765	上納入用		来 11 月晦日	年 8 分	なし
天保 9 年 12 月	1440	小前江取替銀入用	役目預り金	来 11 月晦日	年 6 分	あり
文久 2 年 12 月	500	当村吉蔵高利成替入用	役内手廻シ銀	来 11 月晦日	年 6 分 3 厘	あり
万延元（申）年 6 月？	1040.36	支払方差支	大雨洪水破損修理銀之内	御差図次第		

新八方高田銀出入済証之写　　松岡新八控

差上申済証文

高田村　栄蔵
忠四郎

右両人ゟ観音寺村先庄屋松岡新八先年寄宇右衛門村惣代喜重郎高田村利兵衛連印証文取之、栄蔵ゟ銀弐貫目忠四郎ゟ銀五百目去ル戌年十二月村方入用銀ニ、則高田村利兵衛世話ニ而、翌亥年十月晦日限り之約定ニ而右新八江銀子貸シ候処、亥十一月利足差入元銀再借被相頼候ニ付承知仕置候、然ルニ子年十一月ニ前年同様利足差入元銀尚又再借被相頼候ニ付、是又承致仕置候、翌丑年暮ゟ元銀者勿論利足等も相渡シ呉不申候ニ付、其後数度催促仕候得共色々申延シ等閑ニ被致置、甚迷惑難渋仕候ニ付、不得止事当四月十五日右連印之者相手取書付を以て御願申上候処、何れも御召出御調之上郷宿対談被仰付候ニ付、郷宿対談仕候得共急速和談之場ニ及不申候ニ付、帰村対談御願申上候処御聞済被成下、観音寺村善右衛門高田村利兵衛両人江取扱被下候ニ付、右両人ゟ双方江

表 12　松岡新八の貸借状況

天保 13 年	未進銀幷自分借し共算用帳							
	未進銀	申	酉	戌	亥	子	丑	寅
	権平（郷使・村使）	571.13	1025.23	1457.23	1925.81	1958.81	2313.94	2555.36
	清兵衛	270.6	747.87	881.3	1104.52	1719.5	226.13	
	武助					339.98		
	作次郎					134.27	100.66	101.13
	左兵衛					432.49	513.62	567.4
	久右衛門			88.3		188.59	223.97	247.23
	喜十郎			264.57	2973.57	613.42	687.45	852.68
	平蔵					696.95	827.91	914.01
	自分貸							
	権平		275.52	569.64	638	744.56	800.31	848.33
	善四郎							428.5
	庄次郎						78.68	82.8
	庄右衛門						543.59	576.21
	善兵衛						3534.2	375.25
兎並	藤右衛門							325.5
高田	清蔵							22.1
高田	金二郎							25.5
山崎	清助							54.14
	七郎兵衛					967.12		
	金四郎					75.6	57.29	60.67
	喜七郎							

天保 14 年　卯 12 月		借財銀覚計
	目	
	2300	政右衛門
	1800	善右衛門
	200	善右衛門
	300	平兵衛
	1000	地蔵院
里村	1000	惣右衛門
	3000	松岡祐次郎
	1500	権次郎
	200	権次郎
	5870	嘉兵衛

天保 14 年　卯 12 月		借財銀覚計
	目	
	800	嘉兵衛
	800	勇助
	2000	馬場宗十郎　取次方
	500	藤右衛門
	400	佐野屋市兵衛
	2000	勝田十兵衛
	2500	掛方
兎並	2700	伝三郎
〆	28870	

出典）松岡家文書（京都府立資料館蔵）より作成.

色々取扱呉候得共和談相整不申候故、追々猶予相願村方ニ而対談仕候得共和談相整不申候ニ付、当六月廿五日大庄屋所江差出シニ相成則大庄屋所江双方御召出重く御理解之上尚又当御役方様江御下ヶニ相成候ニ付、里村藤吉兎並村伝三郎右両人江取扱被仰付被下、両人ゟ段々双方江懸合取扱被呉候而左之通和談相調申候
去ル丑年十二月ゟ借銀高
一銀弐貫四百六拾六匁六分六厘　　栄蔵ゟ貸
右同断
一同六百拾六匁六分六厘　　忠四郎ゟ貸
二口合三貫八拾二匁三分弐厘
内
銀壱貫四百目　　栄蔵江
同三百拾目　　忠四郎江
右之通十二月十日限両人江相渡シ可申筈
残テ銀壱〆六拾六匁六分六厘　不足銀栄蔵分
同　銀弐百六拾六匁六分六厘　不足忠四郎分
二口〆壱貫三百三拾三匁三分弐厘
右者栄蔵忠四郎両人ゟ松岡新八江減少済いたし置可申筈
天保十四年卯十一月十五日

高田村　栄蔵
同村　忠四郎

同村　　利兵衛

史料8によれば新八の借銀は利息も加えて三貫〇八二匁余となり、一貫三三三匁減額してもらうことで決着した。年寄と村物代連名で借入れているが、返済は新八になっている。第一節(1)の史料1の冒頭の部分には、新八の先任庄屋宗兵衛が借財を返済しきれず、沽却に至ったとある。明和七年のことであったが、米屋・橘屋などの承認、他村の切印銀の又借り、伊賀からの借り入れなど約七貫五〇〇匁が焦げ付き、小前二一人分の回収不能分を差し引いてもらい、家財田畑山林すべて沽却処分をしたが、銀五貫四〇〇匁余が残って結局村が引き受けることになってしまったとある。年貢未進のための貸付で土地を集積しても、年貢負担の過重さとのバランスで、立替貸付が焦げ付き、自分の責任で借りた銀は返済できなくなるという微妙な立場にあったのが、村の庄屋たちであったのではないだろうか。

三　近世的農業の産業化

第一、二節でみてきたように加茂郷の村々は近世後期を通じてかなり苛酷な状況下に置かれていたように見える。しかし、先に触れたように、人口・家数の減少は寛政期で底を打ち、天保期には回復基調に入ると思われるのであるが、幕末期の推移の史料が少々乏しい。そこで明治期の史料をみていくことにする。観音寺村の明治五年「村柄明細帳」北村の明治六年「産物高調」(8)には、米・麦・大豆・小豆・栗・胡麻・豌豆・蚕豆・小角豆・菜種・大根・茄子・牛蒡・水菜・芋・長芋・綿・柿・煙草・鶏・家鴨・鶏卵・梅・菜葉・製茶・番茶・竹皮・竹・薪が書き上げられているが、これらの品目のうち売りに出されているものは、観音寺村では菜種八石・薩摩芋一五〇駄・茶六五〇斤など、北村では菜種三五石・茶一七六〇斤・番茶三五〇斤・綿四六〇貫・竹皮二〇〇貫目・竹二四〇〇貫目などとなっていて、とりわけた特産物があるわけではない。

① 菜　種

加茂郷一帯では、近世前期から菜種の栽培は、多くはないが行われていた。宝暦九年までの一〇年間の生産量は表13の通りであった。絞油の施設はなく、南都と玉水へ積み出していると述べられているが、明治期まで栽培は続けられている。

② 綿

表13で綿実油は、実綿をそのまま売ってしまうので、ないと述べられているように、綿の栽培も近世期からのものである。里村では天明四年には田高四九石九斗四升一合、畑綿高一二七石九斗八升八合に綿を作付していた。観音寺村では幕末の状況がわかる。安政六(一八五九)年・文久二(一八六二)年・元治元(一八六四)年の「生綿野廻り帳」[9]で見ると、一〇石六斗、元治元年では四一石八斗弱、田綿二六石五斗弱、畑綿が一五石三斗余、明治二(一八六九)年は四五石余の作付となっている。北村では安政二(一八五五)年の作付が畑六六石六斗弱、田で四四石弱である。いずれも村全体からみれば余業といえるかもしれないが、商品化できる作物をずっと維持してきたことは指摘できよう。

③ 茶

茶の栽培の形跡は近世期には見当たらないが、明治期にはかなり積極的な動きがある。表14は明治九年北村での「茶製中寄留人調帳」の内容である。二〇軒で相楽郡外から四八名を五月に雇い入れている。季節労働者を必要とする規模の商業的作物としての茶栽培がこの地域でも進行していたことを示すものである。

観音寺村では一一年に観音寺村茶業組合を設立した[10]。この時の加入者は六二名で、村民の三分の二が参加していることになる。生茶の生産量は二五〇〇貫目強であった。はじめの惣代は阪本利兵衛、次は松岡政次郎が務めた。生産額に応じて出資し、組合費は一口六厘、出荷のための証葉が一枚一〇銭であった。一四年「茶反別調」では七町一反五畝二三歩が茶畑となっているが、その内容が表15である。茶畑としての期間は三〇年以前からの畑は三反八畝弱に

表13　加茂郷の菜種・綿実生産量

寛延2	菜種48石	相楽郡石垣村玉水油屋江売舟積出し申し候	宝暦4	菜種40石	相楽郡石垣村玉水油屋江売舟積出し申し候
	菜種12石	南都油屋へ売申候		菜種5石	南都油屋へ売申候
	綿実	是ハ実綿ニ而所々売候ニ付綿実無御座候		綿実	是ハ実綿ニ而所々売候ニ付綿実無御座候
	菜種油	是ハ当所ニ油屋無之候故しほり不申候		菜種油	是ハ当所ニ油屋無之候故しほり不申候
	綿実油	右同断		綿実油	右同断
寛延3	菜種42石	相楽郡石垣村玉水油屋江売舟積出し申し候	宝暦5	菜種36石	相楽郡石垣村玉水油屋江売舟積出し申し候
	菜種7石	南都油屋へ売申候		菜種7石	南都油屋へ売申候
	綿実	是ハ実綿ニ而所々売候ニ付綿実無御座候		綿実	是ハ実綿ニ而所々売候ニ付綿実無御座候
	菜種油	是ハ当所ニ油屋無之候故しほり不申候		菜種油	是ハ当所ニ油屋無之候故しほり不申候
	綿実油	右同断		綿実油	右同断
宝暦元	菜種33石	相楽郡石垣村玉水油屋江売舟積出し申し候	宝暦6	菜種34石	相楽郡石垣村玉水油屋江売舟積出し申し候
	菜種5石	南都油屋へ売申候		菜種6石	南都油屋へ売申候
	綿実	是ハ実綿ニ而所々売候ニ付綿実無御座候		綿実	是ハ実綿ニ而所々売候ニ付綿実無御座候
	菜種油	是ハ当所ニ油屋無之候故しほり不申候		菜種油	是ハ当所ニ油屋無之候故しほり不申候
	綿実油	右同断		綿実油	右同断
宝暦2	菜種41石	相楽郡石垣村玉水油屋江売舟積出し申し候	宝暦7	菜種32石	相楽郡石垣村玉水油屋江売舟積出し申し候
	菜種8石	南都油屋へ売申候		菜種5石	南都油屋へ売申候
	綿実	是ハ実綿ニ而所々売候ニ付綿実無御座候		綿実	是ハ実綿ニ而所々売候ニ付綿実無御座候
	菜種油	是ハ当所ニ油屋無之候故しほり不申候		菜種油	是ハ当所ニ油屋無之候故しほり不申候
	綿実油	右同断		綿実油	右同断
宝暦3	菜種45石	相楽郡石垣村玉水油屋江売舟積出し申し候	宝暦8	菜種32石	相楽郡石垣村玉水油屋江売舟積出し申し候
	菜種7石	南都油屋へ売申候		菜種3石	南都油屋へ売申候
	綿実	是ハ実綿ニ而所々売候ニ付綿実無御座候		綿実	是ハ実綿ニ而所々売候ニ付綿実無御座候
	菜種油	是ハ当所ニ油屋無之候故しほり不申候		菜種油	是ハ当所ニ油屋無之候故しほり不申候
	綿実油	右同断		綿実油	右同断

出典）　春日若宮文書.

表 14　明治 9 年北村の茶栽培雇用人

雇用主	雇用人出身地	雇用人名	年齢	雇用主	雇用人出身地	雇用人名	年齢
北本安右衛門	堺添下郡	男・妻	25	中野久右衛門	堺大和	男・妻	61
	堺添下郡	女	20	中野惣二郎	堺大和	女	17
	堺添下郡	男	26	福井利助	堺大和	女	26
	不明	男	不明	福井忠次郎	堺大和	女	64
柳本与八	堺大和	男	40		堺大和	女	16
中田善兵衛	三重下伊賀	男・妻	47		堺大和	男	19
高塚嘉兵衛	堺大和	男	46	竹田久次郎	堺大和	女	19
	山辺郡	男	21		堺大和	女	21
	山辺郡	男	20		堺大和	女	22
	河内	男	41	山本与右衛門	堺大和	男	15
中野忠次郎	堺大和	男	26		堺大和	男	18
	不明	男	不明	北野卯三郎	堺大和	男	15
山本与右衛門	堺大和	男・男	不明		堺大和	男	37
山口□助	河内	男	37		堺大和	男	31
	河内	男・妻・娘 2	32		堺大和	男	39
	堺添上郡	男	37	山中長三郎	堺大和	男	30
稲垣源六	堺河内	男	39		堺大和	男	不明
	堺河内	女	22		堺大和	男	31
	堺河内	女	23	平岡□助	堺大和	男	29
	堺河内	女	52	山口藤助	堺河内	男・妻	不明
	堺大和添上郡	男	32	藪下嘉三郎	不明	男	不明
	堺大和添上郡	男	31	不明	不明	男	不明
	堺河内石川郡	女	29	計		53 名	

過ぎず、二〇年以前からのものが約一町二畝、一五年は約八反で、一〇年以前、明治四年あたりに急増し四町九反三畝が作付された、その後は頭打ちになり、一九年には三町七反余に減っている。各人の面積は最多で五反六畝、物代の松岡政次郎は一反四畝を有していた。

一九年の加入者は五九名で、三名が脱退している。二人は組合員費の未納であるが、中西勇三郎の場合は違った思惑があった。彼は当初からの組合員で一反一畝の作付をしていたが、一九年になって脱退した。その後大坂へ直接売り込みに行っていることが発覚し、上部団体である相楽郡茶業組合から規約違反であると指摘された。中西は製品をすでに鹿背山村の茶商に売却済みであったが、彼の責任ということで、粗悪品を売っている疑いでサンプルの検査を受けることになった。その結果が左の告知書である。[11]

［史料 9］　告知書

表 15　観音寺村の茶栽培面積

[明治 14 年]

栽培者名	畝	歩	栽培者名	畝	歩	栽培者名	畝	歩	栽培者名	畝	歩	栽培者名	畝	歩
惣二郎	7	27	久右衛門	14	9	源四郎	9	23	市太郎	12	4	善松	8	9
半兵衛	11	8	長三郎	9	21	清五郎	10	9	浅吉	7	7	鶴之助	10	18
伊兵衛		30	武兵衛	8	18	嘉右衛門	9	23	久五郎	4	15	庄二郎	7	17
孫七郎	3	5	宇右衛門	55	26	藤三郎	8	3	安二郎	14	4	権右衛門	16	16
繁松	6	22	九兵衛	24	18	長次郎	2	6	忠二郎	4	25	久四郎	6	8
勇三郎	23	29	義三郎	9	14	勇造	5	25	市二郎	10	29	嘉右衛門	4	16
利兵衛	13	19	留造	14	20	久右衛門 北	4	19	伊助	15	8	政二郎	15	9
庄吉	7	15	吉之助	5	26	忠左衛門	3	0	作二郎	9	2	平七	5	9
吉兵衛	5	24	多助	17	2	与三郎	9	2	源七	16	15	利左衛門	10	9
梅吉	13	24	甚右衛門	13	20	市右衛門	5	2	文二郎	3	23	喜三郎	24	23
伊右衛門	13	14	政右衛門	5	23	乙吉	4	27	浅右衛門	10	11	弥七郎	4	27
治兵衛	3	24	金四郎	7	21	兵左衛門	5	28	幸二郎	4	19	栄造	8	21
九左衛門	21	19	善右衛門	2	9	久二郎	1	17	平助	6	24	政吉	4	10
善兵衛	3	13	久三郎	18	2	為八	12	6	多左衛門	26	6			

[明治 19 年]

栽培者名	畝	栽培者名	畝	栽培者名	畝	栽培者名	畝	栽培者名	畝
宮口庄吉	5	坂本常次郎	9	福井忠次郎	2	北林富蔵	5	北兵次郎	2
宮口繁松	7	山口梅吉	3	松岡政次郎	14	北清五郎	7	北清一	4
坂本利兵衛	10	中辻九左衛門	10	松岡市太郎	16	福井甚右衛門	12	岩木源之助	14
宮崎栄造	7	松本惣次郎	7	中岡伊助	10	北林嘉右衛門	8	北奈良松	4
宮崎喜三郎	7	中西鶴之助	6	長田喜太郎	3	北森石松	3	岩木武兵衛	5
山本弥七郎	4	山岡庄次郎	5	上岡権右衛門	10	岩木長次郎	4	北林一夫	8
岩木市次郎	8	田中菊松	6	吉沢藤三郎	2	岡本源四郎	7	中辻九兵衛	7
山口豊次郎	14	梅田政吉	3	松井浅吉	8	森岡久次郎	8	北林吉兵衛	2
山本政吉	9	松岡浅右衛門	4	野崎勝太郎	2	北久右衛門	10	森□多左衛門	16
柳沢伊右衛門	5	松岡源七	2	増井与三郎	2	北岡乙吉	2	森岡勝太郎	2
宮崎喜八郎	1	梅田庄造	2	北林忠左衛門	3	増井儀三郎	4		
田中伊兵衛	1	中西勇三郎	11	北林秀次郎	4	森岡久三郎	8		

京都府山城国相楽郡茶業組合
　観音寺村第四拾五番戸
　　製造家　　中西勇三郎
其元儀本年弐番芽製造ニ際シ着色茶ヲ製出セシ専ラ風聞有之為メニ本月三日ヲシテ組合監査幷ニ其分組委員ヲシテ現品調査方相命シタルヲ以テ其製茶ノ正否鑑別スル為メ現品売却方一時差止メ而シテ審査品トシテ製茶弐百目相預リ其品ヲ以テ同地ノ製品ト比検此審査員本郡組合員上狛村販売人武田彦四郎及同木津町販売人小嶋大吉同町製造人翁寅吉ノ三名ニ其分組委員谷口熊吉監査沢井喜八郎立会ノ上本日審査ヲ遂ケタルニ其製茶ノ形状ニ疑ハシク廉少々アリ又香気ノ点ニ於テハ正良品トハ見認難ク気味合モアレトモ格別衛生上有害ノ製品ニ非ラスト認定候間一時差押ノ現品解放ノ旨及告知候也
　追テ審査入用ノ外者返戻スル
　　明治十九年七月
　　　相楽郡茶業組合不在代理
　　　　理事　柴崎久五郎

検査の結果疑いは晴れた。産物調べにもあるように、観音寺村の茶は、京都周辺の大生産地に比して、高級品ではなく、生産量もとくに多いわけではない。大規模な茶商人がいることもないが、茶の市場拡大に応じて村民の大部分が製茶に携わっている中で、抜け駆けをしようとする中西のような人物が現れることに、農業の産業化への農民の意識を見ることはできないだろうか。

おわりに

『近世・近代の南山城』中で、筆者は人口減少・家族規模の剝片化などの現象が、文化・文政期に最激化すると考えたのであるが、松岡新八の指摘とそのほかの加茂地域の史料群から、近世的農民家族の危機というべき状況は、すでに寛政期に起こっており、文化・文政期はむしろ回復の兆しの時期であったことが判明した。災害・凶作などを経ながら、天保期以降は人口・家数は回復基調となり、出生も増加するが、それはもはや年貢を納めて、日常生活を不足なく維持できる小農民生活を保障するものではなくなっていた。近世期の綿作や明治期の製茶など、メジャーな産地ではなくとも、商品化できる作物にいち早く参入して、商機を得ようと努力する農民の姿がある。近世後半とりわけ幕末期に年貢未進で苦しんでいるはずの人々が、無高になっても、沽却で家財を失っても、大量に出奔もせず、騒動を起こす気配もなく、子どもを増やしていける背景には、特産品ともいえない日常的な農産物の商品化、そこへの雇用労働者としての参入など、寛政期に松岡新八が憂慮した年貢納入を前提とした近世的農業から、流通にコミットする農業への変化をみることはできないであろうか。『近世・近代の南山城』の書評で、上狛村の天保期あたりからの家族規模の回復の評価について、どう変化するのか明らかにせよというものがあったが、当面の結論としては、農業経営のための家族規模は、無意味化しはじめ、家族の構成員は、産業労働に適応できる個々の労働力と化していくのではないかと考える。

（1）　深谷克己『寛政期の藤堂藩――藩政改革と農民の対応』（三重県郷土資料刊行会、一九六九年）。
（2）　加茂松岡家文書、〇五三。

（3）出奔者を帳外処理する期間は、原則は見いだせず、村ごとに異なるようであるが、家族が村に残っている場合より一家挙げて出奔してしまう場合のほうが長期間人別帳上に残り続ける傾向がある。
（4）観音寺区有文書、四五〇七・四五〇八。
（5）観音寺区有文書、四五〇九・四五一〇。
（6）観音寺区有文書、四二八四「忠七沽却ニ付家財売立代銀ニ而御上納未進幷借用銀共仕払算用帳」。
（7）里春日若宮文書、六八三五「天明二年十二月枯却人付立テ帳」。
（8）観音寺区有文書、五一六一。北村区有文書、七五九八。
（9）観音寺区有文書、三一七〇〜三一七二。
（10）観音寺区有文書、五一九一「会社設立ニ付十一年第一撰取調帳」。
（11）観音寺区有文書、五二〇三「茶業物代書類綴」。

第II部　領主と村

第四章　近世南山城における年貢負担と村財政

谷本雅之

はじめに

近世経済は小農社会を基層とし、そこで生産される余剰の処理が、政治的な支配層である領主（幕府・大名など）に委ねられた体制として成立し展開した。農村への貢租賦課はその体制の根幹をなすものである。それゆえ、そこでの年貢賦課のあり方には、小農社会と領主階層との関係とその変化が反映されていると考えられる[1]。本章は、村レヴェルの年貢関係史料を二つの村に即して検討し、南山城地域における領主と地域社会の関係に関する基礎的な事実を整理することを課題とする。はじめに南山城地域における年貢賦課状況を一七世紀半ばから長期にわたって検討し、年貢賦課率の動態を確認する。次いで、観察された年貢賦課率変動の要因を、年貢賦課率決定のプロセスと自然災害の影響の二つの側面から検討する。最後に、領主への年貢上納以外の百姓側の負担のあり方を、村の公共的な支出との関係から展望したい。

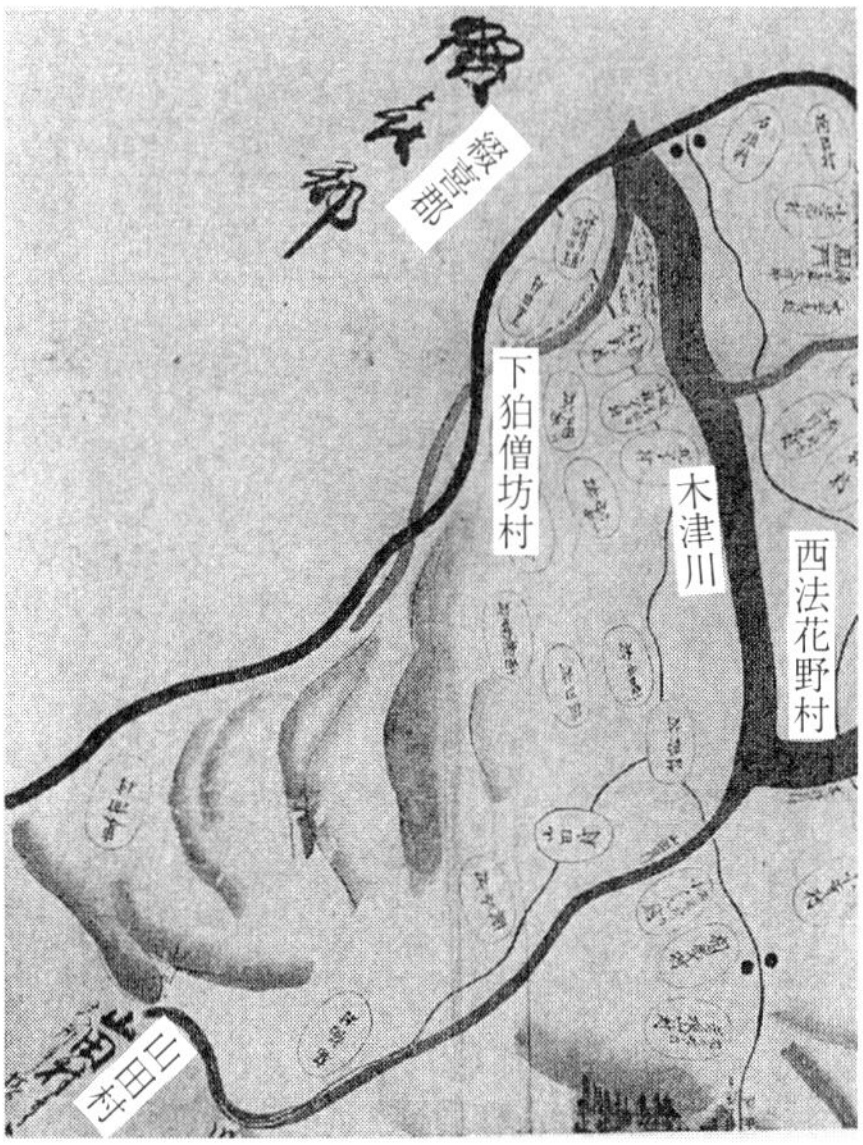

図1　下狛僧坊村と西法花野村の位置

出典）『精華町史・本文篇』509頁，写真142に基づく．
原図は『庄田隆司家文書』所収．

一　年貢賦課率の推移

南山城地方では、一七世紀を起点とする村レヴェルの年貢賦課に関するデータが比較的よく残されており、『山城町史』『木津町史』『精華町史』[2]などの自治体史においても、紹介・分析がなされている。以下ではそれらの成果に学びつつ、改めて二つの村——瑞龍寺領・下狛僧坊村と藤堂藩領・西法花野村——について、一七世紀中葉から一九世紀半ばまで、二〇〇年余にわたる年貢賦課率の推移と、そこでの変化の様相を見ていく。なお両村の位置関係は、図1の通りである。

はじめに取り上げる下狛僧坊村では、安宅(あたぎ)家文書に含まれる年貢賦課に関する史料群（「御免定之事」「覚」「下札」「免定」「御勘定目録ひかへ」）を用いて、正保二（一六四五）年から安政六（一八五九）年までの年貢賦課動向を概観する。[3] すでに前掲の『精華町史・本文篇』（水本邦彦執筆部分）が、一六四五—一八二〇年代半ばの年貢納入の動向を図に示している。図2は、原史料によってこれを安政六（一八五九）年まで延長したものである。下狛僧坊村の村高は一七世紀中葉から一貫して六三六石四合で、このうち二五八石四升が瑞龍寺領、残りの村高は他の二領主が支配していた。瑞龍寺はこのほかに、近隣の北稲八間村七二八石二斗八升のうち二四一石九斗六升を領有している。[4]

まず図2から、僧坊村への年貢（本米）賦課石数を村高で除した値（以下、年貢賦課率と呼ぶ）の推移をみていこう。

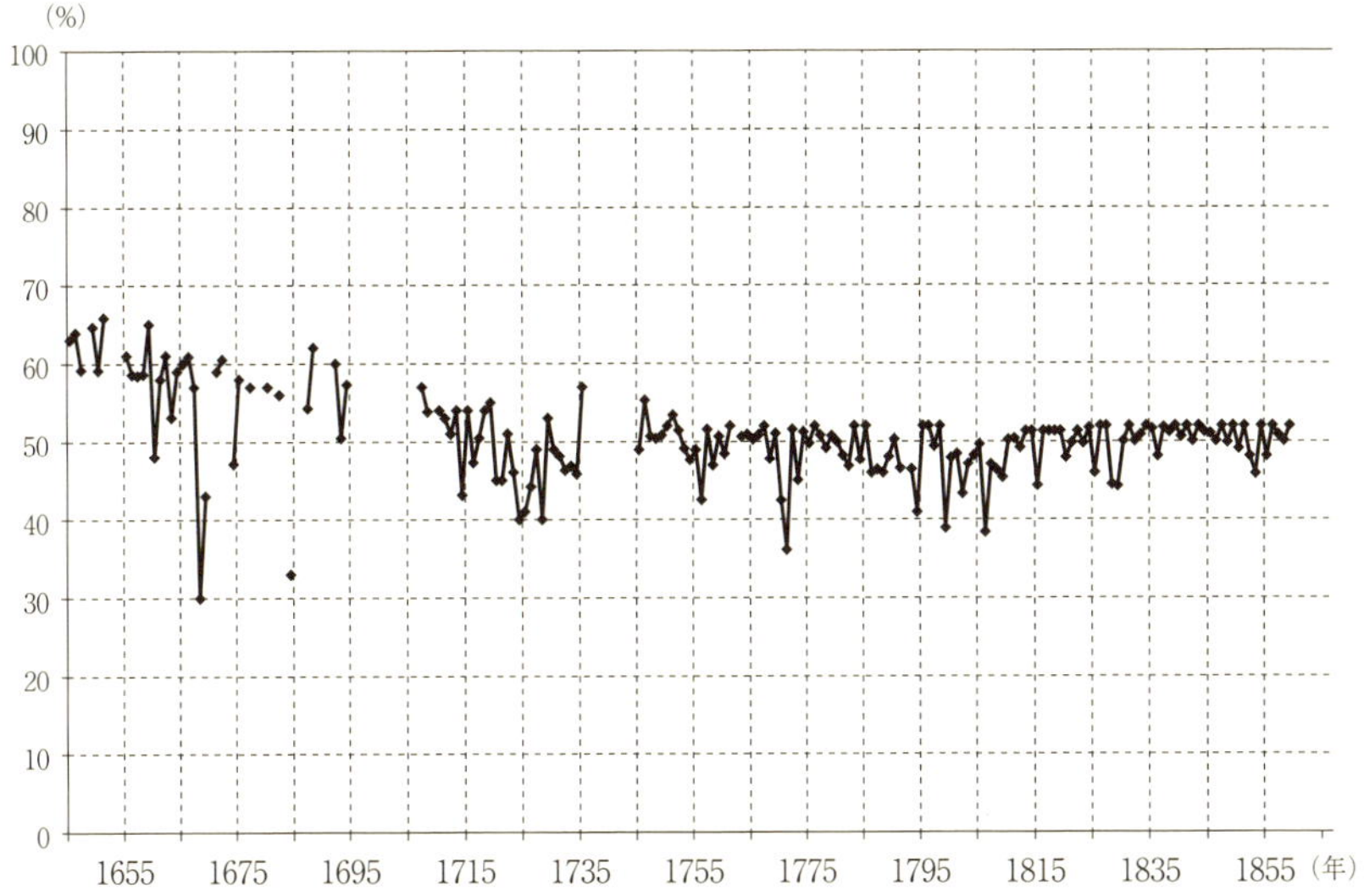

図2　下狛僧坊村の年貢賦課率（年貢高／村高）

出典）各年の「御免定之事」「覚」「下札」「免定」「御勘定目録ひかへ」より作成．安宅家文書 A-34 ～ 176, A-2727 ～ 2740.

趨勢として、まず一七世紀における賦課率の高さが目につく。特に一七世紀中葉には、村高の六五％を超える石数が年貢（本米）として賦課された年も少なくない。しかし一六六〇年代（寛文期）になると、年貢賦課率は六〇％前後となり、一八世紀に入った宝永四（一七〇七）年以降は五〇％台半ばの水準を超えることがなくなる。そして宝暦二（一七五二）年より資料がカヴァーする下限の安政六（一八五九）年まで、年貢賦課率は五二％を上限として推移した。一八一〇年代以降は、五二％の賦課率を記録する年次が過半を占めるとともに、年次別の変動幅も縮小している。以上は大略、一七世紀後半から一八世紀前半にかけて傾向的な下落をみせた年貢賦課率は一八世紀半ばにほぼ下げ止まり、その水準（五二％）が基準となるが、一八世紀末から一九世紀初頭に大きな落ち込みを見せる時期があり、その後の安定化は年貢賦課率の回復を意味していた、とまとめることができよう。

なお領主への上納高には、毎年これに「口米」および「夫米」が加わっていた。口米は、もともとは年貢輸送中の減耗分などの補塡の意味があったとされるが、近世には代官所など支配側の出先機関の経費に充てられていたといわれる。[5] 僧坊村の場合、年貢米賦課分のほぼ三%で一貫していた。一方、夫米は夫役（労働力の供出）の代わりに納められるもので、こちらは絶対額が一七世紀半ばからほぼ三・〇九六五石で一定していた。これはほとんどの年次で年貢賦課高に対して二%—三%に当たる石数である。したがって標準的には、口米・夫米を加えた領主への上納石数は、年貢高の約五—六%増しということになる。

次に、藤堂藩領・西法花野村についてみよう。伊勢に領国を有する藤堂藩（城下は津）は山城・大和地方に約五万石の飛び地を有しており、城和奉行による支配が行われていた。西法花野村はこの城和領の一角を占める上狛四ケ村の一つである。[6] 以下では、西法花野村の庄屋を務めた浅田（北）家の文書に含まれる物成免割帳・御免割帳・御免割平シ帳などを用いて、下狛僧坊村の場合と同様、一七世紀半ばを起点に年貢賦課率の長期的な動向を見ていく。[7] ただし同家文書に含まれる年貢賦課関係史料は、安宅家文書に比べて年次が限定されており、特に享保一七（一七三二）年から天明八（一七八八）年までの五〇余年間は空白期間となっている。

西法花野村の村高は一七世紀以来幕末まで、一貫して四六三石九斗一升とされていた。図3は、この村の年貢賦課率の推移を示したものである。図2と同じく、村高に対する年貢賦課高（「御免状」ないしは「取米」）の割合として算出されている。見られるように、一七世紀中葉に六〇%台にあった年貢賦課率は一八世紀前半には五〇%台に低下しており、その趨勢は僧坊村と同方向を向いていた。ただし一六八〇年代にも一時落ち込みが見られること、そして正徳から享保期（一七一〇年代から二〇年代）にかけて四〇%を割り込む低水準となっていたことは、下狛僧坊村との対比において特徴的である。史料的な空白を経た寛政期（一七八〇年代後半から一七九〇年代）は、五〇%弱の年次が現れ、下狛僧坊村とほぼ同水準であったことが判明するが、一八〇〇年前後に再び大きな落ち込みがあって、文化期後半（一八一〇年代）以降の回復期でも、年貢賦課率は判明する限りで最大でも三〇%台後半に留まっていた。趨勢として

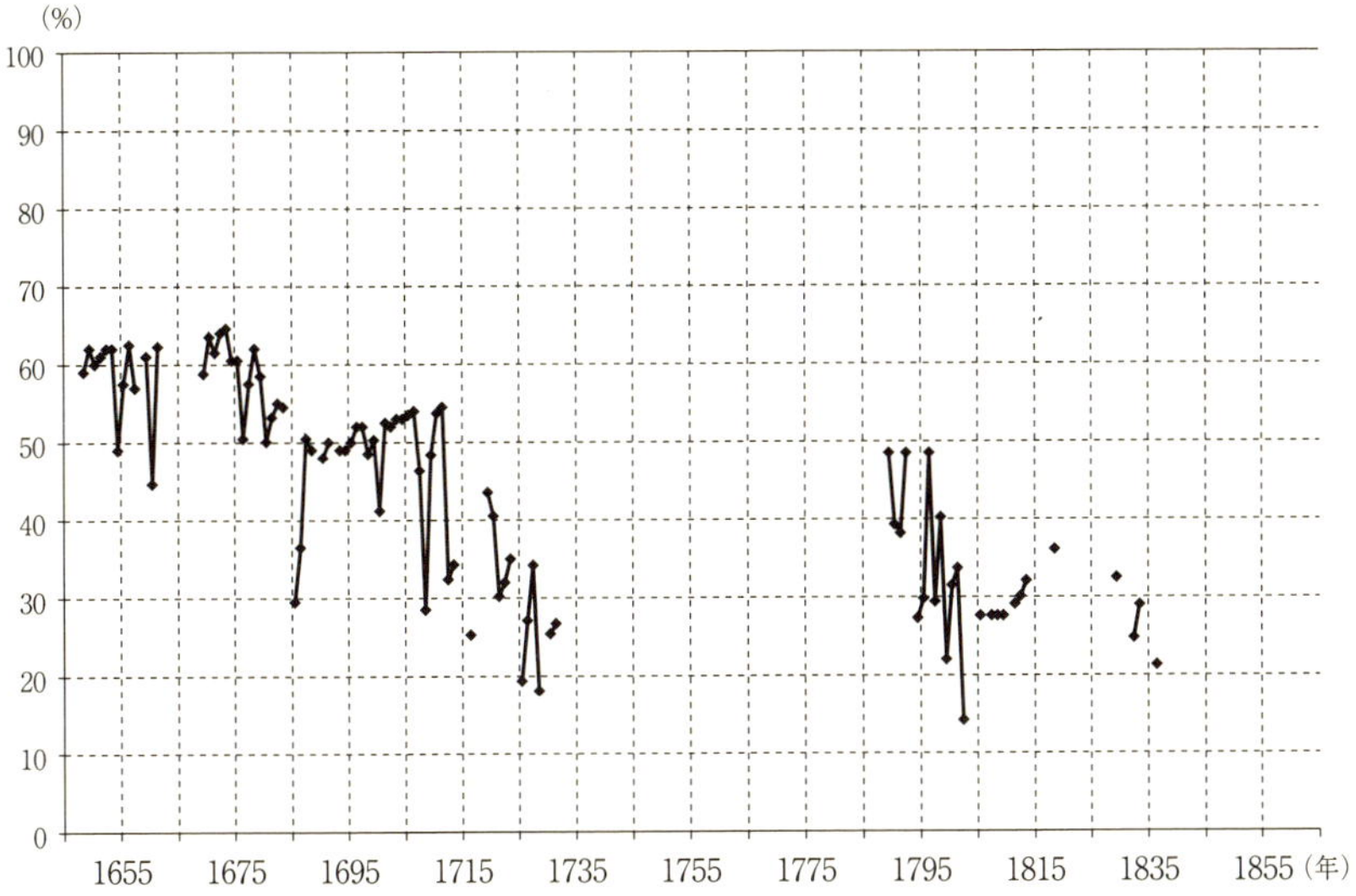

図 3　西法花野村の年貢賦課率（年貢高 / 村高）

出典）「物成免割帳」「御免割帳」「御免割平シ帳」（浅田（北）家文書，C-1～92，95，98，296，297，300）．

の共通性が確認できる一方で、年貢賦課率の振れ幅の大きさが西法花野村の特徴として示されているといえる。

なお、西法花野村では、口米は当初は年貢賦課高の三・六%（石に三升六合）であったが、遅くとも元禄八（一六九五）年より五%に上昇し、以後幕末までほぼこの水準が維持された。夫米は「千石夫給米」の名称でほぼ四・七二四石に一定している。さらに同村では一七世紀後半より「御種借利米」（領主からの種籾の貸与に対する利息分）を名目として四・一七六石が毎年賦課されている。この二つは、年貢賦課高に対して一―五%に当たる。それゆえ、西法花野村の領主への上納石数は、その年次の年貢賦課高にその五%から一〇%余りを加えた値となっていた。納入高が固定されていた夫米および利米の存在は、年貢賦課率の低下による上納高の減少幅を、一定程度抑制する効果を有していたといえよう。

二　年貢賦課率の算定と百姓の年貢負担

(1) 石高と年貢負担

では、この年貢賦課率の水準と変動は、領主―百姓間関係の変化とどのように関係していただろうか。本節では年貢賦課率算定の内実および、百姓の実質的な年貢負担の検討を通じて、この問題に接近したい。

村が年貢上納に責任を持ついわゆる「村請」制のもと、各年の年貢賦課高は、領主側の発行する「免定（札）」を通じて村役人宛に提示される。そこで上納を命じられた総高は、原則として百姓の持高に応じて割り掛けられた。「免割帳」は、この割り掛け高を個々の百姓毎に書き上げた文書であり、そこに示されているのは、個々の百姓の持高と、上納すべき石高である。注目すべき点は、この割り掛け対象となる持高の合計と村高とが異なる値をとる場合があることである。浅田（北）家文書にはこの「免割帳」が系統的に残されているが、図3の起点となる慶安元（一六四八）年の場合、「高四六三石九斗一升」から「永荒一三〇石七升一合」を差し引いた「残三百三拾三石八斗三升八合」に対して「石八斗三升七合」の割合で「二百七拾九石四斗一升一合」が算出され、これが「取米」となっている。すなわち、年貢の割り掛けの対象となる石数は「永荒」分を差し引いた石数であり、それに〇・八三七を掛けた値（二七九・四一一石）が各人の持高に対する年貢賦課の総量になっていた。この村高から控除される「永荒」高は、一七世紀中は若干の変動を見せつつ一三〇石余でほぼ同水準で、確認できる範囲では正徳二（一七一二）年以降幕末まで、一三一・一四〇石に固定されていた。

系統的に「免割帳」が残されていない下狛僧坊村については、安宅家文書に含まれている享保四（一七一九）年および享保五年の「御物免割帳」（A2949、A2950）が手がかりの一つである。これによれば、両年ともに村高二五八・〇四石に対して毛付高（実際の年貢賦課対象となる持高）が一七八・二五三石とされており、八〇石弱の控除があったことがわかる。宝暦期以降については次の史料1をみてみよう。

［史料1］[8]　当卯ゟ来ル未迄五ケ年間定免事

一　高弐百五拾八石四升　①
　　内
百八拾七石八斗三升壱合弐勺　②
此取
　百弐拾六石七斗八升六合　本米　③
弐拾四石六斗四升九合三勺　起返リ免下ケ　④
此取
　七石三斗九升四合八勺　定免三ツ取　⑤
四拾五石五斗五升九合五勺　永荒　⑥
高合　弐百五拾八石四升
取米合　百参拾四石壱斗八升八勺　⑦
　四石弐升五合四勺　口米
　三石九升六合五勺　夫米
三口合　百四拾壱石三斗弐合七勺
右之通　当卯ゟ来ル未迄五ケ年之間御年貢定免相極候村中惣百姓不残立会無高下致免割毎年極月十日已前急度皆済可致者也

宝暦九己卯年十月

城州相楽郡下狛僧坊村
庄屋
年寄
惣百姓

村雲御所
安藤隼人　印

これは、宝暦九（一七五九）年から五ヶ年間、年貢賦課率を固定する「定免」法の採用を指示した文書で、設定された年貢高は一三四・一八〇八石（⑦）、村高の五二％（⑦÷①＝〇・五二）である。本米（③二一六石余）賦課の対象が村高の二五八石余（①）ではなく、永荒高四五・五五九五石（⑥）および「起返り」（荒地を再開発した土地）二四・六四九三石（④）を差し引いた一八七石余（②）とされていたことに注目したい。ここから享保期の「毛付高」に相当する石高が、宝暦期にも設定されていたことを確認できる。さらにこれと同内容の文書が寛政一一（一七九九）年まで五ヶ年おきに領主から村に提示されていたことが想定されるから[9]、少なくとも享和三（一八〇三）年まで、僧坊村では一八七石余の「毛付高」が年貢賦課の基準とされていたといえる。

以上を踏まえ、図4には村高から永荒分を控除した「毛付高」に対する年貢賦課高の割合を掲げてある。図2、図3と比べ、両村とも年貢賦課率の絶対値が一〇ポイント以上高まっていた[10]。一方、年次的な趨勢変化は、西法花野村ではほぼ図3と同様であるが、下狛僧坊村では享保期に比しての「毛付高」の増加を反映して、一八世紀後半にかけて、年貢賦課率の低下が図2よりも大きく現れている。村内向けの帳簿である「免割帳」には、年貢賦課の対象石高がより実態に近い形で示されていると考えられるから、以下ではこの図4の年貢賦課率をもとに、議論を進めていくことにしよう。

図4でまず印象的なのは、石高に比しての年貢賦課率の絶対的な高さである。西法花野村の一七世紀では、八〇％

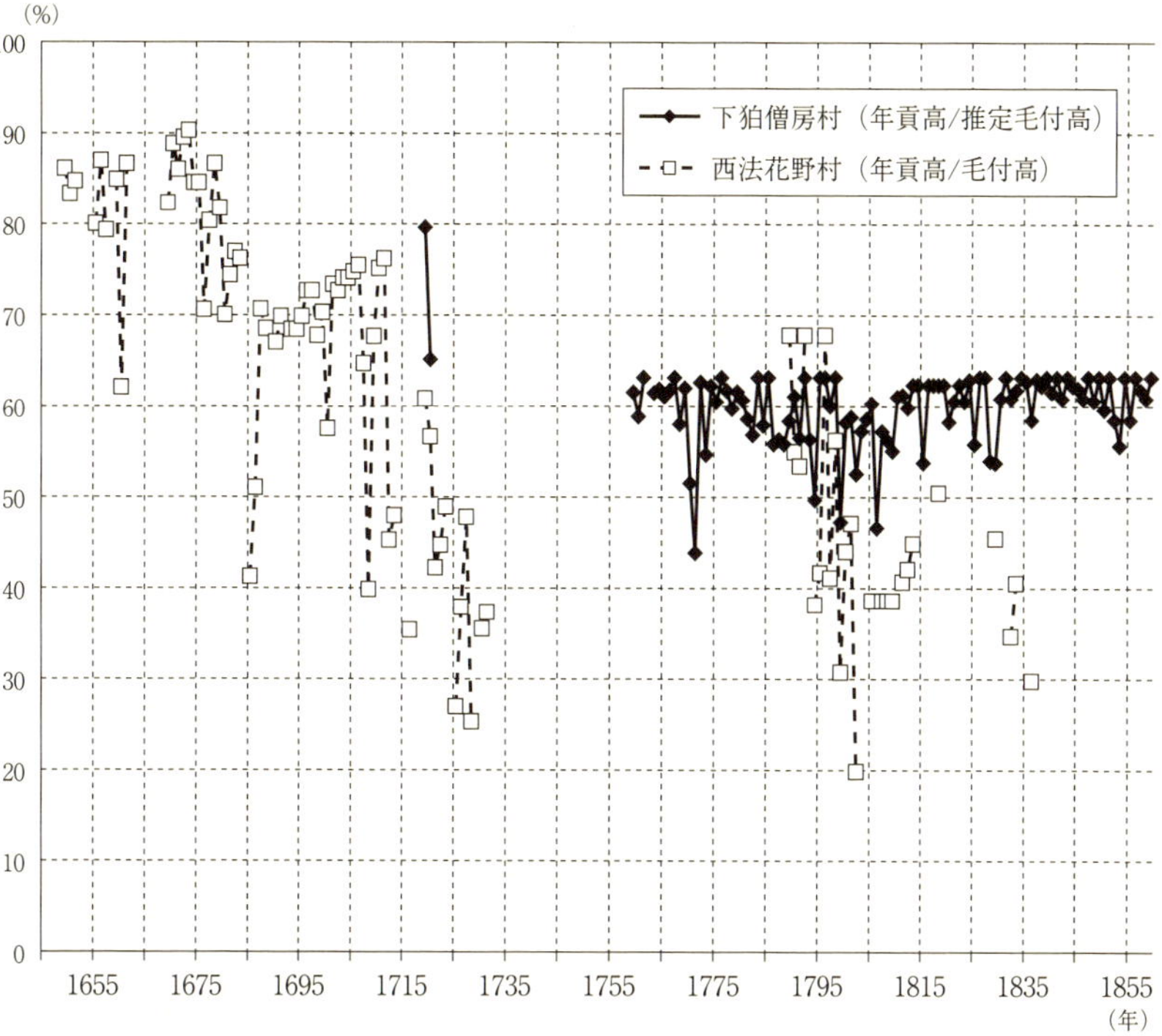

図 4　毛付高に対する年貢賦課率

出典）図 2, 3 と同じ.
注）下狛僧坊村の推定毛付高については，本文および注(10)を参照.

台に上っている。[11] これは実際の農業生産高とどのような関係にあったのだろうか。村内全体の農業生産量を把握できる史料は得られないので、ここでは一貫して西法花野村最大の持高を有し、同村の庄屋も務めた浅田家の小作経営に関わる帳簿を手がかりとしよう。安永九（一七八〇）年「村々御年貢上納下作取立帳」(122) によれば、同家の西法花野村における「高」（持高）が一一六・九二石、「取」（年貢賦課高）は八四・四二七九石、不作等を理由とした減免部分を控除した上納分の年貢高は七三・六〇一四石であった。持高に対する割合は前者が七二%、後者が六三%であり、図4の「毛付高」が実際に年貢賦課対象の持高に相当していたことが、年貢納入側の史料からも確かめられる。その上で注目されるのが、

表1　石高と宛米の対照（1709年と1849年）

宛米／高	宝永6（1709）			嘉永2（1849）		
	筆数(%)	石高(%)	宛米(石)	筆数(%)	石高(%)	宛米(石)
10.0～	0.8	0.2	4.600	0.9	0.1	1.800
9.0～	0.4	0.1	1.200	0.9	0.1	0.520
8.0～	0.4	0.1	2.300	1.8	0.2	2.050
7.0～	0.4	0.2	2.200	1.8	0.3	1.950
6.0～	1.7	0.3	4.150	2.6	0.4	2.450
5.0～	2.9	1.3	14.300	3.5	1.0	5.415
4.0～	4.1	1.7	14.400	0.9	0.5	1.850
3.0～	8.3	5.7	38.400	9.6	5.6	18.550
2.5～	6.6	4.3	23.800	12.3	9.2	24.150
2.0～	13.3	12.5	54.215	12.3	13.4	29.865
1.5～	32.0	37.8	128.030	32.5	35.7	61.470
1.0～	28.2	34.7	91.750	18.4	29.1	38.850
1.0未満	0.8	1.0	1.830	2.6	4.5	3.400
石高記載のある筆数・計			241			114
上記の石高・計（石）			197.923			99.211
上記の宛米・計（石）			381.175			192.320
総平均（宛米／石高）			1.926			1.938
石高記載のない筆数			6			64
石高記載のない宛米（石）			12.600			38.118
宛米・総計（石）			393.775			230.438

出典）各年「田畑宛（当）並高書帳」（浅田（北）家文書，I-10, 438）．
注）石数は，勺以下は四捨五入．以下の表も同じ．

「宛米」の記載である。西法花野村および周辺村に所有する一八二・九六一石の土地に対する「宛米」は三四七・六三四四石で、持高の一・九倍に上っていたことがわかる。「宛米」は原則として小作地に対して課せられる小作料（年貢分を含む）を意味していると考えられるから、[12]浅田家の所有する西法花野村およびその周辺の土地では、一般に持高に対して少なくてもその一・九倍の小作料が設定されていたといえる。小作料納入世帯の再生産に必要な留保分を考慮に入れるならば、平均的な想定生産量はそれをさらに上回る石数であったことになる。図4で見られた年貢賦課率の水準の高さの背景には、持高と実際の生産量との間の大きな乖離が存在していたのである。

浅田家所有の個々の土地毎の持高と宛米の差異は、「田畑宛（当）並高書帳」（I-10、I-438）によってみることができる。宝永六

(一七〇九)年と嘉永二(一八四九)年の同帳簿をもとに作成した表1からは、宛米と持高の比率は一筆ごとに異なり、かつかなりばらついていることが判明する。それは宛米が形式的な算定値ではなく、実際の土地条件が生み出す現実の生産量の差異をよく反映していることを窺わせる事実であろう。ただしばらつき具合は、宝永六(一七〇九)年と嘉永二(一八四九)年とでかなりの程度類似しており、総計による宛米/石高の平均値も、宝永六年が一・九二六、嘉永二年で一・九三八と大差がなかった。先に挙げた周辺村の土地を含んだ安永九(一七八〇)年の値も一・九であったから、西法花野村の宛米・石高比率は、一八世紀初め、一八世紀後半、そして一九世紀半ばを通じてほぼ変わっていなかったといえる。ただし表1の嘉永二(一八四九)年のデータでは、持高の記載がなかった土地が筆数で全体の三五・九%、宛米高でみても一六・五%を占めていたことが注目される。それが記載もれでないとすれば、西法花野村において浅田家の小作料の一六・五%を生み出す土地が年貢賦課の対象となる石高には含まれない、帳外れの土地であったことになる。帳外の土地の増大は、この間の西法花野村の農業生産が石高把握の枠外で増大していた可能性を示唆する事実といえよう。

(2)　年貢算定の方式

〈下狛僧坊村の場合〉　以上をふまえると、図2―4から確認された年貢賦課率の趨勢的な低下は、領主―農民関係にとってどのように位置づけられることになるだろうか。まず、「免定」「免割帳」等の諸文書によって、村高から年貢賦課高が算出されるプロセスをみていこう。次の史料2は、「御勘定目録」が示す宝暦一一(一七六一)年の下狛僧坊村の年貢賦課高の算出方法である。

［史料2］(13)

覚

御高　弐百五拾八石四升
　内
拾七石六斗四升六合　　水損皆無御引被為下候　①
残而
　弐百四拾石三斗九升四合　②
此御取
一　百弐拾五石四合九勺　③
一　三石九升六合五勺　　夫米
一　三石七斗五升一勺　　口米
三口合　百参拾壱石八斗五升一合五勺　④
　又
一　弐石　　辰年分但し巳年迄　　年賦米
惣合　百参拾参石八斗五升一合五勺　⑤

村高（御高）から水害被害分（水損皆無御引）として一七・六四六石（①）を控除した二四〇・三九四石（②）に対して一二五・〇〇四九石（③）が年貢（御取）高として設定され、これに口米・夫米を加えた一三一・八五一五石（④）が上納すべき年貢高の合計となっている。なおこの年の実際の上納高には、二石の年賦米返済分が加算されていた。先の史料1でみたように、この頃の下狛僧坊村は定免制の下にあり、村高の五二％に当たる一三四・一八〇八石が本来の年貢高であった。しかし史料2によって、定免制の下でも年貢高の減免が行われていたことが改めて確認できる。先の図2にみられる定免制下の年貢賦課率の変動の背後には、このような減免慣行が存在していたのである。

年貢賦課高の減免のやり方が、年貢賦課対象の石高を減じる形で行われていたことにも注目したい。この方式は、早くは正保四(一六四七)年に実施されていたことが確認でき、貞享元(一六八四)年には九五石余に及ぶ「日損皆無引」(干害による収穫高減少への対応)によって「毛付高」を一六二・五〇六石に縮小させ、免率自体は前後の年とも近い「免五つ二分四厘取」(五二・四%)として、本米(年貢賦課高)を八五・一五三石にまで減少させた事例もあった。その一方で、同じ一七世紀後半で最も少ない本米七七・四一二石が賦課された寛文八(一六六八)年の場合は、もとの村高に対して「免三つ取」(免率三〇%)が乗じられている。このように、免率自体を帳面上でも大きく変える方式は、延宝五(一六七七)年からの定免制の採用が指摘されている一七世紀後半でも[14]、年貢賦課の算定方式として少なからぬ年次で実施されていたし、享保期(一八世紀前半)の年貢賦課率の停滞期には、免率の引き下げを行う年次と村高から減免石高を減じる方式を採る年次が混在していた。

しかし確認される範囲では延享二(一七四五)年以降、年貢率の引き下げは必ず減免石高の控除を伴うこととなった[15]。さらに延享四(一七四七)年以降、設定された本米(年貢賦課高)は村高から減免石数を控除した石高のきっちり五二%を示すようになる。五二%を「定率」とする定免制は、史料1が起点としている宝暦九年の一〇余年前から実施されていたことが想定される。

この算定方式は、そのままの形で一九世紀前半の文政四(一八二一)年まで続いたが、文政五(一八二二)年になって変化が現れた。同年の変更のポイントは、村高から控除される石数が「鍬下引き」「荒割」(水害による荒地の石数、この年には三・三一五石)のみになり、当年の不作分は、算定された本米から二・六七四八石を直接控除する形をとったことである。この方式は文政八(一八二五)年まで採られていたが、翌文政九(一八二六)年以降は、村高からの石数の控除はなされなくなる。減免措置のある年次には、本米石数から認定された石数を直接控除し、上納すべき年貢石数を減じる方式が採られているのである。本米の石数は、村高と定免率五二%によって固定化されていたから、これが基準年貢賦課高となり、そこから作柄に応じて減免分を差し引く方式が定着したのである。

〈西法花野村の場合〉　西法花野村については、村内の個々の持高百姓への年貢割り付けも記載されている免割帳が享保期まで参照可能である。次の史料3は、享保元(一七一六)年の「免割帳」冒頭で、村に賦課される年貢高の算定を行っている部分を抜き出したものである。

[史料3][16]　享保元年「申年免割帳」　西法花野村

高　四百六拾三石九斗一升
内　百三拾二石一斗四升　永荒　①
残而　三百三拾壱石七斗七升　毛付　②
取　八拾三石九斗三升八合七勺　石ニ弐ツ五分三厘　③
三拾三石四斗三升一合四勺　荒高百三拾二石一斗四升村まとひ米毛付石ニ
一斗七勺七才□　④
〆　百拾七石三斗六升九合二勺　⑤
四石二斗二升五合　御口米内払　石ニ三升六合宛　⑥
四石七斗二升四合　千石夫　⑦
四石一斗七升六合　御種借米利米　⑧
八斗二升　堤敷地面水損溝敷地高壱石四斗八升九合分ニ被下引遣す　⑨
九石二斗七升八合　不作物下り残免に被下惣高え割付仕引遣　⑩
百拾壱石八斗四升四合　田畑水押当荒並木綿不作壱分より五分迄稲毛壱分よ

り三分迄惣見立高二百三拾石六斗三升二合分に被
下引遣　⑪
拾三石九斗一升七合　水損御用捨米ニ被下候分夫々引遣ス　⑫
〆　二百六拾六石三斗五升三合二勺　⑬
内　九石二斗七升八合　不作惣下り残免被下分惣毛付高割付仕引遣　⑭
惣高　弐百五拾七石七升五合二勺　⑮
村免石ニ　七ツ七分四厘八毛六払　⑯
外ニ
四石七斗七升六合　庄屋給米
六斗六升　組頭残取給米
壱石壱斗八升　御蔵番並歩き給
壱石四升六合　池床まとひ
〆　七石六斗六升二合　毛付石ニ二升三合一勺内　⑰

前述のように、この村ではすでに一七世紀中葉から一三二一・一四石の永荒（①）が認定されており、それを控除した「毛付」二三二一・七七石（②）が年貢賦課対象の石高とされていた。この年は、この毛付高に対する賦課高が一一七・三六九二石（⑤）と算定されていた。免率（⑤÷②）で三五・四％である。この値は一七世紀後半に比して相当に低いが、その要因が以下の記載に示されている。免割帳は、領主への上納高としてこの⑤に口米（⑥）、夫米（⑦）、拝借米への利子（⑧）を加えた上で、⑨から⑫の減免分の石高を加算して⑬の石数を計算している。考え方としては、この集計石高が、本来、減免がない場合の年貢賦課高ということであろう。この事例では⑭を差し引いた⑮が惣高（本

表2　西法花野村の村内年貢割掛（享保元(1716)年）

（石）

	村全体		村平均	各戸分布（標準偏差）
対象石高	331.771			
取（年貢賦課）	257.484	取／石高	0.776	0.009 *
引（減免）	127.581	引／石高	0.385	0.239 **
上納（取—引）	129.904	上納／石高	0.392	0.238
持高63人分	263.326			
御領他領入作	68.445			

出典）享保元年「申年免割帳」（浅田（北）家文書，C-61）.
注）＊　取／石高は，0.843の1例以外は，0.77台.
＊＊　引／石高は0から0.73台まで分布.

来の年貢賦課高）として示されており、それが毛付高の七七・四八六％に当たるとしたのが「村免」⑯の「七ツ七分四厘八毛六」であった。そしてこの割合が、表2に示されるように、免割帳後半の個々の百姓の持高と年貢賦課高との比率にほぼ一致していたのである。別言すれば、⑮に減免石数を含めた集計値を惣高として出すことは、個々の百姓への年貢の割り掛けに際して必要な作業であったと考えられる。そしてそこで算定された年貢高から、減免石数を「不作引き」として控除した石数が、実際に百姓が領主への上納を求められる石数となっていた。⑭の石数を⑬の集計値から差し引くという手順も、個々の持高百姓への割り掛けを考えると理解しやすい。すなわち、この年に減免となるのは、過去の水害の結果として要請された堤（堤防）や溝（悪水路）の建設用に提供し、農業生産の対象外となった土地への年貢賦課分⑨、不作のために村全体への年貢減免分⑩、水害のために収穫減（例年の一〇—五〇％となった木綿作、一〇—三〇％となった稲作）との見立てのあった石高一三〇・六三四石分の土地に対する減免分⑪、および水害のための年貢減免分⑫とされていたが、このうち⑩は全村を対象としているために、個々の持高への年貢賦課分を算定するための⑬から、⑭（＝⑩）として控除されていたのである。このように、減免分は個々の百姓の持高となっている土地の生産状況に応じて「夫々」に割り掛けられていた。村では詳細な「不作帳」を作成していたことが確認できるが、それは領主への減免要求の根拠であるとともに、村内百姓への減免分の配分を決定するための基本台帳の役割も有していたのである。

浅田家文書に残されている「免割帳」によれば、一七世紀中葉から西法花野村における年貢算定は史料3と基本的に同様であり、寛政期以降の「御免割平シ帳」（村の集計値のみの記載）でも、年貢高の算定方式の基本は変わっていない。しかし文化二（一八〇五）年に定免制が導入されて以降、史料3では⑤に当たる年貢賦課高が、村高（四六三・九一石）に定免率を乗じて計算されるようになった。定免率は文化二（一八〇五）〜文化六（一八〇九）年二七・六％、文化七（一八一〇）〜文化九（一八一二）年二九・一％、文化一〇（一八一三）〜文化一四（一八一七）年三二・一％、文政元（一八一八）〜文政五（一八二二）年三六・一％と五年ないしは三年毎に改訂されている。ただし、この間も⑥以降の付加的な上納分と減免石高を加えて⑮の惣高が出されており、その値は二六〇石前後のほぼ一定水準で推移していた。定免制と年貢減免高記載が並存しているところに、この時期の西法花野村の年貢算定方式の特徴が看取されるのである。

(3) 減免と自然災害

以上のように、村から領主に上納される年貢量は、事後的には村高と免率（賦課率）の関係として把握されうるものであるが、それを確定する仕組みは、それぞれの村によって等し並ではなく、また同一村でも時期によって変化するものであった。ただし両村の事例ともに、年貢賦課量の算定に「減免」の有無・量が決定的な役割を果たしていたことは確かである。史料2・3に見られるように、減免は主として不作――収穫の減少――を理由としており、不作を産み出す要因として常に挙げられているのが自然災害による被害、具体的には水害と干害、そして一部に虫害であった。年貢賦課率の推移を理解するには、自然災害との関係を整理しておく必要がある。

表3は、年貢算定に際して減免がなされ、その理由として不作が挙げられている事例をまとめたものである。享保期以前の下狛僧坊村の場合、前述のように減免が本米算出に際しての免率引き下げによってなされた年次が少なくなく、その場合は自然災害との関係を年貢史料から確かめることはできない。それを考慮して、享保期以前の下狛僧坊村については、自治体史ないしは西法花野村の免割帳から自然災害の発生が確認できる年次について、最終的な年貢

表 3　自然災害と減免

（石）

西法花野村		『山城町史・本文編』	浅田（北）家文書 減免石数	水害	旱害	虫害	引き不作	荒	下狛僧坊村		『精華町史・本文篇』	安宅孝郎家文書 年貢賦課率（対村高，%）	減免石数	水害	旱害	不作悪作など	荒鍬下御引き
									正保 4	1647		59.2	5.459		○		
									慶安 1	1648		64.0	0.164	○			
									慶安 2	1649		64.7	1.134	○			
慶安 3	1650	水害	57.417	○					慶安 3	1650		59.2	23.222	○			
									慶安 4	1651		65.8	0.633		○		
									万治 1	1658		58.6	10.000	○			
万治 3	1660	水害	50.465	○				○	万治 3	1660		48.0	0.000				
									延宝 2	1674		47.1	10.000	○			
延宝 3	1675	水害															
延宝 4	1676	水害	26.736				○	○									
延宝 7	1679		28.936					○									
延宝 8	1680		51.665	○			○	○	延宝 8	1680		57.0	0.000				
天和 1	1681		17.283	○													
									貞享 1	1684		33.0	95.534		○		
貞享 2	1685		100.738		○												
元禄 6	1693		3.461		○				元禄 6	1693		50.5	10.000		○		
元禄 11	1698		17.131				○										
元禄 12	1699	水害															
元禄 13	1700		59.400			○											
元禄 14	1701	水害															
宝永 4	1707		36.076			○			宝永 4	1707		57.0	0.000				
宝永 5	1708		118.297	○					宝永 5	1708		53.8	10.000	○			
正徳 2	1712	水害	93.442	○				○	正徳 2	1712	水害	51.0	0.000				
正徳 3	1713		75.265	○				○	正徳 3	1713		54.0	0.000				
									正徳 4	1714		43.1	16.139	○			

享保1	1716	水害	135.919	○		
享保4	1719		52.123	○	○	
享保5	1720		66.871		○	
享保6	1721	水害	97.463	○		
享保7	1722		80.944	○		
享保8	1723		67.896	○		
享保10	1725	水害	127.742			○
享保11	1726		84.445		○	
享保12	1727		52.838			○
享保13	1728	水害	126.271			○
享保15	1730		113.528			○
享保16	1731		107.690			○
延享4	1747	水害				

享保1	1716	水害	47.3	27.961	○		
享保4	1719		55.0	0.000			
享保5	1720		45.0	0.000			
享保6	1721		45.0	0.000			
享保7	1722		51.0	0.000			
享保8	1723		46.0	0.000			
享保10	1725		41.0	23.040		○	
享保11	1726		44.2	30.000		○	
享保12	1727		49.0	0.000			
享保13	1728	水害	40.0	0.000			
享保15	1730		49.0	0.000			
享保16	1731		48.1	16.936	○		
享保17	1732		46.3	32.072	○		
享保18	1733		46.8	28.042			○
享保19	1734		45.8	33.006			○
延享2	1745			13.260	○		
延享3	1746			12.000	○		
延享4	1747			6.555	○		
寛延1	1748			7.949	○	○	
寛延2	1749			5.823	○		
宝暦1	1751			6.546	○		
宝暦2	1752			2.777		○	
宝暦3	1753			14.175	○		
宝暦4	1754			21.703	○		
宝暦5	1755			15.116			○
宝暦6	1756	水害		47.234	○		
宝暦7	1757			2.146	○		
宝暦8	1758			25.264			○
宝暦9	1759			6.590	○		
宝暦10	1760			17.646	○		
宝暦13	1763			6.835	○		

（石）

西法花野村		『山城町史・本文編』	浅田（北）家文書						下狛僧坊村		『精華町史・本文篇』	安宅孝郎家文書					
			減免石数	水害	旱害	虫害	引き不作	荒				年貢賦課率（対村高）	減免石数	水害	旱害	不作悪作など	荒鍬下御引き
									明和 1	1764			5.333	○			
									明和 2	1765			8.578	○	○		
									明和 3	1766			5.752	○			
明和 5	1768	水害							明和 5	1768			21.001			○	
									明和 6	1769			0.000				
									明和 7	1770			47.517		○		
明和 8	1771	水害							明和 8	1771			78.827	○	○		
									安永 2	1773			34.649	○			
安永 4	1775	水害							安永 4	1775			10.949	○			
									安永 7	1778			14.111	○			
									安永 9	1780			10.189	○			
天明 1	1781	水害							天明 1	1781			18.671	○			
									天明 2	1782			25.885	○			
									天明 4	1784			27.474	○			
									天明 6	1786			29.969	○			
									天明 7	1787			28.000	○			
									天明 8	1788			29.969	○			
									寛政 1	1789			19.644	○			
寛政 2	1790		68.831		○		○		寛政 2	1790			8.504		○		
寛政 3	1791	水害	74.328				○		寛政 3	1791			27.269	○			
寛政 4	1792		26.552				○		寛政 4	1792			0.000				
寛政 5	1793						○		寛政 5	1793			27.858	○			
寛政 6	1794		124.736		○		○		寛政 6	1794			55.000		○		
寛政 7	1795		113.303		○		○		寛政 7	1795			0.000				
寛政 8	1796		26.546				○		寛政 8	1796			0.000				
寛政 9	1797		109.155		○		○		寛政 9	1797			12.811		○		

寛政 10	1798		65.056			○	
寛政 11	1799		149.667		○	○	
寛政 12	1800		105.016			○	
享和 1	1801		95.210			○	
享和 2	1802	水害	185.673	○		○	
文化 2	1805		123.509			○	○
文化 4	1807	水害	123.509			○	○
文化 5	1808		123.509			○	○
文化 6	1809		123.509			○	○
文化 7	1810					○	○
文化 8	1811	水害	116.550			○	○
文化 9	1812		116.550			○	○
文化 10	1813		102.630			○	○
文政 1	1818		84.076			○	○
文政 8	1825	水害					
文政 12	1829		96.856				
天保 3	1832		138.874		○		
天保 4	1833		124.523			○	
天保 7	1836		154.946			○	

寛政 10	1798		0.000				
寛政 11	1799		65.000		○		
寛政 12	1800		20.310	○			
享和 1	1801		17.794	○			
享和 2	1802	水害	43.293	○			
享和 3	1803		24.275	○			○
文化 1	1804		18.765	○			○
文化 2	1805		11.801				○
文化 3	1806		67.569		○		○
文化 4	1807		24.365	○			○
文化 5	1808		28.297	○			○
文化 6	1809		33.003	○			○
文化 7	1810		0.000				
文化 8	1811	水害	7.972				○
文化 9	1812		13.715	○			○
文化 10	1813		3.308				○
文化 12	1815	水害	38.238	○			○
文政 1	1818		3.308				○
文政 3	1820		20.025	○			○
文政 4	1821		10.652		○		○
文政 5	1822		2.6748				
文政 6	1823		5.000				
文政 8	1825		16.166	○			○
文政 11	1828		19.500	○			
文政 12	1829		20.000	○			
天保 3	1832		5.000	○			
天保 4	1833		3.000			○	
天保 7	1836		10.000	○			

出典）『山城町史・本文編』602 頁，『精華町史・本文篇』550-559 頁．浅田（北）家文書，安宅孝郎文書については，それぞれ図 3，図 2 と同じ．

注）上記の文献・史料から，少なくとも一方の村で自然災害の影響，ないしは減免の事実が確認できる年次について表示してある．空欄の年次は史料が得られないことを示す．下狛僧坊村の減免石数の意味内容の変化については本文を参照のこと．

賦課率も挙げ、その影響が下狛僧坊村にも及んでいたかどうかを確認する手がかりとしてある。

一七世紀後半では、『山城町史・本文編』（表47、六〇二頁）の水害一覧で指摘されている慶安三（一六五〇）年の水害が、両村ともに比較的大きな減免に繋がっていたことが確認できる。貞享元（一六八四）年の下狛僧坊村、同二（一六八五）年の西法花野村の干害も非常に大きなものであったとみられる。一八世紀では、まず西法花野村で水害による大幅な減免が続いた。南山城地域では、正徳二（一七一二）年の大洪水が広く知られているが、減免石数で見る限り、宝永五（一七〇八）年や享保元（一七一六）年、六年、一三年、一五年、一六年に正徳二年を上回る減免がなされていた。下狛僧坊村では、意外にも正徳二年については減免がなく、かつ年貢賦課率の落ち込みがみられないことは注目される。その一方で享保一三年の年貢賦課率は四〇％に落ち込んでおり、水害の影響が確かに窺える。また享保一〇、一一年の干害（西法花野村で確認できるのは享保一一年）の影響も大きかった。

一八世紀後半では、『山城町史・本文編』に指摘のある明和五（一七六八）、明和八、安永四、天明元（一七八一）年および寛政三（一七九一）年の水害の影響が、下狛僧坊村についても確認できる。また干害が寛政期に頻発しており、両村で共通して比較的大きな減免がなされる理由となっていた[17]。一九世紀初頭では、享和二（一八〇二）年の水害が、その規模の大きさ故に自治体史の中でも大きく取り上げられてきた。実際、西法花野村の同年の減免高は、表3では最も大きい一八五石に上っていた。正徳二年の場合とは違って、下狛僧坊村でも大きな減免がなされており、この享和二年の水害が広範囲に及ぶものであったことが改めて確認される。また文化三（一八〇六）年の僧坊村に代表されるように、依然として干害も減免の理由に挙がっていた。

このように、一七世紀半ばから一九世紀前半に至るまで、自然災害は年貢減免の理由であり、年貢賦課率の変動を引き起こす直接の要因であったことは間違いない。しかしそれは、図2・3から読み取れる年貢賦課率の長期的な低下傾向とどのように関係していたとみるべきであろうか。一七世紀後半の場合にも、自然災害による減免の事例は両村とも少なくなく、その際の落ち込みも大きい年がある。しかしそれが平均的な年貢賦課率の水準を低下させているわけではなかった。実際、表3の一七世紀後半で最も減免石数の大きい貞享元、二年は干害によるものであり、年貢賦課率は速やかに回復していた。自然災害が構造的な年貢賦課水準の低下をもたらすとすれば、水害による土地条件の悪化などの要因を考慮する必要がある。

その点で、一八世紀前半の年貢賦課率の低下・停滞が注目される。表3にも見られるように、西法花野村では宝永四(一七〇七)年を皮切りに五〇石から一〇〇石を超える減免が認められる年次が続いているし、下狛僧坊村でも正徳四(一七一四)年以降、年貢賦課率の落ち込みや二〇―三〇石の石高控除が見られた。西法花野村については、免割帳に減免を行う理由についての記載があるので、それを参照しよう。先の史料3では、享保元年は、当年の木綿・稲作の不作を理由に最大の一一一・八四四石分の上納免除が定められ、そのほか、一三・九一七石と九・二七八石の「不作免」があった。九石余の「不作免」の方は前述のように村全体に関わるものであったから、特定の土地(持高)が対象となるのは一一一石余と不作免一三石余である。前者は当年の不作を理由としていたが、後者については同じ石高が享保一三(一七二八)年まで免割帳に計上されており、単年度の打撃にとどまらない水害の影響を看取することができる。ただし、量的に大きいのはやはり当年の不作分で、継続していた当該「不作免」も享保一六(一七三一)年には四・六二九石へ減額されていた。水害による年次を超えた直接の影響は確かにあったが、それは一七三〇年初めにはほぼ解消されていたように見える。また、この間の連続した年貢賦課率の低さの主因は、石数から見て当年の不作を理由とする減免であったことも確認される。総じていえば、この時期を起点とする農業生産の構造的な地盤沈下を想定し、それを理由に年貢賦課率の低下を理解するのは適切ではないだろう。下狛僧坊村の場合も、享保二〇(一七三五)年には賦課率は回復し、一七四〇年代の五二%の定免率設定へと連なっていく。干害を含む連年の自然災害の重なりが享保期の落ち込みの要因のように思われる。

次の画期は一九世紀転換期で、両村ともに年貢賦課率が落ち込んでいた。表3によれば寛政末に大きな干害があり、享和二年の大規模な水害が続いていた。洪水後の西法花野村の状況について、次の史料4をみてみよう。

［史料4］(18)

文化十年酉七月　田畑御上納米御定免願帳　　狛四ケ村　ひかへ

乍恐奉願口上覚

去ル拾弐ケ年以前戌年（享和二年―引用者）洪水之節堤切ニ付田畑多分砂入土流ニ相成難ケ敷奉存居候所、其節広太之御普請銀並ニ御赦御下行抔頂戴仕乍難渋無滞相続仕難有奉存候。尤右田畑作付仕候得共荒地之儀ニ御座候故、立毛育兼不作仕年々御見立御願奉申上候而夫々御引方被成下難有奉存候。然ル所小高持之百姓抔者御見取ニて者励も薄御定免被為仰付被下候ハヽ、不拘立毛取入候得者麦作蒔入抔早ク翌年植付用水之手廻りニも宜取実相増候様相成可申候。（中略）右荒地之田畑も銘々手を懸居候ニ付追々地馴申候間、乍少々宛年々取実も相増可申候様奉存候所去々未年（文化八年―引用者）迄不作打続百姓一統難渋相重り甚歎ケ敷奉存候。尤荒地之儀ニ候得者本作ニ難出来御座候故、此後精誠相励早々地馴候様仕度奉存候ニ付、去ル午年御極被成下候村々之御免相三分宛相進メ可申候間。

文化一〇（一八一三）年に西法花野村を含む狛四ケ村が定免制の継続を願い出た文書であるが、ここでは論拠として一二年前の享和二年の洪水の影響が続いていることを挙げている点が注目される。先述のように定免制自体は文化二（一八〇五）年に導入されていた。この文書からは、それが年貢負担の軽減を目的とする百姓側の要請に基づいていたことが窺われるとともに、洪水から一二年たった後にも、同じ論拠で定免制の継続が求められていたことが判明する。

次の史料5によれば、同様の願書は、天保四（一八三三）年にも提出されていた。

［史料5］(19)　田畑御上納御定免願帳　一三ケ村

表 4　西法花野村における減免理由

（石）

		堤・溝敷地分	①	近年不作免	②	③	当荒稲	当畑木綿	当生綿	当田綿	当汲生用捨	当不作免	損引き理由
寛政 1	1789	3.821	4.175	18.556									
寛政 2	1790	3.821	4.175	18.556			5.567	28.762		1.392		6.958	日焼
寛政 3	1791	3.821	4.175	18.556			10.206	30.154		2.783		4.639	
寛政 4	1792	3.821	4.175	18.556									
寛政 6	1794	3.821	4.175	18.556			12.525		62.628		11.598	11.598	日焼
寛政 7	1795	3.821	4.175	18.556					77.473			9.278	
寛政 8	1796	3.821	4.175	18.556									
寛政 9	1797	3.821	4.175	18.556			2.320		64.200		10.670	11.596	日焼
寛政 10	1798	3.821	4.175	18.556					31.546			6.958	不作
寛政 11	1799	3.821	4.175	18.556			10.206		64.200		16.237	32.273	日焼
寛政 12	1800	3.821	4.175	18.556					66.339			12.526	不作
享和 1	1801	3.821	4.175	18.556					68.659				
享和 2	1802	3.821	4.175	18.556			31.546		90.462			37.114	水押
文化 2	1805	3.821	4.175	18.556	1.392	95.566							
文化 4	1807	3.821	4.175	18.556	1.392	95.566							
文化 5	1808	3.821	4.175	18.556	1.392	95.566							
文化 6	1809	3.821	4.175	18.556	1.392	95.566							
文化 8	1811	3.821	4.175	18.556	1.392	88.867							
文化 9	1812	3.821	4.175	18.556	1.392	88.867							
文化 10	1813	3.821	4.175	18.556	1.392	74.690							
文政 1	1818	3.821	4.175	18.556	0.392	56.133							

出典）各年「御免割平シ帳」（浅田（北）家文書 C74-93，96）.
注）①辰年荒之分砂之場所引遣す.
②狛 4 ケ村当荒高 2 石 3 斗 3 升 7 合分引遣す.
③去戌年（享和 2 年のこと）田畑荒所用捨並不作綿免共定免年限中引遣す.

表5　下狛僧坊村における減免理由

（石）

		減免石数	享和2年洪水荒鍬引	文化5年洪水荒鍬引	荒割	当年損	左・荒割	当年減免の理由
寛政11	1799	65.000				65.000		当年旱損引
寛政12	1800	20.310				20.310		水損皆無引
享和1	1801	17.794				17.794		当年水損皆無引
享和2	1802	43.293				43.293		当年水損皆無引
享和3	1803	24.275	13.211			11.635		当水損御引捨
文化1	1804	18.765	12.228			6.536		当水損御引捨
文化2	1805	11.801	11.801					
文化3	1806	67.569	9.270			58.300		当旱損皆無引
文化4	1807	24.365	9.270			15.096		当水損皆無引
文化5	1808	28.297	7.780			27.218		当水損皆無引
文化6	1809	33.003	6.396	2.397		24.289		当水損皆無御用捨
文化7	1810	8.794	6.396	2.397				
文化8	1811	7.972	5.636	2.397				
文化9	1812	13.715	4.084		2.225	5.854	1.552	当年水損引
文化10	1813	3.308	2.397		0.918			
文化11	1814	3.308	2.397		0.918			
文化12	1815	38.238	2.397		0.918	25.312	9.619	当年水損引
文化13	1816	3.308	2.397		0.918			
文化14	1817	3.308	2.397		0.918			
文政1	1818	3.308	2.397		0.918			
文政2	1819	3.308	2.397		0.918			
文政3	1820	20.025	2.397		0.918	12.114	6.433	当年水損引
文政4	1821	10.652	2.397		0.918	5.323	2.221	当年旱損引
文政5	1822	3.308	2.397		0.918			
文政6	1823	8.308	2.397		0.918			
文政7	1824	1.166	0.845		0.321			
文政8	1825	16.166	0.845		0.321	15.000		当水損引
文政11	1828	19.500	0.845			19.500		水損引，不作に付御用捨
文政12	1829	20.000				20.000		水損風損御用捨
文政13	1830	5.000				5.000		水損引

出典）　図2と同じ．

表6　浅田家の年貢上納と宛米収取（安永9（1780）年）

浅田家総計	（石）
持高・計	182.961
宛米・計	347.634
不作引・計	64.346
年貢諸掛上納高・計（米換算）	185.500
浅田家・西法花野村の分	（石）
持高	116.920
取	84.428
内引き分	10.827
（内訳）	
敷地引	0.244
池床米	0.448
当荒引	1.606
近年引	6.536
汲生引	1.091
田綿引	0.871
見立引	0.031
年貢諸掛・上納高①	73.601
銀差引	（匁）
支出項目・計	3861.84
（内訳）	
六ケ一・欠・加役	1894.10
（推計）六ケ一	655.92
欠	315.68
加役	922.50
当代田人	33.99
てんこ田人	9.69
堤外	21.85
山畑	3.52
新開	4.59
給付項目・砂留下行	1.15
銀支出・総計	1966.69
上記の米換算（石）②	45.737
年貢諸掛上納高・計(米換算)　①+②	119.338

出典）安永9年「村々御年貢上納下作取立帳」（浅田（北）家文書，I-22）.
注）六ケ一，欠，加役への按分については本文を参照.
　銀表示の匁未満，石表示の合未満は四捨五入．そのため，合計値が各項目の計算値と一致しないことがある．以下の表も同じ.

右村々之儀三十二ケ年以前戌年（享和二年―引用者）以来度々洪水堤切ニ而田畑多分土流石砂入等ニ相成候場所者夫々御普請被成下候。百姓共茂肥土持込肥等精誠尽候ニ付少々宛者地馴候所も御座候得共、洪水度毎々荒地ニ相成候場所ニ付容易ニ地味出来不申、猶又水旱ニ掛り候場所ハ作劣り取実薄キ年柄多ク難渋仕候。（中略）御年限ニ相成候故是迄之通御定免御願奉申上度奉存候。

史料5を文字通りに受け取れば、享和の水害は、西法花野村の農業生産に三十年余にわたって直接に負の影響を与えていたことになる。実際、図3にあるように、一九世紀転換期以降、西法花野村の年貢賦課率は大きく低下したまま、文政から天保期に至っても、一八世紀末を大きく下回る水準に留まっていた。しかしそれが史料4、5の主張するような農業生産力の構造的な低下によるものであるかどうかは、なお検討を要する問題である。

その手がかりとして表4に、寛政期から文政元年に至る時期の西法花野村の減免石数の推移を、減免理由別にまとめた。この間、溝・堤の敷地分の三・八石余とともに、おそらくは一八世紀後半にその原因があると思われる「辰年荒之」および「近年不作引」の計二二石余が、完全に固定された減免高となっていたことが判明する。一八世紀初頭に比して年貢賦課率が水準として低下している要因の一つとして、一定量の石高が固定的に減免となったことが挙げられよう。これを除く減免理由は、いずれも享和二(一八〇二)年までは当該年の不作を理由としている。それが史料の得られる文化二(一八〇五)年以降、「去戌年田畑荒所用捨並不作綿免共定免年限中引き遣す」として、減免石高の固定化がなされるようになった。西法花野村の定免制は、その内実が減免高の固定化であったことが確認されるのである。文化一〇年および文政元年の減免額の変更は、定免率の引き上げに正確に対応するものであった。

では、この減免石数の固定化は、どのような意味をもっていただろうか。ここで下狛僧坊村の場合を見てみよう。表5にあるように、同村でも享和二年の水害後、その影響を明示的に理由とした減免がなされている。西法花野村との相違は、それが必ずしも固定化されず、比較的順調にその石数が減少していたことである。文化七(一八一〇)年には荒引高は半減、文化一〇年には四分の一となり、その水準で一一年続いた後、文政一二(一八二九)年以降は免定に現れなくなった。この間の大きな石数の減免は、いずれも当該年限りの水損引、旱損引である。この下狛僧坊村の経緯との対比において、享和二年の水害を根拠とする西法花野村の減免高の固定性および継続性は際立っている。

西法花野村と下狛僧坊村で、享和二年の水害による被害の程度や性格が異なっていた可能性はあるだろう。正徳二年の水害の影響が見られなかった下狛僧坊村では、今回も比較的被害が軽微だったのかもしれない。しかし一方で先の表1には、浅田家の小作地の宛米の石高に対する倍率が、一八世紀初めと一九世紀中葉で変化がなかったことも示されている。

以上を踏まえ本章では、一九世紀前半の西法花野村の年貢賦課率の低落は、下狛僧坊村との対比において、水害の影響が大きく出ていることは否定されないものの、それ以前との比較における低落をすべて自然災害の構造的な影響に帰するのではなく、水害による比較的短期の影響を、定免制採用による減免高の固定化という形で定着させた、領主―農民関係の変化の一つの表れとして捉えることとしたい。その点において、西法花野村の年貢賦課率は、その趨勢において下狛僧坊村と同様の経過をたどったものと考えられる。

三　財源としての村加役とその使途

以上は、領主の取り分としての「年貢賦課率」の推移を見てきた。持高百姓には、これに加えて領主財政には収納されない「公」的な負担が掛かってくる。たとえば先の史料3の庄屋給米以下、合計七石余⒄がそれに当たる。村役人への給付、村の米蔵の番人や「歩き」（公用の「お使い」）の賃金、ため池の維持管理費からなるこれらの負担は、年貢と同様、「免割帳」の中で持高に応じて割り掛けられ、「村入用」の語が充てられている。西法花野村ではこの「村入用」が長期的に固定されており、一七世紀半ばから一九世紀前半まで、項目・負担石数ともにほぼ同一で推移した。

しかし村を単位とする支出に対する負担という意味では、「免割帳」に現れる「村入用」はその一部に過ぎない。表6をみてみよう。同表は浅田家が自家の経営状況を把握するために、年貢・諸負担と小作米収納を記録した「村々御年貢上納下作取立帳」（I-22）から作成している。安永九（一七八〇）年の浅田家では、西法花野村に一一六・九二石の石高を有し、それに対して八四・四二八石の年貢が掛けられていた。ここから減免高を差し引いた七三・六〇一石が実際の上納石数となるが、それに加えて、「銀差引」の項から算出された銀一貫九六六・六九匁（米換算では四五・七三七石）の納入が必要となっていた。この「銀差引」の大部分を占めていたのが六ケ一・欠・加役という項目である。「御年貢村々諸役覚帳」[20]から作成した表7によれば、安永九年の西法花野村では高（毛付高の三二一・七七石）に対して一石につき一六・二匁の割合で「六ケ一・欠・加役」が課せられていたとされ、この割合を浅田家の持高に乗ずると、表6の一八九四・一匁と一致する。それゆえ、表7の三つのカテゴリーの比率を用いて六ケ一・欠・加役のそれぞれの金額あるいは石数（一石＝四三匁替）への分割が可能であり、その計算値を表6に示した。見られるように、最も数値が大きいのが「加役」で、銀九二二・五〇匁、米換算で二一・四五石となる[21]。文政八（一八二五）年には「村加役」と表記されるこの「加役」は、先の「村入用」（表6では「村役」ないしは「村役米」に当たる）[22]に加えて村レヴェルでの諸活動の財源を意味していたと考えられる。安永九（一七八〇）年の浅田家の場合、その石数は当初の年貢賦課高（「取」）の二五・四％、減免による控除分を除いた実際の年貢賦課高の二九・一％に相当していた[23]。表7に見られるように、村加役の当初の年貢高に対しての割合は安永一〇年の一七％から天明八年の四二％とかなり変動している。ただしこの数値は年貢高から減免分の控除がなされておらず実際の年貢納入石数との対比ではこれより高い水準となることが想定される。図5に見られるように、米価を考慮した米の石数換算での村加役は、一八世紀後半以降、その水準を落とさず、場合によってはそれを上回る石数で一九世紀前半を推移していた。減免石数の増大する一九世紀には、年貢上納に対して村加役の比重が高まっていた可能性も考慮に値するだろう。実際、文政八（一八二五）年の村加役の年貢高（減免分控除済み）に対する割合は三四・七％で、先の表6の安永九（一七八〇）年の水準を上回っていたのである。

では、村加役はどのような目的をもって課せられていたのであろうか。年貢納入にかかわる諸費用や普請人足賃等のための「加役」の存在は指摘されており、土砂留のための松雑木の植え込みや堰の設置・管理、溜池の建設・管理

表 7　西法花野村の諸役負担（持高 1 石当たり）

	安永 9 (1780)	安永 10 (1781)	天明 8 年 (1788)	文政元 (1818)	文政 8 (1825)
（石）					
米成	0.696	0.706	0.707	0.717	0.689
村役（米）	0.026	0.026	0.026	0.026	
六ケ一					0.093
計	0.722	0.732	0.733	0.742	0.781
（銀匁）					
六ケ一	5.61	6.29	5.91	5.37	7.70
欠	2.70	3.21	1.33		
加役	7.89	6.88	19.36	12.79	14.20
計	16.20	16.39	26.60	18.16	21.90
加役（米換算）/ 米成	0.263	0.171	0.421	0.337	0.277
米換算（1 石当たり匁）	43.0	57.0	65.0	53.0	74.5

出典）各年「御年貢（米）村々諸役覚（帳）」（浅田（北）家文書，C-703，707，714，885，888）.
注）米換算価格は科目によって異なるが，ここでは「村買」「買米」を採用している.

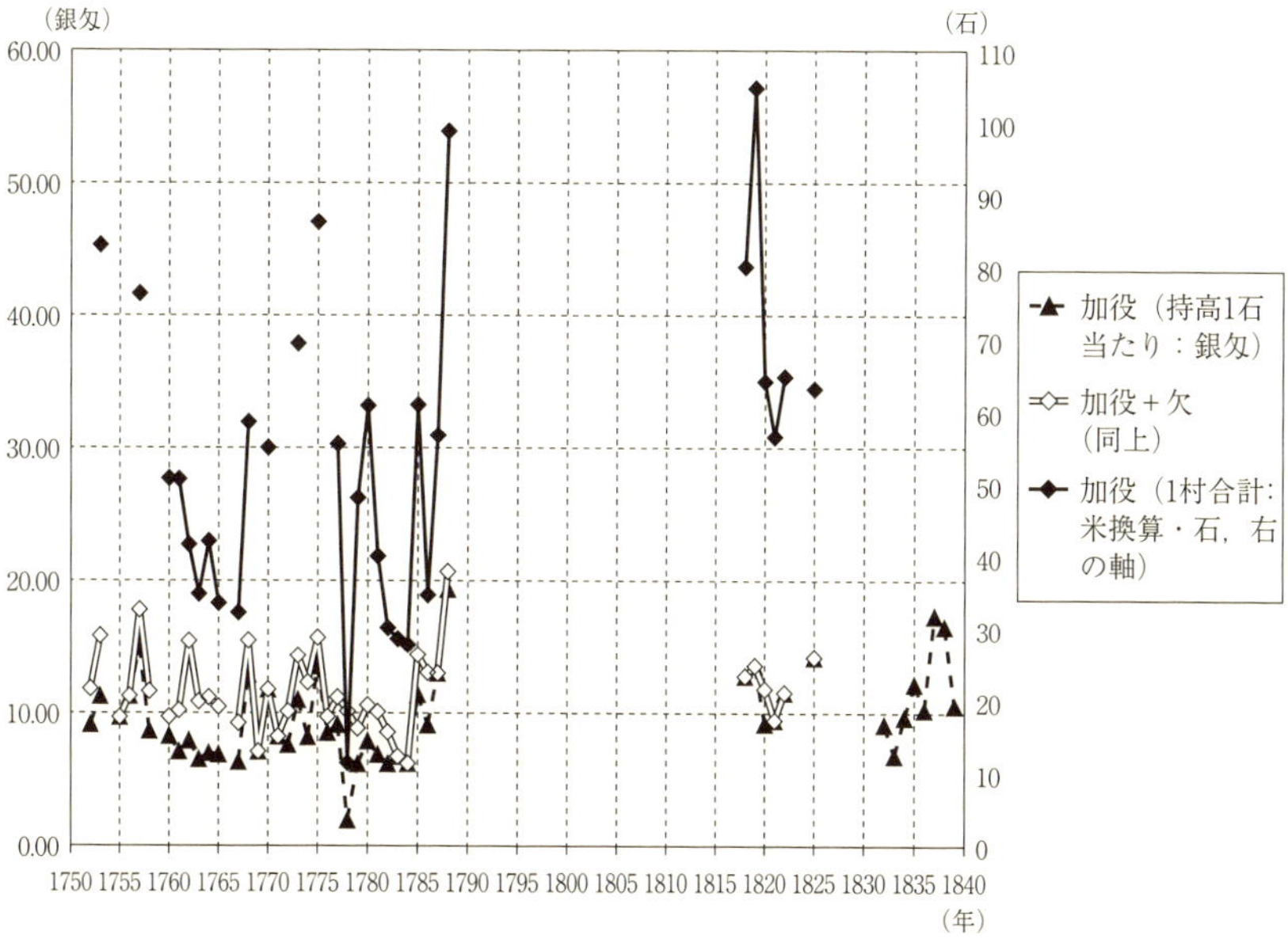

図 5　村加役の賦課動向（持高 1 石当たり銀匁表示と 1 村合計米換算値）

出典）各年「御年貢（米）村々諸役覚（帳）」（浅田（北）家文書，C-681 ～ 714，C-880 ～ 888，C-954, 955）.
注）加役銀の米換算石数は，史料に換算米価の記載のある年次について算出してある.

などに村が資金や労働力を提供していたことも知られている(24)。ただしそれらが村の「公共的」な事業活動全体の中でどのような位置付けにあったのかは、必ずしも明らかではない。その本格的な検討は本章でも今後の課題とせざるを得ないが、ここでは若干の史料から、村の「行財政」による農業生産維持への関与について、いくつかの事実を付け加えておきたい。たとえば文政元(一八一八)年の一史料(25)には、「四ケ村共溜池之分者天水請ニ而旱魃之節者大川表ゟ五重七重ニ水車を仕掛ケ昼夜之無差別人力を尽し川水踏上ケ御田地養候ニ付人足抔之費多、就而者村小入用(傍線は引用者)抔も年柄ニ寄り過分相掛甚々難渋(後略)」とあり、旱魃時の大川(木津川)から田畑への揚水作業に際して、「村小入用」が労働力雇用の財源として用いられていたことが示唆されている。また以下の文化六(一八〇九)年の農業土木事業に関する願書(26)は、領主支出による御普請の縮減(「御普請相願候場所減少被仰付候故」)を受けて村役人が事業継続(自普請)を立案・申請(「自普請御願申上候処御聞済御座候間」)し許可されたこと、しかし当座の財源の手当てのために「右普請入用割掛銀凡六貫目(中略)右銀子六貫目下利ニ而拝借仕度奉存候」と、低利資金の融資を願い出ていたことを伝えている。「拝借」を願い出る基盤には、村加役による村内での財源調達の見通しがあったといえよう。

このような村の農業土木への主体的な取り組みは、財源を領主に依存する「御普請」の際にも前提となっていたと考えられる。享和二(一八〇二)年の水害に際し、領主藤堂藩は土砂の流れ込んだ農地の回復のために、一六貫余りの「下行銀」を下付した。「享和三年六月一七日　田畑砂入土流普請御下行銀割賦帳」(F-166)には、下行銀の見積もりが各戸別に示されている。また、下行銀によって行う工事について、「享和三年御普請銀差引帳」(F-114)は、その冒頭に土地状況に応じて投入されるべき資材と労働力を坪当たり必要量の形で記載している(表8)。その上で同帳簿では、工事対象の土地を持高としている百姓毎に、下付される金額が示され、かつ実際の金額の受け渡し額と残金が記載されている。浅田家(金兵衛)は、五貫七一五匁八七の割り当てがあり、帳簿作成の享和三年六月二七日までに、三回にわたって計三貫五〇三匁六七が渡されていた。水害にあった土地の持高に対して行われた無利子での年賦

表8　享和3（1803）年，土地改良工事の御普請用下行の内訳

工事対象	田砂坪合	畑砂坪合	田平坪合	田底堀	畑平坪合	畑底堀	計
総面積（坪）	3,040.6	1,970.7	7,835.9	8.4	2,751.5	15.6	15,622.8
坪当人足数	5人半掛	4人掛	1人に4坪	4人掛	1人に4坪	3人掛	
総人足数（人）	16,724	7,883	1,959	34	688	47	27,334
1坪当経費（匁）	3.25	2.36	0.15	2.36	0.15	1.77	
総経費（匁）	9,866.81	4,650.87	1,155.80	19.82	405.84	27.64	16,126.78

出典）享和3年「御普請銀差引帳」（浅田（北）家文書，F-114）．

貸付（金銭は五ケ年賦、米は一〇ケ年賦）[27]が、年貢上納との相殺による部分が大きかったのに対して（享和二年一二月「戌年六月廿九日大洪水ニ付田畑水損高江御拝借金五年賦米拾年賦割賦帳」西法花野村、F-162）、この御普請は実際に現銀が百姓個々人宛に下付されていたように見える。別言するならば、工事の実施は個々の百姓に委ねられていた。持高のバラつきが大きい現実を考えれば、実際の工事の立案、資材・労働力の調達や監督は、個々人宛の下行銀をプールして、共同で行っていたことが想定されよう。財源とともに、村には事業遂行の能力も求められていたと考えられるのである[28]。

おわりに

近世後期の領主層が、農業生産力の発展の成果を獲得できず、財政収入の相対的な低下に陥るとする構図は、トマス・スミスが村高と年貢賦課高の比較を十数村にわたって例示して以来、通説的な位置を占めている[29]。筆者もその理解を受け継いでいるが、その後の研究史も含め、年貢賦課率の相対的な低下——年貢を上げられない——は論じられつつも、絶対的な低下は、明示的には議論されてこなかったように思われる。本章で取り上げた南山城の事例は、すでに『精華町史・本文篇』などで、一七世紀の年貢賦課率の高さとその後の低下・停滞が事実として示されており、本章でも二つの村を対比しつつ、改めてそこに共通する長期動態を確認した。では、なぜ年貢賦課率は低下・停滞しえたのか。本章で指摘したのは減免と、定免制の採用による上限の固定化である。このプロセスの中で、年貢賦課率は確かに低

下・停滞していった。では、なぜ減免と年貢上限の設定が可能となったのだろうか。減免の理由は水害・干害であったから、自然災害が年貢賦課率の変動要因となっていたことは確かである。しかし行論で検討したように、それを主たる要因として長期的・構造的な変化を理解するのは、適当ではない。宛米／持高比率の推移でも見たように、土地生産性の上昇（「農業生産力の発展」）は確証されないにしても、少なくとも農業生産の構造的な不利化と衰退は否定されている。構造的な要因は、やはり領主―農民関係の変化にもとめるべきであろう。本章ではその具体的な内容に立ち入ることはできていないが、しかし、年貢負担の一般的な低下の中で、村の「公的」な支出の相対的な増大が進行していたことは示唆されている。そこには、担い手としての「豪農」の存在が浮かび上がってくる。

表6に見たように、安永九（一七八〇）年の浅田家の西法花野村の持高は、同村の永荒を控除した村高三三七・一一石のうちの一一六・九二石を占め、周辺農村の持高も含めると、浅田家の総持高は一八二・九六一石に上った。この持高に応じて納入される年貢および村役・村加役等の米換算の石高は、合計で一八五・五〇〇四石となる。たしかに浅田家は西法花野村に課せられた年貢上納の大きな割合を担い、また村役・村加役の主要な負担者であった。他方、この持高に対応する浅田家の宛米高（小作米・自作地からの収穫）は三四七・六三四石であり、浅田家の公的負担の源泉が小作米の徴収にあったことも確かである。その点を想起するならば、村の公的支出を実質的に負担していたのは、小作米の納入を担う小百姓であったとも言い得る面がある。しかし同時に表6のもととなった「村々御年貢上納下作取立帳」は、項目として「不作引方」を設け、宛米から六四・三四六石を控除した分が実際に小作料として収納された石数であったことを記していた。宛米からの控除率は一八・五％であり、これは西法花野村での同年の年貢減免率一〇・九％をかなりの程度上回っている。[30] 浅田家は年貢が減免される割合以上に小作米の減免を行っていたのであり、負担はすべて小作人に転嫁できていたわけではなかった。その差が浅田家独自の負担を意味しているとすれば、そこには村・地域の中で「豪農」が要請される「公」的な役割の一端を見出すこともできよう。「豪農」はその経済的な蓄積

を前提に、村・地域において個々の経営活動に留まらない能動的な機能を発揮していたのであり、それが領主—農民間関係の変化を促す、実際の機動力となっていたのではないだろうか。この点をより明確に示すには、本章でも最後に言及した農業関連の普請への関与など、豪農が村・地域社会で実際に担った活動領域のより具体的な検討が必要となる。今後の課題としたい。

(1) こうした見方を明示して近世経済の歴史的推移を概観したものとして、沢井実・谷本雅之『日本経済史——近世から現代まで』（有斐閣、二〇一六年）第1章がある。
(2) 上田正昭監修『山城町史・本文編』（山城町役場、一九八七年）、木津町史編さん委員会編『木津町史・本文編』（木津町、一九九一年）、精華町史編纂委員会編『精華町史・本文篇』（精華町、一九九六年）。
(3) 精華町史編纂室所蔵の安宅孝郎家文書写真版を利用した。資料番号A-34～176、A-2727～2740。
(4) 前掲注(2)『精華町史・本文篇』四五五頁。
(5) 国史大辞典編集委員会編『国史大辞典』第4巻（吉川弘文館、一九八四年）八一二—八一三頁。
(6) 上狛四ケ村と西法花野村との独特な関係については、吉田ゆり子「上狛村の村切りと共同体」石井寛治・林玲子編『近世・近代の南山城』（東京大学出版会、一九九八年）を参照。
(7) 東京大学経済学研究科資料室所蔵。史料番号C-1～92, 95, 98、C-296、297、300。
(8) 安宅家文書、1084-4：172。
(9) 正確には確認できたのは明和元(一七六四)、明和六(一七六九)、安永二(一七七三)、寛政元(一七八九)、寛政六(一七九四)、寛政一一(一七九九)年の文書である。五ケ年毎の定免規定の更新を想定するならば、安永七(一七七八)年と天明三(一七八三)年の文書もあるはずであるが、安宅家文書には残されていなかった。
(10) 下狛僧坊村については、起返りの持高二四・六四九三石の三〇％を、低免率地の年貢賦課高として総年貢賦課高から差し引き、その値を「本毛付」一八七石余で除した値を示してある。
(11) 『山城町史・本文編』も、万治元(一六五八)年の「免状」では村高に対して六〇％の年貢率であったのに対して、「物なりならし帳」では永荒分等を差し引いた石高を対象とするために、年貢率が八九・五％に達するとしている（九四—九五頁）。
(12) 竹安繁治『近世封建制の土地構造』（御茶の水書房、一九六六年）など。浅田家の帳簿では自作地に関しても宛米の設定がなされている。これは、小作地としたときに想定される小作料の石数を記したものと考えられる。井奥成彦「近世南山城の綿作と浅田家の経営」（前掲注(6)石井・林編『近世・近代の南山城』）二八一頁を参照。

(13) 安宅家文書、2686-①-2-③。

(14) 前掲注(2)『精華町史・本文篇』八五―八六頁。

(15) 元文元(一七三六)年から延享元(一七四四)年の史料が得られず、また免率変更による減免が確認できる最後の年が享保一五(一七三〇)年なので、厳密には減免石高控除方式への移行の時期は、享保一六年から延享二年の間ということになる。なお延享二年以降の定免制下で、五二％の免率が石高から減免部分を控除した石数については成立していたことは、すでに前掲『精華町史・本文篇』四八八―四八九頁で説明されている。また一七世紀後半の年貢設定のあり方なども同書、四八三―四八六頁で紹介されており、ここでの叙述と重なる点もあるが、本章は本文のように、免率自体を変動させる場合が少なくなかったことを重視し、『精華町史・本文篇』とはやや異なった解釈を行っている。

(16) 浅田（北）家文書、C-60。

(17) 安宅家文書の中に寛政六年の「覚（割付状）」が二種類残されており、引き高が一方は一七六・二三一一石、他方が五五石となっている（145-①②）。『精華町史・本文篇』四八七―四八八頁は引き高を一七六石余としている方を寛政六年の「免定」とみなし、「最も荒れ引きの多かった」年次の例として紹介している。筆者もこの『精華町史』の叙述を参考として、寛政六年の年貢賦課率算出に際して、引き高を一七六石余とした図を前掲注(1)沢井・谷本『日本経済史』に掲載している（図1―2(3)）。ところが本章作成にあたっての史料見直しに際して、一七六石余とした方は後年の文化八(一八一一)年に書き換えられたものであって、五五石の引き高としている文書が真のものであることを述べた文書の存在に気が付いた（安宅家文書145-③）。史料の文言は「実ハ五拾五石之旱損引ニ相違無御座候。百七拾六石余在之免状之方ハ文化八年未六月ニ認替御下ケ御免状ニ御座候後日此段相心得可申事」である。表3ではこの文書の指摘に基づき、寛政六年の減免石数を五五石としている。なぜ二種の免状が作成されたのかは興味を引く問題であるが、今後の検討課題であり、ここでは立ち入れない。

(18) 浅田（北）家文書、C-273。

(19) 浅田（北）家文書、C-298。

(20) 浅田（北）家文書、C-703、707、714、885、888。

(21) 六ケ一についての詳細は今後の課題であるが、帳簿記載の方式から、ここでは年貢納入の中で銀納が求められた金額とみなしておく。

(22) 表7の米成＋村役の石当たり〇・七二二を表6の高に乗ずると、「取」に一致した。先の史料3にみたように、庄屋給等の

「村入用」は年貢（米成）とともに上納することが慣行であったと見られ、このような帳簿記載形式をとっていたのであろう。

(23) 仮に村役＋加役を広義の村入用、米成＋六ケ一を領主への年貢上納とすると、表6からは広義の村入用は年貢上納の二五・三％、減免石数を控除すると二八・五％に相当する。

(24) たとえば前掲注(6)吉田ゆり子論文、四五―四六頁、前掲注(2)『山城町史・本文編』六二二―六三九頁。

(25) 「字檜谷新地御普請凡積仕様帳」（浅田（北）家文書、F-118-9）中の「乍恐奉願口上之覚」。

(26) 「文化六年　乍恐口上書　狛四ケ村役人共」（浅田（北）家文書、F-128）

(27) 前掲注(2)『山城町史・本文編』六〇七頁。

(28) 近世後期の地域レヴェルでの公共土木事業の運営能力については、熊本藩を事例に吉村豊雄『日本近世の行政と地域社会』（校倉書房、二〇一三年）がその高さを強調している。

(29) トマス・C・スミス『徳川時代の年貢』東京大学経済学会・東京大学出版会、一九六五年。

(30) 表6のもととなる史料から、西法花野村での減免石高に当たる一〇・八二六五石を、年貢上納石高（八四・四二七九石に六ケ一銀の米換算石数一三・一〇六七石を加えたもの）で除して求めた。

第五章　畿内豪農の経済活動と年貢・御用金
――嘉永七年、旗本天野氏御用状の記述より

島津良子

はじめに

(1) 疑問と問題設定

意外なようだが、村々の毎年の年貢額の決定にはどのような要因が考慮され、年貢納入額はどのような過程を経て決定されるのかについては、まとまった研究蓄積がないという。渡辺尚志によれば、「割付状と皆済状とによって年貢算用というトンネルの入口と出口はわかっても（それ自体重要なことではあるが）、トンネルの中がどうなっているかは全くわからないのである」といわれる状況が近世史研究の中で未だに続いているというのである。[1] まったくわからない、ということはないにしても、研究が進んでいないことは事実であろう。

もちろん、何らかの理由で領主による大幅な年貢収納の強化が行われ、領民がこれに対する事件性の高い抵抗を示した場合には関係文書が残されやすく、年貢収納に関する攻防の争点は比較的明確に記録の中にあらわれる。また、

近世後期には年貢は定免制となり、村から不作による減免が求められる場合にだけ検見が行われるのが一般的となった。この検見による減免額は帳簿にあらわれるし、軽微な水損、干損による減免額や新たな雑税の付加、新田開発部分や災害被害による荒廃田などへの一定期間の鍬下（年貢猶予）や課税の再開などは年貢皆済状（免状）に記載され、平常時の年貢額の変化として数字に残されてもいる。しかし、これらの増減理由は概して公式理由であって、天候以外の要因による増徴や減免を定型の名目に置き換えたものであることも考えられる。平常時の年貢収納については最終的に年貢を皆済したという皆済状（免状）だけが証拠として村に残される場合が多く、仮に皆済状（免状）以前の段階での種々の勘定帳が残っていたとしても、帳面上の公式数字の裏側にある真の事情を汲み取るのはさらに難しい。もっと違った史料の可能性はないのだろうか、というのが本章の問題設定である。

筆者はここ十数年、旗本天野氏[2]の上方代官を務めた森島家が所蔵する森島國男家文書[3]に残された、分厚い「御用状」[4]と呼ばれる江戸の領主家と上方領との間の往復書簡綴りを読み続けている。膨大な量が残る森島家文書の御用状史料の中から、最初の解読対象として嘉永七（一八五四）年一月始まりの一冊を選んだのは、ペリー来航の年という理由からであったが、この厚さ一〇センチメートル近い一冊の御用状綴りには、偶然領主天野家の「主君押し込め」事件の詳細が記録されていた。主君の実の娘を中心とする奥の女性たちと一部の家臣、そして江戸在勤を命じられた上方代官森島清右衛門、この三者が共謀して当主を約半年間座敷牢に軟禁し、強制的に新しい婿養子に家督を譲らせた、という事件である。事件の詳細については別論文[5]を発表しているのでここでは省略するが、この事件の顛末を知れば知るほど、新たな疑問が湧いてきてならなかった。現当主は、前々婿養子（最初の養子）との間に暴力事件を引き起こして養子が実家に逃げ帰るという事件が世上の噂にのぼったり、浪費と高利の借金を続け、大枚二〇〇両の金を払って妾を引き入れたり、と問題行動を繰り返していた。これ以上家政の内情が明るみに出れば「家事不取締」として幕府の処罰の対象になり、重ければ（この時点で）嗣子のいない天野家は断絶、軽くても減封処分はあり得る。「家」

が潰れれば生活できない奥の女性たちと家臣団の利益と、当主の乱脈な浪費のために増え続ける御用金負担軽減のため、亡くなった前養子（二人目の養子）に代わる新たな養子当主による財政改革と古借の整理返済を望む領村の利益、両者の利害が一致しての農民出身在地代官の「主君押し込め」への協力、と理解はできるものの、むしろ良政が期待できないこの領主が幕府の処分で改易となり、新たな領主が来た方が領村や代官にとって得策なのではないのか、なぜそうまでして現在の領主家の存続と自村への支配権を守ろうとするのか、という疑問は消えなかったのである。表立った表現では、「是も御家之儀ゆへ」お家の一大事、「累代之御家来」代々代官職を務める家来ゆえの奔走であり、「しらんしらんと」見捨てて帰ることはできない[6]という在地代官のこの事件への関与は、果たしてそれだけが理由なのか、「用人格」という肩書で、「士分」（一代限りの武士身分）として上方代官と主家の用人を兼任し、江戸在勤中は主家の会計をも預かる、いわば侍と農民とのグレーゾーンに位置する森島清右衛門ではあるが、領村では地主経営を営むいわゆる「豪農」である。そもそも代官はなぜここまで膨大な「御用金」（さまざまな名称での年貢以外の臨時の金銭負担を総称してとりあえずこう呼んでおく）を負担し続けるのかが、大きな疑問であった。負担額の大きさからは、上方領の経済的豊かさを痛感すると同時に、代官として年貢収納に関わることでの一定の利益の存在があるのではないか、そのために既得権が御破算になる新領主を望まないのではないか、という疑問が消えず、「主君押し込め」事件の経過だけでは、これらの疑問は解けなかったのである。

この疑問についてある程度納得させてくれたのが、主君押し込め事件以外の部分も解読し始めた嘉永七（一八五四）年二月始まりの「御用状」での年貢収納に関するやり取りである。御用状の文面には、近距離であれば口頭でやり取りされて消えてしまったであろう上方領四ヵ村の様々な問題についての駆け引きと本音が、遠距離であったがゆえにそっくりそのまま文字として残されているのである。本章は、現在解読済みの江戸の領主家と関西の領村との往復書簡を使って、先に述べた疑問への答えを探ると同時に、嘉永七（一八五四）年の年貢収納額の決定過程を可能な限り復元し、その交渉のあり方から年貢額決定を巡る領主と領民各層の力関係と年貢額の決定要因を考察し、ひいては近世最末期の領主と領民の関係そのものをも再検討しようとする試みである。

(2) 史　料

森島家が上方代官を務める領主旗本天野氏は、元禄一四(一七〇一)年に大原家に三〇〇石を分知(分家)して以降家禄二七三五石で幕末期に至る旗本である。嘉永七(一八五四)年の時点では無役、御用状が往復している上方領は、大住村(現京都府京田辺市)六七五石余、祝園村(現京都府相楽郡精華町)三八五石余、下久世村(現京都市南区)三六八石余、菱田村(現京都府相楽郡精華町)一七石余、合わせて一四四五石余、天野家の家禄の約半分を占める領地であった。近世後期天野家の上方領には天野家の家臣が出張する陣屋はなく、農民である森島氏(祝園村在住)が(一時期を除いて)代々上方代官を務め、その下に補佐としての割元がいて、一村が複数領主の領地に分かれる相給支配の各村天野領(株と呼ばれる)にそれぞれ庄屋がいるという体制であった。

嘉永七(一八五四)年正月のペリー来航直後、天野家は武器準備など「非常御用」の名目で上方代官八代目森島清右衛門[7]に江戸在勤を命じた。清右衛門は嘉永七(一八五四)年二月に江戸に到着、上方代官と主家の用人を兼任し、代官の江戸滞在中上方領の年貢事務は割元である大住村の岡本五郎右衛門に任されていた。清右衛門はペリー艦隊退帆後も主家の主君押し込めと再々婿養子による当主交代騒動に関与し続けたため、上方代官の江戸滞在は安政二(一八五五)年一一月までの一年九ヵ月間に及び、その結果、この間に江戸・上方間を往復した御用状には、嘉永七(安政元年＝一八五四)年の年貢収納事務についてのやり取りが丸ごと含まれることになったのである。

本章に使用する文書は「森島國男家文書」に残された大量の「御用状」史料の内の三冊である(次ページにあげる四点の史料の内、未解読一点を除く三冊)。メインとなる史料である森島家文書のNo.A1146史料は、基本的には江戸の息子から留守宅の父への私信であるが、江戸在勤中の天野家用人兼代官清右衛門の公務上の記述がその大半を占める御用状でもある。公的命令系統としての御用状は、代官役を代行している割元岡本五郎右衛門に出されるべきものであるが、しばしば父清司（前代官）への書状を通じて割元五郎右衛門に江戸の主家の状況が伝達され、重要事項のみが直接五郎右衛門あての御用状で伝達されるという状態になっている。この、上方代官が江戸在勤で天野家の用人を兼務していて、前代官が未だ力を保持しているという事情のため、No.A1146史料は上方代官から（父である前代官を通じて）知行地（割元五郎右衛門）への指示を送るという変則的御用状の一面と息子（八代目清右衛門）から父親（七代目清右衛門＝清司）への私信という二重の性格を帯びている。史料No.A1146は、この複合した性格ゆえに、用人としての立場と代官としての立場と、私信としての部分で漏らされる森島家の本音とが交錯してあらわれる非常に魅力的な史料となっているのである。

清右衛門が江戸へ出立した嘉永七（一八五四）年二月に始まり、帰国した安政二（一八五五）年一一月まで、一年九ヵ月間の代官江戸滞在中の往復書簡を差出人ごとに編綴した森島家文書中の御用状史料は次の四冊である。

○No.A1146「嘉永七寅年二月十六日出立　江戸屋敷より到来状　翌卯年十一月迄在勤十二月帰宅　森嶋清右衛門供方喜介」三八二丁　江戸在勤中の森島清右衛門から祝園村の父清司にあてた書状綴り。現在安政二（一八五五）年四月まで（約八〇％）解読済。

○No.A1098「嘉永七寅年二月ヨリ翌安政二卯年十一月まで在府中御書状　五郎右衛門ヨリ差出し候書状之分」二二八丁　代官不在中職務を代行する大住村在住割元岡本五郎右衛門から江戸の森島清右衛門にあてた書状綴り。全解読済。

○No.A1147「嘉永七甲寅年二月ヨリ出府中翌安政二卯年十一月まで国ヨリ来状留」三七四丁　前代官森島清司が江戸在勤中の（現代官）息子森島清右衛門にあてた書状綴り。嘉永七（一八五四）年五月まで（約一〇％）解読済。

○No.A1099「嘉永七寅年三月朔日ヨリ翌安政二卯十一月迄五郎右衛門江差出し候書状控」七二丁　江戸在勤中の清右衛門から直接上方領割元岡本五郎右衛門に出された御用状の控。未解読。

本章は、四冊の関係史料の内約半分を解読した現段階での暫定的分析であることをお断りしておきたい。紙数が限られるため、史料について本文中では書状の差出人と月日を示して出典を示し、個々の出典注は省略した。年については安政二(一八五五)年のみ年を表記し、嘉永七(一八五四)年については省略した。四冊の他に編綴されなかったバラの御用状（森島國男家文書C列＝近世一紙文書のグループ内にあるが、目録未刊行）が大量にあるが、一部を除き未解読である。第一節第2項、3項に使用したNo.C3995史料は、この中の一点である。

一　安定期の御用状から

(1)　農村生産力の上昇

近世後期、新田開発と農業技術の進歩、農書の普及などによって農村の生産力は確実に上昇しており、片やこれに対する領主の課税基礎データは一七世紀に実施された検地帳が基本であった。このため生産力上昇分や商品作物栽培に対する捕捉率は低く、農民の抵抗もあって年貢収納率は低下の一途をたどることは広く知られている。(8)

実際の農村生産力上昇の程度を知ることは難しく、本章の舞台である旗本天野家の上方領でも今のところ直接の数字が得られる史料は確認できていない。ただ、隣接する木津町ではこの関係を確認できる数字データが存在する。文政四(一八二一)年武田喜代次家が乾谷村（精華町）の徳兵衛と半四郎の田地一一枚を購入するに際して作成した「畝高小前覚帳」という史料である。この帳面には領主の土地台帳（検地帳）上の面積と石高に加えて、各田の有畝（実測面積）と作徳米（小作料＝年貢分＋地主の収益）の見込みなどが記されている。史料の分析にあたった水本邦彦によれば、購入した田一一枚全体で「面積では検地帳の九反余の登録に対して二倍近くの一町七反、また石高では一〇石余の登録に対してその三倍をかなり上回っている」という(9)。

乾谷村は森島家の居住する祝園村のすぐ南に位置し、田地は木津川の支流山田川の河岸段丘に開かれたものが中心である。このため一一枚の田地の内、九枚は下田の評価となっている。現在でも京都府下最大の米作地帯であり、開発が古い城南平野に耕地を持つ祝園村、大住村などに対して、検地帳での捕捉率が低い新開田地が多い可能性が高い乾谷村での数字という点は考慮に入れなくてはならないし、収穫量の急激な上昇も下田という当初評価の低さからくるものともいえるが、初めから収穫量が多いと思われる上田でも、検地帳石高一・四九九石に対してその二倍近い一一・七石の下作米（小作米）が見込まれている。仮に地主に払う下作米が五〇％とすれば、収量は二倍の五・四石を見込んでいることになり、帳面上の石高の三・六倍の収量まで上昇していることになる。水本によれば、なかには「検地帳登録石高の五倍をはるかに超える収穫を見込まれている」田さえあるという(10)。それにしても一一枚の田の平均数値でさえ検地帳登録の二倍の耕地と三倍の石高（収穫量）という数字には目を見張るものがある。この時期、平野部での多くの新田開発はないとしても、少なくとも反当たり収量などの生産力は、祝園村などの平野部でも乾谷村同様の上昇をみたと考えられ、明らかにこの地域の農民にはかなりの余剰がある。当然領主がこの状況を知らないはずもなく、だからこそ財政の逼迫した領主はあらゆる名目で収奪強化を図るし、農民はその余剰をわが手に収めようと抵抗する。問題はこの余剰が領主と領民の間で、さらには領民各層の間でどのように分配されていたのか、である。

(2)　村方の余剰と先納、臨時負担の増大

まずは森島家文書中の御用状の定型を確認し、年貢収納事務について比較的米価の安定していた時期のやり取りを確認しておきたい。典型的な例として、史料No.C3995、文化一〇(一八一三)年の御用状(11)を取り上げてみよう。年貢に

ついては「拾五番御用答」、九月付書状（日の記載なし。文面からは上方領からの御用状が到着した九月二三日以降と推定される）に次のような文面がある。「当年之綿作病付吹方不宜、右ニ付見分之儀願出尤ニ者候得共」今年の綿作は病害のため不作で見分（検見）を願い出ているが、もうすでに届（収穫見積もりヵ）も済んだこの時点では（天野家用人としても）「致方無之」変更のしようがない、「当年者百姓方内損ニ可致旨（代官から百姓たちへ）被仰渡候由」、今回は百姓たちの「内損」にせよと申し渡したとの代官の判断を了解した、しかし「御相給様方ニ而御聞済有之由ニ而押而相願候ハヽ」、（百姓たちから）相給領主（同村に領地を持つ別の領主）の領地では見分がある、と強いての願い出があるなら代官が見分してその結果を知らせるように、というものである。文化一〇（一八一三）年という時期、祝園村周辺の綿作についても課税があったこと、不作による減収については領民から「見分」の実施を願うことができること、相給の他領主たちが「見分」を実施するようなら代官が「見分」を実施して良いということなどがわかる。

つづく一〇月二二日付の用人からの書状はさらにおもしろい。用人は、前便御用状でも領村から訴えてきた今年の綿作について、確かに不作だとしても「夏中ゟ作方之様子何共不申上置、此節ニ至り及不作候段者（殿様に）難申立、彼是当年之所者百姓方内損ニ可仕由……今年之儀ハ右之通りニ而納得いたし候様」、今頃不作を訴えられても殿様には取り次げない、今年は百姓の「内損」で納得するように説得する、という代官の報告を「致承知候」了解した。また、大住村が先月（九月）一七日に雹が降り難儀しているので年貢を減免してほしいと願い出ており、代官が現状を調べたところ、大住村の他の相給領主たちが見分を実施しているので（江戸の用人への御用状に願書を同封して）取り次いだという大住村からの願書は受け取った、（用人が）殿様に上申すれば、（御容赦米）を「弐、三石程も被下置」（二、三石は減免される）だろうが、そもそも「氷当り位之損毛者関東筋ニ者年毎ニ有之」、雹などは関東ではよくあることで、特にひどい被害でなければ幕府領でも藩領でも「御取上無之」取り上げられることはない、現に去年の五月、武州足立郡、大里郡辺りでは三里四方に雹が降り、一四、五村が青いものとしては松と杉くらいしか残らないほどの

「皆損」状態となったが、作物の植え直しを命じられ、百姓は田方五〇％の減免、畑方は二〇％の減免で納得した。関東の農民は豊作の年には「定免之外ニ上納仕度抔と申程之心行」少しでも豊作の分を上納したいという心意気であるからこそ「早速之御下知」被害に対して早急な処置もあったのだが、（今回の大住村のように)「豊作者隠置纔之不作ヲ申立」豊作は隠しておいて、わずかな量の不作には減免を願い出るようではそれもかなわない、「大住村ニ者蜜甘(みかん)或茶抔」大住村はミカンや茶も栽培していて「年々少々ツヽも売払、少しハ勝手ニも相成候儀、是迚も御高内ニ仕立候品」毎年売却利益があるではないか、これらも本来は領主のものである、「是等之事共も為申聞、心得違之無之様」これらのことも申し聞かせ、心得違いのないようにせよ、と言うのである。しかし最後には、同村の相給領主たちの領分が減免になるならば「弐石或三石位之事ニ而相済候ハヽ、重而不及御伺、可然御取計可被成候」と、少額であれば代官権限で減免額を決定して良いと結んでいる。関東の雹被害の実態と農民の心意気の真偽はともかくも、用人は綿作以外の商品作物栽培も把握しており、それも本来的には領主のものであるという認識がある、それを自由に売買して利益を上げることを黙認しているのに、わずかな不作で減免を願うのは心得違いであると言い、しかし、同一地域での他領での減免には横並び程度に減免しても良い、という決定権を代官に与えている。年貢額に関してここで用人が重視しているのは、最も見えやすい同一地域内で、同一村内の横並びの平等性であり、それによる領民の納得なのである。(12)

二、三石の減免ならば伺いに及ばず、という文面を見ると、天野家用人は年貢収納に意外に執着が薄いように見える。これは領主が年貢額に関する譲歩の傍らで、別の収入増額方法を持っているからにほかならない。「雑用金」「臨時金」「内用金」「武金」など、御用状史料全般に頻出する多様な名目での年貢以外の金銭要求である。文化一〇(一八一三)年閏一一月一八日付御用状によれば、「御内用分百両先便差下之、慥落手」、(殿様は)「甚以御悦被遊候」とてもお喜びであるとあり、上方領から天野家の「内用金」という大枚一〇〇両の臨時負担金が送られていることがわかる。生産力上昇に伴う臨時の御用金がすでに領主の大きな収入源となっていることは疑いない。また、文化一〇(一八一三)年の御用状によれば、この頃すでに(年貢米売却銀の先納として)毎月定額金を江戸の領主に送金することがはじまっている。送金を担当しているのは大阪の米問屋池田屋儀兵衛であり、名目は「御雑用金」、その金額は毎月一三両、一年分で一五六両となる。上方領の年貢額を村高の四〇%、一石一両の公定値段で換算すると五七八両、月々の送金額は年貢米売却金に比べてまだそれほど大きな金額にはなっていないが、第三節第1項で後述するように、池田屋が多額の未返済金を抱えて送金担当の掛屋をやめていることをみれば、年貢売却銀からこれら月々の送金分がすべてその年のうちに差し引かれて返金されたとは考えにくい。徐々に未返却金が積み重なって池田屋への借金となっていったのではないだろうか。

嘉永七(一八五四)年には「定式金」という月々の定額送金分だけでも二三両であり、大幅な増額が見られるが、それでも定式金だけならば一年に二七六両程度の負担である。実際にどのくらい送金されていたかについては、森島家文書を使って旗本天野領で起こった江戸直訴事件を紹介した冨善一敏の論文が触れている[13]。冨善によれば、上方領から領主天野家に上納する金額は月々定式の送金と「過上金」(銀を金に替えて送金される)の二種類に分けられる。過上銀(金)とは、上方領から領主に毎月送られる定額の送金(年貢の先納を主としたもの)とは別の、収穫期の年貢米売却銀のことであり、毎月定額で先納した金額以上の貢納となるので「過上銀」と呼んだのではないかと思われる。嘉永三(一八五〇)年には過上(剰)銀分が金六七五両、これに対し毎月の送金分は五七〇両一分であったという。毎月定額送金分五七〇両余りを一二ヵ月で割ると毎月約四七・五両の送金となり、定額の送金以外にもかなりの送金があったと考えられる(第三節第1項参照)。両者の比率は月々の送金合計の方がやや低いものの、毎月の送金は年貢米の売却金額に匹敵するもう一つの収入を領主に与えていたことがわかる。送金の内どの程度が暮れの年貢勘定で差し引きされていたかは不明だが、半分でも過上銀から差し引けば、天野家の生活が成り立たないのは確実である。上方領でこれだけの負担が可能であったということは、とりもなおさずこの地域が年貢米の二倍近い負担を了承するだけの生産力を持ち合わせていたことを意味する。

(3) 年貢米の売却

次にこの年文化一〇(一八一三)年の年貢米売却についてみてみよう。同年閏一一月一八日付の用人からの書状によれば、「当酉年分御払米去月七日ゟ同廿一日迄御米高参百九拾八石五斗、直段ハ五拾九匁ゟ六拾目五分迄御払被成候旨致承知候、右ニ付大坂表相場書共被遣之、是又致落手候、尚又御払次第御高申越可被成候」、上方領から一〇月七日から二一日までの期間に三九八・五石の年貢米を一石当たり銀五九匁から六〇・五匁の値段で売却したとの報告と「大坂表」(堂島)での米相場を知らせる「大坂表相場書」[14]を受け取った、残りの年貢米についても売却次第知らせるように、という文面である。その後、閏一一月一八日付御用状では「当酉年分御米之内先達而三百九拾石余御払、其後尚又百七拾九石余、直段ハ差而相替候儀も無之、口々御仕分之通御払被成候義致承知」と、さらに一七九石余りの売却を知らせる報告受領の文面もあり、この年上方領では合計五七七・五石余りの年貢米が売却されたことがわかる。これは天野家上方領の村高合計一四四五石余りの四〇%(＝五七八石)にほぼ相当し、天野家上方領四ヵ村平均の年貢収納率に近い数字と思われる。上方四ヵ村の年貢米は大坂堂島の米相場をにらみながら現地で売却され、その結果が「大坂表相場書」と共に江戸の用人に報告されるのが、この時期例年の年貢収納事務であった。

また、同日の書面の「祝園村木津川表悪水吐圦樋伏替御入用銀七百九十九匁四厘之内半掛者村方引請、残銀三百九拾九匁五分弐厘ハ先規之通り被下置候旨致承知候、則右一条申上候処御下知有之候間、当暮御勘定ニ組入可被成候」という文面からは、木津川への排水樋の伏替工事費総額七九九匁四厘のきっちり半分三九九匁五分二厘は村方持ちであるが、残り半分は領主の負担であり、その分は年末の御勘定に組み入れる、つまり年貢米売却分の銀納から差し引いても良い、との指示があり、生産に関わる普請（生産設備に対する投資）の半額は領主負担であり、年末に年貢収納勘定で差し引きされるものであったことがわかる。

二 嘉永七年の年貢収納事務

(1) 嘉永七年上方領の政治状況

次に嘉永七（一八五四）年の年貢収納を見ていきたいが、この年の年貢収納を論じるにあたって、まずは嘉永七（一八五四）年段階での天野領上方四ヵ村内の政治的諸関係を確認しておく必要がある。嘉永三（一八五〇）年から嘉永四（一八五一）年にかけての上方領での江戸直訴事件の詳細を紹介した前出冨善論文[15]によって、当時の代官、割元、村役人、一般高持百姓らの対立関係と村内事情を概観してみよう。

弘化二（一八四五）年五月、祝園神社との社地争論に敗れたことを契機に、七代目森島清右衛門は代官職を退役し、息子の徳三郎（八代目清右衛門）が一八歳で「代官見習」に就任した。しかし、若年を理由に大住村岡本五郎右衛門と下久世村木村吉右衛門の二人の割元が後見につき、徳三郎は御用状も三人連名でなければ出せないという立場にあった。その後吉右衛門の死去により割元は五郎右衛門一人となり、徳三郎が代官見習い中は、「御収納米向・諸勘定向五郎右衛門万事引請、問屋致居」と、年貢米の勘定と「問屋」としての権利（第三節第2項で詳述）はすべて割元五郎右衛門が取り仕切っていた。嘉永三（一八五〇）年六月、前年の暮れに納入すべき「過上銀」（年貢米の売却銀）上納の遅れを咎められた五郎右衛門が、上納の遅れは決して「私欲横領」ではなく、徳三郎の急な出府による勘定取り調べの遅れと自分の病気や妻の死が重なった結果であるとして詫び状を提出、これをきっかけに、これ以降の年貢収納事務は後見無しに徳三郎が行うこととなった。同年九月、年貢収納事務を取り戻した徳三郎は、洪水後の作柄について

「遠見」での検見を提案する五郎右衛門に疑念を持ち、「勧化人」に変装して自ら検分した結果、下久世村役人と五郎右衛門の談合とごまかしが判明、徳三郎は下久世村からの拝借米（年貢延納分）五〇石の願いを却下した。さらに同年一二月、（五郎右衛門の不正を疑う）領主天野氏の意向を受けた徳三郎は大住村内の砂入り地を自ら検分し、同村相給領主たちの年貢率を確認の上、「新荒四分、古荒二分」の年貢増徴を決定した。また、代官の呼び出しに応じない五郎右衛門派の祝園村庄屋喜右衛門を罷免して蔵米を封印、諸帳面の再点検を試みてもいる。これらの対立の中、代官森島清右衛門と森島派の庄屋たちへの「忌避」と五郎右衛門の代官就任を訴える江戸直訴計画が「風聞」となり、直訴計画を話し合う京都での密会の場で、岡本五郎右衛門は自分が代官になったら下久世村を優遇すると発言したとの報告が、森島家出入りの下久世村百姓から徳三郎に入った。新代官清右衛門（徳三郎）は、五郎右衛門が年貢勘定と問屋の権利を独占していた天保一一（一八四〇）年以降の年貢勘定について、大住村鍬下（開墾中の田地などへの一定期間の年貢減免処置）に関しての五郎右衛門の年貢取り込み疑惑をたびたび御用状で領主に報告し、嘉永四（一八五一）年三月には用人の上方出役と五郎右衛門の取り調べを願い出ているが、嘉永三（一八五〇）年一二月、五郎右衛門派の江戸直訴に先を越された、というのが事件のあらましである。五郎右衛門の反森島家活動の一方で、五郎右衛門に対しては、同村内北株庄屋の彦兵衛、南株庄屋甚左衛門らの不満があり、嘉永三（一八五〇）年一二月、彦兵衛は願書で、近年の五郎右衛門の富裕は領主への上納金を一七〇〇両も掠め取ったものであり、その結果七、八年前には不如意の身分であったものが、五〇〇〇両もかけて別座敷や土蔵など家屋を造作し、最近は一二〇〇両で田地を購入して持ち高一〇〇石を超える富裕者となった、と告発している。彦兵衛は、江戸直訴事件も五郎右衛門が以前の通り御勘定向元〆を務めたくて、代官追い落としのための江戸参府を企てているのだと訴えた。

逆に五郎右衛門派の嘉永三（一八五〇）年一二月の江戸直訴の訴状には、「村々ゟ上納仕候御収納払米代銀等迄勝手儘之取計」年貢米売却金を私的に利用している、との七代目清右門に対する知行所村々の反感が述べられており、徳三郎の「御先手」彦兵衛（大住村北株庄屋）と喜助（菱田村庄屋）の「不筋之取扱」理屈に合わない不公平さも取り調べてほしいとの訴えが書かれており、徳三郎の出府費用を村々の高割銀八分（高持百姓に一石当たり銀〇・八匁の負担）で村入用（村の公費支出）に入れたことにも不納得であると記されていた。領主天野氏はどちらかというと森島家擁護の立場であり、この訴状の写しを内々で徳三郎に送っている。これに対して代官である七代目清右衛門は、自分の財産は天野家への上納金とは無関係であり、自分自身の才覚で大きくしたものであると主張した。天野家の分家で祝園村の相給領主である大原家の用人下司嘉兵衛も嘉永四（一八五一）年正月の書状で、五郎右衛門派の訴えは森島家から十分申し開き可能で反論できるものだとしているが、やはり在地での示談解決を進めている。これに対して森島家では「誤ル分ケ者一筋もなし」謝る理由などないとし、五郎右衛門側が用人や分家、老女瀧野（家付娘薫の生母）などに金銭を贈り、「殿様方ニ而も皆々金次第、なさけなき世の中」だと嘆いている。徳三郎は詫び状を入れて代官役を放棄しても、領主家がこれまでの森島家からの貸金すべてを返却してくれるならいいが、貸した金は返って来ず、一件費用のすべてを支払わされることになるかもしれないと恐れて、領主への詫び状提出を拒んだ。しかし、すでにいくつかの風聞（前養子への暴力事件など）で幕府の不評を買っている天野氏は、出訴によって知行地での不祥事が明るみに出て処罰されることを恐れてあくまで「示談」をのぞみ、徳三郎を説得した。最終的に徳三郎は詫び状提出と父の隠居（村政不関与）という条件を受け入れて代官職にとどまり、双方が領主に五〇両ずつの冥加金を出す形で「示談」が成立した。嘉永四（一八五一）年一〇月の国元の父への書状で徳三郎は、（五郎右衛門と大住村、下久世村の不正を暴いたりして）「御上大切」と務めてきたのが仇となった、以後は知行所百姓の利害を尊重したいと書き送っている。

嘉永四（一八五一）年一〇月、代官に「私欲横領」の行為があれば割元へ、逆に割元に「私欲横領」の行為があれば代官へ、百姓たちが訴えるように、との「掟書」を領主天野氏が下げ渡して事件は落着した。江戸直訴事件の影響で、同年一一月の年貢米入札は下久世村が独自に入札することとなり、売却金は割元五郎右衛門に提出されたという[16]。事件以降両派は和解し、嘉永六(一八五三)年三月には徳三郎が代官本役に就任、村内は一定の平穏を取り戻した。

事件の経過を見れば、代官職が鍬下年貢延長や課税再開の決定権、年貢減免額の決定権などを持ち、江戸送金のために、多額の年貢売却銀を金へ交替する際に生じる相場利益など、様々な方法を用いての蓄財が可能な地位であり、争うに価値ある職であったこと、減免や鍬下決定のための見分には庄屋の協力が必要であり、代官、割元の金融的役得については庄屋や高持百姓などの不満が常に存在していたこと、最終的には、村内の利益分配をめぐる対立をうまく利用して、冥加金という臨時収入一〇〇両を得た領主天野家が一番の利益を得たことがわかる。

(2) 嘉永七年年貢減免額決定の経過

前項でみた嘉永四(一八五一)年段階での上方領四ヵ村内部の政治的状況を念頭に置いて、嘉永七(一八五四)年の年貢収納の過程を追ってみると、その微妙な駆け引きの意味がより明確に了解できて興味深い。

この年の年貢収納事務は上方代官森島清右衛門が江戸在勤中のため、再び大住村在住の割元岡本五郎右衛門にゆだねられている。五郎右衛門の七月晦日付書状では「夏已来順気不宜」、夏以来天候が不順であるということはすでに報告しておいたが、「弥以(田畑)両作共大キ不宜候儀ニ付大住村作方委細之儀、願書ヲ以此度御注進奉申上候」と、まず大住村の不作見込みが予告され、続く八月六日付書状で「当年順気不宜候ニ付惣而作物見苦敷相成候間、祝園村ゟ委細之儀相認メ願出」と祝園村からも不作見込みの届と「用水樋当年大地震(六月の上方大地震)ニ付中程ニ而拾間計潰、水抜不申」と、六月の上方大地震で潰れた排水路修理工事の願書が出されたことが報告され、不作の原因は天候不順と晩稲の「葉巻虫」の被害であり、代官が帰国して「見分」してほしい、と結ばれている。八月一二日付書状でも五郎右衛門からは「下久世村ゟ当年不順ニ付晩稲之儀者大キニ不宜、見苦敷次第願書被差出」、下久世村からも願書が差し出されたので大住、祝園、下久世、三村の「願書三通」を送る、という報告が続く。これに対して江戸在勤中の上方代官森島清右衛門は、八月一九日付の父清司（前代官）への書状で、帰国は難しいので割元に見分を任せたいと殿様に伺いを立てたところ、「伺之通」にせよとの許可が出たので、「検見」は相給領主たちと同時期に割元五郎右衛門が実施するように指示した、また、祝園村の地震で破損した「悪水抜樋普請入用銀」の領主負担分が許可されたことも五郎右衛門に伝達した、しかし大住村が田畑両方とも不作というのは「如何〳〵候哉」どうしたことなのか、「上田之分者別状なしと遠察仕居候」、上田は別条ないのではないか、と大住村の不作を疑問視する書状を出している。同時に「当年者御引方（減免）多ク相成候而者（天野家の）御勘定之処心配」と、年貢収入が減れば天野家の支出を賄えず、「御臨時金多ニ付如何と存候」、収入不足は「臨時金」の増加として自分たちにはね返ってくるだけだという危惧も述べられている。また清右衛門は八月二二日付書状でも、不作だという綿作について「当年者実の不作と相見へ気之毒」と、今年は本当に不作のようで気の毒だが、「昨年多分綿取入候上」去年は豊作であったのに何も言わず、今年は本当に不作だから検見を、というのでは「御引方を願候而者……難被申出与存候」減免は言い出しかねる、まさに豊作は隠し置き、わずかな不作で減免を願い出る、という文化一〇（一八一三）年の御用状で用人中山が指摘している通りになるとして、清右衛門は祝園村からの綿作減免願いの取り次ぎを躊躇している。同時に稲作についても「祝園村稲作者御引方無之様致度存候」と祝園村での減免は無しで乗り切りたい意向を示している。

つづく八月二八日付五郎右衛門の書状では、「八月ニ相成兎角雨天勝ニ而晴天無御座、両作共」、「稲株朽倒」、「実ニ見苦敷相成」、八月は雨天がちで、稲作、綿作両方に被害が出ている、大住村と下久世村から「御見分被下度」見分してほしいとの願書が出ているので取り次ぐ、との報告があった。五郎右衛門からは、今年天野家では新養子を迎えるための経費など「物入」が続くのにこのような「違作」（例年とは違う作柄＝不作）で願書が出ることに（年貢収納を預かる立場としては）「当惑」しているが、「天災」、「順気」のことなので「致方茂無御座次才」やむを得ない、秋の天候が悪ければ「弥実入不宜候得共」実収はさらに悪くなるだろうが、百姓たちには「其辺少しも見せる事不致、種々も解申聞」さまざまに説き聞かせている、百姓たちが「付上(つけあが)」るから、たとえ他の相給領主たちが見分を行っても天野領では「見分無之与堅申聞置候」見分はない、と言い聞かせていることをお察しください、と甘い顔を見せることなく職務を果たしていることが強調されている。五郎右衛門は九月五日付書状でも「当暮御勘定之処御心配之儀、於小子も相察申居」と領主家の収入不足を心配する代官に共感する姿勢を示し、たとえ相給領主たちが減免しても天野領では「引方不出様取計仕度心底」減免を出さないようにするつもりであると、あくまで領主家の代理人としての立場を強調する姿勢をアピールしている。

これに対して清右衛門は九月一六日付書状で留守宅の父（前代官）に向けて、五郎右衛門から大住村と祝園村の「検見願い」が出されたので、割元である五郎右衛門が見分するようにと江戸にいる代官からの指示を出したが、「下久世村者何も中分無之事与存」下久世村は減免不要、「祝園村者畑綿計と奉存候、田作者中分なし与存、少々之不作者御定免場所致方なし」祝園村は綿作の減免だけでいいだろう、「定免」地なのだから豊作年の利潤と引き換えに不作の年は我慢すべきであると言い、「大住村凶作願者無理之御様子被仰下承知仕候」大住村にも凶作というほどの被害はない、という父の意見に対し、「大住村稲作之分甚不宜趣申越、実正承り度存候……雨天勝之方ハ砂畑ケ故子細無之与存候、御序ニ否哉御申越小子心得迄承り置度存候」大住村の稲は非常に不作で、畑も雨勝ちの天候で良くないというが、砂畑だから問題はないはずと、重ねて前代官の見た大住村の詳しい実情を知らせてほしいと依頼している。そして、領主から森島家への「武金（武器準備金として用人たちに支給する）廿両」の要求については、「差免ニも不及、亦々宜敷年柄も可有之」出しておけ、また我々にとって都合が良い年もあるから、という父からの手紙を肯定し、「此儀可然与奉存候」と答えているが、同様に領主家からの金策要求を受ける割元岡本五郎右衛門の度重なる大住村不作減免の主張の裏には「五郎大借（領主からの借金申し入れ）を右引当之積りとも何共難計」と、五郎右衛門名義での借金という形での領主からの御用金要求の「引当」（担保）、見返りにするつもりなのではないのか、との疑念を書き送っている。同様に八月一九日付清右衛門書状によれば、「当年大住村祝園村御引願ニ相成候ハヽ、当春出府之砌武金廿両用金」（武器準備金を全く支給されていない用人たちのために用意した二〇両）を「右引方之内ニ而融通致度存候」減免してもらう分の中で相殺になるようにしたい、とあり、いずれの文面からも、年貢の減免が代官、割元らの負担の代償として利用される可能性が垣間見える。

五郎右衛門からは九月一八日付書状で「大住村両作共並祝園村綿作共検見」即ち大住村と祝園村の実地見分が「御聞済」、許可になったとの代官からの指示が来たので、「右村方江申渡」、祝園村の排水路伏樋工事費用の半額を領主が負担することの許可も申し渡したという報告とともに、代官からの下久世村は見分不要との指示は承知したが、下久世村への配慮は必要だとの主張が繰り返される。五郎右衛門は相給領主が「検見」を行ったら下久世村も検見をすべきであると力説するが、同時に年貢収納事務は「抜目無之様精々取計」抜け目なく取り計らうつもりだという文言も添えている。

一〇月一日付書状で清右衛門は、今年は上方四ヵ村共「御容赦無之候而も宜敷」と思う旨の父清司からの実情報告を了解した、「武金廿両利息三両」合計二三両は（年貢の減免が無いのであれば）「是非当年ニ片付」けたい（今年の暮れの年貢勘定で差し引きして返却してもらいたい）、五郎右衛門にもそちら（父清司）からこのこと（武金二三両を連帯して負担してほしい、しかし、年貢勘定で差し引きされること）を伝えてほしい、減免については五郎右衛門から近々「御用捨積帳」が来るだろうからその上で判断する、と書き送っている。ペリー来航以降求められるようになった、本来武家としての責務である武器準備のための支出、武金について、一時的に立て替えはするが利子をつけて今年中に返却すべきものであると考えているようだ。清右衛門は武金について一二月三日付書状でも、次のような考えを示している。大住村の相給領主が検見無しとなれば「此方様同様之事ニ而宜敷事ニ候」天野領でも同様で良いはず、その上で、減免無しの場合「歩（武）金廿両之儀」は年貢の「引方」の中で相殺できなければ、「御養子出来候之上表向申上御勘定相立候様可申積、鈴木ニも右同様相心得居申し候」と、養子が決まって新体制ができたら領主家の借金として繰り入れてもらい、返却してもらう、このことは用人の鈴木（主君押し込め事件での共謀家臣）も承知していると、武金の差引どころとして減免と暮れの差引勘定両方の可能性を考えていることがわかる。年貢減免額の決定には相給領主との横並びの平等と同時に、領村側のいくつもの差引勘定の思惑が含まれているのである。

一〇月二日付の書状になると五郎右衛門からは、九月二六日に庄屋彦兵衛（森島派）立合で祝園村の「検見」を実施、大住村は九月二八日祝園村庄屋平兵衛（後述。父清司が大住村の実情を尋ねている相手であることから森島派ヵ）立合で「検見」を実施、下久世村は「検見」不要との代官の指示があったので「検見」はしていないが、「冷水田ニ而晩稲之分大キニ不宜」と、晩稲のできが悪く、田畑「一円ニ大悪作、其上」薩摩芋も二・五貫目で一〇〇文、綿も繰綿四・五貫目で銀一〇〇匁くらい（の安値）だと、領主から黙認されている商品作物の売却利益も少ないと断った上で、田は全体で三〇％くらいの減収、大和、河内などの周辺地域も「大不作」であると述べ、「見分致し候ハヽ、願之通者是非共御下ケ米不被成遣候而者難相納、御上納ハ相立不申義与奉存居候故」願い通りの減免無しでは年貢上納はできないだろう、とまで反論している。その上、下久世村は「昨年水論之節入用銀願出候得共、御聞届無之」、水論での出費について領主負担が認められず、費用は村内で掛け捨ての頼母子講を組んで賄っている、「其辺之事も有之、旁以右之通御含置奉願上候」そのことも考慮すべきだと、五郎右衛門は諸事情を勘案してあくまで下久世村減免の必要性を主張し、同便で、代官の指示に従えば不要なはずの、下久世村減免による修正数字も含んだ「引方積帳」（減免の見積り帳）を江戸の代官に送っているのである。

一〇月二日付書状での五郎右衛門の下久世村への肩入れはさらに続く。江戸在勤が長引くにつれ、「夫々様方ゟ彼是と◎印（金銭）相頼被申候儀有之哉ニ而」あちこちから金銭を要求され、「御気之毒千万ニ相察申居候」、お察しします。しかし「小子（私＝五郎右衛門）共も覚有之」、「◎印（金銭）承知仕居候」（収入不足となる領主家から）さらなる金銭要求があるであろうことは承知しているので「御心配御無用」ですが、祝園村などでは「(森島家の?)立身出精金、難渋村ゟ弁候筋無之物と申張候気味合目前ニ御座候」森島家出世のための金を不作で難渋している村が負担しなければならない筋合いはない、との不満も出るでしょう[17]、その分私は「大住村、下久世村ニ而多分仕度心底」(他の二村から集金するつもり)でいるので、「其辺御察」、「無何与(何となく)御礼可仕様ニ取計専一ニ奉存候」それとなくお礼代わりに減免しておくのが大事かと思います、ついては「下久世村三石程、大住東株三石程御減少ニ而御達し書御下ケ可被成下候」下久世、大住両村とも三石ずつ減免した命令書を出してほしい、ただし、大住村東株(五郎右衛門のお膝元、岡本派の庄屋孫兵衛差配の天野領)が西株(森島派の庄屋彦兵衛差配の天野領)より減免が多くては「何与歟(ママ)疑心有之候而者不宜」再び彦兵衛たちの(五郎右衛門の年貢米取り込みだと)あらぬ疑いをも生じるので、この辺りのバランスも承知しておいてほしい、「委細ハ追而御咄奉申上候間、御不審無之」詳細は帰国されてから話しますから、お疑いのないようにお願いしますという説明が述べられている。下久世村に御用金負担をさせるためにも、相手になんとなく配慮がわかるように、お礼代わりの減免を、という五郎右衛門の文面からは、減免という作業があらゆる村内事情を考慮して微妙なさじ加減で行われる数字操作であることを示している。下久世村への配慮と同時に自分の所属する株の減免率も、また攻撃されると困るので反対派の彦兵衛株よりは小さく、といった微妙な減免率の提案には、嘉永四(一八五一)年の事件(第二節第1項)を踏まえた上で、大住村、下久世村という天野領四ヵ村の内、北部二村への強い利益擁護による支配力維持をもくろむ、老獪な五郎右衛門の思惑をも反映していることが感じられる。

一〇月一八日付書状で清右衛門は、五郎右衛門から受け取った減免の見積りを父への書状に書き写し、「六分已上(六〇%以上の収穫がある耕地)之毛ハ分付之内へ入不申相除キ可申候、右六、七分毛(三〇%から四〇%減収の土地)を不付候而者帳面出し候事出来兼候」と五郎右衛門の減免見積りに難色を示し、六〇%以上の作柄の耕地についての減免を無しにしなければ領主に帳面を取り次げない、としている。六〇%程度の収穫があれば、飯米確保とその他の生活費を含めて、百姓渡世を脅かすことはない、というのが代官の上方領四ヵ村の生産力に対する評価とも受け取れる見解であるが、第一節第1項でみたこの地域の生産力上昇を見ればうなずける数字である。「当年者御用捨無之候而宜敷事と相見へ申候」と、減免無しにすべきというのが、生産力評価からの代官の基本的意見であるが、「乍併矢張不被下候と申も余り〳〵如何〳〵ニも存候間、願高半分位ハ御下ケ米取計候而者如何〳〵御座候哉、御内談申上候」と周辺相給領主が減免を実施する中、天野領だけがあくまで減免無しと押し通すのもどうかと思われるので、要求の半分程度の減免を認めてはどうか、と父清司に意見を求めている。一〇月二四日、五郎右衛門からは「下久世村、大住村ハ水田大違作ニ而……何成之事ハ不致候而ハ不都合之儀ニ存奉候」と再度下久世村への配慮を求める要望が出されている。また、同書状では「此節ニ相成不作之儀、小前百姓共夫々相寄願出候」小規模経営の農民から不作の訴えが続いており、「葉巻虫ニ而一反ニ付七斗、八斗宛不作」であり、「壱丁程作仕居候もの共ハ七、八石も違、壱ケ年之飯米ハ無数候」村の中間層ともいうべき一町程度を耕作する百姓たちが飯米も残らないほどに困窮すると主張し始め、「御用捨米御願奉申上、願外ニ四拾石計ハ御拝借米御貸下御用意奉願上候」と減免以外にも四〇石の納付期限の延期（後で金納ヵ）という要求が示されている。この要求に対して清右衛門は、一一月九日付の書状で「五郎右衛門ゟ者大不作之由申越、拝借四十石御用意相願度抔与申越、実々真用（信用）相成兼、どこらが〳〵に御座候哉、相訳り不申候」、「御知行所計り之不作ニも有之間敷哉」、どこが大不作なのだか、天野領だけが不作などということはあり得ない、と珍しく清右衛門が五郎右衛門への不信感をあらわにしている。高持百姓たちが自らの手元に四〇石の保有米を残すことができれば、この時点で下落を続けている米相場が上昇に転じた時には利益を生む。飯米不足をタテとしたこの要求は信用できないと却下されたが、これに対しての経営規模一町程度の高持百姓から再度の訴えは返って来ていない。

高持百姓たちも余剰利益の配分を求めていることは、菱田村庄屋喜助の要求からも推測できる。一二月三日付清右衛門の書状によれば「菱田村残米三石之儀被仰下、喜助宅ゟ同人江委細申越候様子同人申居候ニ者、余り〳〵下直（値）ゆへ春迄右三石者持候積りニ申遣、森島宅へ者可成丈ケ金子納メ、若不足ニ候ハヽかり（借り）可申様可申遣与同人頼居申候、此段左様御承知可被下候」、菱田村の年貢米の残り三石について、今は余りに米価が低いので米価の上昇する春まで米で持っていたい、代官へは年貢分を（入札時の売却値段で）金納するが、もし足りなかったら借金として置いてほしいと喜助の留守宅から言ってきたことを喜助から聞いたので、そうしてやってほしいというもので、庄屋を務める高持百姓も、手持ちの現金が少なく借金となっても年貢を金納して米を保有し、米価の上昇を待ってから売りたいという欲求を示し、代官も喜助にそれを認めているのである。

結局、江戸の代官清右衛門は一一月二六日付の父への書状で、この年、上方領各村の減免額を次のように提案している。

一　現米廿石　祝園村
一　〃十八石五斗　大住村（南株分ヵ）
一　〃十四石　彦兵衛組（北株）
一　〃十三石五斗　孫兵衛組（東株）
一　〃十三石　下久世村
「〆右之引方ニ而如何〳〵候哉」(18)

つづく一二月三日付書状で、清右衛門は減免比率について、父に次のように書き送っている。大住村の減免について、（父清司が）平兵衛に尋ね、松治郎が大住村を見に行ったとのことを承知した、「大住村、下久世村者御相給並ニ取計、且積り帳面玄米積り之米高半減被下候積りニ候間、其心得ニ而取計可被申候」と、基本的には五郎右衛門からの大住村と下久世村の減免要求を受け入れ、ただし減免額は要求額の半分にするとの結論を出したのである。清右衛門は、祝園村の相給領主であり、天野家の分家でもある大原家の用人下司嘉兵衛とも面談して相談したが、「不申合御同意之事故」こちらから言い出さずとも同意見であったので「祝園村儀者御分知始御相給並、不同無之様割方遣し候様、御達可被成与（五郎右衛門に）申遣候」祝園村については、相給領主である分家の大原家と同様になるように、と五郎右衛門に指示をした、なお、「殿様江者不申其ま丶ニ差置申候」（主君押し込め事件で）軟禁中の現当主には何も言わないが、「一応者追而申上候」あとで報告するようにする、「今便五郎右衛門へ壱封差出申候、御一覧之上早々同人方へ御達可被下候」この便で代官清右衛門から五郎右衛門への命令書をそちら（前代官である父清司）に送りますから、指示の内容をご覧になった上で五郎右衛門に渡してください、としている。当主はまったく不関与のまま事実上江戸在勤の用人兼務の農民代官から割元五郎右衛門への年貢米減免の命令書が出されているのである。また、おそらく封をされていない命令書が代官を引退した父清司への手紙に同封され、父がその内容を確認してから五郎右衛門に手渡すという手順に、未だ強い影響力を持つ前代官の姿が垣間見える。

(3)　地方入札による年貢米売却

次に嘉永七(一八五四)年の地方入札による年貢米売却過程を確認していこう。

この年、一〇月二一日に行われた年貢米の「初売入札」は、五郎右衛門の一〇月二四日付書状によって江戸の代官に報告されている。「当年御収納米初売入札之儀、当月廿一日於拙宅（割元五郎右衛門宅）祝園村平兵衛、大住村彦兵衛・孫兵衛、下久世村喜市、右庄屋立合ニ而、近郷近村米商人共為相知、三ケ村共入札仕候」[19]、入札は五郎右衛門宅で行われ[20]、岡本派と森島派双方の庄屋立ち合いの上で行われているのは、直前の江戸直訴事件の影響であろう。集まった地方の米仲買人は「弐拾人計」二〇人程で、「当年ハ江州米下直（値）ニ付京伏見辺[21]（伏見の米相場カ）ハ気合不宜候間、買人無之」、「寒前（立春の直前、旧暦で年末から年始頃）ニ相成候ハ、酒米入用之者共手出シ候ハ、上直（値）」

表1　嘉永7年，年貢米売却（入札）

年月日	村名	売却量	売却値段（1石当たり）	売却銀合計	仲買人名	現市町村名
10月21日	祝園村	20石	82.2匁	1644匁	北之庄村角清	木津川市カ（宇治市カ）
10月21日	大住村	30石	81.9匁	2457匁	天神森米清	向日市森本町天神森
10月21日	下久世村	20石	81.65匁	1633匁	大藪村鞠治	京都市南区久世町大藪
11月1日	祝園村	50石	77.5匁	3875匁	米清	向日市森本町天神森
11月1日	大住村	70石	79匁	5530匁	米幸	
11月1日	下久世村	50石	78.5匁	3925匁	米房	
11月10日	祝園村	50石	76.1匁	3805匁	角清	木津川市カ（宇治市カ）
11月10日	大住村	70石	77.5匁	5425匁	米幸	
11月10日	下久世村	50石	77.2匁	3860匁	米房	
11月10日	菱田村	5石	77.8匁	389匁	角清	木津川市カ（宇治市カ）
11月20日	祝園村	50石	74.5匁	3725匁	角清	木津川市カ（宇治市カ）
11月20日	大住村	60石	76匁	4560匁	米清	向日市森本町天神森
11月20日	下久世村	50石	76.3匁	3815匁	米房	

総計：575石　1石当たり平均売価：78.165匁　売却総額：44643匁（1両＝60匁として744.05両）

出典）　A1098　10月24日，11月3日，11月11日，11月23日付書状より作成．

になるのではないか、と一二月後半以降の酒米需要による伏見米相場の値上がりに期待しているが、今は「大キニ不人気」で心配している、一〇月二一日からの相場書（堂島の米取引における産地別米価を知らせる定期便）二枚を添えて報告します、との初日入札の結果であった（入札値段と売却数量は表1参照）。

まず入札値は、江州米が下値であれば南山城でも米の値段が下がる、という市場経済原理のもとにあること、また、落札者が村名から判明した限りでは近郊、特に南山城でも北部の村の商人名が多く、村の位置から考えて伏見の米相場との価格差を期待する地方仲買人がいることが推測される。特に町場というわけではない天野領四ヵ村の居住者も仲買人に名を連ねていることからは、余力のある高持百姓上層部が在郷商人となって入札に参加していることも考えられる。

第二回目の入札は一一月一日（表1参照）、五郎右衛門の一一月三日付書状に報告がある。「当年ハ不順気ニ而大不作ニ有之候得共、昨年万作ニ而古米沢山、依之格別直段引上ゲ不申、噂ニ承リ申候」今年は不作なので米価が下がることはないと予想していたのに、豊作だった去年の古米がダブついていて「思エ違」の「不人気」だとの噂で、高持百姓は「直（値）違」に「難渋」している、相場書を三枚添えて報告しますが、「不人気之時節ハ（売却値段も）相場ゟ不進困申居候」入札値段が大阪堂島の米相場よりも下値にしかならないことを承知してほしい、との報告からは、近国の古米も市場に出てきて米価を左右することがわかる。また、「高持ハ直（値）違与引米与上下ニ「抱（拘）り」難渋仕居」、不作である今年、高持百姓は下からの小作料減免要求（「引米」）があり、売却値の下値（「直違」）との板挟みで困っている、という報告からは、小作人はおそらく現物納であると思われるが、高持百姓は小作米などの自己保有米の売却で利益を得る存在であることがうかがえる（第三節第2項「松井の米」「与助米」参照）。

第三回目の入札は一一月一〇日（表1参照）に実施され、五郎右衛門の一一月一一日付書状にその報告がある。入札値段は一回目、一石当たり売却値の三ヵ村平均八一・九二匁から毎回下がり、第二回目は七八・三三匁、第三回目は（四ヵ村）平均七七・一五匁、「誠ニ下落ニ相成、此節米買人壱人も参り不申、大地震（一一月四日、五日の東南海地震）ニ而人気大キニ不宜」と直前の大地震で、予想に反しての入札不調であった。報告された入札実施日と「極月朔日ニ蔵払仕度」「五度ニ売切仕候」つもりの予定を承認してほしいという文面からは、この年の年貢米売却も、一〇月から一一月にかけて一〇日ごとに決まった期日で行われる入札と一二月初めの定日での年貢米全量の売却終了、という文化一〇（一八一三）年の入札手順とほぼ同様のスケジュールで実施されていることがわかる。

第四回目の入札は一一月二〇日（表1参照）、五郎右衛門の一一月二三日付書状に報告がある。一石当たりの平均入札値段は七五・六匁と下げ止まらず、「（一一月四、五日の東南海地震で）大坂表地震並津波諸国所々大荒、旁以大不人気ニ而米買人坏も参り不申」大阪の甚大な地震被害で仲買人も集まらない、大阪の米相場が高い年は商人も地方の入札にまでやって来て相場より高値でも買うが、「下落之年柄ハ相場とハ矢張下直（値）ニ相成、無左而商人買不申」相場が下がる年にはやはり相場以下の値段でなくては商人も買ってくれない、「当年ハ下作ゟハ年貢米引不遣而者無滞入不申、高持者誠ニ難渋仕罷居、此段御推察奉希上候」小作人からは小作料を下げてくれなければ払えないと小作料減額を迫られ、米相場は下がる一方で高持百姓が困っていることを理解してほしい、先日今年の不作を考慮した分付帳を江戸に送ったが未だに代官からの指示がない、「最早御収納皆済之時節ニ相成……一刻も早々」もう年貢事務終了の時期であるから早々に決定してほしい、と年貢額の決定、即ち減免額の決定を催促している。そして翌日の書状「追啓」では「米直段茂追々気合悪敷候様風聞ニ御座候間、朔日売残米之処廿日売直段ニ而夫々江為引請申候間、此段乍恐御承引可被成下度、尤菱田村茂大住村割ヲ以引請ニ相成申候故、是又御承引可被成下候」と、これ以上待っても米相場は下がり続けるという噂もあるので、第五回目の入札は無しにする、残米は一一月二〇日の売却値段で「夫々」（それぞれの村へ、の意ヵ）、引き受けさせるので承知してほしいと、この年の入札終了が報告されている。

嘉永七（一八五四）年の年貢米は、一回目の入札を除いてほぼ同量ずつ売却されており、あわせて四回の入札での売却米は合計五七五五石、上方領の村高合計一四四五石の四〇％に当たる五七八石にほぼ相当するのも文化一〇年の売却と同様である。「蔵払い」までに地方入札で売却された米は領主に堂島の米相場価格、入札の詳細共に報告されていることからも、年貢米分の売却であると考えられるが、これは公式の村高の約四〇％であり、前項（第二節第1項）でみた検地帳をはるかに上回る生産力から言えば、村には飯米を除いてもかなりの余剰米があることと思われる。前述（第二節第2項）清右衛門の、作柄六〇％くらいなら年貢減免の必要はない、という文面から考えても上方領の生産力は商品作物等も含めれば少なくとも公式村高の二倍程度はあるのではないだろうか。

この「残米」（主として高持ち百姓の保有する小作米ヵ）がどう処分されるのか、「夫々」とは誰なのか、ということが問題であるが、（庄屋喜助は清右衛門の供をして江戸にいるので留守だが）菱田村も大住村の一石当たりの入札値で引き取ることを引き受けたので、そう承知してほしい、という文面からは、領主への貢納を済ませた後、残りの村内の余剰米は、まずはそれを生産した村の中で自由取引となり、生活費がすぐ必要な者や借金がある者など、早急に現金化しなければならない者は売却するが、越年後の酒米需要に望みを託す各村（「夫々」）の庄屋、あるいは資金に余裕のある高持百姓などは米を買い集めて保有米を増やす者もある、その自由取引開始時の価格を一一月二〇日の入札値と同じ米価に決めて天野領での公定価格とする、ということではないだろうか。

(4) 村値段、村相場

この村内での自由取引開始時の公定価格を指すと思われる言葉が、「村値段」「村相場」という言葉である。

まず「村値段」という言葉は大和国五條村（現奈良県五條市）中家文書にみられ、（米で支払うか、銀で支払うかの実質価値の均衡を保つために）村入用の算出、庄屋・年寄の給料の計上には「村値段」という米の公定価格のようなものが使われていたという。さらに中家文書報告書は、文政八（一八二五）年一月の東阿田村の例として「去極月ヨリ追々米下直（値）ニ相成候間、此節売払候而者積穀御願申上候詮も無御座候ニ付、何卒積米売払之儀者六月迄御猶予被下度」と代官所に嘆願している事例をあげている。[22] 積米については後述第三節第3項でも検討するが、要は一二月に五條代官所に貢納された米（または売却銀）以外に代官所公認の「積米」「積穀」という村内保有米（余剰米）があり、その売却は領村に任されている、例年は一月頃に売却されるが、村は「積米」を今（一月）売ってはみすみす利益を取り逃す、値上がりが見込まれる（新米が出る直前）端境期の六月まで売却を猶予してくれ、と訴えているのである。積米の目的が救荒目的だけではなく、米価の変動を見て「積米」を売却して利益をあげることにもあることが推測され、米が代官（領主）の手にあれば、代官自身が売却事務を行うだろうから許可を求める文書は不要であり、この「積米」は領民の手にあると思われる。みすみす利益を逃す様では「積米」を願った意味がない、という訴えの文面からは、この制度が農民発案のもので、その目的は余剰米の売却時期をずらすことによる利益の獲得であることがわかる。代官所は「積米」の売却に関して、利潤獲得を領民の手腕に一任することを許可し、当然代官所もその利益を得られることが前提の制度ではないか、と思われるのである。報告書は、天保期と並ぶ、むしろそれ以上の米価暴騰期である慶応年間の五條村では、小さな「地域社会においてすら、毎日米価の相場が相違する」状況であり、五條村という大和の奥まった村にさえ見られる「近世の地域市場経済の日々の急速な展開には驚くほかない」と解説している[23]。

さらに山城にも類似の語、「村相場」がある。史料によれば[24]、嘉永六（一八五三）年一一月二三日の庄屋の日記に「早稲直（値）段百八匁、中稲百五匁、晩稲百匁（が一一月二三日での相場価格である）、十一月中頃米直段高直ニ相成、高直百弐拾匁、廿日頃少々下直ニ相成百拾弐、三匁位ニ而すわり、但し村相場者百匁ニ相定申候、十二月（平松家に？）銀納百五匁、久世様者百拾三匁ニ相定り申候」という記述がある。一一月中頃に米価は一二〇匁くらいの高値で推移した、一一月二〇日頃には一一二匁から一一三匁くらいで横ばいであったが、現在は一〇〇匁余りとなっているので、村相場は一〇〇匁とし、平松家領の年貢は一石当たり一〇五匁で、久世家領へは一一三匁で銀納する、というものである。

同様に、不作を訴える中久世村（現京都府向日市）の天保八（一八三七）年二月の訴状[25]の中にも、六月頃（端境期）には米価は高値であったが「当秋米穀諸国豊作ニ付追々下直ニ相成、早稲（前年、天保七年）八月頃ニ者（米一石が）弐百六拾匁、九月節句頃ニ者百弐拾匁、中稲百匁、十月頃ニ者晩稲九拾匁、村相場九拾四匁、極月銀納九拾五匁」となったという記述があり、そのあと、「乍併」下久世村は八月の大風の被害で反当たり収量が下がっているし、水損場は凶作である、と続く。この時期米価は一石二六〇匁から九四匁まで乱高下したが、一二月に領主に銀納する米相場は九月中旬以降一〇月頃の相場の平均程度の一石九五匁に決定する、「村相場」は、領主価格九五匁より下の九四匁とする、という意味に理解できるのである。端境期である六月まで前年の古米を保有していた者がいれば、一石当たり二六〇匁などの米価から考えて、莫大な利益を上げたであろうし、九月でも一二〇匁という高値であることを考えれば、九月に早稲をある程度収穫できて年貢上納分と飯米以外の余剰米を売却できた者は大きな利益を得たはずである。

史料によれば「村相場」は、一〇月頃に落ち着いた米相場によって九四匁に決定されたという。ここにいう「村相場」とはどのようなものであろうか。村値段と同様に、原則として領主への貢納を最優先ですませば余剰米は村内の自由取引に任され、「村相場」は年貢米売却時期の（堂島の）米相場を勘案して定められる。つまり、「村相場」とは、貢納終了後の村内余剰米の自由取引開始にあたっての村内公定価格のようなもので、相場変動によるその後の利益は個々の才覚次第、地方仲買人や保有米を増やして米価上昇を待つ者に売るもよし、大規模に取引する者は酒米需要によって上昇が見込まれる伏見相場を見て取引するもよし、大和国など近隣の問屋に売るのも自由、というシステムの存在が推測されるのである。これら、「村相場」や「村値段」の設定とそれ以降の保有米の自由取引解禁は、年貢貢納後であれば農民が市場利益を得ることを黙認して、村内の高持百姓などの利益をもはかるのが狙いのシステムだったのではないだろうか。

三　年貢米売却に関わる利益分配

(1) 岡本五郎右衛門の富裕化と御用金負担者たち

第二節第1項で参照した冨善論文によれば、五郎右衛門は嘉永三（一八五〇）年六月に「過上銀」（年貢米の売却銀）上納の延引について、詫び状を出している。年の暮れ、あるいは遅くとも年を越えた正月には全額上納すべきとされる嘉永二（一八四九）年分の過上銀を「追々ニ御上納仕候得共」少しずつは上納していたが、三月五日の御定式金江戸送付の時には「御上納与相心得居」上納しなくてはと思っていたところに徳三郎（清右衛門）が出府したので、五〇両だけは上納したが残りは「御勘定取調」について代官の帰国後に相談してから、と思っていた、そこに私の病気、続いて妻の病死が重なって、大幅に遅れてしまった、たとえ代官が留守でも「残金取調可奉差上筈之処」残金を調べて早急に上納すべきところを「私欲横領ニも相聞」横領ともとられるような心得違いをしました、お許しくださいという内容である。冨善論文によれば嘉永三(一八五〇)年の数字で、上方領からの過上金(年貢売却金)は六七五両にものぼる。五郎右衛門が年貢売却銀の内どれくらいの金額をいつまで押さえていたかはわからないが、半年近く送金を遅らせばかなりの額の資金流用が可能であり、この資金で大量の米を買って、その間に米価の大幅な上昇があれば、大きな利益を得ることができる。

もし、資金さえあればどれくらい儲けられるか、ということを考える上で参考になる史料が隣国大和国に残されている。前述の大和国五條村の中家文書である。五條村には幕府の代官陣屋[26]があり、報告書によれば周辺村々では、五條村での米価の相場が公定相場の役割を果たしていて、五條村での米の相場価格が三ヵ月ごとに五條代官所に報告されていたという。天保一二(一八四一)年七月から嘉永四(一八五一)年一月まで、多少の抜けがあるが、一月、四月、七月、一〇月中日(一五日)での五條村近辺での米価報告数値が中家文書の「御用留」に書き写されている[27]。天保一二(一八四一)年一〇月に上米一石当たり七五匁(中米七三匁)だった米価は、天保一三(一八四二)年四月から急上昇をはじめ(上米九〇匁、中米八八匁)、弘化年間にいったん下落するが、嘉永二(一八四九)年一〇月には上米一〇二匁、中米一〇〇匁にまで上昇している。以降、五郎右衛門が過上金を持ち続けている時期、嘉永三(一八五〇)年一月(上米一〇七・八四三匁、中米一〇五・八八二匁)、嘉永三年四月(上米一〇九・八匁、中米一〇七・八匁)、嘉永三年七月(上米一一二・七四匁、中米一一〇・八匁)、と米価は上昇を続け、嘉永四(一八五一)年一月にいたっては、上米一四五・一匁、中米一四一・一匁まで上昇している(残念ながら、ここで米相場の記録は途切れ、嘉永七年前後の米価の動きはわからない)。

五條村での米価は、南山城での米価や、堂島・伏見での米相場とイコールではないだろうが、この米価の動きは全国的米価上昇と軌を一にした動きである。堂島相場の相場書には西日本各地の産地別の米値段が列記され[28]、清右衛門の出した江戸からの御用状には常に江戸や東海道筋での米価が報告されている。第二節第3項でもみたように、市場への江州米の古米流入が天野領の年貢米入札額下落の一因とされている記述や、二月三〇日付の清司の書状にみえる大和国との取引は銀札での支払いが多くて損であるなどの記述を見れば、南山城でも大和国との取引は盛んであり、山城での米価は大和国の米価と相関関係があったことはまちがいない。

冨善論文は嘉永四(一八五一)年一一月の入札は直前の江戸直訴事件の影響もあり、大住・下久世村独自で行われたことを確認している。徳三郎が代官見習いで、五郎右衛門の後見を脱していなかった弘化二(一八四五)年以降、少なくとも大住・下久世村の入札事務は五郎右衛門の手元にあったと思われる。嘉永二(一八四九)年一一月には年貢米売却銀を金にかえて江戸に送金する掛屋はおらず、五郎右衛門は少なくとも大住・下久世両村の年貢売却銀を江戸送金までの間自由にできたのである。大住村と下久世村の天野領の村高は、大住村が六七四石余り、下久世村が三六八石余り、両村合わせた村高合計は一〇四二石で、これらは天野領上方四ヵ村合計一四四五石余りの約七二%にも当たる。年貢率四〇%とすると、二村のみでも六七四＋三六八石の四〇%（＝四一六・八石）分の売却銀、五條村の嘉永二年一〇月の米価（上米一〇二匁、中米一〇〇匁）を参考に、山城近辺の米価を一石当たり一〇〇匁程度とすれば、四一六・八石分の売却銀、約四万一六八〇匁⫶（銀60匁＝1両として）六九五両が五郎右衛門の手元に集中する。仮に半分以上上納していた、あるいは大住村分だけとしても、少なくとも数百両相当の大金が五郎右衛門の手元にあった可能性がある。

五條村の米相場を見れば、五郎右衛門が年貢勘定を一手に握っていた時期、天保一一(一八四〇)年以降の時期は米価の急上昇期であり、五郎右衛門が年貢米売却金の江戸送付の遅れを「私欲横領」と咎められている、嘉永二年一二月から嘉永三(一八五〇)年六月までの時期、米価は一〇〇匁を大きく上回る急上昇を遂げている。前年嘉永元(一八四八)年一〇月の大和国の米価は上米九二匁と中米九〇匁であるから、一石当たり約一〇匁の上昇である。嘉永二(一八四九)年一〇月の売却銀の江戸送付を遅らせて、その資金で多量の米を買い集めて翌年四月に売れば、一石当たり七匁の差額利益が見込まれる。さらに詫び状を出した六月まで大半を送金せず、その資金で多量の米を買い集め、嘉永三(一八五〇)年の七月頃に米を売却したとすれば、一石につき約一〇匁の差額利益が得られる。五條村での嘉永四(一八五一)年一月の米価は上米一四五・一匁、中米一四二・一匁にまで上昇しているから、五郎右衛門が儲け分を資金としてさらに米を買い集めていれば、最大一石当たり三〇匁の利益も可能なのである。この時期一〇〇石単位での保有米があれば、五〇両、一〇〇両単位での利益がある計算となる。

複数年にわたって年貢売却銀を手持ち資金にして米を買い付けて保有米を増やし、これに加えて鍬下による減免や年貢減免による実収との差を利用して余剰米を作り、米価高騰期に売ったとすれば、五郎右衛門の一七〇〇両にも上る蓄財（第二節第1項　嘉永三年一二月の彦兵衛の訴え）の風聞もあながち根拠なしとは言えないのである。

中家から五條代官所への報告には金一両当たりの銀価格も記載されている。それによると、金一両に対して銀は天保一五(一八四四)年二月に六四・三匁、弘化二(一八四五)年七月には六四・〇五匁、嘉永二(一八四九)年二月に六三・六五匁である。この間の金相場に大きな変動はなく、嘉永三(一八五〇)年には六一・八五匁とむしろ若干の下落が見られる。金相場はおおむね横ばいとみてよいと思われ、三月二六日付清司の書状にも「金相場之高直ハ御免〳〵」と嘆かれ、御用状のそこここで常に念頭に置かれているような、銀を金に替えるときの損失は余りない。[29]年貢売却銀を金に替えて江戸へ送金する際にも大きな損失はなかったと思われるのである。[30]

五郎右衛門の急激な富裕化の原因が年貢米売却銀の流用にあるとすれば、当然納めた側、大住村や下久世村の庄屋や高持百姓の反感を買う。やり方が強引で富裕化が露骨であればそれだけ、近隣の庄屋などの高持百姓たちを抱き込む必要が生じる。大住村への有利な年貢減免は自身が検見をする以上簡単に実現できるであろうが、その利益を独占すれば同村東株庄屋彦兵衛（森島派）などの反発を生む。その結果が彦兵衛による告発である（第二節第1項参照）。五郎右衛門は江戸直訴事件でも、下久世村の不満を鎮めるためには庄屋らと談合して下久世村に有利な検見を図ったり、森島に代わって自分が代官になれば、下久世村を優遇すると発言している。また、嘉永七（一八五四）年の年貢減免でも彦兵衛差配の株よりも自分の株の減免率が高くなれば、再び彦兵衛に疑惑の目を向けられると言い、同村の庄屋層の目を気にしている。五郎右衛門が年貢減免でもくりかえし下久世村への優遇を強く主張し続けているのも、うなずけることなのである。

村内の高持百姓たちは、利益独占がある程度以上になれば、江戸（の領主家への）直訴という本来許されていない手段に訴えてでもそれを糾弾し、利益を独占する代官（または割元）の対立者となるが、その利益を一般高持百姓にまで何らかの形で分配するのであれば、彼らの利益を容認して協力者にもなる。もちろん、この時期に森島家が全面的に年貢勘定事務を取り仕切っていたとすれば、五郎右衛門同様大きな利益が得られたはずであり、五郎右衛門だけが悪者というのは的外れであろう。五郎右衛門が送金を大幅に遅らせて咎められたのは嘉永二（一八四九）年暮れの売却銀のみ、たまたま売却金を自由にできる時期に、これだけの米価の上昇があれば欲が出る。年貢米売却銀を掌握できる代官職を望むのも当然であろう。五郎右衛門が領主に送金すべき資金を運用してこの時期急激に富裕化したとすれば、成功するだけの手腕をもっていたのである。

片や領主はこれら村内各階層農民の諸関係を十分承知していながら、半年もの年貢売却金送付の遅れを詫び状一通という考えられないほど軽い処分で済ませ、代官や割元の利益追求を黙認している。年貢売却金から生じる利益に厚く浴する者ほど、年貢以外の領主の要求を拒めないからである。このことは、月々の定式金と様々な名目での追加送金、臨時御用金の負担者を見ることで、ある程度想像ができる。

清司の二月二九日付書状には「三月御用下し金岡本の積り」とあり、清右衛門の三月一日付書状にも「三月下し金五郎右衛門ゟ被差出候様出立前申置、定而同人ゟ差出呉候事与存候」、「手元御開向金百両拙宅出金ニ相成、八十三両先月下し金も有之候旁ニ御座候間、跡月之金者御都合ニ而大住村ニ而才覚差下し候様可被成候」すでに森島家は「御開向金」（武器準備の一〇〇両献金とは別ヵ、詳細不分明）一〇〇両など多額の負担をしているから、三月の下し金は五郎右衛門が出すべきだとされている。続いて清司の四月二日付書状には「三月下し金大住村ゟの出金、五郎（五郎右衛門）、孫兵衛二ツ割の出金」とあり、三月分の江戸送金は五郎右衛門と庄屋孫兵衛が半額ずつ出す、その代わり「四月下し金弐十三両、五両上臈様御用、拾両四月分御臨時繰上ケ、〆三十八両楢吉（留守宅にいる清右衛門の幼い息子の名を当主名とし、森島家を指す）ゟ差出し候事」を、「岡本被参おつき（清司の妻）へ相頼候事」と清司の留守中に五郎右衛門が森島の自宅まで頼みに来たという記述がある。これを見れば、江戸送金は月額二三両、それ以外にも多様な名目での送金があるが、森島家と岡本家が、ほぼ一ヵ月交替で負担、大住村では場合によって庄屋孫兵衛と五郎右衛門が半分ずつ負担していることがわかる。庄屋孫兵衛も何がしかの利益を得ていたため、五郎右衛門に負担を求められたのかと思われる。これらの月々の下し金の内「定式金」二三両は年貢先納金として差し引きされて戻ってくるのが建前だとしても、月々の送金には「定め臨時金」（!?）など様々な名目での御用金的送金が付け加えられている。[31] たとえ返済前提で記帳されていたとしても、天野家の財政状態から考えてその年の内に全額返ってくる可能性は極めて低い。「先納」プラス定例化した御用金を含む送金は、つまりは利益が見込まれる者で分担する、実質的にはいつ返って来るかはあてにならない負担と思われるのである。[32] だからこそ、その分を年貢減免の理由が立つ天候不順時に取り戻そうとするのである。

また、清右衛門の三月一一日付書状では、江戸到着後に天野家の会計を調べたところ、約二〇両（後で約四〇両と判明）の（有利子の）未払い金があることを発見、[33] 利子が膨らむことを恐れた清右衛門が上方領での早急な肩代わりの相談をした際にも、清司は「五らう（郎）右衛門へ者明十二日（江戸の清右衛門からきた書状を）為持遣、廿両同人才覚出来候ハヽ、よし、無左候ハヽ、此方より可相成丈早々差出可申候」と五郎右衛門に出金を交渉するが、だめなら森島家で出すとしていたところ、三月一四日付清司の書状で「此度者廿両五ら（五郎右衛門）ゟ出ス与申越、先々安心上都合」、五郎右衛門が負担すると言って来たとある。しかも、清司の四月二日付書状によると、ここでも「此間中の弐十両臨時之事、十弐両五郎右衛門出、八両孫兵衛ゟ出」と、庄屋孫兵衛が再度八両を負担しているのである。孫兵衛の負担理由は具体的にはわからないが、五郎右衛門の六月晦日付書状では、「月々御賄金留守宅（森島家＝森島清司）与申談、都合ニより又は庄屋共為差出候様可取計旨被　仰聞承知仕候」と、度重なる負担にたまりかねた代官森島家と割元岡本家との間で、月々の送金を庄屋層にも差し出させることで合意している。代官と割本が御用金負担を庄屋層にまで広げようとしているのである。

嘉永七（一八五四）年の九月まで、毎月の江戸送金は代官の留守を預かる割元五郎右衛門が担当しており、この時期江戸送金を担当する掛屋の存在は確認できない。このまま五郎右衛門が入札後の年貢売却銀を掌握することもできたと思われるが、前述のような度重なる臨時の御用金負担に対して、これ以上のリスクは負えないと判断した五郎右衛門と森島家は新しい掛屋を探すことで意見が一致したらしく、天野家に新たな掛屋が登場する。清右衛門の一〇月一七日付書状によれば「下久世村御収納米代銀之分者如仰平久を御頼被下、其時々同人方へ持参、同人方之受取書を宅（森島家）表へ相納メ候様可然奉存候、平久者御迷惑与存候得共御頼被下候様奉頼候」と、父清司の働きかけによって京都の平野屋久右衛門が江戸送金を担当することになったことを伝えている。清右衛門の一二月一八日付書状によれば、平野屋を掛屋に選んだ清司は、息子清右衛門の再婚相手に「重縁」（重ねての縁談）となる平野屋の三女を有力候補としてもいる。平野屋は以前から森島家と縁組を介してのつながりがある商人と思われる。平野屋の登場以降、嘉永七（一八五四）年一〇月以降に現地入札された年貢米売却銀の内、下久世村分だけが平野屋に渡すよう指示されている。その裏にはこれまでのいきさつから考えて、下久世村の売却金を五郎右衛門に渡すことを快しとしない代官森島家の意向がある可能性もある。残り三村の売却銀を誰が取り仕切ったかは、現在解読済みの御用状からは不明確であるが、大住村が五郎右衛門、祝園村（＋菱田村）が清右衛門、と住み分けた可能性もある。

御用状には、文化年間には掛屋を務め、月々一三両の江戸送金をしていて、その後天野家の掛屋をやめた池田屋との間のトラブルが記録されており、平久には「御迷惑」だが、という表現からは平野屋にも同様のリスクがあることが想像できる。五郎右衛門の三月一六日付書状によれば、「是迄差入被下有之候証文之儀、去ル巳年ゟ昨寅年（嘉永七＝一八五四年）迄ニ而十ヶ年ニも相成候間、此儀ハ森島御氏御帰村迄者御待被下度ト申談候得共、押而切替被相頼」、「無左候ハ、市中ニ而者証札ハ十年限」、「弥御切替不相成候ハ、不止事、御役所様江御届ケ願申上置度」と、池田屋が一〇年以上たった借金証文は請求不能となる可能性があるので証文の日付を書き換えてほしい、と要求している記述である。五郎右衛門は代官の留守を理由に返答を保留しているが、池田屋は書き換えてくれないならば帰れないし、場合によっては役所に訴えると言って安政二（一八五五）年三月から四月にかけて、村に長期滞在し続けている。役所へ訴え出るという文面からはかなりの額の未返済金があることが想像され、当然新たな掛屋平野屋にも同様の未返済金を背負うリスクがある。しかし、平野屋は下久世村分だけとしても表1から計算して一九〇石分、二〇〇両前後の年貢米売却銀を一度に受け取ることができる。一度に大きな資金が得られるメリットも存在するのが掛屋業務なのである。清右衛門の安政二（一八五五）年正月五日付書状には「月々下し金篤取決メ之事ハ御養子御家督之上取極メ可申積り」とあり、新養子が無事家督を相続したら月々の仕送り金を増額することも検討されていたようであるから、平野屋は毎月の江戸送金増額と引き換えにすれば、正月迄に年貢米売却銀全額を江戸に送るのではなく、資金を自由に運用できる期間を延長することもできる。これまでの経過からも五郎右衛門は江戸送金担当を降りることを選び、森島家は新たに庄屋層に負担を求めて不満を呼ぶよりも、森島家につながる平野屋に掛屋を依頼することを選んだ。そして、平野屋はリスクはあっても利益ありと見て掛屋就任を承諾したのである。清右衛門一〇月一七日付書状によれば、平野屋は掛屋を引き受けると同時に天野家から一〇〇両の借金を持ちかけられているから、むしろ逆に借金の担保として、年貢米売却金が平野屋に資金提供されることになったのか、とさえ考えられる。安政二（一八五五）年七月八日付五郎右衛門の書状によれば、一二月には関東郡代から借金をして返すから、と天野家の窮乏と多重債務整理のための新たな御用金二〇〇両が命じられ、「金六拾両拙者（五郎右衛門）ゟ差出し、猶又金百両京都平野屋ゟ差出し候」と、六〇両は岡本家から出すが一〇〇両は京都の平野屋が出すことにした、残りの四〇両もお盆後には送る（負担者不明）が、天野家がこれ以上の借り入れを要求するのであれば、「小子等ニ而者迚も難出来候間……、尊公様御登、可然御才覚可被成下候」、代官自身が帰国して調達の交渉をしてほしいとあり、新当主になってからも天野家の財政は窮乏しており、平野屋を担ぎ出したこの時期には、五郎右衛門にとっても年貢収納事務の役得よりも負担の方が大きくなりすぎている状況が見て取れる。

(2) 森島家の複合的性格

第二節第1項であげた冨善論文の確認によれば、森島家の財産は、嘉永三（一八五〇）年の宛米（収穫量）一一一石六斗七升三合、同年大晦日有高銀（現金所有）五三貫八七一匁（金一両＝六〇匁として八九七・八五両）であったという。森島家は第一に一〇〇石を超える作徳米を持つ地主経営の家である。この年、前述五條村の米相場から見ると、嘉永三（一八五〇）年一月には上米が一〇七・八四三匁、中米が一〇五・八八二匁、同年四月には上米一〇九・八匁、中米一〇七・八匁、同年七月には上米一一二・七四匁、中米一一一・八匁と米価は上昇期にある。さらに嘉永四（一八五二）年一月の五條村の米相場は、上米一四五・一匁、中米一四二・一匁まで急上昇している。この時期森島家はよほどの失敗をしない限り、自家の保有米を普通に売却するだけでもかなりの利益が得られたはずであり、さらなる土地集積も可能な家産拡大期であったと考えられる。これが清司の自負ともなり、江戸に出た息子清右衛門の余裕となり、領主やその分家、家臣たちからの御用金や借金要求を次々に受け入れる一要因にもなったかもしれない(34)。

第二に、森島家はこれらの作徳米以上の米や麦を購入し、相場価格を見計らって売却して利益を得る在郷商人の側面も持っていた。この年の米の売却について、清右衛門の一〇月一七日付書状によれば、（今年は米価が高値だと予想しているので）米相場が良い時に「祝園村御収納米幷作徳米共惣高之内当年中ニ半分も掃候哉」祝園村の年貢米と作徳米（森島家が自作農・地主として得た米）の内半分は年内に売却したいと提案、ただし、「私留守中と言、金沢山之様ニ相聞候而者不宜候間」森島家にはたくさんの現金資金がたまっている、と村内から収納米売却資金を使っての蓄財だとみられることを警戒していることがわかる。

清司の書状には（日付不明、三月一〇日過ぎヵ）麦取引の詳細数字を息子に書き送っている箇所もある。細かい数字は省略するが、「麦百六拾九石余、去冬買麦」、「上都合なら者石ニ付五匁ツ、上々印、さ候ハ、八百目余売増出来候へ共、物事積り之通りニ者参り不申候」、去年の冬に買い込んでおいた麦の売却で、うまくいけば一石につき五匁くらいの利益を見込んでいること、残念ながら今年は予想がはずれてその通りにはならなかったが、「徳者いらぬ、元直段ならハ上々吉与ぞんじ御安堵可被下候」と仕入れ値だけ回収できればいいと思っているから安心せよと言い、また麦値段が上がるようならば、「石ニ付壱匁高銭（口銭ヵ）遣し候ハ、何時ニ而も此吐師問屋ニ而買麦ハ沢山出来候事」一石につき一匁の手数料を払えばいつでも吐師（木津川市、木津川水運の浜の一つ）の問屋でたくさん買えるからと、ここでも手堅い商売をしていることを強調している。一石につき五匁の利益を予定して、一六九石の麦を買い込んだ清司の予定利益は、一六九×五匁＝八四五匁、一両六〇匁換算で一四両余、「八百目余売増」という言葉とほぼ一致する。

また、冨善論文も引用しているように「収納米向・諸勘定向五郎右衛門万事引受、問屋致居候」、と代官（この時点では五郎右衛門）は自宅に集めた年貢米についての地方入札を行う時、「問屋」として入札者から一定の手数料を取っていた可能性がある。(35) 清司の四月二日付書状によれば、「松井の米も一昨日出切り相成り、与助米五石出のこりニ相成り」と少量の保有米を持つ農民から（問屋として、手数料を取って）売却を請け負っていたらしいこともわかっている。同じ手紙には、「（農業以外の商売など）外之事ニ而寸暇なし」、「百姓手伝一日もなし」、「乍然米者片附候ゆへ先々安心之事」という記述もあり、この時期農繁期直前の森島家では、清司が農業よりも米取引などの商業活動の方に集中している様子がうかがえる。年貢米売却の問屋手数料を、清司が吐師の問屋から麦を買い付ける時の手数料と同じ、一石一匁と仮定すれば、一石の平均売価七八・一六五匁（表1参照）の嘉永七（一八五四）年の手数料は一・二％、年貢米の売却五七五石で銀五七五匁（一両六〇匁換算で九・五八三両、およそ一〇両）の「口銭」が得られることになる。(36) 一二月三日付清右衛門書状には、「廿二日迄御払米百五十五石与被仰下、先々上々印御払与奉存候、右御都合能御払ゆへ口銭丈ケ者御三人ニ而日々御馳走、何欤んまき魚ニ而も御調御楽可被下候」、二二日までに例年通りの日程で順調に米の売却が済んで、好都合だと思います、「口銭」分だけは家族三人（父清司夫婦と孫の楢吉）でおいしい魚でも買ってご馳走を食べてください、という記述があり、口銭収入があった可能性を示唆している。(37)

清司の二月二九日付書状には、八五匁とまで予想したのに、年が明けても米の値段が大きく下落していて困っている、（これ以上持っていても値上がりは見込めないと）「損の積りニ而三十八石」を売却する、「残り米少之事」になり、「先々安心積り」これで大きな損失はなくなって安心だとあり、嘉永六（一八五三）年分の収穫米は、年を越えた嘉永七（一八五四）年二月まで、米価の変動をにらみながら保有米として残していたことがわかる。清右衛門の三月一日付書状でも、今年は江戸でも東海道筋でも米価は下値なので「廿石計除キ跡不残御払可然奉存候」、飯米などの最低限の量を残して残りはすべて売った方が良いと父に書き送っている。続く日付不明（三月一〇日過ぎヵ）の清司の書状では「売場上ル事なし、追々下直（値）ニ成事ト見込候事ゆへ、近年ニ無之三月十日有米四石五斗切」、この先米価は下落傾向と見切って、例年になく三月時点でほとんどの保有米の売却を決めたこと、「大和国南へ者山城米引合不申候、伊賀米計」伊賀米が入ってくるため大和国への米売却は「とんと売払六ヶ敷もうけなし、損なしが才一」と例年にはもっと長く（端境期である六月頃まで？）保有米を残して米価の値上がりを待っていたが、今年は三月であきらめた、損が無ければ良い、と手堅い判断を江戸の息子に伝えている。

清司の書状にあるように、売却時期を考えて自己保有米を売って利益を図り、麦取引に投資したりして、うまく運用できるかどうかが家産を拡大する手腕であり、当主の才覚である。冨善論文で、年貢売却金を使っての「公私混同の金融」（金融という言葉からは、金相場での利益ヵ？　貸金などの利益も森島家の活動に含まれることも考えられる）行為を疑われたとき、清司（当時代官、七代目清右衛門）が自分の才覚で家産を増やしたのだと弁明し、天野の分家大原家の用人もそれを認めたというのは、自分はこうしたやり方で一〇両単位での利益を積み重ねてきたのであって、年貢売却金の「私欲横領」というほどの露骨な資金流用はしていない、ということであろう。

そもそもこのような旗本家の財政ではどこまでが年貢米かをはっきりと分別することは困難で、代官、割元などの経済活動は、常に年貢事務による役得とみる村民一般からの注視の中にあるといえる。それゆえ森島家のやり方は手堅く、村内から資金流用と見られることへの警戒感がある。いずれにせよ、在地の代官や割元が利益を上げればそれだけ、領主にとっては黙認料ともいえる、受益者への金銭負担を増大させられるわけなので、村内一般百姓からの不満が爆発するほどのことがなければ、領主家はあえてその経済行為を咎めはしない。上方領という遠隔地の米価という季節的変動にいちいち対応し、利殖を図る意欲や手腕、事務組織も持たない旗本領主にとって、領村の生産物を巡る自由な経済活動を黙認してその上前を定額の月々の送金や、必要時の「御用金」として吸い上げる方がよほど簡単で賢い選択といえよう。前述した（第二節第4項）五條村での積米制度も、五條代官所がこれと類似の理由によって農民の長期にわたる余剰米保有と自由な売却活動を認めたものであり、その売却利益を代官所にも分配させるために、農民からの願いを聞き入れて制度化されたものと考えられるのである。

第三に、森島家にはもう一つ、天野家という武家の家臣としての側面がある。代官は任命と同時に村の人別登録も別帳となり、清右衛門は江戸出府の際にも伏見人足文五郎が「槍持ち」で付き従う、武士としての格式の旅をする。(38)

清右衛門の七月四日付書状によれば、江戸在勤中には「用人格」(用人相当の待遇)から正式の天野家筆頭用人にもなっている。清右衛門は天野家の収支を心配する用人としての立場も持っているのである。これはもちろん同時に、天野家の収支が不足すれば、必然的に御用金負担が増え、以前からの領主家の借金となっている金も返って来ない、という自家経営上の悩みでもある。

一一月二六日付書状で清右衛門は、「当年御収納米七十八匁位ニ而見込相附ヶ候之処、四ヶ村ニ而五拾貫目より上り不申、然ル所当年下し金臨時金共都合七百五両壱歩之先納ニ相成、此代銀利銀共凡五十壱貫目九百五十匁余、右之分丈ケ差引ニ而も少々御不足ニ相成可申候、左候ハ、古借御り足口々幷御借払之分都合六、七貫匁有之与相見へ、此分全ク御不足ニ相成申候、扨々困タ事ニ御座候」、今年の年貢は一石当たり売価が七八匁程度という見込みで計算すれば、四ヵ村あわせても天野家の上方領からの年貢米収入は銀五〇貫以下、[39]今年の下し金(月々の江戸への送金)とその他の臨時金を合わせれば、合計金七〇五両一分をすでに「先納」している、これを利子共に銀に換算すればおよそ五一貫目九五〇匁余り(金一両＝銀七三・六六匁換算となる)、これだけでもすでに天野家の一年間の支出を考えれば全く不足である上に、古い借金の利息や一部返却にあてる分が合計で銀六、七貫は必要であると思われ、まったく足りない、困ったことだ、というのである。七〇〇両以上「先納」した貢納オーバー分は天野家の一年分の生活費を考えれば半分も返ってこないだろう。領主家の収入不足分がまた御用金要求になって跳ね返ってくる代官、割元にとっては、年貢減免額も年貢売却銀の合計と領主家の必要支出とをにらんだ上で決定しなければならないものでもあった。

森島家は地主経営と代官職(問屋)による利益と在郷商人(米、麦取引等)としての利益などによって利益を蓄積し、江戸直訴事件のあった嘉永四(一八五一)年段階では代官職を失いたくない、と考えているが、清右衛門が長期の江戸在勤となり、領主家の内情に深く関与するようになると、かえって負担が大幅に増え、利益よりも損害の方が大きくなっていると判断、いつでも代官を辞職してよいと言い切るようになっている。四月二日付清司の書状には「あまり

〜御六ヶ敷被仰出候ハヽ」「迚も御役は出来不申」「御免願より外者なし」「御役御免ニ而も御心配なし」「すゞめがちりあくたすう（巣カ）ヲこしらへ一度ニほうきニ而打払」「せんどためる与皆江戸行」「何事（も脱カ）是商売与存候へ者腹立候事なし」「ほしけれバやりなされ」「いずくも◎（金銭）印之事どうでもよし」と雀が塵や芥で巣を作るようにして蓄えた利益はいつも江戸の領主に吸い上げられてしまう。あまりに要求が激しくなるのであれば、代官職などやめればよい、どちらにしろ金の話であってどうでもよいことである、と代官職には執着しないと言い切っている。しかし、息子の清右衛門は、七月二四日付書状で述べる、「御普代之御家来壱人も無之」「見るに不忍」「振捨帰国と申事」は森島家の先祖に対しても申し訳ない、という表向きの理由と養子持参金での古借の一気返済と新当主による財政改革を期待して、主家の強制的家督交代劇「主君押し込め」に深く関与することとなる。

(3) 別廉積立金の運営

ここまで見てくると、関東の旗本にも在地の「賄い方」（豪農）の自由な経済活動を認めて自家経営の改善を図る旗本の制度があることに気づく。酒井一輔論文[40]によれば、関東に六〇〇〇石の領地を持つ旗本津田氏の「賄方」（領地の「豪農商」）は、現地入札によって年貢米を売却する一方で毎月定額の仕送り金を領主に納入していた。津田氏は年貢米から年間一〇〇俵を「除置」「積米」として「賄方」に預け、これを財源とする「別廉積置金」をもとにした自由な金融活動を賄方に許していた。領主が財政運用を賄方に委託するこの「別廉積置金」は嘉永五（一八五二）年から元治元（一八六四）年までの一二年間、一年間に一七〇両ペースで津田家の長期債務を償還し、歳入の三・五倍もあった債務を大幅に減少させる実績をあげている。

一方で「別廉積置帳」はいわば「架空の融資主体として機能し」、短期的な資金調達や知行地内での資金運用にも使われ、幕末期には具足や兵糧など津田氏の軍役を支える支出を賄い、村方の水利普請や救恤、領主家の家政経費の赤字補塡にも使用されたという。慶応元(一八六五)年以降の米価の高騰でこの資金は二二〇〇両まで膨らみ、維新をくぐって存続して明治四(一八七一)年には五〇〇両まで激減している。その使途は「駿州御勝手並員外金」、維新後徳川慶喜に従って駿河に移住した津田家の生活を支える経費であった。「別廉積置金」は「賄方」によって「自家のために用いることを子孫に至るまで堅く禁じた上で、領主への「非常用之節献金」や「村為」の出費、「小前難渋人」に対する救恤など」「公共的な活動への支出目的とした特定財産」と位置づけられていたという。領主の行政機能が後退する中、在地の行政機能が増進し、「別廉積置金」は「勝手賄い」のレベルから地域財政としての性格を強める質的返還を遂げ始めていたというのが酒井論文の主旨である。

ここまで公共性の高い別会計を形成したわけではないが、天野家上方領の状況にも同様の「民富」の拡大と「行政の村請け」の原初形態を読み取ることができる。

天野領でも幕末期の軍用金については上方四ヵ村から一〇〇両の「武金」が献金されており、家臣への武器準備金の配布は代官・割元によって一時的に肩代わりされて支給されている。五郎右衛門の四月一四日付の書状によれば大住村の溜池普請は願い出る前にすでに工事を始めており、願い出が遅くなったのは、確かに用水が溜まるのを「見届ヶ茂不致内ニ御願申上候儀恐多御事ニ奉存」見届けもせずに願い出るのは恐れ多いと思ったからだ、と訳のわからない言い訳をしているが、村の灌漑用水について必要な土木工事は、村が勝手に判断して領主負担金の有無に関わらず実行している。また、文久二(一八六二)年に当主が死亡し、未亡人とその生母、そして三歳の幼児が残された天野家の世話は、維新後もその領村の関係者が見続けている。森島家では明治維新後「天野家上方知行所ニ於而、御借財其外大変ニ附テ無余儀……森島一家ニ於テ之ヲ相償ヒ候、此損金凡弐千円也」と天野家のすべての借財を整理・負担したという。その後も「天野家立行兼ルニ付……上方御知行所へ御無心トシテ」家来たちが訪ねて来た時も、それぞれが「身元相応ニ献金」し、「森島家ニ於テモ金壱百円献上致候事」[41]、と領村が「勧化」という形で経済支援を続け、最終的に天野一家の遺児は関東領で割元をしていた坂本家のある下中森村に引き取られ、そこで成人する（長くなるので、天野家の維新後については別稿とする）。

天野家上方領のように農村に残った余剰を、代官・割元などの余剰受益者の個人運営に任せて、その見返りを慣習として相互監視の中で、高持百姓も領主も一定程度の分配を受けるか、それとも津田氏の別廉積立金のように地域全体の資金として（領主にも配分しつつ）運用するほどの公共性を持つ明朗会計の公的資金とするかの違いは大きいが、その支出において共通性が多く、両者は同根のシステムのようにも感じられるのである。天野家領の豪農たちは、幕末の武器準備や維新後の旧主家遺児の養育などの負担の多くを個人的心性に基づいて果たしている。

これらの民富の増大とそれを巡る複雑な経済活動、同時に地域社会における領主の行政機能の肩代わりなどの経験を経て、近世の豪農たちは「村相場」「積米」「別廉積置金」等々、様々な制度的工夫を凝らしながら政治的、経済的経験を積み、近代の地方政治を支える層へと成長を遂げていった、そのことだけは疑いないように思われるのである。

おわりに

(1)　結　論

近世後期、遠隔地にある旗本の上方領地では、在地代官が年貢事務を取り仕切っていた。代官は地主経営の農民であり、在郷商人であり、領主の家臣としての武士でもあるという複合的な存在である。状況によって領村利益の代弁者、領主家利益の代弁者、どちらにもなる中間的存在だが、何よりも自家経営への利益が最優先される。

城南平野を有するこの地域の農業生産力は高く、代官、割元、庄屋層には一定の余剰米が保有されている。江戸の領主への送金は金であり、売却銀との間の相場差益と刻々と変化する米価の変動による利益が見込まれるこの地域では、年貢米売却以降余剰米の自由販売が行われ、領主もこれらの経済活動を黙認する代わりに御用金という形でその利益分配を要求する。掛屋となる商人も年貢米買却銀という多額の運用資金を得て利益を図れることと引き換えに、領主家の御用金調達に応じる。これら多岐にわたる年貢貢納事務の関係者間の利害調整のバランスの中で算出、決定されるのが年貢減免額であり、年貢納入額の数字なのである。時にその余剰利益を巡って村内で対立も起きるが、領主にとっては相互監視システムとして利用できてむしろ好都合である。領主が領村各層の利益を無視して直接強硬な余剰収奪に出れば、却って領民の団結した抵抗を引き起こし、「家事不取締」として幕府の処罰を受けかねない。

一方で領民も、不適格な領主の交代は望んでも、領主家の改易までは望んでいない。ここでは領主・領民関係は、年貢米売却利益を巡る一種の共依存関係なのである。五郎右衛門は一二月七日付書状で、「当年御収納米売払直段大下落ニ而」、「御勘定御不足」を「心痛仕居候」、今年の米価は良くなかったので領主家の勘定不足を心痛していますが、「十年帳尻」と言いますから、また良い年もあるでしょう、と言っている。「十年帳尻」という言葉は領民の側にこそ当てはまる言葉である。領主の度重なる金銭要求に不満を持ちながらも、自由な経済活動を黙認してくれる領主であれば、長い間には大きな利益がある時も来る、そのつもりで負担してきた領主家の借金を未返済のままご破算にするよりも、同じ領主家での新当主による財政改革と古借の整理を望む、そのためには領主家内のお家騒動である主君押し込めにも加担する、という構図が見えてくる。公文書の上からは通常消えてしまって見えない余剰米売却利益の存在と、農民の活発な経済活動、その余剰利益の分配と代償としての御用金負担の分担、という年貢収納額決定の裏の要因の一つを、御用状の記述は雄弁に語っているのである。

(2) 課題と展望

御用状史料は、江戸時代に生きた無名の人物たちを、まるで自身の知り合いでもあるかのようにリアルな人間臭い姿で浮かび上がらせる、宝の山ともいうべき史料である。第一の課題として、まず史料としてあげた四冊の史料の全解読が必要である。特にNo.A1147史料、代官清右衛門の江戸在勤中孫の楢吉を預かり、代官は引退したものの留守中の森島家の経営を一手に引き受けている隠居清司から江戸の息子にあてられた書状には、森島家の経営に関する詳細な報告や思惑がさらに大量に記されているはずである。書状独特の難解な癖字と省略された文体に阻まれて現在一〇％程度しか進んでいないこの史料の解読をさらに進める必要がある。また、長期的には御用状史料の組織的解読体制を作る必要があるだろう。森島家文書には編綴された御用状だけでも寛延三（一七五〇）年から慶応四（一八六八）年まで一〇〇年以上にわたって、二七二冊もの御用状が残存する。到底一人の個人の手に負えるものではない。

第二に、森島家文書には御用状と並行した時期のかなりの帳簿史料が存在する。御用状に登場する数字がどこまでどう一致するのか、各種帳簿類の記載数字と突き合わせる裏付け調査が必要である。

第三に、この旗本上方領での豪農の経済活動がどこまで一般化できるのか、という大きな課題がある。津田氏の事例にも関東での市場経済の浸透とそれに基づく豪農層の経済活動を見ることができるが、まだまだ事例は数少ない。最幕末期の畿内という先進地域における農業生産力の大きさ、木津川から淀川へ、という大阪への水運ルートの存在、大阪・京都の商人たちとの連携、市場経済の浸透と堂島の米相場や伏見・大津などの異なる米相場と接触できる地の利、銀建ての上方と金建ての江戸との間の換金と金銀相場による差益の存在など、いくつかの条件が前提であることは事実である。藩領では同種の経済活動はどうなっているのかなど、全体としての歴史的位置づけはまだまだ未知数である。本章は御用状史料から垣間見える旗本上方領で年貢額の決定過程という「トンネルの中」がいったいどうなっているかについての一つの可能性を示唆し、それに関連する豪農の経済活動の様相を素描した試論であるが、「そう言われてみれば」という現象はそこここで見られるのではないか、という予想を持っている試論でもある。大方のご批評を得られることを祈念して筆をおきたい。

（1）渡辺尚志「近世後期の年貢関係史料――下総国相馬郡川原代村を事例として」『惣百姓と近世村落――房総地域史研究』岩田書院、二〇〇七年、二一三―二一四頁。

（2）旗本天野氏については、『森島國男家文書目録一　A列（近世竪帳）、B列（近世横帳）』精華町教育委員会、二〇〇八年、精華町、解説（二三一頁）、『森島國男家文書目録二　C列（近世一紙Ⅰ　一紙物）』精華町教育委員会、二〇一一年、精華町、解説（一九八頁）参照。

（3）森島家文書とは、山城国相楽郡祝園村（現京都府精華町大字祝園）に居住する森島清右衛門家の現存約二万五〇〇〇通の古文書群。詳細は前掲注（2）『森島國男家文書目録二』解説（一九七―一九八頁）参照。

（4）御用状とは、江戸の領主家と上方領（関西領地）との間で交された公務上の往復書簡で、旗本の上方領支配や複数領主の支配する畿内相給村の実態が詳細にわかる史料として注目される。江戸の領主家とのやり取りという意味で「江戸状」とも呼ばれる。森島家文書では年ごと、あるいはある期間のまとまりで冊子に編綴されて保存されているものが多く（前掲注（2）『森島國男家文書目録一』参照）、その他にバラの書状形態のままのものも、目録未刊行だが、膨大に所蔵されている。

（5）島津良子「幕末期旗本家の女性たち――天野家の主君押し込め事件を通して」『東海ジェンダー研究』第七号、二〇〇四年、同「近世後期における武家の家存続戦略――姻戚・縁戚機能を中心に」『比較家族史研究』第二七号、比較家族史学会、二〇一二年。

（6）森島國男家文書、No.A1146。森島清右衛門から父清司にあてた嘉永七年五月二日付書状。以下、特に断らない限り、引用史料はすべて森島家文書の御用状史料からのものである。森島國男家文書の近世部分については、京都府立京都学・歴彩館で写真版を公開している。

（7）以下、本章中では彼、八代目清右衛門（幼名徳三郎）を「清右衛門」、七代目清右衛門である父は隠居名「清司」で呼び、清司が清右衛門を名乗っていた時期の呼称には七代目をつけて八代目と区別することとする。

（8）年貢収納率の低下については、市場経済の恩恵を受ける層への年貢以外の負担増大もその一因ではないだろうか。農民への多様な名目での臨時御用金負担や、地域インフラの整備費（溜池工事や災害復旧費）負担の増大に対して、年貢減免という名目での負担軽減要求が高まり、本来の上納である年貢収納率が下がっていくことが考えられる。

（9）木津町史編さん委員会『木津町史　本文編』木津町、一九九一年、七三三―七三八頁。

（10）前掲注（9）『木津町史　本文編』。乾谷村の一一枚の田地それぞれについては、七三四頁、表62に詳細データがあげられている。

(11)　No.C3995「文化十酉年江戸ゟ到来之状」、天野家用人中山幸九郎から上方代官森島清右衛門にあてられた御用状。

(12)　時期は後になるが、清右衛門に同行して江戸に滞在している菱田村庄屋喜助から森島留守宅の前代官森島清司にあてた嘉永七(一八五四)年八月二二日付書状にも「菱田村大徳寺様方ニ御引等も御座候ハヽ、私シ方（菱田村の天野領）少々成共御引被下候様……御頼申上候」と同村の相給領主の領地で減免があるならウチもいくらかは減免してほしい、という文面があり、相給領主間での横並び程度の減免はあるべきだとする庄屋や領民（高持百姓）たちの気持ちがよく表れている。

(13)　冨善一敏「嘉永四年(一八五一)旗本天野氏上方知行所村々江戸直訴一件について」『東京大学経済学部資料室年報』第二号、二〇一二年、二五頁注(20)。

(14)　相場書というのは堂島での米相場（各地の産米ごとの取引値段）を毎日知らせる印刷物で、飛脚によって取引関係者に配布されていた。近隣では旧柳生藩家老小山田家所蔵文書中（№1943別紙添付）にも、堂島での米取引値段を記した「相場状」が残されている。

(15)　本項では前掲注(13)冨善論文から、当時の村内の対立関係、勢力関係を中心に事件の概要をまとめた。事件の詳細と出典史料は同論文参照のこと。

(16)　この入札での問屋口銭が入札場所によって岡本五郎右衛門に入ったか、代官権限によって森島清右衛門に入ったかは不明だが、江戸直訴事件の示談成立直後であり、売却銀が五郎右衛門に提出されていることから、口銭も五郎右衛門に入ったと思われる。

(17)　代官の主君押し込め事件への関与については上方領の領民も承知の上であり、清右衛門の一〇月一日付書状には、長期にわたる江戸出府費用についても「四ヶ村ゟ手伝之内十五両ツヽ、為替金ニ而彦兵衛孫兵衛分」を受け取った、暮れに（年貢勘定から）差し引きするとのことも了解したとあり、清右衛門と共に江戸に長期滞在している喜助の手当は「高壱匁掛り位当暮集銀致候」と高持百姓から持ち高一石に付き一匁ずつ「集銀」するとあり、清右衛門の長期江戸滞在の費用負担は、庄屋層、高持百姓層にも及んでいることがわかる。

(18)　五郎右衛門の安政二(一八五五)年正月二三日付書状によれば、最終減免額は、一一月二六日時点での清右衛門の提案と比べると、祝園村が減免二〇石で変わらず、大住村東株（孫兵衛差配）が減免一三・七石で〇・二石の減免額増加、大住村北株（彦兵衛差配）が一二・二石で一・八石の減免額減、大住村南株が一一・六石で、六・九石の減免額減、下久世村が一三石で、五・五石の減免額減となっている。この変更については在地にいて実情を把握している前代官清司が何らかの修正意見を息子に指示した結果の修正ではないかと思われるが、清司の書状がまだ嘉永七(一八五四)年五月迄しか解読できておらず、現時点で詳細は不明である。

(19) 菱田村の村高は一七石余り、三回目の入札（一一月一〇日）時に五石の売却があるのが年貢米のほぼ全量かと思われ、この日以外の入札は他の三村の年貢米のみとなっている。
(20) 割元五郎右衛門の自宅で入札が行われていることが、問屋としての口銭収入を五郎右衛門が取ることを意味するのかどうか、ここの記述だけではわからない。
(21) 大阪堂島の他に京都伏見と大津にも小規模な米相場が立っていたという。精華町内には大阪堂島の米相場をいち早く伝える旗振り通信の旗場があった「そばふり（相場振り）山」の地名が確認できる。島崎幸次「山田川流域の消長」精華町史編纂員会『精華町の史跡と民俗』精華町、一九八八年、一二八—一二九頁。
(22) 五條市教育委員会、『中家文書調査報告書』第3章第3節、米相場、七三—七五頁、一三一頁。
(23) 前掲注(22)同書同頁による。
(24) 向日市文化資料館所蔵、香山家文書「中久世村平松家領分役務記録」、「むこうまち歴史サークル古文書班」作成の翻刻文による。
(25) 前掲注(24)同史料による。
(26) 五條代官所は、大和国南部の天領約五万石余りを管轄した幕府代官所。
(27) 前掲注(22)同書同頁による。
(28) 前掲注(14)小山田家所蔵の相場書には「加州米」「越米」「米子米」「筑前米」「肥後米」「中国米」「広島米」「肥前米」「備前米」「筑後米」の価格と日付が記されている。
(29) 嘉永七（一八五四）年二月晦日付清司書状によれば、「此度廿両も木津ニ而無拠両替、壱匁五分賃出候事、御笑可被下候」など急に手持ちの銀を金に替えるときには二％近い手数料を支払って両替していたことがわかる。
(30) この時点（嘉永二＝一八四九年一〇月から嘉永三＝一八五〇年六月）では江戸送金に平野屋久右衛門のような掛屋の介在は確認できない。五郎右衛門の書状には送金したという報告が毎月見られるので、割元五郎右衛門が直接江戸に送金していたようである。
(31) 月々の江戸送金は「下し金」「定式金」「送り金」「賄い金」などのさまざまな名称で呼ばれる。嘉永七（一八五四）年の江戸送金の報告は五郎右衛門の書状に見られ、同人四月五日付書状には、五月分「御定式金」二三両、「奥様御用金」五両、「定臨時繰上金」一〇両（通常の五両と先払い一ヵ月分五両）、合計三八両を送るとあり、同人八月二八日付書状には、一〇月分「御定式金」二三両、「奥様御用金」五両、「御役金」一四両二歩、「定臨時金」五両、「御馬飼葉料」三歩二朱、合計四八両一歩二朱、この内五両の定臨時金は五月に繰上げ上納したので、差し引き四三両一歩二朱を京都の平野屋から送金するとあり、この月から京都の商人平野屋久右衛門が月々送金する形に変わったことがわかる。

(32)　御用金は幕末のペリー来航時の武器準備金一〇〇両のように初めから上方四ヵ村からの献金である場合もあるが、基本的には領主家の借金である。負担者の内庄屋クラスの場合その年の暮れには差し引きするからとの記述が多く、代官・割元よりは優先的に返却されていた可能性がある。清右衛門の安政二(一八五五)年正月五日付書状からは、通常の領主家の収入からは到底これらの返済は期待できず、「昨冬ゟ御臨時金之分者、御養子御持参金ニ而御返済之積りニ御親類様方御含有之事ニ御座候」と新養子の「一箱御土産金」(一〇〇〇両)による一気返済を期待していることがわかる。

(33)　清右衛門四月一四日付書状によれば、その後合計約四〇両の有利子の未払い金があることが判明、四〇両を森島家と岡本家で二〇両ずつ負担して肩代わりしている。同五月二日付書状には、「利息之掛リ候金子御承知ニ而手元へ金子御引寄セハ困り入申候事」と当主の浪費と借金癖に悩んでいることが記されている。

(34)　清右衛門以外の用人たちには武士としての俸給以外に収入はない。領主が勝手気儘な浪費を続ければ、武器準備のために幕府から支給された一〇〇両さえも妾の身請け金となって家臣たちには渡らない。主君が無役なので家臣には役得はゼロ、日々の生活にも困窮している状態である。清右衛門の江戸からの書状には、個人的借金、領村への借金の一時的立て替えなど、領主からは勿論、用人たちから、分家から、江戸にいる同郷の武家奉公人から、枚挙にいとまのないほどの借金申し込みが記されている。一例をあげれば、清右衛門三月一日付書状には分家大原家からの借金申し込みについて、「(分家大原家当主)門兵衛様御頼金子拾両」について、「拾両位之金子ニ証札等を差入御知行所へ申遣候事者外聞ニ罷成候間」一〇両くらいの借金に自分の領村に対して借用書を書くなど外聞の悪いことはできない、名目上は大原家用人下司嘉兵衛が清右衛門に金を借りるものとして差し出せ、というのである。清右衛門は「関東へ罷出候而者只々金銭多分費へ候計り、扨々困入申候」と嘆息するが、持ち金のほとんどを提供してしまい、父に自分の江戸滞在中の費用送金を依頼している。

(35)　松井孫次郎のことか、松井直次郎か、松井村か不分明。松井村には、森島家へ養子に入った清司の実家安倉家がある。

(36)　問屋場の口銭は多種多様であり、二%から三%の場合もあり、外部にはその純利益がわからないように秘密にされることもある。藩では全額召し上げの例もある。

(37)　二二日までという日付と一五五石という数字からは、最終入札日が一一月二〇日、売却総数量五七五石の年貢米ではなく、自家保有米の売却かとも考えられるが、「御払米」という呼び方からここでは年貢米のことかと解釈した。

(38)　二月二七日付清右衛門書状によれば、彼の江戸出府の宰領を請け負った伏見人足文五郎は「江戸迄歩行通し申し」、「槍持通し申し候」と槍持ちを伴っての武士の格式での旅であったことがわかる。

(39)　一石七八匁で銀五〇貫とすれば、四ヵ村の年貢米は六四一石余り、年貢収納率にして四四%余りとなる。五郎右衛門の入札報告によれば（第二節第3項）売却米の合計は五七五石、天野家の上方領村高の四〇％程度にあたる。年貢減免額合計は、最終的に四ヵ村合計で四五石なので、単純計算からは五三〇石程度が年貢米売却分となるはずと考えられるが、六四一石の売却となる計算根拠は今のところ不明である。

(40)　酒井一輔「幕末期旗本財政の変容と地域経営」『社会経済史学』八〇―二、二〇一四年八月。

(41)　森島家の仏壇の引き出しに別置されていた「履歴」と題する文書（写しヵ）であるが、調査当時個人情報として文書№をつけず、非公開とした書類による。

第III部　豪農の身分意識

第六章　郷士の家と地域社会
——国人狛一族と家臣の近世

吉田ゆり子

はじめに

本章は、国人領主狛氏とその一族・旧臣たちの一六世紀後期から一七世紀における動向を跡づけ、兵農分離体制下の近世社会において、百姓身分を中心とする地域社会との関係で、自らの家をどのように認識し位置づけようとしたかを、狛氏と狛一族の大西家、野村家の動向を明らかにし、さらに家の継承をはかりながら狛氏と本貫地とのつながりを連綿と媒介し続けた小林家を素材に考察することを目的とする。

近年こうした兵農分離体制下に郷士として存在した中間層と地域社会との関係については、具体的な事例を含めて研究が進展している。たとえば、母利美和氏は、近江国神崎郡種村に在住し、「百姓」から近世前期に代官手代として取り立てられ数代「地方巧者」として勤めた大橋家を素材に、その身分意識と村との関係を検証した(1)。また、尾脇秀和氏は、山城国壬生村で京都町奉行所から認められて帯刀する「郷士」を詳細に分析し、身分標識としての「帯刀」の価値こそ重要で、それは「身上り」願望の現れとしている[2]。また、赤松孝史氏は、山城国乙訓郡岩見上里村に在住した正親町三條家家来の大島氏の所持する「刀」の意味を村との関係で考察した[3]。さらに、吉岡拓氏は、維新期に畿内・近国で勤皇を標榜して名乗りをあげる自称「郷士」の近代を、京都府に即して検討した[4]。

このように、郷士として在地に居住し続けた家と村との関係、帯刀の意義を考える際、家の自己認識等の身分意識が論点として議論されている。この点は地域社会における中間層の位置づけを議論する上で重要な論点であり、これまでも拙稿でもその観点で山城国の「牢人」と「郷士」を検討した[5]。ただ、さらに付け加えるならば、近年の研究で明らかにされている社会的な郷士意識と、京都町奉行所、つまり幕府側が帯刀改めを通して掌握しようとした企図とのズレに注意を払うことが必要であるということであろう。すなわち、幕府が治安維持を企図した帯刀改めで作成した「郷士帳面」に記載されること、つまり「郷士」と認められることが、在地に生きた地侍層の家々には身分を保証されることを意味することになった。そのため、「郷士」の公認、あるいは「郷士」株の購入などの動きが生じる一方で、それがかなわない場合も自らの家の歴史を著し子孫に伝えることで、社会的な地位を表現してゆくことになるということに、注目することが必要であると考える。

それでは、こうした問題関心のもと、具体的に国人領主狛氏とその一族・旧臣の近世地域社会における位置づけを検討してゆこう。

一　狛氏と狛野荘

国人領主狛氏の兵農分離をめぐる動向および、本貫地である上狛郷の地域社会の変容過程と織田家に仕官した後の狛氏と本貫地との関係については、前稿において明らかにしたところである[6]。ここでは、その内容を概括して述べておきたい。

山城国相楽郡狛野荘（現、京都府木津川市）は、図1のように山城国の南端に位置し、木津川が東西から南北に流れを変える流域に囲まれた地域である。木津川の東岸の平坦な田畑の中程に、環濠集落が形成されており、そこから東に向けて丘陵をなして、山林へと連なっていく地形となっている。

狛野荘は、一三世紀初頭以来奈良興福寺領で、一五世紀には椿井氏、狛氏が荘官を務めていた。荘内は、椿井氏の居館を中心とする北荘と、狛氏の居館を含む大里とよばれる環濠集落を中心とした南荘に分かれ、合わせて松尾神社と御霊神社を鎮守として祀る惣村を形成していた。椿井氏と狛氏は、文明一七（一四八五）年に、山城を舞台に対抗した畠山義就・政長両軍を国外に退去させ、以後八年にわたって自治的体制をとった山城国一揆を結んだ三六人衆といわれる国人である。

図1　狛野荘域概略図

天正一二（一五八四）年四月九日に没した狛秀綱は、元亀三（一五七二）年一一月、織田信長から「対此方無疎略通聞届候、狛郷之事如前々可為領知候、幷家来等之儀不可有相違之状如件」という文言の朱印状をうけ、信長に臣従したことから、「狛郷」を安堵され、家来の進退を委ねられた(7)。この経緯は明らかではないが、後述するように織田家に仕官した狛左源次（忠位）の正徳三（一七一三）年三月に記された先祖書では、「三好謀叛之時分、信長様江御味方属申候、依之城州狛郷無相違前々之通領知仕候之様ニ、従 信長様之 御朱印御墨印頂戴之、諸事仕候[8]」、あるいは慶応四年二月書写「狛家由緒書」では、「先祖狛左京亮事、元亀二年三好謀叛之時、先主信長公江御旗下申上、依之而前領無相違、城州狛郷高弐百石御朱印并御黒印等頂戴仕候、無程三十九歳ニ而天正十一未四月九日卒ス[9]」と、元亀二年に起きた三好氏の謀叛に際し、信長に味方したことから、本領である狛郷の安堵を受けたと認識されていたことがわかる。とくに、後者の「狛家由緒書」では、安堵された狛郷の高が弐百石とも明記されているように、現在は伝わらないものの、寛文期に狛忠成が織田家への仕官運動にあたって、織田家と先祖との関係を説得しうるだけの信長朱印状が存在していたものと考えられるのである。なお、天正五年七月付では、信長の朱印で発給された「知行方目録[10]」によると、狛氏の知行分は三一一石五升五合で、その内訳は、狛家来分という本貫地の支配に加え、延命寺・泉橋寺・神堂寺という侍衆の所領を組み込み、かつ狛氏が寺本となっている興福寺塔頭尊乗院・観音院分を安堵するなど、南荘地域の知行が増加していたことを確認できる。

ところが、天正一〇(一五八二)年に本能寺の変で織田信長が倒れると、狛家の「承伝」によると、「左京亮儀、仕二君候所存も無之、依而居城も及破却、其儘致閑居罷在候」と、居城を破却し閑居することになったという[11]。また、後述する狛旧臣の野村家一九世で享保一八(一七三三)年七月一〇日に没した野村文右衛門忠行は、野村家に伝わる文書、家譜や狛一族の霊位(位牌)等をもとに、狛一族や在村する小林、松井、城、大西、平井など諸家のことを記した[12]。記載中でもっとも年号が新しいのは、井上重太夫家の井上丈太郎祖母の霊位で、享保一四年六月二日と記されていることから、享保一四年から忠行が亡くなる同一八年までの間に記載されたものとみられる。その記録では、「山城州古津豊城高麗庄地承相」として歴代治世の列記のあとに、「高麗太守」である狛氏について次のように記している。

[史料1]　　高麗太守狛治部大輔源吉綱公東山御居城云々、遠眼ケ城ニ亦ハ御城下ニ御陣屋ノ内ニハ御本丸・弐の丸、御陣屋ノ御本丸ニ御常殿ニ御在殿座ス、誠ニ武威盛ンニシテ、大里御城内永ク御在城座ス

天正十壬午季六月二日、於京都ノ二条御所ニ、右大臣織田信長公被為御運尽、御討死御落命後、当御城主モ御落

城云々、天正十二甲申季四月九日、高麗院殿清誉常雲大禅定門者狛左馬之進源秀綱公事、御治代東山城御落城云々、其後狛殿御城下北乾ニテカキ上ケ城ヲ築、御本丸・弐の丸ヲ築キ、御居城被為在云々
慶長二丁酉季ノコロカキ上ケ城モ弥々亡城ス、其後御城下ノ内京口通り北入口ニ、狛治部左衛門佐源昌綱公御屋形ニテ御住居被遊、于今御屋形屋敷残り、狛太守狛殿ハ旧例産神三社江昼踊之節御若殿被為在、御出馬候節笠鉾被為持旧例ナリ、中村右衛門・泉橋寺三郎左衛門夫々御馬上供、笠鉾為持御若殿附老体ニテ表式ノ役相勤、笠鉾壱本宛為持ル事旧例残レリ、今椿井出ス事モ狛殿御一族延命寺五郎左衛門始、楠木条左衛門・椿井権太夫笠鉾出、是旧例残レリ、ツハイニモ御一族之旧例ナリ（後略、野村家先祖と狛氏との関係の記述部分）

これによると、狛吉綱は東山に居城を構えていたといわれる。遠眼ケ城と城下の陣屋には、本丸、二の丸があり、本丸に「御常殿」を構えて在殿していたという。狛吉綱の武威は盛んで、大里すなわち御城内に久しく在域していた。ところが、天正一〇年六月二日に信長が討ち死にしたのち、この地の城主も落城したという。時の城主は、天正一二年四月九日に没した狛左馬之進秀綱であり、東山城は落城した。その後、狛氏は大里の北乾に「カキ上ケ城」を築き、本丸・二の丸の郭を持つこの城に居城したという。しかし、慶長二年にこの「カキ上ケ城」も亡城となり、狛治部左衛門佐昌綱は御城下である大里の「京口通り」（奈良街道）北入口の御屋形に居住した。この御屋形は、野村忠行の時代まで残っており、「産神三社」（松尾社・御霊社・弁天社）の昼踊りの際には、笠鉾を持たせるのを旧例としているという。

この昼踊りは「狛十六拍子」と呼ばれ、雨乞い神事として行われたものであるが、［史料1］に記された「御屋形屋敷跡」を、図2として掲載しておく。これは、天保一〇（一八三九）年に小林家が本家と分家の所持地を帳付けした際に、「屋鋪　高壱斗　宛六斗」として書き上げたものである。図は、「大道」に面した門から入る造りになっており、［史料1］でいう「京口通り」に面した御屋形であると推定される。土地の説明にも「是者昔し狛殿屋鋪跡ニ而、狛

表1　狛氏の居城跡地

地種	反　別	石　高	宛米高
上田	25歩	1斗5合	2石
内畑	1畝1歩	1斗3升5合	4斗
内畑		1斗6升7合	4斗
屋敷地			1斗
屋敷地			1斗5升
屋敷地			1斗
屋敷地			8升
広畠			6斗5升
藪			5升

出典）土地の種類と宛米高は，正徳4年4月「狛殿分田畑指引覚」（小林家文書　狛文書E-1）．他に，寛保4年2月「覚」（同　狛文書C3），延享元年12月15日「壱年切売渡申田地之事」（同　狛文書B5），延享2年12月12日「譲り申一札之事」（同　狛文書B6）など参照．

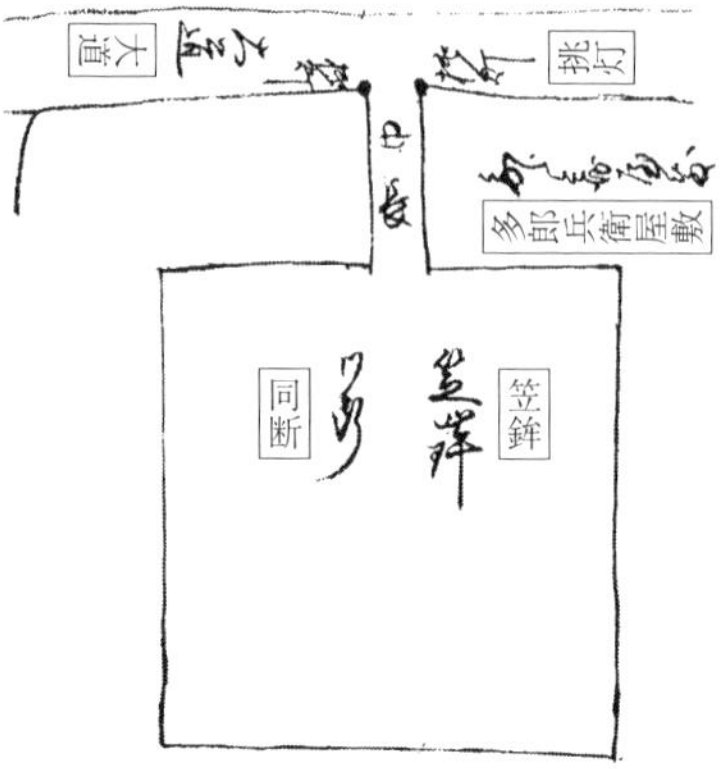

図2　狛氏屋敷跡

出典）小林凱之家所蔵文書より．吉田ゆり子「近世農村の姿」269頁．

郷雨乞昼踊願満事之節ハ、此屋鋪跡江狛家之笠鉾弐本拵、此屋鋪ニ記有之処江乍弐本立ニ参り」とあり、昼踊りの記録と符合する。

さて、狛氏は天正一七（一五八九）年に行われた太閤検地で、信長の安堵を受けた知行地は蔵入地として没収され、表1のように居館部分を名請けすることになった。名請地には、他の名請人と同じく年貢がかけられたが、名請地の石盛が他より低く抑えられていること、また検地帳に狛氏の屋敷地が登録されていないことから、太閤検地に際して居館部分のかなり多くが除地とされていたことが窺える。このように狛氏は、豊臣秀吉や徳川家康に仕えることなく、旧領に居住し続けることになったのである。しかし、狛氏は出仕を断念したわけではなく、仕官の機会をうかがっていた。そして、太閤検地を受けた狛綱吉から三代目狛忠成が、寛文一一（一六七一）年に織田信長二男信雄の庶子織田高長を祖とする大和国松山藩二代目織田長頼の御小姓として召しだされ、貞享四（一六八七）年には知行一〇〇石を受ける大目付に昇進している。以後、狛氏は織田家臣として仕えることになるのである。

一方、同じ狛野荘の北荘に城を構えた国人椿井氏は、足利義晴、義昭に仕えたのち、織田信長に仕えた。天正一二（一五八四）年四月、長久手の戦いで定房は信雄に与して参陣したものの、甥の政長は椿井城を守り、同年一一月に秀吉が信雄と和睦すると椿井城を開城して閑居した。慶長八(一六〇三)年に伏見で初めて徳川秀忠にまみえ、子の政次は慶長一六年に秀忠に出仕し、稟米四〇〇俵を拝領した。政長が秀忠にまみえる背景には、政長の娘がのちに秀忠室崇源院となる浅井長政三女に七歳から仕えていたことが関係していると推測される。政長女子は、崇源院没後も秀忠から重用され、「大奥侍女の作法」を定めたという、大奥で力を持った女中であった。椿井政次は、慶長一七年に徳川忠長に付属され、加増を重ねて一二〇〇石を知行したが、寛永九(一六三二)年の忠長改易に連座して失脚した。政次の子の正興は、母方の兄で正興の伯父にあたる内藤志摩守正次の請願により、出仕が認められ綱吉に仕え、家号を椿井から内藤に改めた。その後、延宝八(一六八〇)年に稟米五〇〇俵を受けたが、知行に改められてから徐々に加増され、宝永五(一七〇八)年には二〇〇〇石の旗本となっていった(13)。

このように、国人狛氏と椿井氏は在地に居館を置きながらも仕官の機会をうかがい、仕官が叶うや在地を離れていった。とはいえ、在地との関係は断ち切られたわけではなく、在地に遺る一族や旧臣らとの関係を続けていくのである。狛氏の場合、本貫地の関係は大きく三つの点で継続していった。第一は、狛氏が太閤検地で名請けした居城と田畑の経営、第二は狛氏の氏神である弁財天社の運営、第三は旧臣への経済的依存、である。このいずれについても本貫地に残った狛氏の旧臣たちが実際の役割を担っていた。狛氏の旧臣たちは、近世にはいると狛氏から「狛連中」「狛一族」「狛八家」などと呼ばれ、自らも「狛一族」と称するように、家来の相互に密接な姻戚関係を結びながら、狛氏との間にも縁戚関係を有する集団であった。旧臣諸家の系譜や集団のあり方については、本論で具体的に検討することとし、ここでは狛氏との関係で担った旧臣の役割について触れておきたい(14)。

まず、一点目の狛氏の居城跡と田畑の管理・運営である。検地帳の上では狛氏が名請人であるが、実際の土地の管理は、宝永七年までは狛氏旧臣の浪人大西家が、狛氏が有していた東大寺観音院の寺本の権利とともに預かっていたが、その後は旧臣らの「中間」支配となり、小林作徳の算用を狛氏に報告していた。第二の弁財天社の運営は、狛旧臣と在地に残った狛氏の親族により担われており、別当職も幕末まで小林家が預かっていた。運営のための寄合の経費は、前述した狛氏の居城跡と田畑の作徳を当てていたのである。第三は、城下町に移住した狛氏から在地の旧臣らへ向けた経済的支援要請への対応である。織田家で一〇〇石の知行を受ける武士としてさまざまな物入りが生じた。たとえば、城下町の居宅の修理経費の補助や江戸出府の仕度金、そして子供と老母を抱えた生活費の補助を求めるなど、在地の旧臣とのやりとりは幕末まで続いた。その際、狛氏と旧臣との関係を支えたものは、変質しながらも根幹にあったのは「主従」の意識であったのである。

二　狛一族・旧臣の家と身分

前稿までに、国人領主である狛氏の在地遊離、狛氏の家臣団の中でも牢人として仕官の道を探す層と、惣村の年寄衆として惣村運営を担い近世にはいると行政村の枠組みで庄屋を務めるような層とに分かれていることを明らかにした。ここでは狛氏の一族・旧臣の中で、一八世紀前期まで狛氏の土地や寺本などの諸権利を預かっていた大西家と、狛旧臣の中間組織の中心的な位置を占めていたものの中絶した野村家について、家の系譜と近世社会における位置づけについて検討しておきたい。

なお、あらかじめ狛氏と一族・旧臣が在村することになった上狛村の概要を述べておきたい[15]。上狛村は、図3に表したように、北荘と南荘からなる狛野荘が、天正一七(一五八九)年の太閤検地により北の神童子村・椿井村、南の一八二五石九斗五升に分けられた。さらに、元和五(一六一九)年には林村五〇〇石は代官所支配、一三二五石九斗五升が藤堂藩領となる。そして、藤堂藩領は一七世紀前期に、東法花野・西法花野・野日代・新在家の四つの村に分かれてゆく。このように、行政的には村切り後の村が基本的に支配の単位となったものの、地域住民は日常的な生活の局面において旧来からの地域的つながりを意識していた。そのことを概念的に示した図が、図4である。これは、貞享元（一六八四）年に上狛村から藤堂藩に地域名称とその来歴を書き上げた史料から作成したもので、一七世紀末段階で地域の人びとが呼ぶ地域名称が反映されている。この図と、冒頭に掲げた図1を参照してみると、まずもっとも大きな括りは、ⓒ「上狛郷」であることがわかる。これは、北荘と南荘からなる旧狛野荘の範囲で、全体で松尾神社と御霊神社を祀っており、三上山を入会とする点で共同性を有する中世の「惣荘」であった。次に、南荘の範囲がⓑ「高一八二五石九斗五升上狛村」といわれる地域で、林村と藤堂藩領四ヵ村からなる。しかし、村からの書上では、「林村と申小名ニ而御座候へ共、御領下四ケ村百性（ママ）幷家屋敷田畑入組ニ而、御領下之百性林村ニも居申、林村百性御領下四ケ村ニも入組罷在候、夫故往還通・堤御普請、用水・溜池・悪水抜之溝修復入用、諸事一所ニ掛、高相応ニ割付仕候、西法花野村・野日代村・東法花野村・新在家村・林村ハ小名ニ而、御公儀様へハ上狛村と書上申候」と記され、①林村と藤堂藩四ヵ村という

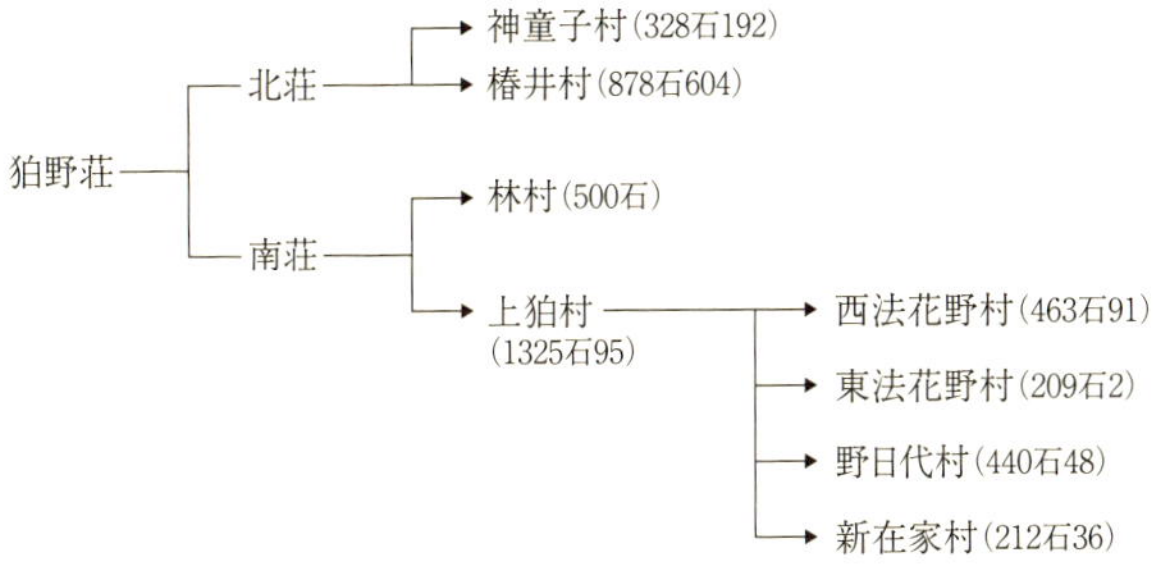

図3　狛野荘の村切り

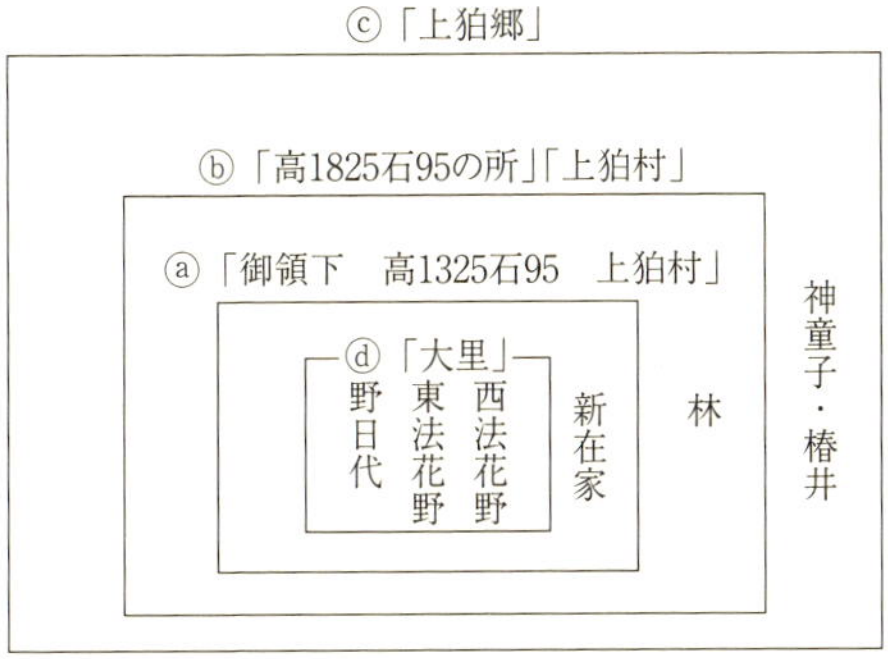

図4　「地域」概念図

出典）図3，図4は，吉田ゆり子「村の形成」（『大学の日本史　近世』山川出版社，2016年）．

表2　元禄4年の林村と上狛村の家数

（単位：軒）

地名＼村名	西法花野村	東法花野村	野日代村	新在家村	林　村	合　計
殿前	19	4	0	0	10	33
磯垣内	7	4	8	0	6	25
野日代	4	0	28	0	22	54
御堂垣内	19	2	1	0	1	23
小中小路	2	5	8	0	40	55
城垣内	10	12	4	0	2	28
角垣内	20	7	2	0	4	33
林	8	0	0	0	22	30
新在家	3	5	6	66	29	109
栗林	2	0	6	0	0	8
合　計	94	39	63	66	136	398

出典）「千八百石家并極帳」元禄4年（東京大学経済学部蔵浅田家文書E-59）により作成．小川幸代「浅田家文書の村絵図の検討」（『経済資料研究』26，1996年をもとに改訂）．

単位は「小名」であり、「御公儀」（幕府）へは「上狛村」と書き上げること、②空間的にも林村と藤堂藩四ヵ村の百姓は集落を分けているのではなく、入り組んで居住していること、そのため、諸入用はいっしょに百姓の所持高に応じて負担しているというのである。この入り組み居住の状況については、表2と図5を参照すると理解することができる。たとえば、林村の百姓一三六人は表2でみると、殿前一〇人、磯垣内六人、野日代二二人、御堂垣内一人、小中小路四〇人、城垣内二人、角垣内四人、林二二人、新在家二九人というように、図5の個々の地区（垣内）に分かれている。同様に、西法花野村九四人の百姓も、殿前一九人というように、それぞれの垣内に分散して居住している。そこで、地区ごとにみると、たとえば殿前には、西法花野村百姓一九人、東法花野村百姓四人、林村百姓一〇人の合計三三人が居住しており、まさに「入組」みながら居住していることが明らかになるのである。続けて、地域の呼称を確認すると、この上狛村から林村五〇〇石を除いた一三二五石九斗五升がⓐ「御領下高一三二五石九斗五升上狛村」で、藤堂藩領四ヵ村のまとまりを呼ぶことになる。最後に、ⓓ「大里」で、これが図5の中央部にみえる環濠集落で、集落の周囲は堀と竹藪で囲まれ、四ヵ所の「口」には門が設けられており、夜間は門が閉じられた。内部はすでにみたように個々の地区からなっているが、行政的には西法花野村・東法花野村・野日代村という三つの村に分かれていた。しかし、前述したように三ヵ村と林村・新在家村の百姓の居住は入り組んでいたのである。それでは、なぜこうした居住地の入り組み状況が発生したのであろうか。それは、分村の方法に原因があった。この史料では、藤堂藩領一三二五石九斗五升が四ヵ村に分かれる際に、「庄屋四人へ思寄ニ百性付候、村之内ニ而道を限、小名をかぎり候而、高持寄候物ニ而無御座候、百性思寄ニ付申候、人々之持高を集合、其庄屋付ニ高ヲ極御納所仕候、夫故百性家屋敷散レ入組申候」と説明している。すなわち、空間的に道や小名（垣内）を基準として分割したのではなく、四人の庄屋に思い思いに百姓が付いて村の百姓を決め、さらにその百姓の所持高を持ち寄る形で合計して村高が決まったという。つまり属人的に分村されたため、空間的には入り組みが発生したということである。

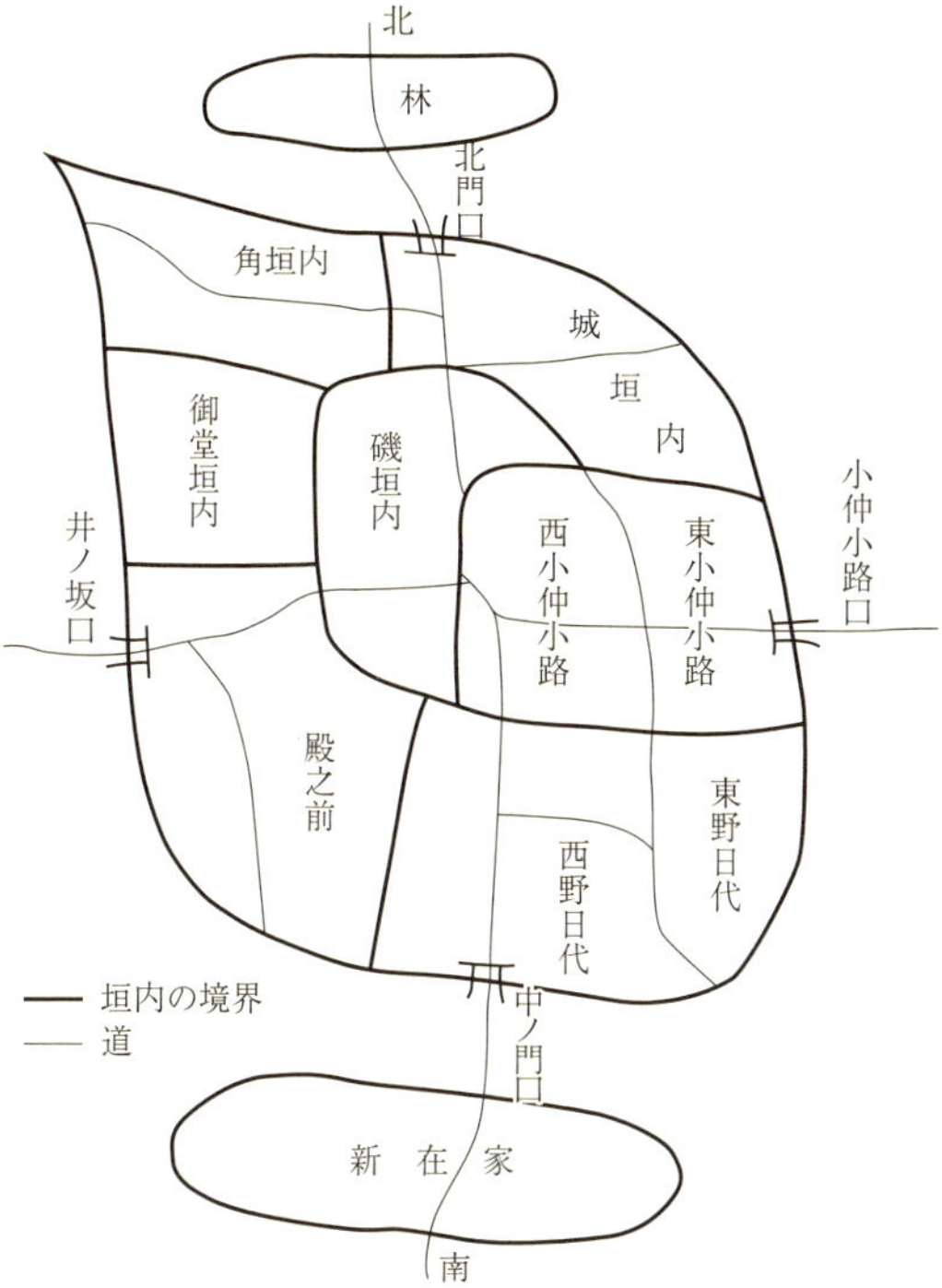

図5 大里の内部

出典） 吉田ゆり子『兵農分離と地域社会』校倉書房，2000年.

以上のように、狛野荘を前身とする当該地域では、林村と藤堂藩領四ヵ村という行政的な村という単位が存在するにもかかわらず、地域住民にとってそれは「小名」にしかすぎず、地域のつながりは歴史的に形成されてきた生活空間によっていたことが明らかになるのである。そして、狛氏は南荘地域を本拠地とし、狛氏が居城を構えた大里北端を中心として、林・大里を中心として新在家に及ぶ空間は、狛氏の城下町と呼ぶにふさわしい地域といえよう。一六世紀末から一七世紀にかけて、狛氏とその一族・旧臣が居を構えて在村したのも、こうした地域であった。

(1) 大西氏

まず、東法花野村の大西氏についてみていこう。大西氏は、もとは山城国綴喜郡「普賢寺村ノ住人」といわれ、一六世紀半ばの弘治年間に、大西伊賀守春輝から三代目の大西阿波守入道善純が狛郷に移り住んだという[16]。享保八(一七二三)年二月に、狛孫左衛門忠位が狛郷に残した城跡や屋敷地などの名請地の運営をめぐって、旧臣の松井氏の不正を藤堂藩に訴えた際の文書に、大西氏について次のように記している[17]。

[史料2]　(前略)於于今狛郷、一族幷家来筋之者共数多有之、此一族之内大西清介・平右衛門ト申者、御三代前ヨリ二代マテ、親ヨリ相勤罷在候之所、唯今牢人ニテ狛郷ニ居住仕也、清介狛ニテ相果、弟平右衛門存命ニテ狛ニ罷在、平右衛門世忰清介養子ニ成、跡式相続イタシ、平右衛門一所只今狛ニ居住仕候、孫左衛門先祖ノ城跡田畑ニ仕リ、屋鋪跡今所持仕、平右衛門世話仕リ、其外一族・家来筋之者致年番、数年世話仕リ、是マテ頼来候所、一両年以前ヨリ年番ノ内不埒成者一人有之候(後略)

すなわち、今も狛郷に狛一族と家来筋の者が多数いる中に、大西清介・平右衛門がおり、享保八年段階の藤堂藩主藤堂高敏から数えて三代前の藤堂高次(在位寛永七～寛文九)と二代前の藤堂高久(在位寛文九～元禄一六)までの間は、親が主取の武士であったが、現在は「牢人」として狛郷に居住しているという。このうち、大西清介は死去し、弟の平右衛門は今も存命で狛郷に住んでおり、平右衛門の息子が清介の養子となって大西家の跡式を継いで、平右衛門とともに狛郷に居住し、狛孫左衛門の先祖の城跡と屋敷を所持して、平右衛門が世話をしているという。この関係を、系図に表したものが、図6である。

また、前稿までに明らかにしたように、狛氏が信長からの知行安堵を受け、代々保持してきた奈良東大寺塔頭観音院の寺本と里本の運営は、大西氏が行っていた。具体的には、父の狛孫左衛門忠成が大西家に寺本を「頼置」いていたため、観音院住持訓然の後住を予定されていた狛先次郎忠位の弟竹丸は、宝永八（一七一一）年時点で幼少のため大西平右衛門（平助）方で養育していたことに表われている。[18] また、宝永六年一〇月二五日、上狛村庄屋浅田家から藤堂藩大庄屋にあてて狛氏の城跡などの現況について回答した文書[19]には、次のように記されている。

［史料3］　大西清助親ハ郷右衛門、松平伊賀守様ニ而知行弐百石取居申候、平助親ハ郷右衛門子七郎右衛門と申候、郷右衛門代ニ浪人、清助・平助ハ伯父甥也、一度ニ浪人仕候、清助ハ東法花野之内高拾石計、平助も右同前也高持、いつれも帳付也、無足人ニ而御座候、平助ハ伊賀上野早水理右衛門様従弟ニて御座候

すなわち、前述した大西清介・平右衛門の親で主取りしていたというのは郷右衛門という人物であることがわかる。この郷右衛門は、松平伊賀守に仕え、知行二〇〇石取であったという。松平伊賀守とは、慶長一二（一六〇七）年に徳川家康にお目見えし、同一四年に秀忠の児小姓として仕え始めた忠晴を祖とする家とみられる。大西郷右衛門が松平家に仕官した時期は不明であるが、後述の通り、寛文五（一六六五）年一二月に小林家の普請が行われた際、西法花野村に在住していた狛一族の狛次左衛門が松丸太一本を合力したのをはじめとして、狛一族や旧臣など旧狛野荘全域から多くの合力が寄せられた。その中に、大西郷右衛門・七郎右衛門父子が藁を合力した記載がみられる。[20] また、寛文九年正月二〇日付の椿井友之介を狛孫左衛門の養子に入れ、観音院住持職とするという契約状は、狛孫左衛門、井上玄柳、大西郷右衛門、野村半左衛門、小林孫九郎、今中越稚の連名で作成されており、大西郷右衛門の名がみえることから、この時期には郷右衛門はすでに扶持を離れて浪人し、上狛村に在住していたものと考えられるのである。

さて、この契約状によると、郷右衛門には清助のほかに七郎右衛門という子供がおり、図6に示したような関係となっている。宝永六年段階には、伯父と甥の関係にあたる清助と平助が東法花野村に居住し高一〇石程度宛所持し、

身分的には「無足人」であるという。無足人とは、周知のように藤堂藩領に固有な郷士制度であるが、元禄五（一六九二）年一一月に実施された無足人改めでは、大西郷右衛門と清助が「御用之時一両一騎ニ而可罷出候」という士分の無足人でとして願い出ている。その後、享保九（一七二四）年九月の改帳では、大西平右衛門と大西清介が具足一領、槍一筋、馬一騎、鉄砲一梃、家来五人、急召連下人五人という内容で願い出がなされており、大庄屋支配単位である狛組の中で最も高い士分格で出されていた[21]。この改めに先立って村側で作成した控では、両人ともに「農業不仕候」と分類される「上狛村郷士」と記されており[22]、名請地は有していたが自ら手を下して農業を行うことのない「郷士」であったことがわかる。

以上検討してきた郷右衛門とその縁者の関係を、他の史料も加えた図6から、大西家のその後を追っていきたい。大西家は、郷右衛門が浪人して上狛の東法花野村に在住した後に、嫡男清助の系譜と弟平右衛門の家筋に分かれた。清助には男子がなかったため、平右衛門の倅が養子に入って清助家の跡式を継いでいるが、清助家の具体的な活動は史料から知ることができない。むしろ狛一族として狛氏の城跡と屋敷、観音院の寺本を預かっていたのは、弟平右衛門の家筋である。平右衛門の妻は元禄一〇年に亡くなっており、西福寺過去帳に記された享保五年に二二歳で早世した娘は、後妻の子供とみられる。他方、前述した享保九年九月の無足人改めに先立って作成された控帳には、結局、正式な無足人願いには書き上げられなかったが、大西兵蔵という人物が「農業仕候」と農業をしている者として記載されている。この大西兵蔵は、寛保・延享年間に大西平右衛門に代わって狛氏からの書状の宛所に現れ、その後大西平右衛門と改名する人物である。西福寺過去帳には、「兵蔵母」と記された宝暦二（一七五二）年に八一歳で没した女性の戒名が記されているが、これが初代平右衛門の後妻と推定される。つまり、初代平右衛門の跡式は前掲宝永六年の書上にある平助が継いで狛一族としての地位を継承したものの、異母弟の兵蔵は農業を行う百姓身分であったのである。

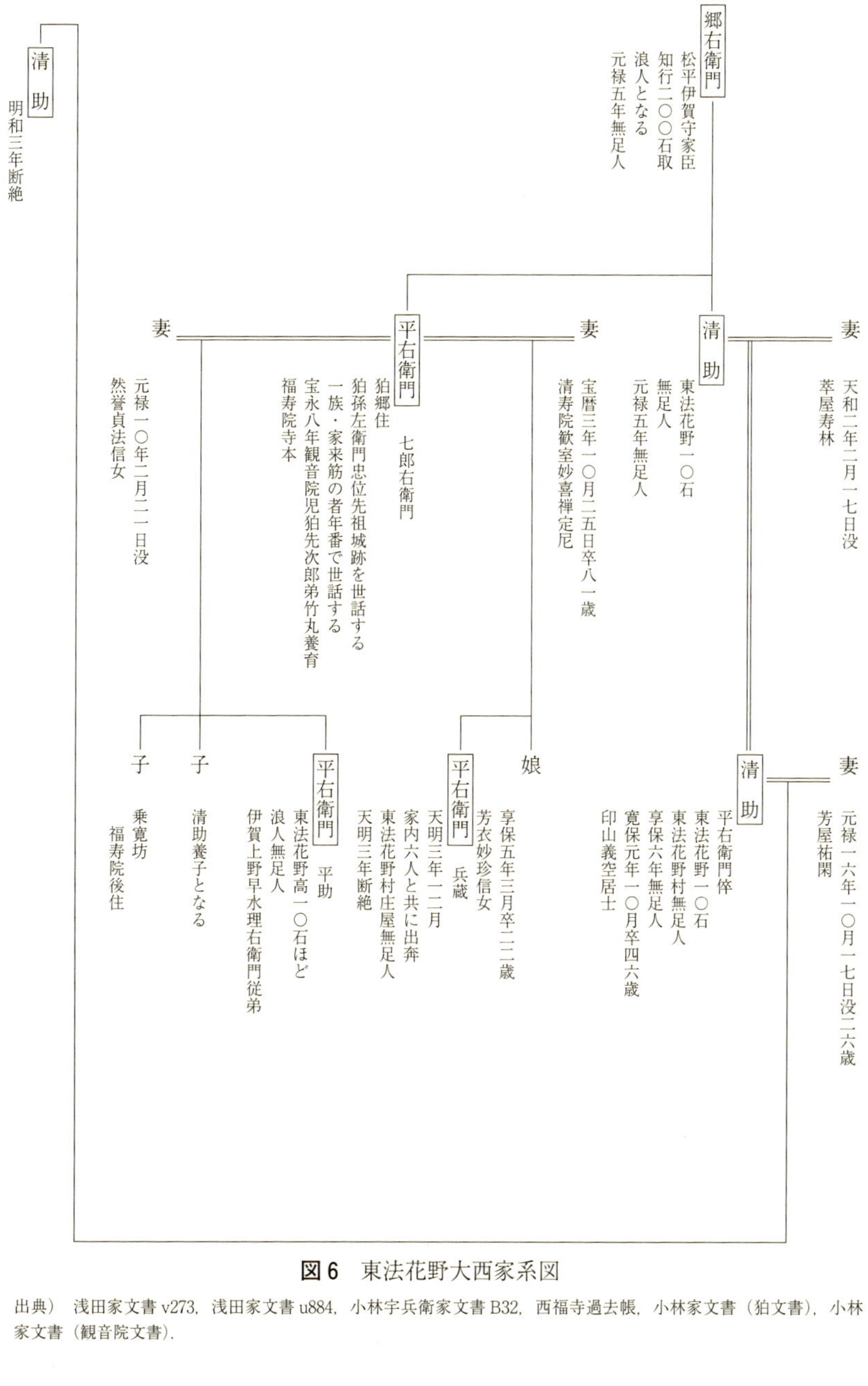

図6　東法花野大西家系図

出典）浅田家文書 v273，浅田家文書 u884，小林宇兵衛家文書 B32，西福寺過去帳，小林家文書（狛文書），小林家文書（観音院文書）．

初代平右衛門は、狛氏が寺本であった観音院の差配を実際に担う一方で、自らも享保一七年に興福寺塔頭である福寿院の寺本を譲り受け、末子を住持として入寺させている。次の証文は、その経緯を示すものである。(23)

［史料4］　証文之事

一大西平右衛門殿御子乗寛坊、福寿院後住御入候ニ付、寺元之儀茂大西平右衛門殿江譲り被申候由、然者久兵衛存知寄も有之候ニ付、御寺務江御訴訟申上候、然所弘済寺・玉台寺御挨拶ニ而、福寿院ゟ銀子弐百五拾匁并福寿院一生之間ハ毎月米弐斗五升つつ、乗寛房代成候而も、世悴清太郎一生之間ハ毎月米弐斗ツ、可被遣候旨相済申候、然ハ寺元之儀ハ伊丹可休世悴性賢ゟ大西平右衛門江譲り申候旨、得其意申候、右之通相済候上ハ、寺元之儀者不及申、福寿院之儀ニ付其許指構無之候、然ル上ハ親休清ゟ之譲り状可為反古候、仍而為後日証文如件

享保十七年壬子七月日　　伊丹久兵衛判(ママ)
　　　　　　　　　　　　同　清太郎(ママ)
　　　　　　　　　　　　小林宇兵衛印

福寿院御房
　乗寛房殿
大西平右衛門殿

この史料によると、興福寺塔中福寿院の寺本は伊丹家が有していたが、その承諾なく後住として大西平右衛門子乗寛坊を入れる契約を当住が結んだものとみられる。そのため、子の清太郎を入寺させる予定であった伊丹久兵衛が「御寺務」（興福寺）に対して訴訟を起こし、結局、林村弘済寺と玉台寺が扱いに入り、無断で後住を定めた福寿院は銀二五〇匁を支払うこと、福寿院の存生中は毎月米二斗五升宛、後住の乗寛房代となっても、伊丹清太郎が存生中は毎月米二斗宛を清太郎に支払うことで内済となったのである。寺本とは、家を継ぐことのできない男子が生計を立てる道として国人や地侍クラスの家々にとって重要な意味をもっており、寺本自身が株化していたことがわかる。大西

平右衛門が譲り受けた福寿院の寺本も、伊丹清太郎に生涯の扶持米を支払ってもなお見合うだけの得分を生むものであったと推測される。なお、後述するように、小林家三二代正盛の妻は、伊丹久兵衛家の娘であったように、同じクラスの家々は縁籍関係でつながっていたのである。

ところが、大西家の財政状況は思わしくなかった。大西清助は享保一二年五月二一日付で、狛組大庄屋である浅田金兵衛に、次のような逼塞願いを出した。

［史料5］　奉願口上之覚

一十五年以前辰申両年洪水ニ而、纔之田畑砂入ニ罷成、其上近年不作相続旁々ニ而身上不如意ニ罷成、夫故年々借銀もかさみ申候ニ付、不持田畑年々売払借銀方へ返弁いたし候得共、于今借銀多ク御座候ニ付、本宅計残置、座敷長屋等売払、当分逼塞仕度奉存候、右願之通宜被仰上可被下候、以上

享保十二年未五月廿一日　東法花野村無足人
大西清助

浅田金兵衛殿

これは二代目清助であるが、一五年以前の正徳二年と享保元年の木津川洪水のために耕地に砂が入り不作続きで身上不如意になり、借銀の返済で田畑を売却したばかりでなく、居宅も本宅以外を売却せざるを得ない状況にあることがわかる。この清助は寛保元年に四六歳で他界したが、次の清助の代である明和三年に、大西清助の家筋は断絶することになったのである。(24)

他方、大西平右衛門家も天明三年一二月、東法花野村年寄二人から藤堂藩役人に対して、「家出仕、行衛不相知」として、一〇日間の日切尋ねの結果が報告された。ここには、「東法花野村庄屋無足人大西平右衛門、家内六人」と記されており、無足人で東法花野村庄屋を務めていた大西平右衛門が、六人の家族とともに家出をしたことが知られ

るのである。その原因などは不明ながら、その後二〇日切り、翌年正月一一日からは五〇日切りで捜索したもののみつからず、村方から捜索を打ち切る願いが出され、大西平右衛門家も断絶することになったのである。以後、狛氏からの書状にも、大西氏の名は記されなくなった。

ところが、文政一〇(一八二七)年の無足人改めには、大西平右衛門が持高七五石四升九合五夕で掲載されている。なぜ大西平右衛門家が復活したのか、その経緯を知る手がかりとなるのが、嘉永六(一八五三)年よりくだる時期に、無足人一人一人の由緒を書いた書付が残されている。それによると、「東法花野村無足人　大西為太郎賢光」の由緒として、「従先祖巨細相分り不申候得共、享保九辰年、大西平右衛門と書上有之、天明三卯年ゟ中絶仕、文政六未年大西喜之助奉願、無足人被仰付、当代ニ至四代相続仕候」と、天明三年に中絶して以降、文政六年に大西喜之助が無足人を願い出たのち認められ、それから幕末の当該期まで四代続いていると記されており[25]、五〇年弱の間に持高七五石余で家筋が復活されたことが知られる。

しかし、狛氏からの書状では、天明三年に中絶して以降、大西平右衛門の名が宛所に復活することはなく、大西家の狛一族としての地位は失われたものと推測されるのである。

(2)　野村家

次に、野村家について検討していこう。

野村家には、天永二(一一一一)年二月二三日に亡くなった野村加賀守忠基を「初世」とし、以後、文政七年に三五世にあたる野村忠敏までの没年月日と戒名が書き残された「野村累代暦」が遺されている[26]。これは、後述するように中絶していた家筋を再興した野村忠敏が、文政七年九月に写し取ったものである。その事情について忠敏は、「高照院殿ヨリ相伝之旧書開見、難黙止、依之模写スル処、旧々タル故文字不分明、荒増写取置、源家流布可応前知者也」

と述べている。高照院に当たる人物は不明ながら、忠敏は野村家に相伝された旧書を読み解きながら、歴代の当主と内室の俗名と没年月日の記されたこの帳面を写し取ったのである。なお、「野村累代暦」では一二世忠勝までは内室の俗名や没年も記されず、戒名も簡略な「尼」号となっている。夫婦ともに俗名、戒名、没年が明確となるのは一三世からで、忠敏も一三世を朱書で「初世」と修正していることから、野村家先祖としては、嘉吉三（一四四三）年八月に没した忠胤を初代とすることがふさわしいと考えられるのである。以後、本章もこれに従うことにする。

このほか、忠敏は天文一三（一五四四）年六月八日に没した五世直次が伝えた旧書を模写した「野村家景譜」と題する野村家系図を二種、二冊遺している。[27] 両者は、家のはじまりを孝安天皇とするか、孝安天皇第三皇子とするかに違いがあるが、いずれも歴史的根拠が明らかでないため、ここでは忠敏が初世とした忠胤以降を考察の対象とする。

さて、野村家と狛氏との関係が系図にみられるのは、この初世野村忠胤が最初である。[28] 忠胤は、正長元（一四二八）年九月二三日に狛左京大輔貞綱の随将として北吉野山下之坊との闘いに騎馬で進攻し、功績をあげ恩賞を受けた。のち狛家一族の祈願所である大弁才天社に幽居し、別当職を務めたという。その後、五世直次は、永正一七（一五二〇）年、土地をめぐる争論により田辺郷主である田辺祐之進との闘いに出陣して度々の功績を讃えられ、狛貞綱の定紋に準ずる「三ツ月結ニ一文字定」の紋を許され恩賞を受けた。そして、天正一〇（一五八二）年六月、七世野村兵庫信綱（文右衛門）は、山崎合戦の功により秀吉から恩賞を受けたという。この時、島津家七島津の内の野村兵部之丞久間の末葉の野村某が、祖先の出所を尋ね来て、野村家の旧書を持ち帰ったため、家の由来を伝える古文書原本をこの時失ったという。信綱の弟綱義はこの合戦で討ち死にし、末の弟は信長に仕え、石山本願寺攻めに功績があった。次の八世忠義の内室は狛孫左衛門女で、元和二年に亡くなっているが、これ以降は系図の上で狛氏との関係を見出すことはできない。

狛氏については、同じ忠敏の筆跡で記された「狛家略景譜写　野村氏控」[29] が遺されている。ただ、これは「景譜」

とはいいながらも系図形式にはなっておらず、一八世紀前期段階で名前の知られた狛氏を、相互の関係性を考慮せずに列挙しているにすぎない。おそらくこの段階では、狛氏の系譜を確定できる材料が一族・旧臣の間にも存在していなかったということを意味しているのであろう。ただ、その中で慶長二〇(一六一五)年と没年の明らかな狛孫左衛門丞という名前がみられるが、この娘が野村忠義の内室となったと推測されるのである。

以上の事柄を踏まえて、七世信綱以降の野村家系図を、図7に示した。九世野村兵衛忠連には、「帰農トナル」と記されている。忠連は在村して太閤検地を受け、それ以後は武家に仕官することがなかったことを示しているのである。帰農した九世忠連以降は、代々文右衛門ないしは半左衛門を襲名し、寛永六(一六二九)年から上狛村の中の野日代村庄屋を務めていることが確認できる。

元禄五(一六九二)年の無足人改めでは、野村半左衛門が「一両一騎」の無足人[30]、享保九(一七二四)年の改めでは具足一領、鑓一筋、馬一騎、家来八人、急召連下人五人で、狛組ではきわめて高い格であった[31]。しかし、一二世野村武左衛門忠頼には名跡を継ぐものがいなかったため、安永三(一七七四)年五月二八日に忠頼が没してから後家サト女が天明元(一七八一)年まで相続したものの、天明二年以降は家が中絶することになり、無足人の地位も藩に預ける形で中絶した。前述した大西家と時期を同じくして絶家となったのである。

ところが、文政七(一八二四)年、野村家の分家野村武助の次男万太郎が、本家を再興することになった。この間の経緯は、野日代村役人が藩に家再興を願った史料に詳しい[32]。

［史料6］　乍恐奉願口上之覚

野日代村　役人共

当村絶家無足人　野村武左衛門

一右之者先祖ゟ無足人相勤旧家相続仕、尤相応之高持百姓ニ御座候処、家内病難打続難渋ニ罷成候上、追々相果候故借銀相嵩必至難渋ニ罷成、無拠絶家仕歎ケ敷奉存候、尤田畑之儀者不残借銀片付ニ村役人共へ売払申候、右体ニ御座候ニ付、今以跡立候手段下方ニ而致方も無御座候（中略①）元来人家少キ村方ニ御座候故、甚難渋仕罷在候ニ付、此上一軒ニ而も絶家跡立家数相増候様仕度奉存候間（中略②）右二カ所買得候得ハ、宛作ニ仕候而も、全徳米壱石四斗八升有之候故、右田地取交百姓仕候得者、平均損米茂無之候故、重々申談之上、同村武助次男万太郎当申十一歳ニ相成候故、跡立ニ相続人貰置候ニ付、居宅之義ハ親幷一家共ゟ世話仕、武左衛門元屋敷地武助居宅ゟ七間計東手ニ御座候ニ付、右之地面へ居宅相建、尚又本人成長仕候迄ハ、万太郎母つま罷越同居仕幷田畑諸事武助引受、誠精世話仕百姓相続為仕度奉存候、元来武助義者野村武左衛門ゟ別家仕候者ニ御座候処、本家為絶家ニ候段兼而相歎居候儀ニ御座候、尚又武左衛門存命中、女子壱人縁付、当時存命ニ而年罷寄居、武左衛門跡相続之義武助へ毎々相頼候儀ニ御座候故、何卒存命中ニ候へハ、精誠世話仕居宅も相建候得共、自然相果候ハヽ、何角世話仕候儀も不都合ニ相成候ニ付、此上延引も難仕候ニ付、早々跡立候様仕度奉願上候、尚又武助儀者本家之儀、其上忰遣し候ことニ御座候得者、相続之儀者厚相心得居候ニ付、可相成丈万端引請世話仕、尚又庄屋組頭共ゟも心添仕、諸事気を付候様仕度奉存候、右之段御聞届被為　成下候ハヽ、村賄ニ仕居候田畑諸事為致百姓仕候得者、村方之都合ニ茂相成、且野村武左衛門旧家跡立相続ニ相成候故、村方一統難有可奉存候（後略）

文政七申年七月

野日代村組頭　彦四郎㊞
右同断　惣右衛門㊞
同村年寄　武助㊞
同村庄屋　源蔵㊞

これによると、野村武左衛門家では、家内の病難が続いて困窮し、借銀が嵩んだためやむを得ず絶家とし、所持田

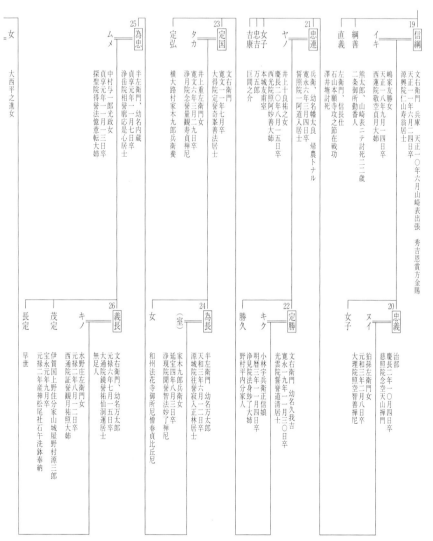

- 19 **信綱**（文右衛門　兵庫　天正一〇年六月山崎表出張　秀吉恩賞方金賜　天正一一年六月二四日卒　源興院仁山寿翁居士）＝イキ（嶋家友勝女　天正一八年九月一四日卒　西蓮院敬空貞月大姉）
  - 綱善（熊太郎、山崎表ニテ討死二二歳　二条御所勤番人）
  - 直義（左衛門、信長仕　石山本願寺攻之節在戦功　澤井塘討死）
  - 20 **忠義**（治部　慶長二年一〇月四日卒　慈照院念空天山禅門）＝ヌイ（狛孫左衛門女　元和三年二月八日卒　大理院照空智善禅尼）
    - 女子
    - 21 **忠連**（兵衛、幼名幡太良　帰農トナル　寛永六年三月四日卒　誓照院一阿道入居士）＝ヤノ（井上十良祐之女　慶長二〇年八月一五日卒　西光院照阿妙善大姉）
      - 女子（本城友甫室）
      - 忠吉（万五郎）
      - 吉康（巨間之介）
      - 22 **定勝**（文右衛門　幼名久我吉　寛永一九年一一月三〇日卒　光雲院誓誉道清居士）＝キク（小林字兵衛正信娘　明暦三年一一月四日卒　浄見院法身妙了大姉）
        - 勝久（野村平内分家人）
        - 23 **定国**（文右衛門　寛文一一年七月卒　大得院定誉奇峯善法居士）＝タカ（井上重左衛門女　寛文六年三月二九日卒　浄月院念誉量観寿貞禅尼）
          - 定弘（横大路村家木九郎兵衛養）
          - 24 **為長**（半左衛門　幼名万太郎　天和三年六月一二日卒　源城院往誉寂入正林居士）＝（室）（家木九郎兵衛女　延宝四年八月三日卒　浄現院聞誉智法妙了禅尼）
            - 女（和州法花寺御所尼僧春貞比丘尼）
            - 25 **為忠**（半左衛門、幼名内蔵　貞享元年一一月七日卒　浄岳院相誉廓応是心居士）＝ムメ（中村与一郎光政女　貞享元年一一月一三日卒　採聖院得誉法億意転大姉）
              - 26 **義長**（文右衛門、幼名万太郎　元禄六年七月一五日卒　大通院鏡誉祐仙洞運居士　無足人）＝キノ（水野庄左衛門女　元禄二年八月一二日卒　西通院証誉観月祐照大姉）
                - 茂定（伊賀国上野住分家山城屋野村源三郎　宝永元年九月卒　元禄二年産神松尾社石午洗鉢奉納）
                - 長定（早世）
                - ＝女（大西平之進女）

家系図

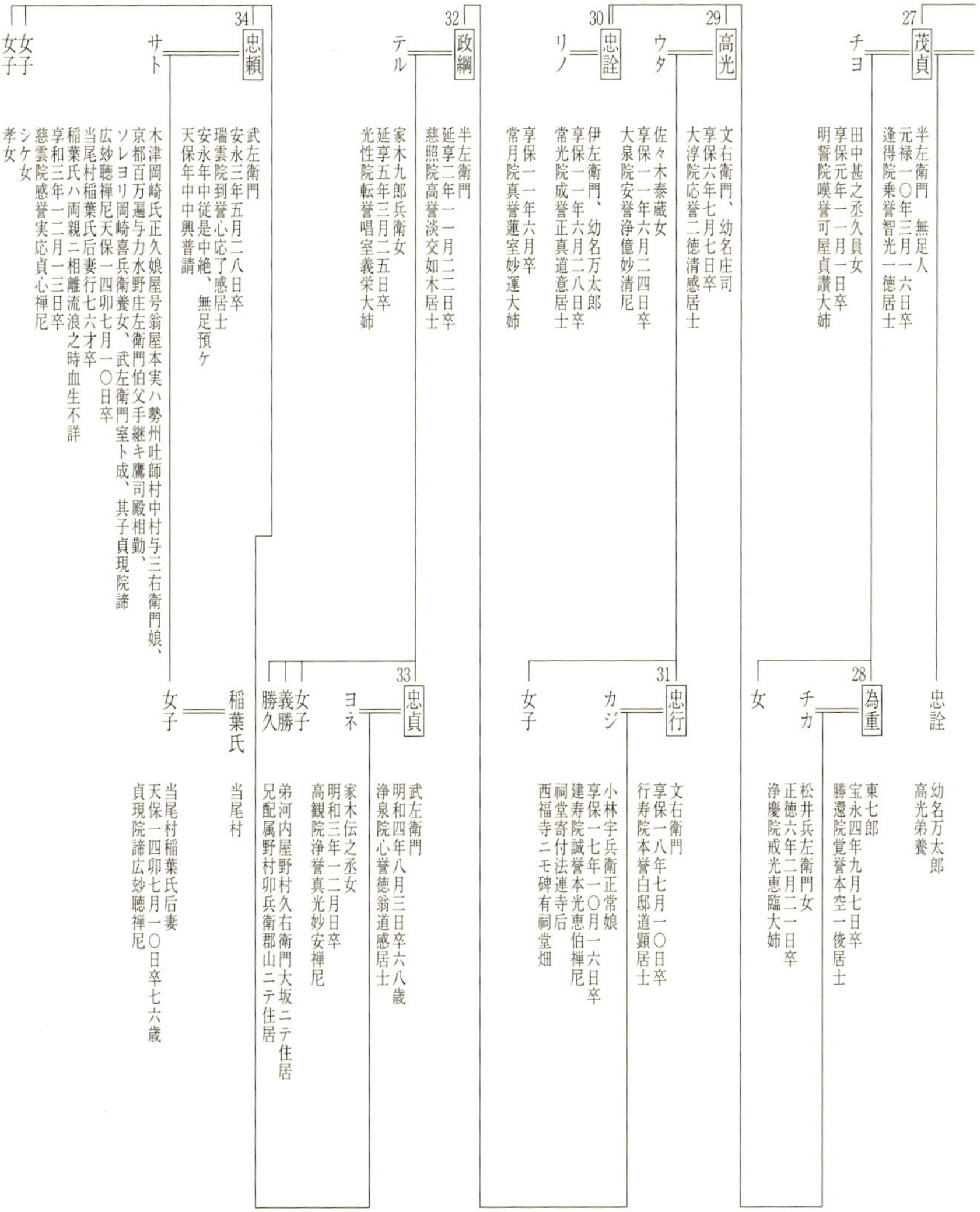
27
茂貞
半左衛門　無足人
元禄一〇年三月一六日卒
逢得院乗誉智光一徳居士
チヨ
田中甚之丞久員女
享保元年一一月一日卒
明誓院嘆誉可屋貞讃大姉
29
高光
文右衛門、幼名庄司
享保六年七月七日卒
大淳院応誉二徳清感居士
ウタ
佐々木泰蔵女
享保一一年六月二四日卒
大泉院安誉浄億妙清尼
30
忠詮
伊左衛門、幼名万太郎
享保一一年六月二八日卒
常光院成誉正真道意居士
リノ
享保一一年六月卒
常月院真誉蓮室妙運大姉
32
政綱
半左衛門
延享二年一一月二二日卒
慈照院高誉淡交如木居士
テル
家木九郎兵衛女
延享五年三月二五日卒
光性院転誉唱室義栄大姉
34
忠頼
武左衛門
安永三年五月二八日卒
瑞雲院到誉心応了感居士
安永年中従是中絶、無足預ケ
天保年中中興普請
サト
木津岡崎氏正久娘屋号翁屋本実ハ勢州吐師村中村与三右衛門娘、
京都百万遍与力水野庄左衛門伯父手継キ鷹司殿相勤、
ソレヨリ岡崎喜兵衛養女、武左衛門室ト成、其子貞現院諦
広妙聴禅尼天保一四卯七月一〇日卒
当尾村稲葉氏后妻行七六才卒
稲葉氏ハ両親ニ相離流浪之時血生不詳
享和三年一二月一三日卒
慈雲院感誉実応貞心禅尼
女子
シケ女
女子
孝女
忠詮
幼名万太郎
高光弟養
28
為重
東七郎
宝永四年九月七日卒
勝還院覚誉本空一倭居士
チカ
松井兵左衛門女
正徳六年二月二一日卒
浄慶院戒光恵臨大姉
女
31
忠行
文右衛門
享保一八年七月一〇日卒
行寿院本誉白邸道顕居士
カジ
小林宇兵衛正常娘
享保一七年一〇月一六日卒
建寿院誠誉本光恵伯禅尼
祠堂寄付法連寺后
西福寺ニモ碑有祠堂畑
女子
33
忠貞
武左衛門
明和四年八月三日卒六八歳
浄泉院心誉徳翁道感居士
ヨネ
家木伝之丞女
明和三年一二月日卒
高観院浄誉真光妙安禅尼
女子
義勝
弟河内屋野村久右衛門大坂ニテ住居
勝久
兄配属野村卯兵衛郡山ニテ住居
稲葉氏
当尾村
女子
当尾村稲葉氏后妻
天保一四卯七月一〇日卒七六歳
貞現院諦広妙聴禅尼

図7　野村

出典）「野村家景譜」（野村美佐子家文書 E10-27, 28），文政 7 年 9 月写「野村累代暦」（野村美佐子家文書 E10-26）．

表3　野村武左衛門家跡村方惣作地

（高の単位は石．）

地字	地種	町	反	畝	歩	高	年貢米	宛米	損米	
地蔵谷	山田	0	1	2	0	1.465	—	—	—	享和2年洪水にて床堀ニ相成
オノ神	田	0	1	3	18	1.948	—	—	—	
寺村	畑	0	0	6	5	0.851	—	—	—	
合計						4.264	3.7796	2.28	△1.4996	

出典）文政7年7月「乍恐奉願口上之覚」（浅田家文書　冊D144）．

表4　野日代村提案の武左衛門家再興案

地字	地種	町	反	畝	歩	高
勝山	田	0	0	3	18	0.358
上垣外	田	0	0	4	4	0.578
合計						0.936

畑はすべて借銀の返済にあてるため村役人に売却したという事情が判明する。その後、村としても武左衛門家の跡を立てることができず、その土地を村方惣作地とした。この田畑について、中略①に述べられているところを、表3に掲げた。すなわち、当該田畑は地味が悪い上、一筆目の山田は享和二（一八〇二）年の洪水で地味がいっそう悪くなるという状況で、三筆の合計宛米（作徳米）二石二斗八升に対して年貢高合計三石七斗七升九合六勺を上納すると、一石四斗九升九合六勺の損米が出ることになり、これを「村賄」で補っていたという。そこで、村側がこの口上書で提案したのが、銀一貫目の下付を藤堂藩から受け、「一家」（一門）と引請人で銀五〇〇目を加えた銀子を元手に、表4の庄屋源蔵が所持する二筆の田地を買得し、武左衛門家を再興するというものである（中略②）。この二筆は、たとえ宛作に出して経営したとしても、年貢を上納したあとの徳米は一石四斗八升あるという。新たに取り立てる一軒が、この「田地取交」をしたならば、平均して上記の武左衛門跡地からの損米を補うことができるとの目算であった。

ちょうど野村武左衛門家の分家で野日代村年寄を務める武助の二男万太郎が一一歳になっているので、これを相続人に入れ、武左衛門の名跡を立てることが計画されたのである。すなわち、武助の居宅から七間ほど東にある武左衛門の元の屋敷地に、武助と一家が助力して家を建て、万太郎が成長するまでは武助の妻（万太郎の母）が同居し、田畑の経営や百姓一軒前の諸事についてはは武助がすべて引き受けて誠心誠意世話するというのである。

それでは、野日代村として武左衛門家を再興する意図はどこにあったのであろうか。この史料から、その理由を三点読み取ることができる。第一は、武左衛門家から分かれた「別家」（分家）武助家の強い意向。第二に、他家に嫁した武左衛門の一人娘の強い希望。第三に、「村方之都合ニ茂相成」ることである。すなわち、百姓家一軒を立て、これまで損米を村の費用負担で補塡して経営してきた田畑を所持させることで、村のためにもなるということである。

こうして、文政七（一八二四）年に武左衛門家は再興され、万太郎は文政一〇年に武左衛門と改名し、再び無足人の地位を得たのである。(33) その時の武左衛門の持高は、わずか一石七斗六升三合であった。しかし、この後、野村武左衛門は、狛氏からも旧臣として認知され、小林宇兵衛家とともに、幕末維新期に至るまで狛一族・家来筋の家として存続していくことになるのである。

三　狛旧臣小林家と身分意識

次に、狛氏が本貫地に残していった土地や氏神の世話、そして狛氏への経済的支援を行った小林宇兵衛家について、家の継承と地域社会との関わりに注目して検討してゆきたい。

小林宇兵衛家は、もと和泉国佐野庄に住居していたが、一六世紀半ばの天文年間に将軍義晴の命により「山城之侍」となり、上狛に移住し、信長から上狛村を所領として宛行われていた狛左馬之進の一族となったという由緒を持っている。(34) 小林家の系譜については、同家所蔵の「霊会日鑑」と「小林氏総系譜之図」により検討しておきたい。「霊会日鑑」は、文政六年に小林三沢正吉が記したことが奥書から判明する。「元祖」（初代）と認識されていた小林真人正清から、三九代と自認する正吉までの歴代の霊位や墓標をもとに、先祖の命日を日繰りで整理しており、命日と法号が明確になるのは一八代長重からである。他方「小林氏総系譜之図」（以下「系図」と呼ぶ）は、明治期に存生していた小林慶次郎の代まで書き継がれているが、巻頭から寛政一〇（一七九八）年五月一六日に亡くなった小林卯兵衛正易までの筆跡が同一であることから、正易の代に作成されたものと推定されるのである。系図は信憑性が薄く、特に南山城においては「椿井文書」と呼ばれる疑文書の存在が指摘されていることから、この利用に当たっては留意が必要であることはいうまでもない。しかし、「霊会日鑑」やその他の一次史料と併せて考察することにより、系図が作為された事実と意図を明らかにすることができる。そういう視点から両者を使い、家の系譜を検討していこう。

まず、「零会日鑑」で命日と芳名が明らかな一八代長重は、系図によると「為 南朝 後村上天皇御味方、於丹州慶顕名誉戦功、仍被補左衛門少尉、蒙使宣廷尉判官職云々、南朝正平元年八月五日致仕、於和泉国佐野荘幽居、応安四辛亥年十月三日於泉州信太、法号 月雄院殿清圓法雲大禅定門、妻丹州住人波多野太郎左衛門尉長勝女 妙正禅定尼」と、南朝後村上天皇に味方し戦功を上げたことから朝廷に仕え判官職についたものの、正平元（一三四六）年に致死して和泉国佐野荘に幽居し、そこで応安四（一三七一）年に没したというのである。すなわち長重は伝承で伝えられる和泉国佐野庄住居の初代人物ということになる。

他方、系図で「山城国住初祖」とされるのは、永禄三（一五六〇）年十月九日に亡くなった二四代元重である。元重は、永正三（一五〇六）年正月九日に山城国相楽郡立松合戦で郡山越中守麾下の大口隼人正を討ち捕え、将軍足利義澄から感状を請けたことから、相楽郡上狛荘内に移住し綴喜郡市野辺などを知行したという。妻は、狛修理進義綱女と記されている。天正一八（一五九〇）年正月二三日に没した二六代高秀は、織田信長に仕え戦功をあげ、次の二七代勝高は天正三年に山崎表で神足物集女隼人を討ち捕え、信長から林村一〇〇石を始めとする知行宛行状を受け、これを豊臣秀吉も天正一四年に安堵したとする。ところが、二八代正之は、元亀三（一五七二）年小谷城攻めでは戦功をあげたものの、その後病を得て仕官せずに上狛郷内に幽居し、慶長九（一六〇四）年六月一五日に亡くなった。そして、子の二九代重信は、当初から「依病何不仕致仕、狛郷始為郷士、狛一族之随一也」と、当初から仕官はせず狛郷に居住し、この地域で初めての「郷士」となり、狛一族の筆頭であると記されるに至った。図8として、小林家の系図を掲げた。

このように系図は、必ずしも信憑性の高いものではないが、ここでは前稿で述べた由緒の創出過程について簡潔に整理し、新出史料を加えて小林家の継承過程を、二九代重信以降に絞って再検討しておきたい。

小林家は、天正一七年太閤検地により上狛村とされた狛野荘南荘から、元和五（一六一九）年に五〇〇石が分出された林村に所属していた。林村は藤堂藩領ではなく、幕領であったが、寛永一七（一六四〇）年に九組に分割され、幕領と禁裏御料や公家領の入り組み支配となった。そのため小林氏は、同じ狛氏旧臣ながら藤堂藩領に属した大西氏や野村氏のように、無足人という社会的地位を得ることはなかった。そこで、山城国一国を広域支配する京都町奉行所が洛中洛外における帯刀人改めを行う過程で整理した、「浪人」と「郷侍」の枠組を利用して、自らの地位を誇示しようとした。「浪人」とは、天和三（一六八三）年の浪人改めの際、「先知も有之浪人、或者由緒有之浪人」と「軽キ浪人」に二分され、前者のように以前知行を有した武士、あるいは武士としての由緒のある者は「親類書」を提出させ、後者のように知行や由緒もなく、その身一代限りで仕官して扶持を食んでいた者は、「旦那寺之請合証文」を提出させることで在京を許した[35]。これに対し、元禄四（一六九一）年の帯刀改めでは、在方に居住する「地侍と申、先祖ゟ刀帯来候百姓」を対象とし、その由緒を徹底的に吟味した上で、「筋目慥成分」は帯刀を許し、「郷侍」と呼ぶこととした[36]。「郷侍」はその身一代限り帯刀を許し、その者が死去した場合は「郷侍相続之願」を出し、「父由緒書ニ引合、相違無之候得者、家督之帯刀赦免申渡候」とされ、世襲で「郷侍」が認められるのではなく、継目相続願いと父の由緒書に基づく審査によりはじめて許可されるものであった。しかも、「郷侍」と認められている者であっても、「庄屋年寄之役義を預り候節者刀相止申候、右役儀辞退之節者、願次第如前郷侍ニ申付候」と、庄屋・年寄という村役人を務めている間は帯刀を止め「郷侍」ではなくなり、村役人を辞退した時に再び願って「郷侍」となるという。また、「郷侍」

25 信定　河内守　永禄一二年八月七日卒　了然禅定門
妻　中村入道懐秀女　天正元年一二月二八日卒　慈称禅尼

26 高秀　志摩守　天正一八年正月二三日卒　春日幽圓大禅定門
妻　笠置有市住堀左衛門尉義房女　天正一四年二月二〇日　妙了禅尼

27 勝高　(勝尚) 高兵衛　文禄三年五月一八日卒　楽月宗圓禅定門
妻　南都五郎左衛門尉元豊女　天正一五年八月一六日卒　妙勝禅尼

28 正之　三左衛門尉　慶長九年六月一五日卒　法号無人斎道圓禅定門
妻　狛左馬亮綱吉女　慶長一九年四月二四日卒　妙法禅定尼

29 重信　伝左衛門尉　依病何不仕致仕、狛郷始為郷士、則狛一族之随一也　寛永一五年九月三日卒　浄加禅定門
妻　大河原住秋野忠重女　寛永七年二月二八日卒　芳潤岩仙禅定尼

30 正信　有兵衛　三右衛門　正保三年十月一二日卒　儀岳道仁居士
妻　井上重太夫元綱女　明暦四年正月二九日卒　妙性善定尼

女子　野村文右衛門定勝妻　明暦三年一一月四日卒

31 正勝　有兵衛　当家中興　我持山ニテ弘済寺建立　寛文一一年一一月二九日卒　法号太清玄徳居士
妻　京師某甲ノ産　貞享三年二月八日卒　芳岩寿仙信女

女　寛文六年一一月一九日卒

三之丞正重　同村分家相続　五郎兵衛七郎兵衛先祖

忠兵衛正胤　同村分家相続　角兵衛先祖

南勝菴延命院中興

左兵衛某　同村分家相続　寺左先祖

男子早世

江外良浙首座禅師

32 正盛　権之助　郷士相続　寛文一一年七月六日卒　奇峰善徳居士
妻　南都伊丹休清之女　元禄五年三月九日卒　[illegible]

33 正常　宇兵衛　三之介　延享二年一一月二四日　七八歳卒　善叟壽慶居士
妻　野村武左衛門実継女　宝暦五年二月二四日卒　徳蔭壽功大姉

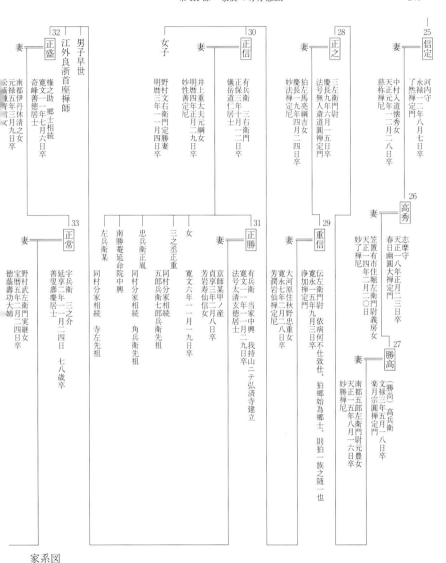

家系図

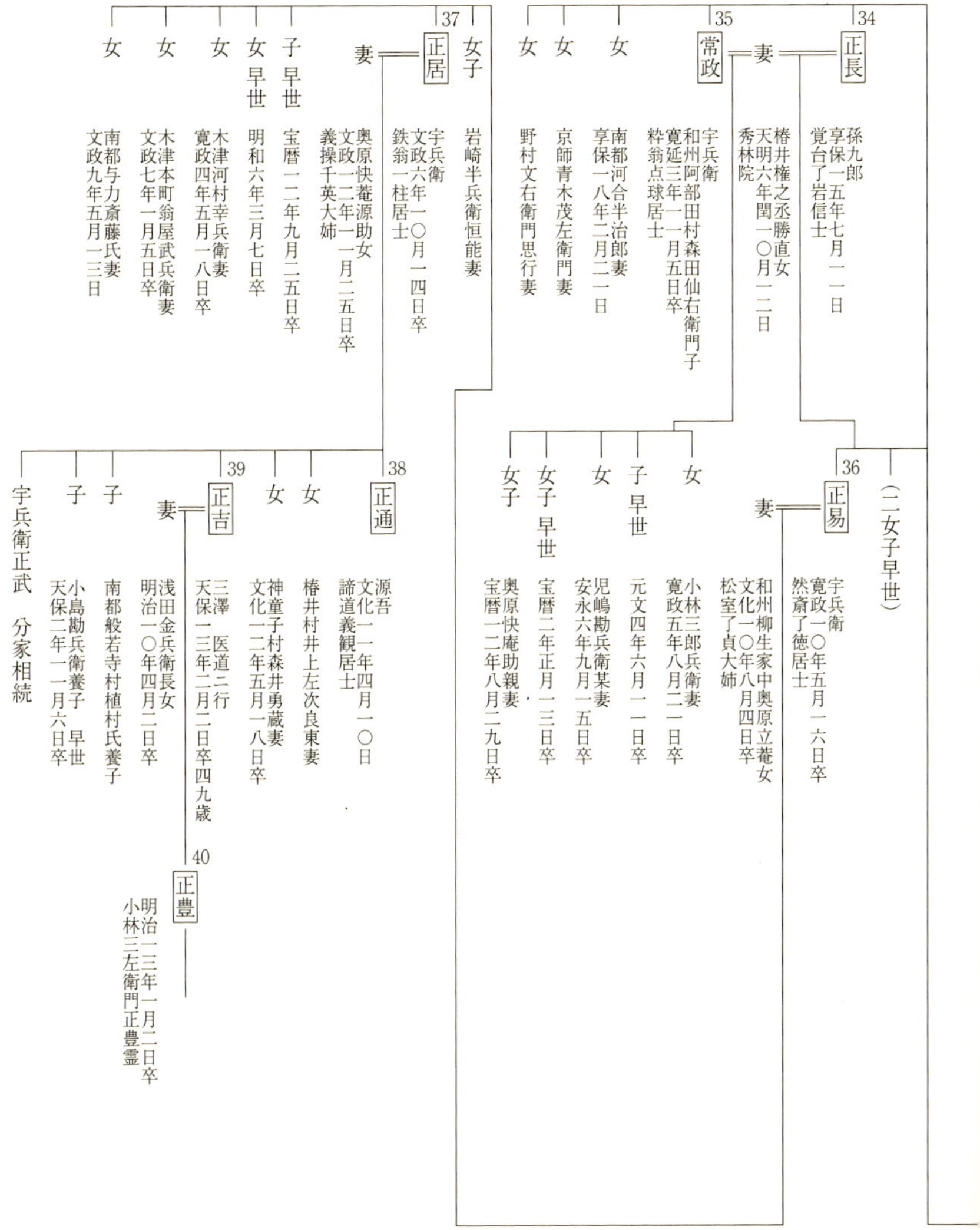

図8　小林

出典）「小林氏総系譜之図」「霊会日鑑」（小林宇兵衛家文書）.

注）算用数字は「霊会日鑑」記載の代数.

25代から29代までは，当主夫婦のみ記載し，子女は省略した.

が「他所江致主取相勤候節者、郷侍帳面省之、重而郷侍之願不相立、何某浪人と申ニ仕候」と、主取りして仕官した場合は「郷侍」ではなくなり、京都町奉行所の「郷侍帳面」からはずす。その後、再び「郷侍」を願っても、一旦仕官して武士となった者は、「郷侍」ではなく「浪人」として扱われるという。すなわち、「郷侍」に対して、「庄屋・年寄」を務める「百姓」、あるいは仕官の経験のある「浪人」と、それぞれの身分が明確に区別され定義されているのである。

以上を確認した上で、小林家の自己認識と現実に認められた公的な身分とのズレを検討していきたい。なお、前稿で触れた帯刀改めに関しても、通して再度分析を加えることにしたい(37)。

まず、小林宇兵衛家が、帯刀改めに願書を提出したことが知られるのは、享保八(一七二三)年二月四日付で山城一国の広域支配を担う京都代官玉虫左兵衛に宛てた次の願書が初見である(38)。

［史料7］　乍恐以書付奉御願申上候

一私義先祖代々郷侍ニ而御座候ニ付帯刀仕候得共、去年帯刀之御吟味ニ付、御願可申上之処、親宇兵衛病気ニ付只今迄延引仕候、神事又者他国江罷越候節帯刀、乍恐御免蒙候義奉願上候、以上

享保八年卯二月四日

願主　小林孫九郎　㊞
同村庄屋　宇兵衛　㊞
同年寄　平兵衛　㊞

玉虫左兵衛様
参

これによると、小林家は「先祖代々郷侍」であるが、前年享保七年に行われた帯刀改めでは、親宇兵衛が病気であったため、帯刀願いを出していなかった。おそらく子の孫九郎に代替わりしたためであろう、このたび帯刀願いを提

出した、と述べられている。ここで求められている「神事又者他国江罷越候節帯刀」という条件は、享保六年一〇月、京都町奉行所が、①「堂上方・武家方家来」、②「郷侍ニ而刀帯候者」、③「常百姓ニ而其所之神事或者地頭用事之節刀帯候者」と三つの類型を示し、帯刀を認めたことに依っている。孫九郎は、③の、常には百姓身分で神事や他国出張という特別な場合だけ帯刀を許される者として、帯刀を願っているのである。この結果は、次に帯刀改めが実施される元文二(一七三七)年六月に、林村から「先年御改之節名前書洩シ奉差上候ニ付、此度相改」として書き上げられた五人に小林宇兵衛も含まれ、「御地頭様御用之節、又ハ神事祭礼等ニ帯刀仕候」と付記されていることから、③の条件で帯刀を認められることになったことが判明するのである[39]。

そもそも、帯刀改めは、まず元禄四、五年に山城国で実施され、次に享保六年一〇月に前述の三類型を示しながら行われた。しかし、小林家には元禄四、五年に実施された帯刀改め時に願書が提出された形跡はみられない。それは、[史料7]の端裏書に、「帯刀書付、玉虫左兵衛様江差上候控、尤寛政元酉年六月裏うち致申候」と記されているように、小林家では帯刀人であることを証拠立てる文書として、後に裏打ちをするほど大切にされたのが享保八年の書付であったことからも裏付けられるのである。

ではなぜ元禄年間と享保七年に行われた帯刀改めに、小林家は願書を提出しなかったのであろうか。その要因を考えることは、兵農分離により在地に遺った国人領主狛氏の旧家臣たちが、幕藩制度のもとで在地社会における自らの位置づけを獲得してゆく過程を検討することにつながる。そこで、一七世紀における小林家の動向と上狛郷との関係を検討してゆこう。

元禄年間と享保七年の帯刀改めが行われた時期は、いずれも第三代正常が当主であった。正常は、寛文八(一六六八)年、正盛と伊丹氏娘である母との間

表5　寛永18年, 林村500石の内訳

知行主	石高
薗様	60
中御門様	56
舟橋様	56
清水谷様	56
中院様	55
竹之内様	31.145
御蔵入	185.855
合計	500

出典）　小林家文書，G13.

に長男として誕生した。誕生にあたっては、狛次左衛門をはじめ、狛旧臣の大西家や井上十太夫家をはじめ、上狛郷の侍分の家々から多くの祝儀が届けられた(40)。父方の祖父小林宇兵衛正勝からは脇差一腰と面は桃色で鶴亀松竹梅の羽二重の綿入れや面目は縫泊の綿入綸子が、母方の伊丹久兵衛からは表裏白羽二重の綿入れと、面裏とも紗綾うこんで松竹鶴亀の紋泊という綿入れが祝いとして与えられた。そもそも、正常の祖父正勝は、「霊会日鑑」に「当家中興」と記されているように、小林家を建て直した当主として「霊会日鑑」を整理した三九代正吉に認識されていたのである。系図によると、正勝の事績の書き上げは多く、狛家の氏神である弁財天社の修復や居宅の新築、そして三人の弟に分家を出すなど、注目すべき時代であった。寛文五(一六六五)年一二月、居宅の普請に際しては、狛次左衛門や大西郷右衛門をはじめ、狛旧臣や寺社、そして上狛郷の百姓たちから多くの合力を得た(41)。ところが、正常の父正盛と祖父正勝は、寛文一一年に相次いで没してしまった。正常が数えで四歳の年であった。ここから、小林本家の苦難の時代が始まったのである。

そもそも林村は、上狛村一八二五石九斗五升として、豊臣蔵入地として代官御牧勘兵衛の支配地となった。その後、慶長一四年から京都所司代板倉伊賀守勝重の所領となり、元和二年から小野惣左衛門代官所となった。そして、元和五年に、一三二五石九斗五升が藤堂藩領となり、林村五〇〇石は幕領のままであった(42)。幕領時代に小林家は三右衛門正信が一人で庄屋を務めていたが、寛永一八年に、五〇〇石が公家知行所に分割され表5のように相給となった(43)。その際、林村五〇〇石を知行ごとに高割りするのではなく、頭となる九人ごとに高を集めて組をつくり、その九組の頭が庄屋を務めるという制度をつくった。すなわち、一組はおよそ五六石で、その高より多い場合は、別の組の高を加えて合算し、基本的に高の多い組の頭が庄屋を務めるという方法をとり、逆に公家に知行渡しした残りの御蔵入部分には、三組の頭が並び立って庄屋を務めた。元禄期には、幕領部分に四人の庄屋がおり(44)、「少高之所ニ庄屋多ク御座候」という事態が生まれていたのである。

こうした公家への知行渡しが原因で、小林家は他の庄屋との揉め事に巻き込まれることになった。とくに幼少時に父と祖父をほぼ同時になくした正長は、揉め事の渦中で成長して家を継ぎ、庄屋を務めることになったのである。

それでは、正常の時代に生じた小林家をめぐる争論を検証していこう。

寛文一二（一六七二）年五月一二日、正常（幼名三之助）の祖母と母が、同じ林村の百姓権兵衛を幕府に訴えた訴状の全文を掲げる。[45]

［史料8］　乍恐謹而言上

訴詔人山城之国相楽郡上狛郷之内林村
三之□（虫損）
大炊御門様御知行
同ばゝ
相手同知行所
権兵衛

一林村五百石之名寄帳之儀、三拾五年以前ニ小野宗左衛門様地詰被為成、庄屋百性（ママ）共一々御吟味被為成、其上ニ而少も相違無御座候段、熊野之牛玉ニ血判仕、地詰帳指上ケ申候、于今其御帳宗左衛門様ニ可有御座と奉存候、其時ひかへ帳も御座候、則毛付高百石ニ六拾七石弐斗、荒三拾弐石八斗と相究り申候、御下札も于今数□（破損、以下同）座候、其後　御公家様方へ右之五百石九組ニわ□、三組ハ其儘小野宗左衛門様御代官所、六組ハ御公家六本□相渡り、則宇兵衛組高五拾六石ハ中御門様へ相渡り、□帳御吟味被為成、右ニ宗左衛門様地詰被為成候御帳面之荒毛付之割ニ相違無御座御納所仕候、其後中御門様御知行上り、又小野喜左衛門様御代官所ニ罷成、其時之御納所も相違無御座候、則御下札于今御座候、それより　飛鳥井大納言様へ相渡り、右之通御納所被為成候、其後五味備前守様御代官所ニ成、御帳御穿鑿之上ニ而、相違無御座御納所仕、其後　大炊御門様へ被為召上候、宇兵衛組五拾六石ニ、権兵衛組四拾四石相添り、都合百□御座候、御地頭様度々相替り、御吟味被為成□毛付六拾七石弐斗ニ元〆相究、于今おゐて相□座候、残四百石之御地頭様も度々御替り被成、御□切々御吟味被成候へ共、于今おゐて①惣高百石ニ毛付六拾七石弐斗ニ相究り、何之申分も無御座候処ニ、今度権兵衛何角と被申掛迷惑仕候、五百石之根帳と百石之御帳面と勘定之上、何様とも被為仰付可被下候、誠ニ申分御座候ハヽ、宇兵衛・権之助罷在候時分ニ可被（申）□掛処ニ、只今無十方も我々共ニ何角と被申掛□②大夫佐様御知行所之彦五郎と申者ニ銀子を□権之助引かへ置申候、其銀子元利共ニ権兵衛横□被致、彼是迷惑ニ奉存候御事

右之通被為　聞召分、御慈悲ニ被為　仰付被下候者難有可奉存候、以上

寛文拾弐年　　三之助母（印文「正盛」）㊞

子ノ五月十二日　　同ばゝ（同右）㊞

御奉行様

ここで、三之助の祖母と母が権兵衛の横領として訴えていることは、傍線①②の二点である。第一は、傍線①にあるように「毛付」（石高に対して年貢を賦課することができる高）に関する疑念、第二は、傍線②の彦五郎に正常の父権之助正盛が貸した銀子を元利ともに権兵衛が横領したという点、にある。特に①に関しては、訴状に添えて、両人が宇兵衛（正盛）の遺した記録を調査して毛付高を表す証拠文書を後述のように三通作成している。

まず①の毛付高について、訴状で訴えられているところを読み取っておきたい。訴状では、次のように述べられている。林村五〇〇石は、三五年以前寛永一四（一六三七）年に小野宗左衛門による地詰検地が行われ、庄屋・百姓一同起請文に血判をして内容に相違ないことを誓い、地詰帳を提出した。今も小野宗左衛門のもとにその地詰帳があるは

ずで、村には控帳が残っている。その時に定まった毛付は高一〇〇石に六七石二斗、荒三二石八斗で、それに基づいた免状も数本残っている。その後、林村五〇〇石が九組に分けられ、三組はそのまま小野宗左衛門代官所支配、六組は公家方に渡った。小林宇兵衛が庄屋を務める宇兵衛組五六石は中御門家に渡され、その後小野宗左衛門に提出した地詰帳の毛付と荒の割合で年貢を上納してきた。中御門家の知行所が上知された後は、小野喜左衛門代官所支配となったが、その時も同じ毛付で年貢を上納しており、免状も残っている。その後、飛鳥井大納言知行所、ついで五味備前守代官所になったが、小野宗左衛門に提出した地詰帳のとおりの毛付高で年貢を収納された。さらに大炊御門に渡された時、宇兵衛組五六石に権兵衛組四四石を加えて、合計一〇〇石の知行所となった。このように地頭は度々替わったものの、その都度吟味されて、毛付は小野宗左衛門の地詰帳で定められた六七石二斗に決まり、今も変わりない。林村五〇〇石の残りの四〇〇石の地頭も度々替わり、地頭がその都度吟味したが、今も高一〇〇石に毛付六七石二斗の割に決まっており、何の問題も出ていない。それにもかかわらず、今回権兵衛は執拗に言いがかりを付けてくるため迷惑している。もし言い分が真実ならば、宇兵衛と権之助の存生中に申し出ればよいものを、今になってあれこれと言ってきており真実か疑わしいところである。

次に、この訴状の内容を裏付けるために、三之助母とばばが書き上げた証拠文書三通をまとめた表6をみてみよう。表6—1では、訴状に述べられた知行主の変遷ごとに、毛付高と荒高の変遷を書き上げている。いずれの時期も、毛付高は一〇〇石に対し六七石二斗の比率になっていることがわかる。また、表6—2は、寛永一八年の中御門への知行渡しに際し、宇兵衛組五六石中の毛付高三七石六斗三升二合が、五百石根帳からどのようにくり出されたかが示されている。

ここで、三右衛門根帳面局の内大夫佐知行所に渡る一斗六升三合について、高の調整が行われたことが次の史料から知られる。これは、天和三(一六八三)年一〇月五日付で、孫九郎から浄貞に当てた一札である。[46]孫九郎とは三之助

承応2年			
大炊御門知行所			
林組宇兵衛方		殿ノ前組権兵衛方	
37.013石	67.20%	30.187石	67.19%
18.062	32.80	14.738	32.81
55.075	100	44.925	100

のことで、浄貞とは表6—2の庄屋小左衛門の子孫とみられる。

［史料9］　一札

一四拾三年以前巳ノ年五百石之内、三百拾四石壱斗四升五合御公家様方六人へ渡り申候時、高之割口合不申候付、三右衛門方（30代正信——筆者注）ゟ小田左衛門方へ高壱斗六升三合こし申候、右毎年小左衛門方得（ママ）納所仕候、以来迄も無相違高壱斗六升三合ツ、毎年ニ其方へ納所可仕候、為其一札如件

天和三年
亥ノ十月五日　孫九郎㊞
証人　源右衛門㊞
浄貞殿
参

四三年前の寛永一八年に林村五〇〇石の内で六人の公家へ知行渡しがされた。その時に「高之割口」の調整のために三右衛門方から小左衛門方に高一斗六升三合が越石とされたという。そのため、小林家からは毎年小左衛門組にこの高の分の年貢を納めてきたということがわかる。寛永一八年の分給では公家への知行渡しに合わせるために、土地の割り振りでは調整ができない高の調整を、毛付高で行っていたことが判明するのである。

また、三之助母とばばは、表7のように「五百石根帳」と承応二（一六五三）年「百石帳面」を対比して、「三右衛門田畑之内」の「左兵衛」名義地六筆の毛付高の増減を示している。これによると、左兵衛名義地は五百石根帳では二石三斗三升一合に対して百石帳面では二石三升四合で、二斗九升七合減少していることがわかる。このことについて、この書付の末尾に、三之助ばばと三之助母は次のように記している[47]。「（前略）此高三右衛門名前之田畑へま

表 6-1　宇兵衛組の毛付高と荒高の割合

渡り年	寛永 18 年		寛永 19 年		寛永 20 年		―	
知行主	中御門知行所		小野喜左衛門代官所		飛鳥井大納言知行所		五味備前守代官所	
毛付高	37.632 石	67.2%	37.632 石	67.2%	37.632 石	67.2%	37.632 石	67.2%
荒高	18.368	32.8	18.368	32.8	18.368	32.8	18.368	32.8
合計	56	100	56	100	56	100	56	100

出典）「小野宗左衛門様ゟ地詰被成候時指上ケ申帳面」（小林家文書 G12）.

表 6-2　寛永 18 年，中御門知行所渡り宇兵衛組毛付高内訳　（単位：石）

	下冷泉院知行所		中御門知行所	大夫佐知行所	不明
	庄屋佐右衛門組		庄屋宇兵衛組	庄屋小左衛門組	
宇兵衛名前（三右衛門根帳面高）	7.733	0.69	7.566	0.163	0.092
宇兵衛名前（越高とも）			1.389		
惣百姓中ゟ御納所仕候毛付高（出作高とも）			28.677		
毛付高合計	8.423		37.632	0.163	0.092

出典）表 6-1 に同じ，「小野宗左衛門様ゟ地詰被成候時指上ヶ申帳面」（小林家文書 G15）.
注）「三右衛門」とは 30 代正信のこと.

表 7　五百石根帳と百石帳面との三右衛門田畑毛付高対比

林村五百石根帳ノ高　但三右衛門田畑之内				林村五百石之内百石ノ帳面高　但シ三右衛門田畑之内			
名請人	毛付高	地字		名請人	毛付高	地字	
左兵衛	0.487	にしたい		左兵衛	0.481	にしたい	
左兵衛	0.354	しらきみ		左兵衛	0.354	しらきみ	
左兵衛	0.529	ちさへ	但シ百石ノ御帳面ハ 1 斗 2 升	左兵衛	0.12	ちさへ	但シ根ノ御帳面ハ 5 斗 2 升 9 合
左兵衛	0.085	池ノかわ	但シ百石ノ御帳面ハ 7 斗 4 升	左兵衛	0.74	よも田	但シ根ノ御帳面ハ 8 升 5 合字名池ノかわ
左兵衛	0.74	一本木	但シ百石ノ御帳面ハ 2 斗 3 合	左兵衛	0.203	一本木	但シ根ノ御帳面ハ 7 斗 4 升
左兵衛	0.136	やしき		左兵衛	0.136	やしき	
合計	2.331			合計	2.034	寛永 18 年巳之年之御帳面も如此ニ御座候，最早三拾弐年ニ罷成申候	

出典）寛文 12 年 5 月 12 日付書付（小林家文書，G11）.

し申、左兵衛方へハ右之通り高引さけ候而、三拾弐年以前寛永拾八年巳之年ゟとらせ置被申候処ニ、剰只今加様之物たくみを被申掛候、自然申分も御座候者、宇兵衛・権之介存生之内ニ可被申処ニ、此宇兵衛・権之助父子共ニ相果、無十方も幼少之倅ニ加様之不謂儀を被申掛、迷惑ニ奉存候」、すなわち、三右衛門（30代正信）名義の田畑の毛付高を増やし、左兵衛名義の毛付高は引き下げており、このような措置を三二年以前寛永一八年以来行っているという。つまり、三右衛門は年貢が重くなり、左兵衛は軽くなっていたということになる。それにもかかわらず、今になって権兵衛が言いがかりを付けてくるのは不当である。もし文句があるのならば、宇兵衛と権之助が存生中に言うべきものを、幼少の三之助に対していわれのない言いがかりをしてくるとは迷惑であると述べている。この訴えから推測すると、「左兵衛」とは権兵衛の先祖で、寛永一四年の小野宗左衛門が行った地詰検地段階の当主と考えられる。また、「左兵衛」名義の田畑は三右衛門名義の田畑に含まれていたことから、「権兵衛」は小林三右衛門正信の末子左兵衛を始祖とする分家とみられるのである（図8系図参照）。

これに関連して、もう一通「五百石之帳面百石之帳面高入替申候覚」という書付が同じ筆跡で残されている。これを表に示したのが、表8である。これは、三右衛門名義の田畑の内、五百石根帳と百石帳面で毛付高が変更になっているものについて、その増減を検証したものである。上半分Aの部分は、五百石根帳より百石帳面の毛付高が減少している田畑で、合計一石三斗二升四合が「へり高」（減少高）である。下半分Bの部分は、逆に毛付高が増加したもので、合計一石九斗七升一合が「のせ高」（増加高）となる。ただ、たとえばA欄一番目「一本木　半左衛門分」は五百石根帳から百石帳面に減少した五斗三升七合が、B欄一番目「池ノかわ　但は、田」で百石帳面に加えられているように、同じ三右衛門田畑の中で相殺されるため、実質的には三右衛門自身の高に毛付高の増減がないことになる。ただし、最後の「差引」欄にあるように、この相殺分（表8＊印）以外に、「三介分ノへし高をのせ申候」とあるように、百石帳面には「三介分」を減らした高を加えていることがわかる。

表8　五百石根帳と百石帳面での高の移動

		根帳の高	百石帳面高	のせ高		のせ先
A	一本木　半左衛門分	0.74	0.203	0.537	*	よも田
	三日市	0.233	0.135	0.098	*	とりい
	かきのかいと	0.237	0.1	0.032	*	ちさへ
				0.105	*	とりい
	西との	0.333	0.14	0.193	*	大将軍
	ちさへ	0.529	0.17	0.359		よも田とちさへ
	合計	2.072	0.748	1.324		へり高（A）
B	池ノかわ　但はゝ田	0.085	0.74	0.537	*	一本木之高
				0.118		ちさへの高のせ申候
	とりい　但一本木	0.173	0.203	0.03		ちさへ
				0.211		ちさへ
	ちさへ	0.17	1.06	0.032	*	かきのかいと
				0.647		三介分之高
	大将軍　但林ノ向	0.14	0.333	0.193	*	西との
	とりい　但一本木	0.086	0.323	0.105	*	かきのかいと
				0.098	*	三日市
	合計	0.654	2.659	1.971		のせ高（B）
差引	のせ高（B）－へり高（A）			0.647		「三介分ノへし高をのせ申候」

出典）「五百石之帳面百石之帳面高入替申候覚」（小林家文書，G14）．
注）＊はAとB双方にみえる高

この表8と前掲表7を対比すると、表7で「左兵衛」名義の「ちさへ」「池ノかわ」「一本木」が、表8のA「ちさへ」、B「池ノかわ　但はゝ田」、A「一本木　半左衛門分」にそれぞれ該当することがわかる。おそらく、三之助ばばと三之助母は、表8により、前述の末尾にあるように、権兵衛の高は百石帳面で減少をさせ、三右衛門自身の高は増加させたと主張しようとしたものと推測される。

以上検討してきたところから、三之助ばばと三之助母の訴えの第一点目の毛付高をめぐる争点は、承応二年に宇兵衛組五六石に権兵衛組五六石の内から四四石を添えて一〇〇石の大炊御門知行分を定める際に、宇兵衛が自らを有利にするように自分の名義地の毛付高を減らし、その分を権兵衛組の高にのせたと、権兵衛が主張したことにあると推察される。しかも、権兵衛は小林家宇兵衛正勝・正盛父子が寛文一一（一六七一）年に相次いで亡くなり、小林家の嫡男三之助（孫九郎・正常）がまだ幼少の時期にあえて問題化させたため、これを卑怯として訴えたのであった。

結局、三之助ばばと三之助母の訴えは認められなかったとみられる。この後、大炊御門知行所一〇〇石の庄屋は権兵衛が務めていたが、貞享四（一六九一）年に再び一〇〇石が殿ノ前組五二石六斗九升六合と林組四七石三斗四合に分割される時、成長した嫡男三之助（孫九郎）が再び権兵衛の不正を訴えるのである。

次に、孫九郎が貞享五（一六八八）年一〇月に認めた口上書をみてみよう。(48) なお、この訴状の孫九郎の印鑑は、これまで述べてきた三之助ばばと三之助母の二人が捺していた印と同じ「正盛」と記されている。

［史料10］　乍恐口上書指上ケ申候

一林村之内高四拾七石三斗四合、内永荒拾四石七斗弐升壱合ニ而御座候処ニ、去年之御下札ニハ永荒拾四石四斗六升壱合と御座候、左候へハ毛付高弐斗五升七合まし申候故、小かぶ之義、殊ニ悪田多ク、猶以組小百性迄（ママ）迷惑ニ奉存候御事

一右ハ御方領之上り地高百石ニ而　御蔵様ニ而御座候処ニ、去年　石井伝法様へ五拾弐石六斗九升六合相渡り、其節先年庄屋権兵衛方ゟ百石之帳面ヲ年寄ニも知せ不被申、我儘ニ割、悪田多ク越被申候故、迷惑ニ奉存、御訴詔申上候得者、其段ハ御免ニ而御了簡被遊可被下之旨御意被為成、難有恐悦ニ奉存候御事（達而御訴訟も不申候事）

右之通ニ御座候得共、荒之義ハ高相応ニ割付被申候、則去年御帳指上ケ申候間、御帳面之通御下札被下候ハヽ、難有可奉存候、以上

貞享五年
辰ノ十月
林村庄屋　孫九郎㊞
同村年寄　伊兵衛㊞

ここで、孫九郎が訴えているのは、貞享四年に提出した「御帳面」通りに免状を発給してほしいということである。その事情は、次の通りである。

二条目に記されているように、これまで述べてきた大炊御門知行所一〇〇石は一旦上知されて幕領となっていたが、貞享四年、再び石井伝法知行所に五二石六斗九升六合（殿前組）が渡された。その際、一〇〇石の庄屋を務めていた権兵衛が、年寄役の者にも知らせずに勝手に一人で百石帳面の土地を自身が庄屋を勤める石井伝法知行所分と、孫九郎が庄屋を勤める幕領分に割り振り、幕領分に悪田を多く寄せたというのである。これを孫九郎は迷惑であると代官に訴えたところ、年貢高で配慮するとの意向が示されたので、とくに訴訟はしなかった。ところが、実際に免状が下されたところ、孫九郎組の高四七石三斗四合の内、永荒高一四石四斗六升一合と記載されていた。つまり、孫九郎組の毛付高が二斗六升増し、年貢が増加することになってしまい、小株で悪田が多い孫九郎組の小百姓は迷惑になるとして訴えたのである。

この経緯をみると、問題は二つの点にわたっている。第一は、貞享四年に一〇〇石から石井伝法知行所分を定める際、承応二（一六五三）年以来用いられてきた一〇〇石の帳面の毛付高を無視して、権兵衛の恣意により土地の割り振りが行なわれたことである。第二は、権兵衛は良田を多く自分の組の土地としたため、必然的に免状の毛付高の割合があがった。その結果、悪田が多いにもかかわらず、孫九郎組も同じ比率で算出されたため、荒高が減少して毛付高があがり、年貢収納高が増加することになってしまったのである。

この訴えの結果は明らかではないが、この後、孫九郎と権兵衛家の関係は悪化したものとみられ、元禄四（一六九一）年正月朔日に、「子息権兵衛祝意之時せに（銭）三百文為持参候へとも、取不申かへし被申候」[49]と記されているように、権兵衛は孫九郎からの祝儀を拒絶しているのである。

この頃孫九郎は、小堀代官所支配地（表9）で四人の庄屋の一人として庄屋を務めた。しかし、同一四年には庄屋

表9　貞享5年　林村五百石の内訳

知行主	石高
松木様	100
冷泉様	94
岩井様	77.136
舟橋様	56
藤浪様	5.56
御蔵入	167.304
合計	500

出典）貞享5(1688)年2月9日「悪水抜樋願書」(『山城町史』史料編，581頁)．

の退役願いを出しており、正長には困難な時代であったとみられる。次に、宇兵衛が元禄一四（一七〇一）年に小堀仁右衛門代官所に提出した提出した庄屋退役願いを掲げよう(50)。

［史料11］　乍恐口上

一私儀元来先祖三右衛門与申者、林村高五百石御蔵入一所ニ御座候節、壱人ニ而庄屋永々相勤罷有候内、御方領ニ相渡り申候、其わりと代々庄屋相勤罷有候家ニ而御座候得共、拙者儀ハ不調法ニ御座候、殊少高之所ニ庄屋多ク御座候故、私儀御赦免被為　仰付被下候様ニ、去ル卯之年御願申上候得ハ、林村御蔵入分一組ニも可被為　仰付由ニ御座候而先延引仕、此度又御願申上候、乍恐庄屋之儀御赦免被為　成被下候ハヽ、難有可奉存候、以上

元禄拾四年巳ノ五月五日　林村庄屋　宇兵衛㊞

小堀仁右衛門様

この願書によると、小林家は幕領である林村五〇〇石の庄屋を一人で務めていた家で、公家知行所に分割されることになったときも、その割り振りを行い、またその後も庄屋も務めてきたという。しかし、自分は「不調法」である上、少高のところに庄屋が多くいることから、庄屋役を退役させてほしいというのである。複数の庄屋の存在が桎梏となっていたことがわかる。ようやく正長が単独で禁裏御領分庄屋となったのは、宝永二（一七〇五）年であった。

さて、ここで再び図8小林家系図をみてみよう。三之助祖母と母に当たる正勝妻と正盛妻は、実家が記されていないことに気付く。祖母は「京某甲ノ産」と不明確な表現で、また正勝の妻の没年月日と法名は間違っていた。正盛妻も法名に誤りがある。このように、二人の女性が系図上で「冷遇」されているのは、これまでみてきた権兵衛との争

論が小林家の歴史の中で好ましいものと意識されていなかったからではないかと考えられるのである。

その後二七歳で、正常は野村武左衛門実継女を妻に迎えた。この女性は、野村家の系譜[51]では、「忠詮」の子「忠行」の妹で「弁女」という。小林家に遺る文書に、元禄八年一二月二八日付で野村半左衛門から「弁」へ金子一〇両と三ヵ所の田畑合計高六斗五升六合の土地の譲り状がある[52]。この譲り状は、弁が孫九郎と婚姻をした時に実家から金子と土地が持参金と持参田畑として譲られたことを示している。しかし、問題は孫九郎正長の妹「きさ」の記載が系図には表されていないことである。きさは、貞享四年六月二六日付で、井上玄柳の養女に出された。その証文は次の通りである。

［史料12］

［A］

井上玄柳養子譲状之事

一小林孫九郎妹おきさ儀ハ、玄柳存生之内娘ニもらい、田畠家財等不残譲り被申候事実正也、然ル上ハ拙僧少もかまい無御座、勿論他之申分も毛頭無御座候、母一代老年ニ米三石計飯米ニ被相渡、其外万事孝々ニ被致候様ニ頼存候、為後日譲状仍如件

貞享四年卯六月廿六日　少弐㊞

証人 源右衛門

小林孫九郎殿

［B］

書置之事

一井上玄柳跡敷、我等ニ譲り被申候、田畑家財入婿甚右衛門なくなり被申候得共、屋敷壱ケ所ゑん畑御座候、我等死後弥御世話ニ被成被下、武太郎廿際計ニ成申候ハヽ、右之屋敷御渡し被成可被下候事

一私一生之内、母ら被下候米三石宛、毎年無相違御渡し被下候、我等相果申後、少も申分無御座候事

一玄柳跡鋪之儀ニ付、何ニ而も縁者構無御座候、是迄諸事御役界御世話ニ罷成候上、若武太郎悪事出来申候ハヽ、御分御異見被成相続仕候様ニ奉頼候、悴政右衛門遺言も右之通我等同意ニ御座候得共、尚又為念書置申候、跡敷之義ニ付余人ゟ毛頭構無御座候、御一分として万端如何様共可然被成可被下候、幷孫娵かつへ不申候様ニ被成可被下候、奉頼候、為後日仍如件、

享保拾壱年午正月

林村玄柳娘　きさ㊞
証人同村庄屋　善右衛門㊞
証人同村年寄　半兵衛㊞
証人同村百姓　多右衛門㊞
証人椿井村庄屋　庄兵衛㊞

林村兄
宇兵衛殿

［A］は、貞享四（一六八七）年に、小林孫九郎正長の妹きさを、井上玄柳が存命中に養女とし、玄柳の田畑家財などすべてを相続させるという証文である。差出人の少弐とは、井上玄柳の子息とみられ、出家しているため玄柳跡の相続を放棄したのである。ただし、少弐の母、すなわち玄柳の妻が存生中は、米三石ずつ毎年飯米に渡すことが条件となっている。これに対して、［B］は、三九年後の享保一一（一七二六）年に、井上玄柳の跡敷を相続したきさが認めた遺言状である。きさは、家付き娘として入婿をとったが、入婿甚右衛門もすでに亡くなった。そこで、いまだ子供も成人していないため、兄の小林宇兵衛（孫九郎）に、書置きを残しているのである。その内容は、次の三点である。第一に、自分が他界した後の財産分与である。井上玄柳から相続した財産としての屋敷一ヵ所と園畑があるが、自分が他界した場合は、この世話をして、武太郎が二〇歳になったら屋敷を渡すようにしてほしいという。第二に、きさ

が存命中の扶持米である。［A］で母が受けていた年間三升の米を、自分も存生中は渡してほしいということである。第三に、玄柳跡式相続についてである。跡式は武太郎に渡すことについてだれからも異存はないものの、武太郎本人に悪事が生じた場合は分別の異見をし、跡式を相続できるように更正させることを兄孫九郎に依頼しているのである。きさの悴政右衛門はすでに他界しているとみられるが、その遺言も武太郎に跡式を継がせることに同意しているものの、念のため書きおいておくという。一門としてとりはからい、孫や嫁が餓えることのないようにと頼んでいるのである。ここで、きさが養女にもらわれていった井上家は、狛旧臣の一家で、その娘を先述した小林三右衛門正信も嫁にもらっているという姻戚関係のある家である。しかし、図8系図では、正盛の娘としても、あるいは正常の妹としても、きさの存在は示されていないのである。

以上のように、正常の代に関わる事実は、小林家の系図に正しく記載されることはなかった。それでは、こうした小林家の歴史上好ましくない歴史的事実の操作は、いつ、どのような意識により行われたものであろうか。

ここで、再び小林家が帯刀改めに際して提出した願書に注目してみよう。寛政元(一七八九)年閏六月に京都代官小堀縫殿による帯刀改めに対して、林村から出された回答[53]には、宝暦五(一七五五)年に父が病死して家督を相続した三六代正易が郷士の継目相続を延期する願いを提出したとある。たしかに、小林家文書には、宝暦五年八月付で「宇兵衛病死仕候処、悴源吾病身ニ付、郷士継目追而御願申上度奉存候間、御断奉申上候」と「郷士」継目願いは遅らせたい、「所神事之節」と「旅行祝儀事凶事」の帯刀はそれまでどおり行いたい、と二点願っている[54]。ここから、正易は小林家が「郷士」の家筋であると認識していることが明らかになる。たしかに、前述したように、正易の存生中に制作されたと推定される小林家系図には、主取りをやめ在村することになった二九代重信の事績に「狛郷始為郷士、則狛一族之随一也」と記され、次の代から当主には「郷士相続」と代々記されるようになる。ところが、帯刀の名目は、先に示したように、あくまで百姓が神事や地頭用事の時だけ帯刀するのであり、「郷士」とは認められていないのである。

しかし、小林家は「数代郷士」であると述べたため、京都町奉行所から「郷士」であることを根拠づけるような「郷士由緒」を書き上げるよう求められた。そこで、正易は、系図を整え、由緒書を作成したと考えられる。正易が提出した由緒書では、[55]「私先祖小林三右衛門与申者ニ御座候而、同村郷士ニ狛左馬之進と申者之氏族ニ御座候」と、小林家が「郷士相続」をしてきた根拠は、同郷の郷士狛左馬之進の氏族であるという説明を行った。狛左馬之進に関する小林家の説明はほぼ正確で、狛氏が信長から知行安堵をうけていたものの、信長の死後数代上狛村に在住した後、宝永年間に織田山城守に仕え、今は丹波国柏原に居住していること、小林家では、慶長九年に亡くなった二八代正之の妻が狛左馬之進の子綱吉の娘であることから、姻戚関係のある狛一族であると述べた。しかし、小林家は「郷士」として帯刀することを認められなかったのである。

寛政一〇年三月一九日、再び上狛村から京都町奉行所へ、帯刀人が書き上げられた。[56]それには、小林宇兵衛は「郷士家筋之ものニ而、先代より(ママ)所氏神神事之節晴役共帯刀仕来申候、尤往古ゟ之儀ニ而、何頃ゟ右帯刀仕候哉、年古キ儀故年暦等難相知御座候」と、古くから帯刀してきた実態が述べられている。しかし、小林家をはじめとする上狛村の帯刀人の認可をめぐっては、「追々品替り等も御座候故、其度々御届可申上処、全先役之もの共無心附、御届不申上候儀と、於当役も奉恐入候、乍延引此度御届奉申上候」と、村役人が帯刀人の代替わりなどの変更を京都町奉行所に届けていないことが問題視されたのであった。

そこで、あらためて帯刀人の実態調査が行われ、ようやく享和二（一八〇二）年四月に帯刀が認められることになった。その請書は、「上狛村帯刀人惣代小林宇兵衛」が京都町奉行所に提出した。そこには、「帯刀継目品替等之節ハ御届可申上候処、多分心得違仕御届不申上帯刀仕来候処、此度御調付、先達而夫々以書付奉申上候名目、臨時一日晴其外帯刀之義、是迄之通相心得候様被仰渡難有奉畏候」と、継目相続など変更を届け出てこなかったことを詫びた上で、それぞれこれまで行ってきた帯刀の名目どおりに帯刀の許可を請けたのである[57]。この時の小林家当主は、三七代正居であった。

しかし、小林宇兵衛家への帯刀許可は、あくまで百姓身分での帯刀許可にすぎず、「郷士」身分による帯刀の承認ではなかった。そのため、再度、翌享和三年四月に、京都町奉行所が行った「郷士・浪人百姓ニ而今迄由緒有」る者として、由緒書を提出することになるのである[58]。

そこでは、小林宇兵衛家は欽明天皇の流れにある源宗景が一四世紀前期暦応年間に小林を名乗り始め和泉国佐野庄に在住していたが、その八代のちの嫡孫小林友之進が一五世紀前期天文年間に武功をあげ将軍の足利義晴の命で「山城之侍」として上狛村に移住してきたと述べる。その後、軍功により丹波国氷上郡で五ヵ村を賜り、それを織田信長からも安堵された後、文禄年間に所領を召しあげられ、「浪人」したといわれている。この由緒書では、狛氏との関係は一切触れられることがなく、小林家自身が論功行賞により室町幕府から所領を宛行われ、信長にも仕えたと語られる。すなわち、自らの家を直接貴種に結びつける内容となっているのである。こうした事績は、小林家系図に記載されていることを文章化したものであり、信長と秀吉からの知行安堵についても「知行目録」が勝尚の事績の記載とともに写しとられているものを根拠にしたのであった。

このように、正易が提出した寛政元年の由緒書は、狛氏との関係をその当時知られる事実に即して述べたものであったのに対して、正居が提出した由緒書は、貴種の血を受け継ぎ、戦功により信長・秀吉から知行宛行いをうけるほどの武士であったことを優先した内容となっている。すなわち、「郷士」の家筋であることを公的に承認されるよう、いわば家柄を誇大ともいえる内容で飾ったといえるのである。こうした家の由緒の操作の過程で先述した三一代から三三代にまつわる負の歴史は抹消されていったものと考えられるのである。

以上、狛一族であり旧臣の小林家に即して、家の継承と家の歴史に対する意識を検討してきた。小林家は、狛氏が寛文一二年に上狛村を離れてから、狛一族・狛家来（「狛連中」）の一員として前述したように城跡地の運営を担っていた。しかし、狛家来で特に狛野荘の鎮守松尾神社の神事を狛氏に代わり行っていた松井家も享保一三年に城跡年貢不納のため「狛連中」を除名され、先述のように大西清助家が明和三年、大西平右衛門家が天明三年、野村武左衛門家が天明二年と断絶してゆく中、上狛村に存続した狛連中の家は、小林宇兵衛家のみとなった。そのため、丹波国柏原城下の狛氏と上狛村との連絡はすべて小林家が担うことになった。

そのほか、小林宇兵衛家が引き継いだ「狛連中」が担ってきた役割は、次の三点である。第一に、雨乞いの祈願成就に際して狛野荘氏神御霊神社と松尾神社に奉納される「一六拍子」という踊りにおいて狛氏の用意すべき笠鉾を制作することである。一八世紀中頃までは、狛氏の城跡の作徳で、狛連中が笠鉾を用意していたが、その後小林家が引き継いだのである。第二に、正月一一日に松尾神社の神事として行われる「御田当指」に際し、南座の第一番目の初穂を狛氏に代わって集めることである。第三に、狛氏の祈願所である弁才天社の別当職である。代々狛氏が別当職を有していたが、狛氏の在地遊離後は、狛連中が別当職を務め、さらに小林家が引き継ぐことになったのである。なお、野村文右衛門家が再興されてからは両家で別当を務めていた。

このように小林家は、一八世紀後期以降、上狛村で唯一となった狛家来の家として、旧狛野荘南荘の他の百姓とは異なる高い家格を求めたのである。その際、当該地域のシンボルとなっていた狛氏の旧領主としての権威を、現実には小林家がすべて代行することになったため、小林家は狛氏に勝るとも劣らない由緒の創作に向ったものと考えられるのである。

結局、小林家は幕末維新期に至る迄「郷士」であることは認められなかった。天保一〇（一八三九）年、嘉永三（一八五〇）年の帯刀人改めでも、「氏神神事幷祝儀不祝儀之節計帯刀」と記されるに止まった[59]。さらに、享和三年の由緒書は、ほとんど同文のまま慶応四（一八六八）年閏四月、京都の千本役所に提出されている[60]。すなわち小林家は、明治新政府に自らの家格が「郷士」であることを公認されることを求めたのであった。

おわりに

以上、山城国相楽郡旧狛野荘南荘を本拠とした国人狛氏とその一族・旧臣の動向を踏まえ、兵農分離体制下の近世社会においてこれらの中間層が在地社会との関わりでどのように家を継承していったかを検討してきた。ここで明らかになった点は、次の二点である。第一に、兵農分離とは、武士となって在地を離れるか在地に残るか、という二者択一的な選択でも、またある一時の時点で行われる選択でもないことである。狛氏が、信長の死後、仕官の道を見出すことのできないまま太閤検地を受け在地に居住し続けながら、仕官の機会を常にうかがい、最終的には織田家に仕えていったように、一七世紀後期に至るまで、身分の移動は流動的な状況にあったことである。第二に、こうした流動的な状況に対して、幕府は浪人や帯刀して在地に居住する者を掌握し制度化したが、在地に遺された旧臣たちはこうした制度を、自らの社会的地位を意味づける手段として利用したことである。この点で注目すべきなのが、戊正月二八日付で、京都所司代板倉周防守重宗から林村庄屋・百姓宛てに出された触書である(61)。

［史料13］　急度申遣候

一其在所ニはてれん門徒於在之者、先年も如申触候、堅可致穿鑿、自然有之者可申来候事

一武士之牢人度々如申、在所ニ抱置間敷事、併百姓牢人之儀者、在所就其身於存ニ、抱置候儀、可為各別事

一当年　御上洛被成御沙汰候間、在所々々道橋悪敷処念を入作可申者也

戊

正月廿八日周防　印

林村
　庄屋
百姓中

この文書は、第三条目の記述から、徳川家光の上洛を控えた寛永一一年に発給されたものと推定される。この年、この達書で注目したいのは、二条目の記述にある「武士之牢人」と「百姓牢人」という文言である。「武士之牢人」とは、明らかに武士団に所属している「武士」の浪人で、その在所に出自があるか否か不明の者を意味する。このような「牢人」は、在所に居住することを禁じたのである。これに対して、「百姓牢人」とは在所に親類縁者が居住している者、つまり本貫地の在所に立ち戻った「牢人」である。そうした者は、在所でその人物を知る、つまり在所で身元保証ができる場合は、特別に在所に居住させていい、というのが本条文の主旨であった。

この達書は、将軍上洛を目前に控えた時期に、山城国に潜む徳川氏への抵抗勢力に警戒する目的で発給されたもので、「武士之牢人」を在所から駆逐することに主眼がおかれていると考えられる。しかし、半年後の七月二八日付で、京都から御料私領をとわず在々所々宛てで、住所と名を書き付けて幕府に差し出せば在所に居住することも可とする触書が出された(62)。

［史料14］

今度在々所々御料私領共に、侍分之浪人有之は、具相尋、住所幷名を書付、可指上之旨被　仰出候、浪人気遣成儀ニてハ少も無之候、此以前何方に罷在、何と申浪人、何程有之との御尋に候、又主人構なく、有付度ものハ、其身心得次第有付可申者也

　戌七月廿八日

右ハ御上洛之節、於京都被　仰出之

朝尾直弘氏は、同じ年の閏七月に京都市中に出された触書を紹介し、「牢人」の追放政策から管理・掌握へと転換

したと指摘した。[64]「侍分之浪人」すなわち「武士之牢人」は、住所と名前を書き上げれば在所に居住することが許されるようになった。これが「浪人改め」制度につながってゆくのである。

これに対して、本章で検討してきたように、一七世紀段階の在所には、「百姓牢人」やその子孫が数多く存在していたことに注目する必要がある。その中には、狛氏や椿井氏のように、仕官をして在所を離れてゆく家もあったが、多くは在所に残り、代を重ねることになった。そして、一七世紀末以降の帯刀改めの際、「郷侍帳面」に登録されることで、「郷侍」として掌握されたのである。

結果的に、「郷侍」として掌握された者は、他の在所の「百姓」とは異なる社会的位置を得たことになる。そこで、「百姓牢人」の家筋は、この制度を逆に利用し自らの社会的地位を上昇させようと腐心した。「郷侍」は、「百姓」とは異なる社会的身分として有効な徴表であったのである。

（1）母利美和「近江国神崎郡種村「郷士」大橋家の身分と地域社会」『滋賀大学経済学部附属史料館研究紀要』四五号、二〇一二年。
（2）尾脇秀和「「郷士帯刀」と「講師株」」『地方史研究』三七八号、二〇一五年。
（3）赤井孝史「近世の村と帯刀人と刀」『園田学園女子大学論文集』四五号、二〇一一年
（4）吉岡拓「明治前期京都府下における郷士の族籍処分」『地方史研究』三三二号、二〇〇八年。
（5）吉田ゆり子「村に住む「武士」」（『新しい近世史』四巻、新人物往来社、一九九六年、のち改稿の上、『兵農分離と地域社会』（校倉書房、二〇〇〇年）第四章「「郷士」と帯刀改め」所収）。
（6）吉田ゆり子『兵農分離と地域社会』（校倉書房、二〇〇〇年）、同「近世農村の姿」（『日本の時代史』一四、吉川弘文館、二〇〇三年所収）、同「兵と農の分離」『日本の近世』放送大学教育振興会、二〇〇七年所収）。
（7）元亀三年一一月狛左京亮宛朱印状（狛家文書、狛忠久氏所蔵）。
（8）「御家中由緒書」（織田家文書、柏原市資料館所蔵）。
（9）「狛家由緒書」（狛家文書、狛忠久氏所蔵）。

(10) 小林家文書（続狛文書）、山城郷土資料館所蔵。
(11)（文化五年）二月二四日付狛孫左衛門から小林宇兵衛宛書状（狛家文書、狛忠久氏所蔵）。
(12) 野村家旧蔵文書（旧山城町史編纂室写真資料）。
(13) 前掲吉田ゆり子「近世農村の姿」。
(14) 前掲吉田ゆり子『兵農分離と地域社会』。
(15) 前掲吉田ゆり子『兵農分離と地域社会』第一編第一章・第二章、同「村の形成」（杉森哲也編『日本の近世』第八章、二〇〇七年、放送大学教育振興会、のち『大学の日本史　3近世』、山川出版社、二〇一六年所収）、前掲同「近世農村の姿」参照。
(16) 小林家文書（狛氏文書）③一五。
(17) 卯（享保八年）二月「山城国相楽郡狛郷之住」（小林家文書（続狛文書））。この一件と松井助八郎の旧臣中間からの除名の経緯に関しては、前掲吉田ゆり子『兵農分離と地域社会』第一編第三章参照のこと。
(18)「観音院児名代江戸下校覚悟記」（小林宇兵衛家文書・観音院文書）。前掲吉田ゆり子『兵農分離と地域社会』第一編第三章参照。
(19) 浅田家文書（東京大学経済学部）v二七三。
(20) 寛文九年正月二〇日「契約状之事」（小林家文書、B五）。
(21) 平山敏治郎「山城狛組無足人について」『人文研究』一八—三、一九六七年。
(22) 享保九年二月の「無足人御改御書付共之控」（前掲平山敏治郎「山城狛組無足人について」）。
(23) 小林家文書、B三二。
(24) 浅田家文書、E二一—二七、二一—二四など。
(25) 文政一〇年六月「覚」（浅田家文書、C七五一）。浅田家文書、E二一—三二。
(26) 文政七年九月写「野村累代暦」（野村美佐子家文書、E一〇—二六）。
(27)「野村家景譜」（野村美佐子家文書、E一〇—二七、同E一〇—二八）。以下とくに両帳の区別が必要な時以外は、「野村家景譜」を「系図」とよぶこととする。
(28) 野村美佐子家文書、E一〇—二七、一〇—二八。
(29) 野村家文書（奈良）小林氏写真資料。
(30) 元禄五年一一月「無足人御改帳」（浅田家文書丞、E二一—四）。

(31) 前掲平山敏治郎「山城狛組無足人について」。
(32) 浅田家文書、冊D一四四。
(33) 文政一〇年六月「覚」（浅田家文書、C七五一）。
(34) 小林家文書、C一九七。吉田ゆり子「兵と農の分離」（前掲杉森哲也編『日本の近世』第八章）。
(35) 天和三年、京都所司代による指示で京都町奉行が実施した浪人改め（『京都御役所向大概覚書』上巻、四十四「浪人改之事」、清文堂出版、一九七三年刊行）、吉田ゆり子『兵農分離と地域社会』第一部第四章、前掲「兵と農の分離」参照。改帳は、京都町奉行所で作成され、京都所司代にも保管された。
(36) 元禄四―五年にかけて京都所司代内藤大和守重頼の指示で、武家方、公家方、寺社方、町方、村方と、それぞれの命令系統で帯刀改めが実施された。本文で掲げた「郷侍」の条項は京都所司代の身分ごとの指示が書きつけられたものの一部とみられる（『京都御役所向大概覚書』上巻、「四十五刀帯改之事」）。
(37) 前掲吉田ゆり子「兵と農の分離」。
(38) 小林宇兵衛家文書、C一六八。
(39) 小林宇兵衛家文書、C一六九、一七〇。
(40) 寛文六年四月九日「嫁取助成之覚」（小林宇兵衛家文書、D二）、寛文八年八月一八日「産着之覚」（同D三）。
(41) 寛文五年一二月「家之普請合力覚」（『山城町史』史料編、六二三―六三〇頁）。
(42) 前掲吉田ゆり子『兵農分離と地域社会』一〇六頁。
(43) 小林宇兵衛家文書、G一三。
(44) 元禄九年二月「乍恐御訴詔申上候」（『山城町史』史料編、五八二頁）など。
(45) 小林家文書、C一。
(46) 小林宇兵衛家文書、G一二。なお、同日付で孫九郎から浄貞宛ての一札もある（小林宇兵衛家文書、G一七）。
(47) 小林宇兵衛家文書、G一一。
(48) 小林宇兵衛家文書（写真二〇〇八）。
(49) 元禄一四年までに宇兵衛を襲名したが、その時期はいまだ確定できていない。
(50) 小林宇兵衛家文書（『山城町史』史料編、四七六頁）。
(51) 野村美佐子家文書、E一〇―一二七。
(52) 小林宇兵衛家文書、B一七九。

(53) 小林宇兵衛家文書、C一八八。
(54) 小林宇兵衛家文書、C一七二。なお、源吾がここでいう父宇兵衛とは小林家の先代の常政をさしているとみられるが、常政が寛延三年に没してから継目相続願いを出さないままでいたところが、宝暦五年に延期願いを出したものと推定される。
(55) 小林宇兵衛家文書、C一九〇。
(56) 小林家文書、C一九六。
(57) 小林家文書、C一二五。
(58) 小林家文書、C一九八。
(59) 天保一〇年二月「東御奉行本多筑前守様江差上幷帯刀継目御願　小堀主税様江御届ケ書共　一件留」(小林宇兵衛家文書、C二〇四)、嘉永三年三月「小堀様ゟ帯刀御調ニ付写差上候控」(小林宇兵衛家文書、C二一二)。
(60) 慶応四年閏四月九日「由緒書控」(小林宇兵衛家文書、C二二〇)。
(61) 小林家・狛文書一七号(山城郷土資料館寄託)。林村はこの時期、板倉重宗の所領であったとみられる。
(62) 『近世法制史料叢書第一　御当家令條』三七三号。
(63) 『京都町触集成』別巻二、三三五号。
(64) 朝尾直弘「近世京都の牢人」(『京都市歴史資料館紀要』一〇号、一九九二年、のち『朝尾直弘著作集』第七巻、岩波書店、二〇〇四年所収)。

第七章　祝園神社神主の江戸出訴

――旗本天野氏上方代官七代森島清右衛門の行動に注目して

冨善一敏

はじめに

近世後期の南山城地域は、幕藩領主はもとより、庄屋・大庄屋・代官などの地域運営者、問屋や商人などの経済主体、寺僧・神主等の宗教者など、複数の社会的権力がせめぎ合う場であった。筆者は前稿「嘉永四年(一八五一)旗本天野氏上方知行所村々江戸直訴一件について」[1]で、山城国相楽郡祝園村旗本天野知行所上方代官見習森島徳三郎（八代清右衛門）隠居の森島清司（七代清右衛門）の代官後見同様の行為と、公私を混同した経済活動への知行所村々の反感が、当一件の原因であったことを明らかにした。本章ではこれに引き続き、七代森島清右衛門壽重が代官役を罷免される原因となった、天保一〇(一八三九)年に起きた祝園神社神主宮城土佐守の江戸出訴を取り上げる。その際、①清右衛門の代官就任後に起きた不帰依一件、代官役罷免→再勤など文政年間のめまぐるしい変転、②神主と村との関係、代官と領主、居村及び知行所村々との関係、の二点に留意して検討する。

上方代官については、摂津・河内を事例とする熊谷光子氏の優れた先行研究がある。[2] 氏の成果をふまえ、旗本の上方代官が領主権力及び社会的権力をどう意識し行動したかを明らかにし、畿内先進地域における経済社会の担い手について考察したい。

一　文政年間の代官七代清右衛門

(1)　清右衛門の上方代官就任

森島家は、一七世紀半ば以後祝園村の庄屋役を、寛延三(一七五〇)年以降には旗本天野氏上方知行所の代官を代々務めていた。領主の旗本天野氏(知行高二七三〇石余)は、相楽郡祝園村(知行高三八五石、五給)・同郡菱田村(同一七石、五給)、綴喜郡大住村(同六七四石、五給)、乙訓郡下久世村(同三六八石、七給)の四ヵ村(以下四ヵ村と略す)に所領を持ち、代官森島氏が知行所村々の庄屋・年寄・百姓代を統轄し、知行所運営に当たった。[3]

七代森島清右衛門壽重は、寛政七(一七九五)年に近隣の綴喜郡松井村帯刀庄屋安倉了助の悴弁次として生まれた。文化一二(一八一五)年に二一歳で、大住村久蔵の世話により、六代清右衛門清斎の聟養子として森島家に入家した。しかし翌年四月に家風に合わないとして不縁となったが、近隣の相楽郡南稲八妻村の大崎権平が引受人となり、森島家に再縁した。[4] 養子というその出自が、清右衛門の以後の行動に大きく影響する。

翌文化一四年一一月、弁次は代官見習に就任し、清次郎と改名し一人扶持を受けた。二年後の文政二(一八一九)年二月、六代清斎は病気のため代官役の辞職を願い許可された。閏四月に清次郎の跡役就任(八石二人扶持、給人席)が命じられたが、二五歳と若年のため、清斎が後見した。[5] 清次郎は(七代)清右衛門と改名し、知行所村々の運営に当たった。

二年後の文政四年九月、領主天野氏は清右衛門に加え、親戚の旗本内藤氏知行所近江国甲賀郡深川村の在地代官立川権八を、四ヵ村の知行所支配に当たらせようとした[6]。しかし大住村は、近江深川村は四ヵ村から遠く離れており、御用の際の出役に数日かかり迷惑だとして、従来通り清右衛門の単独支配を願い実現しなかった[7]。

翌文政五年九月、領主天野氏の上方銀主への借財返済に尽力するため、清右衛門は給人席から用人格用人並への昇進を命じられた[8]。同年一一月には領主天野氏の勝手賄いを関東三ヵ村と共に命じられたが、上方・関東知行所村々の干損などで金一〇〇両余の不足が生じ、翌六年一一月清右衛門が一〇〇両を領主に貸し付けて埋め合わせた[9]。同七年七月には、二年前に定められた勝手賄仕法で年三八〇両を江戸に送金する約束のところ、別に金三〇両の上納を命じられやむなく上納したが、特別なことであり今年以降は上納できないと願っている[10]。このように、上方代官役に就任してまもない若年の七代清右衛門は、増大する領主天野氏の金銭要求への対応に苦慮していたのである。

(2) 文政八年知行所村々不帰依一件

文政八(一八二五)年正月七日、祝園村・菱田村・大住村の三ヵ村から、江戸出府中の清右衛門の知行所支配を断る旨の訴状が、領主用人飯塚曽右衛門・渡辺魯平の両名に出された。その全文を左に掲げる。

［史料1］[11]

乍恐以書附奉願上候

一森嶋清右衛門様御役儀ニ付不取計与奉存候ゆへ、百姓一統難儀ニ相成候も難計奉存候、何分御上様之御借用金如何程御座候哉、名主役ヲ始御月下金、又者是迄池田屋印掛り者格別如何程借受御座候哉、一切相分り不申候間、私共銘々不帰依与申立候ゆへ、何分　御上様之御慈悲を以、御年貢直納ニ被成下候得者、百姓一統難有奉存候、清右衛門様御支配御役儀者一統御断奉申上度候、御借用金高段々相尋候得共何分相分り不申候ゆへ、及此後印掛りニ相成難儀出来候程も難計奉存候、左候得者百姓一同之難儀出来候得者、私共銘々相互ニ難儀ニ奉存候間、始末御紏被為　成下候得者、広大之御慈悲と難有仕合ニ奉存候、且又清右衛門様当月六日出立ニ而江戸表へ御下り被成候、是又万々一御年貢御不納申立被成候程も難計奉存候、何分御上納御不納与申候儀者一切無之御座候、先達而御用人様御登り被成候砌ニも、　御殿様御出精ニ付金百五拾両先納ニ而差上可申与承知仕、用意致居申候処、右体ニ而御座候ゆへ、御不納抔与申儀者決而無御座候、譬清右衛門様ゟ　御殿様へ如何体被　仰上候共、御知行所三ケ村連印を以御願申上候上者、清右衛門様より如何体被　仰上候儀者御頓着なく、村方御紏被下候上被為　聞召、始末一件として急々御用人様御登り被成下、双方御紏被成下候ハヽ、百姓一統御慈悲与難有可奉存候、以上

城州相楽郡祝園村
年寄　喜三郎
（以下祝園村・菱田村・大住村の庄屋・年寄・組頭・百姓惣代、三〇名連署略）
飯塚曽右衛門様
渡辺魯　平　様

追啓奉申上候、然上者御用人様御登之砌、大住村へ御着之積り成被下候、已上

毎月の下し金（領主天野氏への賄い金の送金）や、池田屋への借金など、領主天野氏の借用金の明細が分からないのは、清右衛門の「役儀不取計」であり、領主に年貢の直納を願い、清右衛門の支配を拒否する。領主への先納金一五〇両を準備しており、領主用人に取り調べのため（清右衛門居住の祝園村ではなく）大住村への出役を願っている。

これを受け用人両名は、正月二三日に森島家同族の森島安右衛門に宛てた書状で、昨文政七年一一月に銀主方へ例年渡す証文の書き換えが滞り、江戸表の勝手賄い方に支障が出ており、清右衛門が作成した証文一六通[12]に調印し銀主に渡し、銀主から古証文を取り戻すよう命じた。三ヵ村からの訴えについては、銀主への証文引き換えが済んでから

取り調べるとし、証文の引き換えを拒否する者がいた場合はその名前を報告するよう指示した。

森島安右衛門は江戸から届いた証文一六通を、四ヵ村の村役人に披露し調印を求めた。大住村（東株）庄屋五郎右衛門ほか二名、[13] 下久世村庄屋吉右衛門ほか二名の村役人六名は調印したが、大住村（西株）庄屋甚左衛門・（北株）庄屋彦兵衛ほか四名、祝園村庄屋代平四郎ほか二名、菱田村庄屋喜助の村役人一〇名は承知せず連印しなかった。これを受け用人両名は二月一二日に、連印拒否者のうち大住村庄屋甚左衛門・年番庄屋伝左衛門・百姓喜右衛門、祝園村組頭喜兵衛・同喜三郎の六名を江戸に召喚する差紙を出した。森島安右衛門は、同村の森島九郎兵衛（大原氏知行所代官）ほか他給の村役人を頼み説得を続けたが不調に終わり、二月二六日に祝園村年寄喜右衛門ほか六名から、江戸召喚の延期願いが出された。

用人両名は強硬な姿勢を取り、大住村甚左衛門ほか二名、祝園村喜兵衛ほか一名の江戸出府を再度厳命した。これを受け訴訟方も軟化し、三月二四・二六日の両日に、森島安右衛門と森島九郎兵衛を通して、祝園村百姓利助と年寄喜右衛門を江戸に派遣し、願書持参の上詫びる旨を用人両名に伝えた。江戸に到着した大住村甚左衛門ほか二一名の願書は、正月七日の訴状の内容を撤回し、差紙違背などを詫びた全面屈伏の内容であった。

翌四月、用人両名は当一件の処罰を三ヵ村に伝えた。首謀者とみなされた大住村庄屋甚左衛門・伝左衛門・彦兵衛、祝園村組頭喜兵衛・喜三郎、大住村組頭喜右衛門の六名は、清右衛門には何の落ち度もないにもかかわらず、年貢を不納し銀主への証文に調印せず、村役人も務めながら村方を騒がせ領主を軽んじたのは「重々不埒」として役儀罷免、祝園村組頭伊兵衛も罷免の上合力米取り上げの重罰を受けた。祝園村組頭喜右衛門、菱田村庄屋喜助、大住村年寄孫兵衛・孫十郎、祝園村組頭平四郎・市郎兵衛は急度叱り置き、大住村百姓平九郎以下一六名は叱り置きの処罰であった。一方訴えられた清右衛門に咎めはなく、罷免された大住村庄屋三名の跡役は、同村東株庄屋五郎右衛門が兼帯した。

領主天野氏が銀主から金銭を借用する際には、知行所村々の村借の形を取ることが求められ、借用証文には村役人の連印が必要であった[14]。本一件から、清右衛門が上方代官の職務として行う銀主からの資金調達の過程で不明瞭な側面があったことがわかる。このことが、翌文政九年の代官役罷免一件でさらに問題となる。

(3) 文政九・一〇年代官役罷免一件

文政九（一八二六）年五月一三日、用人飯塚曽右衛門及び渡辺魯平の両人は、清右衛門に、謹慎と昨文政八年の勤方取り調べ及び勘定仕訳帳面の提出を命じた[15]。さらに同月、父清斎と清右衛門の両名に対し、次のような書付が出された。

［史料2］[16]

　　　　　　　　　　　　　　　　　　　　森嶋清斎

悴清右衛門事村方取扱不行届、其上　思召ニ不応儀有之候ニ付、永之御暇被　仰付候、其方儀者数代相勤候家筋ニも有之候間、格別之　思召ヲ以、此上相応成者致養子、家名相続可為致候、夫迄当分清右衛門勤跡之儀、其方可相心得旨被　仰付候

（文政九年）戌五月　飯塚曽右衛門
　　　　　　渡辺魯平

　　　　　　　　　　　　　　　　　　　　森嶋清右衛門

村方取扱不行届、其上　思召ニ不応儀有之候ニ付、永之御暇被　仰付候、依之是迄取扱候諸帳面其外勤掛り之御用向等取調、此度出役渡辺魯平ニ可差出候

（文政九年）
戌五月　飯塚曽右衛門
　　　　渡辺魯平

先に述べた文政八年の不帰依一件と考えられる「村方取扱不行届」、及び（多額の送金を要求する）領主天野氏の意向に応じないことを理由に、清右衛門を「永之御暇」とし、養父清斎に対しては、森島家が「数代相勤候家筋」と代官役を長年務めてきた家筋であることを考慮し、別に養子を迎え家名相続させるまで代官役を務めることを命じている。

渡辺は六月朔日清右衛門に、銀主の大坂池田屋からの当月分の送金の問い合わせと、諸帳面類の提出を再度指示した上で、「貴様事も右御用向片付候者、御引払可被成候」と森島家からの立ち退きを命じた[17]。代官役の罷免及び森島家からの離縁、退去であり、養子として森島家に入家した清右衛門にとって最大の危機であった。

用人渡辺魯平は、六月三日に京都に到着し、九月二四日の出立まで滞在し、森島家及び四ヵ村との交渉に当たった。六月二八日、御用向きにつき京都での面会を求める書状を清斎に送り[18]、七月三日には、当月分の送金の有無の返事の催促と、知行所からの立ち退きを再度清右衛門に求めた[19]。同五日付の清斎への書状では、六月二四日付で清斎から提出された［史料2］への請書について、清右衛門の知行所からの退去と実家の松井村安倉家への送還、相応の者の再養子、清右衛門への扶持召し上げを指示した。

これに対し清右衛門は七月三日付の書状で、六月分の江戸下し金二二両は同月五日に池田屋から送ったと渡辺に弁明した。七月分の送金については、大坂銀主との取り決めがないので渡辺が直接交渉してほしい、諸帳面の提出命令に関しては提出する帳面がないとし、文政九年正月以降自分が用立てた金子を返してもらえれば帳面を作成し提出すると述べた[20]。自分に不正はなく、罷免するなら用人自らが江戸送金の調達を行うべきとの回答である。

七月六日、四ヵ村は清右衛門に頼らないと領主天野氏への送金ができないことから、渡辺に清右衛門の罷免撤回を求めた。渡辺は六・一二日の両日、四ヵ村に上京して自分に面会し、江戸送金への助力を求める書状を送ったが、四ヵ村は応じなかった。四ヵ村の村役人は二〇日には上京したものの、渡辺に無断で帰村する有様であった。江戸送金の問題の解決を迫られる渡辺にとって、清右衛門の重要性が再浮上する。

清右衛門は、七月下旬に森島九郎兵衛の仲介で渡辺に面会し、御用向きの延引について自分の非を認め詫びた。八月二九日に至り同族の森島九郎兵衛から、清右衛門の天野家の帰参が四ヵ村に伝えられ[21]、森島家と清右衛門の危機はひとまず回避されたのである。

一〇月一一日付で、用人渡辺と飯塚の両名から出された御用状を以下に掲げる。

[史料3][22]

一上方御知行所支配役、先達而其元へ御頼之趣被　仰出候処、其節知行所村々江相達被成、則早速請書差出候ニ付、帰府之上御披露申上、御聞済在之候処、此度　思召を以、其元幷森嶋清右衛門右支配役両人勤候様被　仰渡候而、其段村々江相達可申様被　仰付、尚又村々ゟ改メ請書差出しニ不及候、森嶋清右衛門儀者数代相勤来り家筋ニ候得者、諸事御用弁ニ相成候ニ付、依之　右之趣被　仰渡候間、此段村々江早々御達し可被成候、以上

（文政九年）十月十一日　渡辺魯平　飯塚曽右衛門

森嶋九郎兵衛殿

上

森嶋清右衛門

一此度　思召を以、上方御知行所支配役森嶋九郎兵衛両人勤可致様被　仰出候、尚又村々収納米売捌幷諸借財等

之儀、万事同人与談シ合之上取計可致様、尚又向後勤向之儀骨折出情可致様、是又被　仰付之趣ニ付、右之段
相達し申候、以上

文政九戌年　　飯塚曽右衛門　出役ニ而無印
十月十一日　　渡辺魯平　印

このように、分家大原家の代官森島九郎兵衛が、本家天野家の代官役を兼任し、復役した清右衛門と共同で、知行所運営に当たることになった。両者の給分は、森島九郎兵衛が五石三人扶持、清右衛門が三石二人扶持であり、「森嶋九郎兵衛勤筋差添被　仰付」と、清右衛門が九郎兵衛を補佐する形になっている[23]。

しかしながら、九郎兵衛と清右衛門の共同運営体制は長くは続かなかった。同年一二月、用人渡辺魯平は「江戸武家奉公御構、永之暇」と罷免され、その後任に山中儀兵衛が就任する。翌文政一〇年四月一〇日、用人両名と共に領主天野氏に面会した江戸出府中の九郎兵衛が、清右衛門罷免（「永之暇」）の情報を伝え、清右衛門に急遽江戸出府を求めた[24]。清右衛門は五月八日に祝園村を出立し江戸に下ったが、彼を待っていたのは次の申し渡しであった。

［史料4］[25]

覚

森嶋清右衛門

右之者儀、是迄勤柄不束之義　思召、急度可被　仰付候処、其方依願格別之　思召を以、御役　御免、御給扶持被　召上、苗字帯刀其儘被　差置候間得其意、此段清右衛門江其方ゟ可申付候事

文政十丁亥年　　飯塚武太夫㊞
六月　　山中儀兵衛㊞

森嶋清斎江

清右衛門は「勤柄不束」の罪に問われたが、養父清斎の願いにより代官役を罷免され、三石二人扶持の給分を取り

上げられた。しかしながら苗字帯刀は従来通り許可されており、文政九年とは違い、森島家からの退去や離縁は命じられていない。その代償として、清斎に冥加金六〇両の上納が命じられている。[26] 以後文政一三（一八三〇）年まで、代官役は森島九郎兵衛一人に担われることになる。

(4) 文政一三年の代官役再勤

領主天野氏は、四ヵ村に出した七月九日付の下知書で、代官森島九郎兵衛の勤役監査と知行所からの金子調達のために、用人飯塚武太夫を派遣した。[27] 飯塚は八月六日に祝園村に到着し、五日後の一一日に、四ヵ村に次のような文書を出している。

［史料5］[28]

祝園村
代官役
森嶋九郎兵衛

其方儀、去丑年出府之砌より申付置候当御役入用金調達方等閑之事ニ候、其上其村百姓喜兵衛致出金金五拾両、幷四ケ村高千四百石高掛りニ而調達差出金百三拾両共、窺茂無之自儘ニ其方才覚金之方江引取候始末、旁以不埒ニ付、代官役幷苗字帯刀共取放、押込申付もの也

寅八月十一日（文政一三年）

右之通被　仰出候間、可得其意候之事

寅八月十一日　　飯塚武太夫

城州

祝園村
菱田村
大住村
下久世村
右村々
庄屋
年寄中

領主天野弥五右衛門の使番就任[29]に必要な資金の調達を怠ったこと、及び祝園村百姓喜兵衛からの出金五〇両と、四ヵ村から高割で調達した金一三〇両を私的に流用したとして、代官役罷免及び苗字帯刀剝奪の上押込処分としたものである。

罷免された九郎兵衛の後任はどうなったか。次に史料を掲げる。

［史料6］[30]

城州
祝園村
御代官再勤　森嶋清右衛門

右者今度格別之思召を以被　仰付、御宛行高現米六石弐人扶持被下之間、諸事入念出情可相勤候之事
（文政一三年）
寅九月三日

清右衛門は代官役に再勤され、給分は六石二人扶持となった。一〇月五日に江戸から到着した御用状で、身分は給人格とされた[31]。文政二年に、清右衛門が清斎の後任として代官に就任した時の待遇（八石二人扶持、給人格）にほぼ復帰したことになる。

また、用人飯塚武太夫が派遣された目的である資金調達については、九月に四ヵ村が金六〇〇両を引き受け調達することになった。それと引き換えに、領主天野氏の勝手賄金については、大坂銀主の池田屋儀兵衛に代わり四ヵ村が、今後五年間は年四六〇両で引き受け、領主天野氏の役替えや非常の年の際にも臨時金を四ヵ村に賦課しないことになり、勝手賄いの問題も解決した。その際、四ヵ村は四六〇両の調達を清右衛門に一任している。また、祝園村で質屋を営む喜兵衛と、苗字帯刀を許可され一人扶持を受けていた岩本平兵衛の有力者二名から、それぞれ御用金五〇両が上納された[32]。

清右衛門は天保三(一八三二)年の江戸出府の際には金一〇〇両を、同六年の出府時にも金一五〇両を臨時金として個人で上納した[33]。同五年九月一九日の御用状で、代官再勤後の勤務出精及び、前年天保四年の年貢米売却により江戸への送金高が一〇〇〇両に達したことが「何十年ニ茂無之稀成御収納」と賞され、蔵米五石を領主から下付された[34]。自家の経営でも、天保六年の資産は銀八六貫五八九匁、同九年には銀一〇〇貫一五匁（金一六六八両余）に達しており[35]、その最盛期を迎えたのである。

二　天保一〇年の祝園神社神主江戸出訴

(1)　前提——天保年間までの村方と神主

祝園神社は近世期には春日社と称し、神護景雲三(七六九)年勧請と伝えられる祝園村の氏神である。正月の居籠（いごもり）神事で著名であり、北村・西村・中村・南村の四つの集落からなる祝園村の北東部、木津川の自然堤防上に所在する[36]。

神社の運営は、神主宮城家と祝園村六給の村役人が共同して行った。寛保元(一七四一)年三月、春日社の鳥居修復願いが村方から出された際、元禄五(一六九二)年の寺社改め時に春日社ほか三ヵ寺が京都町奉行所の寺社帳面の記載から洩れていたことが判明し、同年一一月四日に町奉行所与力による見分が行われた[37]。その結果、春日社の社地が除地として寺社帳面に記載され、翌二年三月に鳥居の根継ぎ工事が行われた[38]。修復完成見分の一一月一一日に作成された絵図は、「城州相楽郡祝園村氏神春日社支配」の氏子惣代庄屋吉右衛門ほか五名、社人信濃、年寄甚兵衛ほか一名が連署し、京都町奉行所に提出されている[39]。

神主宮城家は、享保九(一七二四)年まで旗本天野氏の上方代官だった宮城源左衛門の一族であるが[40]、文政年間以降、神社の運営をめぐり村方と対立した。文政四(一八二一)年一〇月、神主宮城土佐守は、正月の居籠神事、九月朔日の祭礼など主要神事の際、西村の村役人・組頭及び百姓の同席を断ること、一二月二日の宮入用算用を自分で行っているので、若森と池田の両宮田は自分が支配することを村方に申し出た[41]。翌文政五年八月には、祝園神社の例祭の際、西村はじめ村一統が心得違いをした旨を宮城土佐守が吉田家に訴え、南稲八妻村の大崎権平が立ち入り、氏子惣代の庄屋藤兵衛ほか五名から神主家に詫び一札が出された[42]。

天保三(一八三二)年二月、京都町奉行所の許可を得て、春日社本社の修復が行われるが、神主と村方の間で争論が起こった。北村の庄屋藤兵衛が、年番の南村の庄屋[43]・年寄の連印ではなく、六給の庄屋・年寄と神主との連印に変更すべきとして、作事を差し止めたのである。村方での内済交渉は不調であり、藤兵衛を除く庄屋五名は八月一〇日に、訴訟になった際には藤兵衛と神主のどちらにも同心しない旨の一札を取り交わしている[44]。八月二二日、神主宮城土佐守は、祝園村大岡主膳正領分北村庄屋藤兵衛ほか五名を、神社の修復願いは自分が行い、年番の村役人が連印するのが先例であり、このままでは九月朔日の神事に差し支えると京都町奉行所に訴えた[45]。藤兵衛を除く庄屋五名は、八月二九日に一〇日間の猶予を宮城に願う一方、神社修復願いの連印はこれまで先例がなく様々であり、藤兵衛の異議申し立てには困惑していると、九月三日に奉行所に返答した[46]。その後双方で交渉が行われ、九月六日には、神社に関する諸願いの連印順は、祝園村神主宮城土佐守が筆頭、その後に村支配庄屋六人、年寄二人とする旨の一札が、宮城土佐守と藤兵衛を含む庄屋六名の連署で大崎権平に出された[47]。九月一一日には連印順についての取り決めと内済の旨が京都町奉行所に報告され、本一件は終結している[48]。このように、天保初年には神主と村方、また北村の庄屋藤兵衛と他給の庄屋との間で、祝園神社の運営をめぐる意見の不一致が顕在化していた[49]。

天保七年と翌八年には、次項で検討する神主江戸出訴の直接の原因となった二つの問題が起きている。第一は、神主宮城土佐守の宗門人別帳調印問題である。次に史料を掲げる。

［史料7］[50]　口上書

一私儀文政十亥年迄宗旨人別調印差上来り候之処、翌子年則森嶋九郎兵衛御支配中ニ、宗旨印離相願候処御承知被下、因茲吉田家江宗旨差出し度旨相願候ニ付、則同年神道葬祭免許請、年々帳面差出来相済候之処、昨未年其許殿出府帰国之上、宗旨人別調印先年之通差出可申様、再度御利解被仰聞、承知仕度候得共、右吉田家江差上来り候之上二名ニ相成り候故、天野様江調印可仕儀者御断被仰上可被成下候、自然右一条ニ付御糺ニ相成候ハヽ、御返答可仕候、吉田家より神道葬祭免許請候之上、如何様被仰聞候共不依止(ママ)御断可申上候間、右之段江戸表へ可然様御取成被仰上可被成下候様御頼申上候、以上

天保七年

申九月　　宮城土佐守印

森嶋清右衛門殿

宮城土佐守は領主天野氏の宗門人別帳に調印（＝知行所に居住する百姓）していたが、文政一一（一八二八）年代官森島九郎兵衛の支配中に、天野氏の人別を離れて吉田家の神道葬祭の免許を受け（＝神主身分となり）、吉田家へ宗門人別を出してきた。天保六年代官清右衛門が江戸出府から帰国した後、天野氏の宗門人別帳に調印するように説得を受けたが、吉田家へ人別を出しているので「二名」（＝壱人両名）[51]になるので、どう言われても断るとの内容である。

これを受け清右衛門は、文政一〇年当時の代官森島九郎兵衛（隠居して九郎右衛門国道）に事情を確認した。九郎右衛門は、寺と村役人一同が連印した宗門人別帳をそのまま領主天野氏へ提出したこと、宮城が「宗旨印離」を自分に頼んだことは一切ないと返答している(52)。

この問題について、用人飯塚武太夫は、天保八年二月、宮城は天野氏の百姓身分であり、清右衛門の代官としての役儀にかかわる重大な問題だと清右衛門に糺し(53)、清右衛門も宮城の江戸での尋問を願った。領主天野も翌九年一〇月一九日、神主宮城の問題を「以之外御立腹被成御座候」と激怒しており(54)、神主宮城土佐守の江戸召喚は避けられない情勢であった。

第二は、神主宮城家と北村庄屋藤兵衛との地所出入である。天保八（一八三七）年一一月、春日社神主宮城相模守（土佐守の子）は、藤兵衛を京都町奉行所に訴えた。訴状を次に掲げる。

［史料8］(55)

乍恐御訴訟

城州相楽郡祝園村
春日社神主
訴訟人　宮城相模守
大岡主膳正様御領分
同村之内北村
乍庄屋
相手　百姓藤兵衛

当村之儀者内分ケ北村・西村・南村・中村与相唱、四ケ所ニ而六給ニ相別、夫々庄屋・年寄有之、何れも当社氏子ニ而、当社地之儀者坪数五千拾七坪余有之、往古ゟ除地ニ御座候処、寛保二戌年社内鳥居根継御願申上候節、御役所様寺社御帳面ニ当社相洩レ有之候趣ニて、地所御見分之上同年十一月十一日杭木御打渡被成下、絵図裏書ニ氏子惣代・庄屋・年寄連印御請書仕、当社江も右絵図被下置、爾今所持罷在候儀ニ御座候、然ル処相手藤兵衛屋敷者当社南之方地続御座候処、藤兵衛儀文化四卯年以来勝手儘ニ当社地面江為出張、石垣幷塀等を取拵、剰当社地江為入込土蔵取建候ニ付、右石垣・塀幷土蔵共取払、右体不法之義不仕様段々及引合候得共、打捨置候ニ付、村方故可相成者下済仕度存、色々ト下ニ而及引合居候内、猶又昨年十一月以来ゟ当社地江為入、土蔵・物置等建出候ニ付、最早其儘ニ難差置存、社地間数相改候処、別紙絵図朱引之地所取込罷有候ニ付、右石垣・塀・土蔵・物置共取払如元ニ仕、取込居候地所差戻し候様申聞、段々及掛合候得共、強気我儘而已申立一向頓着不仕（中略）、所詮下ニ而可仕様無御座候ニ付、不得止事乍恐御訴訟奉申上候間、何卒御慈悲を以本文之次第被為聞召分ケ、藤兵衛被召出御糺之上、取込居候地面如元仕早々差戻し、重々右体不法之儀不仕様被為　仰付被下候ハヽ、難有仕合ニ可奉存候、依之前書裏書絵図写、取込居候地所朱引ニ記、別紙ニ奉入　御高覧奉願上候、尤村役連印を以御願可申上候処、北村之儀者庄屋役之者相手取候儀ニ付、連印之義相断り候故、尚又外五給村役人共へ連印之義相頼候処、何分祝園村一体之村役人共ニ而、北村之庄屋を相手取候義ニ付連印難出来趣申聞一同相断候ニ付、無拠親類奥印を以奉願上候、已上

天保八酉年
十一月廿二日

宮城相模守
煩ニ付代
父　土佐守

城州綴喜郡山本村
附添親類
医師
木村金吾

藤兵衛の屋敷地は祝園神社の社地と隣接しており、文化四（一八〇七）年以来社地に侵入し石垣や塀を造り、土蔵を

建てた。天保七年一一月以降、藤兵衛が再び社地に侵入し、土蔵や物置を建てたので、その撤去を求めたが応じない。自村の村役人も他給の村役人も、祝園村は一体なので北村の庄屋藤兵衛を相手にする訴状に連印はできないと断ったので、親類の山本村の医師木村金吾[56]が奥印し、藤兵衛が取り込んだ地所の返却を願っている。

藤兵衛は一二月二日に返答書を提出し、居宅外廻りの石垣は往古のままであり積み替えておらず、昨年一一月に建てた小屋は石垣の外に出張っていない、神主からの訴えを受け、居宅の位置を寛保二（一七四二）年の絵図と引き合わせ改めたところ、大岡主膳正領分と天野弥五右衛門知行所が入り組んだ場所にあり、祝園村六給の者が立ち会い見分しないと分からないと反論した。同日京都町奉行所は、神主と氏子が争うのは不穏であり、相給の村役人一同が立ち会い絵図面をふまえ内済するように命じた。しかしながら交渉は進まず、翌年宮城土佐守は寺社奉行への出訴に踏み切ることになる。

(2) 江戸出訴の経過

天保九（一八三八）年一一月五日、寺社奉行牧野備前守の寺社役毛利沖之進は、面会した寄合天野弥五右衛門（以下、領主天野と略す）の用人北条伝兵衛に、「兵部事宮城土佐守」が、先月同役松平伊賀守に駈込訴を行ったことを知らせた[57]。

これを受け領主天野は、以下の問合書を松平伊賀守に送った。祝園村百姓兵部は、鎮守社の近くに住み世話をすることで村方から神主扱いを受けてきた。受領され内分に宮城土佐守と名乗り、文政一一（一八二八）年以後宗門人別帳への調印を拒み続け、自分は吉田家の配下であり百姓ではないと主張する、今回の庄屋藤兵衛を相手取った江戸出訴も、吉田家の役人が付き添っていると清右衛門から知らされた。これは自分を蔑ろにした行いであり、自分が利解（説得）し、兵部が道理を弁え百姓と心得れば、吉田家の許状を取り上げ、宗門人別帳に捺印させ百姓として扱う。しかし兵部が利解を拒んだ場合には、「村方政道ニ外れ、知行所百性共取締茂相崩」るので、闕所（財産没収）の上、村払いにしたい、という内容である。

領主天野の用人飯塚武太夫が、八日に松平伊賀守方へ罷り出たところ、兵部は百姓身分に相違ないので身柄を引き渡す、他からの引き合いがなければ自分で取り調べよとの回答があった。兵部は滞在していた小石川金杉水道町の池田屋利右衛門方に宿預けとなった。

翌九日、領主天野は清右衛門に直書を送り、江戸表での経過を伝えた上で、取り調べの際の清右衛門の同席及び、村役人一人を同道しての江戸出府を命じた(58)。また、兵部の居住地の支配、守名乗りの有無、宮城源左衛門家との関係に留意した百姓としての筋目の三点について、村の申し伝えや「旧記」(古文書)を取り調べ、証拠となる文書を持参するよう命じた(59)。用人飯塚武太夫も清右衛門に、他給も含めた兵部の所持高の取り調べを指示した(60)。

清右衛門は出府命令を受け、組頭平兵衛と祝園村を出立し、一二月二五日に江戸に着いた。二七日には、清右衛門等の宿泊先である神田松永町の紀伊国屋利八方へ兵部が宿替えされた。翌天保一〇年正月二三日には、祝園村庄屋喜三郎と年寄市兵衛の両名が江戸に到着した。

翌二三日に兵部の取り調べが始まった。天野氏知行所の百姓かとの尋ねに対し、兵部は回答を留保し、二六日までの日延べを願った。兵部は二六日に、寺社奉行への出訴に伴う清右衛門等の出府は自分の心得違いであり、その費用を全額自分が負担する旨の一札を、庄屋喜三郎に出した。

翌正月二七日も吟味が行われ、兵部は領主天野氏役所に次の文書を出している。

［史料9］　乍恐以書付奉申上候「十四之内」(朱書、以下同)

一当廿三日御呼出之上、私身分可奉申上候様被仰付奉畏候、全是迄心得違致居候段重々奉恐入候、此方様之御百性ニ相違無御座候間、何卒以御慈悲相続仕候様、此段幾衛ニ茂奉願上候、以上

御知行所

天保十亥年正月廿七日

山城国相楽郡祝園村
兵　部印
庄屋
差添人　喜三郎印

御地頭所様
御役人中様

御請書「十四之内」

私儀当御百性ニ候上者、苗字帯刀ハ御取上ケ、江戸ハ勿論於村方ニ茂、外百性並之通ニ身分御取扱可被成下段奉畏候、依之被仰渡御請奉差上候処、仍如件

山城国相楽郡祝園村
百性兵　部印
差添人庄屋喜三郎印

天保十亥年
正月廿七日

御地頭所様
御役所

兵部は自分が領主天野氏の百姓であることを認め、苗字帯刀の取り上げと百姓並の身分取り扱いを命じられたのである。

ここまでは領主天野の望み通りの決着であり、二月四日に庄屋喜三郎、年寄市兵衛、組頭平兵衛の三名が祝園村に帰村した。しかし翌二九日、兵部は江戸宿の紀伊国屋から出奔し行方不明となった。同日用人飯塚は、四ヵ村の留守を預かる大住村庄屋五郎右衛門と下久世村庄屋吉右衛門に、兵部の家族全員を村内の親類に預けること、土蔵と主な

道具類を祝園村他給の村役人立ち会いで封印し、空き家には天野知行所の百姓が昼夜二、三人ずつ番をすることを指示し、もし兵部が帰ってきたら手鎖を掛け捕縛の上、親類預けとし、至急江戸に報告することを命じた(61)。二月四日には、兵部の子友吉（＝宮城相模守）に江戸出府を命じる差紙が出された(62)。

これを受け二月一一日には、祝園村喜兵衛ほか四名から、飯塚の指令を実行し、組頭四人が見廻りをする旨の請書が、同日には兵部親類の九郎右衛門と久兵衛から、兵部の妻子四人を預かった旨の請書が、それぞれ領主役所に出された。友吉江戸召喚の差紙に対しては、一八日に病気で困難な旨の願書が親類両名から提出されている。二九日には友吉と庄屋喜三郎に対し、病気なら駕籠で罷り出るようにと再度差紙が出されたが、病気全快までの間の猶予が三月一一日に再度願われた。

三月一一日に至り事態は急変する。領主天野の上役である寄合肝煎堀金十郎が、天野家用人北条伝兵衛を召喚し、兵部一族の小平次（兵部の子貞吉、［史料8］に連署した山本村医師の木村金吾）が堀金十郎に直訴したことを伝えた(63)。愁訴人の小平次が、祝園村「地代官」森島清右衛門及び庄屋喜三郎、組頭平兵衛を相手取った訴状の内容をみよう。

まず、神主は春日大明神（祝園神社）の除地内に居住し、領主には附属していない、宗門人別帳は祝園村六給の庄屋が年番で奥印し、京都町奉行所へ提出すると述べる。天保八年の藤兵衛との社地争論、同九年の宮城土佐守の江戸出府の経過を述べた上で、寺社奉行松平伊賀守から領主天野に身柄を引き渡された際に、松平が「且当時之処を以取調候而ハ、自行違候次第茂有之ものニ付、古代旧年之処江念入取調候様」と、以前の事情をよく取り調べるよう用人飯塚に伝えたとする。

次に「果而正月廿三日初而呼出、一切古代旧事之穿鑿取調無之、弥五右衛門様百性ニ候旨申立候様一途ニ高声叱責候而已ニ而」と、領主天野の厳しい取り調べの様子を述べる。二六日までの日延べの間も、高齢の宮城土佐守が、同宿の清右衛門等から昼夜を問わず説得を受け、発病し食事も摂れないので、病気届を願った。しかし飯塚の指図を受けた清右衛門から、清右衛門等の江戸出府費用を負担すること、無理な場合は所持の田畑を没収されても異議を申し立てない旨の一札に印形すれば病気届を認めると言われ、［史料9］の請書への印形を「押取」られたと、取り調べの不当性を強調する。

さらに、二月一一日の祝園村での土蔵及び家財封印、家族親類預けにより、自家が闕所になるのは、「数代連綿之神職一家断滅仕べく歎ケ敷次第」なので、自分が急ぎ江戸に出府し、土佐守の行方を捜索し、ようやく発見した。父土佐守から事情を聞いたが「誠ニ非道ノ手込ニいたし、不伏之書付印形押取、言語同断之次第無念至極」であるので、押し取った印書（［史料9］）を取り戻し、「如元神職相続仕候」ことを願っている。

三月一九日から二三日にかけて、用人飯塚は、吉田家江戸役所の鈴鹿豊後守と交渉し、兵部こと宮城土佐守の身柄引き渡しを求めた。しかし鈴鹿は、宮城の行方は知らないと返答する一方、天野による官位剝奪と百姓身分申し付けに対しては、宮城は祝園神社の除地に居住し、従五位下土佐守の官位を受けている、官位を受けた神主は、不埒があった際には寺社奉行の吟味により官位を剝奪されるが、その他の場合は領主から吉田家に交渉し、官位を返上した上で領主が処罰するという「御規則」に抵触するとして、飯塚の要求を拒否した。

吉田家との交渉が不調に終わった領主天野は、二四日に、兵部の子友吉の江戸召喚拒否及び吉田家との関係のため、自分手限りでの処置は無理として、寺社奉行牧野備前守の判断を仰いだ。これを受け二七日牧野は、寺社奉行所への出訴を提案している。

(3)　寺社奉行所での審理

天保一〇年四月二二日、領主天野は、本一件の寺社奉行による吟味願いを、分家の大原門兵衛を通して若年寄増山河内守へ提出した。以後、本一件は、寺社奉行青山因幡守の審理に委ねられることになる。以下、江戸表での審理について述べる。

五月一一日、寺社奉行青山因幡守は、用人北条伝兵衛を呼び、本一件の証拠となる文書・関連書類の提出及び村役人の召喚を指示した。一八日には、三月二五日に出府していた祝園村庄屋喜三郎及び兵部の取り調べがあり、代官森島九郎兵衛時の宗門人別帳調印拒否の経緯について、寺社役の豊藤磯助から尋問があった。二二日には二度目の取り調べがあり、庄屋喜三郎に対し天野領内での兵部の百姓としての実態が尋問され、同日の三度目の取り調べでは、組頭喜右衛門の江戸召喚が命じられた。

翌二三日、寺社奉行青山は用人北条を呼び、兵部の子宮城相模守を「先祖ゟ有来記録類」を持たせ江戸に召喚するので、兵部居宅の封印解除と「古キ」宗旨人別帳の提出を命じた。二九日には寺社奉行留役豊藤磯助が、祝園村他給の家来全員を取り調べている。

六月一五日、それまで領主天野側に有利に進行していた審理の行方が変わった。庄屋喜三郎は、寺社奉行青山から呼び出しを受け、「兵部不伏之書付江為致調印候段」（[史料9]）が不埒と咎められた。さらに、京都町奉行所からの尋ねに神主宮城土佐守と書き上げる一方、領主天野へは百姓兵部と書き上げ調印したのは、先規からの仕来りや「村方仕癖之古帳」に基づいた「取調方不行届」な行為であり、「御察当奉請一言之申訳無之、重々奉恐入候儀ニ御座候」と詫びる「無念書付」を提出するよう命じられた(64)。京都町奉行所に神主宮城として記載した宗門人別帳と、領主天野に百姓兵部として記載した宗門人別帳との齟齬が問題となり、前者が正しいとされたのである。

六月二三日、祝園村組頭喜右衛門と同伊兵衛が江戸に到着した。二七日には、兵部の子友吉こと宮城相模守が江戸に着いた。二九日には一件関係者一同の取り調べが行われ、祝園村役人から次のような文書が出されている。

[史料10]　　乍恐以書付奉申上候

城州相楽郡祝園村役人一同ゟ奉申上候、当村春日明神神主宮城兵部儀、三拾ケ年以前官職頂戴宮城土佐守ト京都御奉行所様江人別差上、給々村役人共年番ニ而加印仕、右之通相違無御座候、且ハ村役人共一同百性兵部与人別差出候段ハ、全役人共不行届心得違ニ而一同奉恐入候、依之奉申上候、以上

城州相楽郡祝園村
天野弥五右衛門知行所
庄屋喜三郎印
組頭喜右衛門印
同　伊三郎印

亥六月廿九日

寺社
御奉行所様

祝園神社の神主が「百姓兵部」ではなく「宮城土佐守」であることが、幕府寺社奉行のレベルで確定したのである。

またこの頃、庄屋喜三郎と組頭伊兵衛は、本一件につき村側の事情を詳細に述べた口上書を提出した。兵部本家の宮城源左衛門は領主天野の元地代官である、森島清右衛門の代官不勤役と庄屋役の不在（組頭年番廻り）時という、村運営の事情を知る者がいない空白期を狙って宗門人別帳調印拒否がなされた、文化初年の宮城土佐守の吉田家への受領願いを、京都町奉行所へ村方から届けなかったので、領主天野へも同様に届けなかった、子の友吉の宮城相模守受領願いは「兵部一己之了簡」なので、京都町奉行所へも領主天野へも届けず、友吉から披露された扇子は、清右衛門の指示により天野領分では全て回収した、兵部は祝園村天野領分に三石九斗五升を所持し年貢を上納しているので領主天野の百姓であり、領主天野への神主宮城土佐守との書上禁止の指示については、清右衛門を呼び出し利解してほしいとの内容である。ここに至り、四月中旬に帰村していた清右衛門の江戸召喚が現実の問題となった。

ここで、在地祝園村の状況について簡単に述べておきたい。まず宮城土佐守と北株庄屋藤兵衛との地所出入につい

て、分家大原家領名主の森島寛兵衛が「双方共村方へ引請、氏子一統之相談次第ニ相任せられ候様藤兵衛へ掛合仕」と述べているように、他給村々は在地での内済を望み、江戸出訴に関しては「極難渋ニ奉存候」と消極的であった(65)。また、二月一二日から七月二五日まで、天野領分の小前百姓が昼夜二人ずつ交代で行った兵部居宅の番(66)についても、四月一五日に重兵衛と組頭中は、綿の蒔付時期で一統難渋なので、一人前銭二〇〇文で賃仕事に出すことを願っており(67)、清右衛門に協力的とは言い難かった。

清右衛門は六月九日、用人飯塚に、祝園村内百姓の当一件への「人気」（評判）を報告した。西村株及び「五十石株」（旗本大岡次右衛門領及び林大学頭領）は兵部方、「百石株」（旗本大岡弥右衛門領）は「どうでもよし」、北株（大岡主膳正領）と分家大原氏領は天野方と、知行所毎に人気が分かれたこと、「人気拾人ト相定、六人之者者どうなりてもよし、弐人者兵部村払祈候事、弐人者兵部神主ニいたし度事、一同区々、村中一統金出ス事皆々いや」と、百姓中一〇人中二人は兵部の追放を、二人は神主就任を望み様々だが、争論入用の負担は拒否するとリアルに述べている(68)。このように、在地祝園村の百姓には争論の平穏な解決と無関心、及び自らの生計への影響を危惧する意識がみられ、清右衛門とは対照的であった(69)。

話を一件の審理に戻す。七月三日、寺社奉行青山は、清右衛門の江戸召喚を命じた。七月一一日に領主天野弥五右衛門は、「城州相楽郡祝園村百性兵部一件御吟味筋之儀ニ付書付」と題する長文の反論書を寺社奉行青山に提出した。寺社奉行青山の掛留役豊藤磯助の取り調べに対し、「甚タ不得其意候御利解与奉存候」、「御察当之段於私難得其意奉存候」、「私儀如何様地頭政道ニ外れ候様致相聞候而者、私一分も難相立」と、強い口調で不服を述べている。

この申し立ては逆効果であった。七月二一日、寄合肝煎大岡兵庫（堀金十郎の後任）は用人飯塚武太夫を呼び、寺社奉行青山が反論書の内容に非常に立腹しており、老中に伺うかもしれないので、反論書を取り下げるように命じた。領主天野は二四日、「私知行所城州相楽郡祝園村百姓兵部奉御吟味願候一件ニ付、不斗一己之了簡ヲ以封中相認、去ル十一日以使者差出候、其後篤与勘弁仕候処、全以無念之至り、前後後悔仕恐入奉存候、右書付其儘御下ケ被成下候様相願候」との「御無念書付」を提出せざるを得なかった。一件の大勢はここに決した。

清右衛門は八月八日江戸に到着し、一八日に寺社奉行青山に届を出した。九月一一日、寺社奉行青山は、用人飯塚と清右衛門を白洲に呼び出した。［史料9］につき吟味を行い、飯塚へ揚屋入、喜三郎に入牢（一六日に出牢）を命じた。一方、清右衛門は、領主天野への連絡と今後の取り調べのため帰宅を命じられた。

九月一六日から二八日にかけて清右衛門の取り調べが行われ、二六日に清右衛門は、文化一二（一八一五）年森島家への養子入り以来の勤役書を提出した。天野氏江戸屋敷は大混乱に陥り、二九日に関東知行所の戸森・出塚・下中森三ヵ村の村役人が見舞いに出府した。

一方、九月二三日以降宮城との間で、江戸神田新銀町の武蔵屋清兵衛(70)を介した内済交渉が行われた。一〇月二日に、清右衛門、祝園村庄屋喜三郎、組頭喜右衛門・伊兵衛の四名は、祝園神社神主宮城土佐守及び相模守に、清右衛門が藤兵衛と懇意であり、宮城土佐守の江戸出訴を妨害するため、［史料9］で印形を押し取ったことを、「一言無申披先非後悔発明致」し、寺社奉行青山に提出する日延べ願いへの調印を願う一札を出した。その代わりに、本一件の費用と「神慮奉恐入奉納金」の調達まで蔵米手形を差し入れる旨の一札が、武蔵屋清兵衛から神主両名及び取次小平次の三名に出された。その結果、同日飯塚、清右衛門・喜三郎・喜右衛門・伊兵衛、宮城土佐守・相模守から、寺社奉行青山に吟味下げのための日延べ願いが提出された。一〇月四日から一二月一日にかけて、同様の願いが繰り返されている。

一〇月六日に清右衛門は武蔵屋清兵衛方へ行き、祝園村での居住と家名相続のために、詫び状の文面及び金額を一任した。翌七日、清右衛門ほか三名は、一件内済金として金二〇〇両、八日には奉納金として金一五〇両、合計金三五〇両の支払いを、神主両名に約束した。

一〇月二一日、武蔵屋宅で清右衛門と喜三郎は、神主側と内済願書の調印につき交渉し、武蔵屋の指示により、五〇石の蔵米手形四通及び蔵米預り一札を小平次に渡した。翌二二日、神主への「詫入申一札之事」が、「天野弥五右衛門知行所山城国相楽郡祝園村地代官森嶋清右衛門」と「地代官」の肩書が入った一札が、庄屋喜三郎、年寄代兼組頭喜右衛門、同伊兵衛、扱人武蔵屋清兵衛の連印により、祝園神社神主宮城相模守、宮城土佐守に渡された。その詳細はここでは省略するが、祝園神社及び神主宮城家の由緒、神事ほかの神社運営の主導権、神社の除地及び池田ほかの宮田の支配権を認め、藤兵衛が取り込んだ建物等の撤去を約束しており、神主側の全面勝利であった。

約二ヵ月後の一二月一九日、寺社奉行青山が加筆した吟味下げ願いが提出された。二二日には領主天野からの吟味下げ願い[71]が、名代の分家大原門兵衛を通して若年寄増山河内守へ提出され、終結の条件が整った。

一二月二五日、祝園村役人・神主と、飯塚・清右衛門からの吟味下げ請書がそれぞれ寺社奉行所に提出された。前者の全文を、長文であるが次に掲げる。

［史料10[72]］　差上申一札之事

城州祝園村春日明神神主宮城土佐不埒之取計いたし候由之一件、天野弥五右衛門方ニおゐて糺之上、当御奉行所へ御差出ニ相成、引合之もの共をも被召出、当時御吟味中ニ御座候処、土佐家筋之儀先祖以来之官職ニ而、弥五右衛門方へ別段申立ニ不及、吉田家ゟ許状受候次第者従来之取計ニ有之、土佐親周防者元弥五右衛門知行分人別之ものゆへ、仕来りニ泥ミ其儘宗判差出候哉ニ而、土佐儀出訴致度旨申談候節、年番村役人も不事立様可致旨之挨拶、藤兵衛馴合候故与疑惑致候得共、喜三郎・平兵衛へ相談之上儀ニ而、右体之訳ニ者無之、一途ニ存込を以御奉行所へ欠込訴いたし、其上弥五右衛門方ニ而糺之節、幷御奉行所御吟味ニ相成候而茂、何方江茂附属之身分ニ無之旨申立候ハ心得違之儀ニ而、六給入会除地内ニ住居致、右給々年番村役人奥印を以、京都御奉行所へ人別等差出候段、則六給江附属之身分与相弁、前書之出入者猶年番之ものへ奥印相願、其筋へ可訴出様村役人共与示談相整、宮城相模も全実病ニ而、呼出不参之訳ニ無之旨相分、飯塚武太夫ハ土佐名前人別帳ニ兵部与為書出候儀不相当之段者弁居候へ共、兼而仕来之通り百性並ニ取扱候見込ニ而、既ニ御奉行所へ御問合申上候書面も其趣ニ取調主人へ申聞、且土佐承糾候砌、何方へも附属不致身分ニ有之抔申立候答方心憎存候より、一途之見込ニ而位記・口宣等之取計勘弁ニ茂不及、押而百性之書付為差出、森嶋清右衛門ハ元来武太夫吹挙を以役儀相勤、万端世話ニ相成り候間、同人存意通り取計候方身為ニも可宜与同意いたし候段、今更主人江対シ無申訳、右次第土佐江茂挨拶ニおよび、同人ニおゐてハ夫々事柄相分り、身分神主ニ治定之上者無申分、飯塚武太夫儀、宮城土佐吉田家許状受候後茂、村方人別帳ニ百性並兵部与認差出来り候段如何之由ニテ、地代官森嶋清右衛門へ懸合之上除名いたし候を、得与子細も不承糾、尚又人別可差出旨強而清右衛門を以申聞、其上神主之趣申立御奉行所へ欠込訴いたし、御引渡ニ相成候而も附属ニ無之旨申強候を心憎存、百性並之取計難成段乍弁、清右衛門幷村役人共へ申付、事実相違之書付へ押而印形為致、取繕之儀主人江申立、森嶋清右衛門儀、土佐より村方人別帳除名之儀猶更無余儀筋与存候与も、一己之心得を以除名いたし、追而其段飯塚武太夫迄申越、尚宗判可為致由同人より申聞候節、得与事実も不申立、殊ニ身為ニ可成与武太夫見込之趣ニ同意いたし、土佐身分之次第乍弁、押而百性之旨書面為差出、喜三郎・平兵衛儀、宮城土佐者村内除地ニ住居いたし、代々神職ニ有之候処、飯塚武太夫外壱人申付候趣如何乍心得、地頭用役幷地代官之儀違背難致存、右之もの共任申押而印形受取、百性ニ無相違旨之書付へ調印之上、喜三郎者連印をも致差出、宮城土佐義、吉田家執奏を以受領致候後も、助成之医療頼候者手軽ニ可及ため、前名兵部与名乗候者紛敷取計ニ而、右ニ泥ミ其儘天野弥五右衛門方ニも兵部名前を以人別差出、追而如何心附相除候段、森嶋清右衛門承知之上ニ候共、不取留儀を訴状ニ認メ御奉行所へ欠込訴いたし、飯塚武太夫より身分糾受候節厳敷被申越候迚、喜三郎外壱人へ印形相渡、事実相違之書付へ調印いたし、糾中無沙汰ニ旅宿を立出候次第、武太夫・清右衛門始一同先非後悔いたし、此上御吟味受候而者恐入候旨を以、御吟味下ケ之儀連印書付

を以奉願候処、飯塚武太夫・森嶋清右衛門・喜三郎・平兵衛・宮城土佐儀前書之始末、武太夫・清右衛門ハ別而之儀、一同不届ニ付夫々御仕置可被仰付処、御吟味下ケをも相願候儀ニ付御宥免を以、武太夫・清右衛門者押込、喜三郎者過料銭三貫文被仰付、平兵衛・土佐者急度御叱被置、且過料銭ハ三日之内当　御奉行所へ可相納旨を以、願之通御吟味御下ケ被成下候段被　仰渡、一同承知奉畏候、仍而御請証文差上申処如件

大岡主膳正領分
林大内記
天野弥五右衛門
大岡弥右衛門
大岡次右衛門
大原門兵衛
右六給除地
城州祝園村
春日明神
神主宮城土佐
宮城相模
同村
右弥五右衛門知行分
庄屋喜三郎
与頭平兵衛代
与頭喜右衛門
村役人惣代
与頭伊兵衛

天保十亥年
十二月廿五日

寺社

御奉行所

宮城土佐の家筋は先祖からの神主であり、領主天野に届ける必要はないこと、土佐の親周防が元々天野領分の人別だった関係で、[73]天野氏に宗判が出されたこと、神主は祝園村六給へ附属の身分であること、清右衛門は（文政一三年の代官役再勤時に）用人飯塚武太夫の推薦で代官役を務めたので飯塚に同意したこと、宮城土佐は受領後も医者の兼業に都合がいい前名の兵部を名乗り、兵部の名前で人別に調印していたことがわかる。飯塚武太夫と清右衛門は押込、庄屋喜三郎は過料銭三貫文、組頭平兵衛及び宮城土佐は急度叱の処罰を受けた。

翌天保一一年二月一六日、清右衛門は赦免された。[74]しかしながら、領主天野は用人飯塚武太夫を永之暇とし、清右衛門の代官役を罷免し隠居を命じた（森島家の名跡は子の徳三郎が継いだ）。清右衛門に代わり大住村庄屋五郎右衛門と下久世村庄屋吉右衛門の両名が割元役に就任し、四ヵ村の知行所運営を担うことになる。

むすびにかえて――一件のその後と森島家

まず、本一件についての在地の反応について述べる。清右衛門に代わり割元に就任した大住村庄屋五郎右衛門は、一件が内済段階に入った天保一〇年九月上旬に清右衛門に宛てた書状の中で、「殿様之御名ニ者取替不申、知行所一統外聞ニ茂相成、数日掛り申候共成行之事ニ候間、㋺印御入用ニ御座候ハヽ、早々御申越可被遊候（中略）殿様之御名ニ掛り不印ニ相成候ハヽ、誠ニ〳〵村住居赤面口おしき次第ニ候間、先々両三ケ年相掛り候御積りニ而、火急ニ可参事ニ者あらず、居前御定、此度之公事御勤可被成下様奉願上候」[75]と述べ、本一件に敗北すると領主天野の名前に傷が付き、四ヵ村の外聞にかかわるとして、多額の費用と長期間を要しても一件に勝利するよう、清右衛門に強く求めている。[76]

また同じく割元の下久世村庄屋吉右衛門は、同年一〇月二一日に清右衛門に宛てた書状の中で、「剰相手方へ大金ヲ出し武蔵屋ニ取扱為致候次第、余り〳〵無拙大敗北、残念〳〵ニ奉存候、右相手方へ大金之出金無之而者御家ニ抱り候哉、又者各々様計り之助りニ相成り候御事哉、一向相分り不申候（中略）、此分ニ而者神主家ニ書物残り、末々迄之恥辱、残念至極奉存候」[77]と、大金を投じた武蔵屋を通した内済交渉について、領主天野氏ではなく自分を助けるものと疑念を述べ、「地代官」の名前がある詫び一札が神主宮城家に残ることを、末代までの恥辱と厳しく批判している。

こうした割元両名の厳しい見方に加え、清右衛門に対する在地の反応はどうだったか。天保一一年正月二五日に、清右衛門妻つきは清右衛門に出した書状の中で、「此せつ村方の人き（気）ハ、とても清右衛門村方江帰り候ことむつかしくなそ申候、まことニ〳〵ひよはんをきてハ、小（子）共のかほみ、御帰りもなくハ、おや小五六人かなんとしたれハよかろやら、なくよりほかのことそなや、清右衛門此度の入よ（用）ハ皆々清右衛門の入用、百せう江ハか、らすなんそともし（申）おり、先しんせう（身上）しまいなぞと申」[78]と述べている。村方の評判は、一件が終結しても清右衛門の祝園村への帰村が難しいこと、一件の費用は清右衛門が全て負担し、その身上は潰れてしまうという冷淡なものであった。

天保一一年六月ようやく帰村した森島清右衛門は、内済金の金三五〇両から二七〇両への減額には成功したが、神主家に渡した詫び一札の取り戻しは難航した。清右衛門は、親類の山本村組頭弥右衛門、南稲八妻村の大崎官次郎を通して神主代理の小平次（金吾）と交渉し、天保一三年二月までの五回にわたり金二七〇両を渡したが実現しなかった。

天保一三年二月二二日、祝園村庄屋喜右衛門が立ち入り、詫び一札は神主家が所持すること、天保一〇年一〇月二・六・七日のそれぞれに清右衛門から神主両名に渡した一札五通について、森島家へ差出人の名前と印形部分を、神主家へ宛名部分をそれぞれ切り取って渡し、本文は関係者立ち会いの上で焼却すること、問題が起きた際には庄屋喜右衛門と組頭が引き受けることが、清右衛門と子の徳三郎に確約され、本一件はようやく終結したのである。

本一件の江戸入用は、天保一一年七月に武蔵屋清兵衛と祝園村組頭中の立ち会いで精算され、合計金額は一三五両に達したが[79]、一件終結後、村方はその負担を拒んだ。七年後の弘化三(一八四六)年二月八日、清右衛門は半分の金六七両二分を自分が負担するが、残りの半分を村方で高割にするよう、庄屋喜右衛門、年寄平三郎及び組頭四名に願っている[80]。森島家の在地におけるヘゲモニーの低下を示すものと評価したい[81]。また争論の発端となった神主宮城家と北村藤兵衛との地所出入についても、天保一一年の盆前に村役人が立ち会い現地の棹入れが行われたことが確認できるが[82]、依然未解決のままであった。

森島家は争論示談金二七〇両と、江戸出府入用一三五両の合計約四〇〇両、及び領主天野から課せられた冥加金三〇〇両のうち二〇〇両を[83]、自家単独で負担せざるをえず、経済的にも困窮化した[84]。弘化二(一八四五)年の徳三郎の代官見習役就任以降、上方代官への復帰という政治的課題は子の八代徳三郎が、家計の立て直しは七代清右衛門が担うことになる[85]。

(1)　『東京大学経済学部資料室年報』第二号、二〇一二年、一—二七頁。
(2)　熊谷光子『畿内・近国の旗本知行と在地代官』(清文堂出版、二〇一三年)。旗本知行と上方代官に関する研究史については同書序章を参照されたい。
(3)　祝園村及び森島家については、前掲注(1)冨善論文及び「解説」『森島國男家文書目録　一・二』(精華町教育委員会、二〇〇八・一二年、中川博勝執筆)を参照されたい。天野家にはこのほか関東知行所として、武蔵国榛沢郡戸森村(知行高五三五石)、上野国新田郡出塚村(同五三五石)、同国邑楽郡下中森村(不詳)の三ヵ村(以下関東三ヵ村と略す)があった。また天野氏分家の大原氏は、祝園村に三〇〇石を知行しており、両家の関係は密接であった。なお本章で使用する森島家文書は、精華町教育委員会と東京大学経済学図書館の二つに分かれて現存しており、以下、史料引用に際し、前者を「精」、後者を「東」と略称する。

(4) 文化一三年四月「一札」精D二六一―一。生家安倉家との関係は以後も続き、文政三(一八二〇)年一二月、松井村庄屋安倉了助他が清右衛門に金五〇両を借用した(「借用申銀子之事」精B八八三―一)。
(5) 文化一三年一二月「四番　御用方諸覚書控」精B一―五。
(6) 精B一―五。
(7) 文政四年一〇月一四日「乍恐奉願上口上書」精C二〇〇。
(8) 文政五年九月「(天野主馬直書)」精D五二〇―一。清右衛門と四ヵ村の村役人が、最大の銀主池田屋儀兵衛と交渉し、同年八月借用金銀二〇貫五三一匁四分の無利子二〇年賦返済が実現した(精B一―五)。
(9) 「文政六未九月ヨリ天保十一子年迄　五番六番御用方留書控」精B一四―一。
(10) 文政七年七月四日「乍恐以書附を以御願申上候」精C一四一。
(11) 文政八年正月「祝園村菱田村大住南株同村北株右三ケ村より願立ニ付御上様御下知御呼出共初発より村方願下ケ迄諸写天野主馬内森島清右衛門」精A七六九。本項の出典は特に断らない限り同史料による。以下、史料の引用に当たっては、原則として常用漢字を使用し、闕字は一字、平出は二字空けとした。傍線は引用者が付した。
(12) 文政七年一一月から一二月にかけて、京都の平野屋久右衛門に金一〇〇両、銀二貫五〇〇匁、南都の細井屋柳蔵に銀一貫五〇〇匁、同笠屋武助に銀六貫匁、池田屋儀兵衛に金二〇〇両、金二四〇両、銀五貫六〇〇匁、金二七〇両の借用証文と借用年賦証文が、四ヵ村の村役人連印で作成された(精B一四―一)。
(13) 大住村は、東・南・北の三株に分かれており、それぞれに庄屋以下の村役人がいた。
(14) 注(2)熊谷『畿内・近国の旗本知行と在地代官』三八三―三八四頁。
(15) 精D八七三。
(16) 精D八二九。
(17) 精D八四一。
(18) 精D八四〇。
(19) 精D八四二。
(20) 「文政九戌六月三日ヨリ　覚」精D八三〇。以下、七月中の経過は特記しない限り同じ。
(21) 戌八月二九日「申渡」精D八三三。
(22) 精D三八四。
(23) 精D五一五―一。

(24) 精D八三六。
(25) 精D一三八九—一。
(26) 精D一三八九—二。
(27) 精D一〇—二。
(28) 精D一〇—三。
(29) 天野弥五右衛門昌凭（蔵人・主馬）は、文化二（一八〇五）年一一月三日に父弥五右衛門昌著の跡目を相続し、文政四（一八二一）年一二月一九日に西丸書院番に、文政一三（一八三〇）年正月一一日に使番、同一二月一六日に布衣となった。天保七（一八三六）年九月二二日に病気で役を辞し、安政二（一八五五）年二月二九日に隠居、同四年五月二五日に五六歳で死去した（「先祖書」精D一八〇三）。
(30) 精C四六〇。
(31) 精B一四一一。
(32) 精B一四一一及び文政一三年一一月「一札之事」精D一八五〇—二。
(33) 精B一四一一。なお天保三年六月二三日、養父清斎が七一歳で死去している。
(34) 精B一四一一。
(35) 天保六年一二月大晦日「棚卸勘定帳」精B四九〇—三八、天保九年一二月「棚卸勘定帳」精B四九〇—三九。以後は本一件や嘉永四（一八五一）年の四ヵ村江戸直訴一件などの影響で大幅に減少し、安政六（一八五九）年に至り銀九八貫五〇〇匁とようやく回復した（弘化二年「棚卸勘定帳」精B五六一）。
(36) 『京都府の地名（日本歴史地名大系第二六巻）』（平凡社、一九八一年）一〇七頁。なお清右衛門は南村、藤兵衛は北村に居住していた。
(37) 東1：1／18。
(38) 寛保元年一二月二日「奉差上一札」東1：4／16／7。寛保二年三月「鳥居根継之覚」東1：4／12。
(39) 東1：4／11。
(40) 享保九年四月「覚」精D一八三一—一。この時宮城は「御役義被召放」と罷免され（理由不明）、代官の職務は森島与兵衛・同安右衛門・同三左衛門の三名が共同で務めることが命じられた。
(41) 文政四年一〇月「祝園神社式礼ニ付神主宮城土佐守申出ス」精C一九六二。なお、この結果は不明である。
(42) 文政五年八月「一札」精B三九〇。

(43) この時期、清右衛門は祝園村の庄屋を兼帯しており、当天保三年が年番であった。
(44) 辰八月一〇日「一札」精B四〇三。
(45) 精B三九一。
(46) 天保三年八月二九日「宮城氏へ日延一札扣」精B三九二。同年九月三日「乍恐口上書」精B三九三。
(47) 天保三年九月六日「為取替一札」精B三九五。
(48) 天保三年九月一一日「乍恐口上書」精B三九六。
(49) 天保七年正月、北村庄屋藤兵衛と他の五給の村役人との間で、宮入用を含む村方勘定の高割出銀と悪水浚いについて争論が起こり、三月に内済された（精B一四一一）。
(50) 精C一三〇七。
(51) 「壱人両名」とは、「公的場面において一人が二つの名前を使用し、領主や社会集団から別箇に認知を受けて二重の支配を受ける、更には、そのそれぞれの人別帳に記載されることで、一人の人間が二人として把握される、いわば二重戸籍的状態にあること」である（尾脇秀和「近世「壱人両名」考――身分・職分の分離と二重身分」『歴史評論』七三二号、二〇一一年、八四頁）。
(52) 精B一四一一。
(53) 「天保六未年より申酉戌　用人衆ゟ到来状　支配人森嶋」精A一〇七二。
(54) 精A一〇七二。
(55) 天保八年一二月「京都二条　御奉行所様ニおゐて兵部事土佐守与大岡主膳正様領分祝園村庄屋藤兵衛与訴訟一件写」東1：2／10。以下、本項の出典はこれによる。
(56) 木村金吾は山本村木村家に養子に入った宮城土佐守の子であり、相模守の兄にあたる。天保一〇年の江戸出訴時には、小平次あるいは貞吉として登場する。
(57) 以下当一件の経過に関しては、特に断らない限り「壱番一件扣　覚／弐番一件扣」（東1：1／6）、「覚」（同1：1／11）による。
(58) （天野弥五右衛門直書用状綴）精A一一七九。なお江戸と在地祝園村との意思伝達は、江戸用人から上方代官への「御用状」と、上方代官から江戸用人への「江戸状」で行われるのが通例であり、領主天野からの直書は異例であった（前掲注(3)『森島國男家文書　一』解説、一二三二―一二三四頁）。
(59) 精A一一七九。これを受け清右衛門は、宮城源左衛門が上方代官を務めた時期の文書の取り調べを行っており、たとえば延宝四年正月「上山城祝薗中面々指出帳」（精A一八六）の表紙には「天保十亥迄百六拾四ケ年」の付箋がある。

(60) 天保一〇年「御用状到来」精A一〇六八。兵部の所持高は、大原門兵衛知行所五斗四升二合、大岡主膳正知行所九斗五升六合、大岡次右衛門知行所一石一斗、天野弥五右衛門知行所三石九斗一升二合の合計六石五斗一升であった（「田畑高書」東1：3／14）。

(61) 精A一〇六八。

(62)「天保九戌十二月ヨリ森嶋清右衛門出府　江戸より出ス書状之分」精A一一〇七。

(63) 三月二日付で福隅忠次郎（清右衛門子）から清右衛門に出された書状によると、兵部親類の者が二月一二日に帰村し、山本村貞吉（＝小平次）に江戸での詳細を伝えたところ、貞吉は大いに立腹し、一七日夜に京都で各所と相談の上、江戸に下ったという（天保九年一二月二九日江戸御屋敷へ参着「国元幷御知行所村方其外共書状到来之分」精A一一〇六）。

(64) その際喜三郎は、「京・大坂・江戸も公儀ハ壱ツ、但々（ママ）ハ公儀ヲいつわり申候カ如何候哉可蒙察当、此儀ハ私一言もなく恐入候得ハ」と、幕府を偽ったことを叱られ、一言の弁解もできなかった。

(65) 精A一一〇六。

(66) 天保一〇年二月「兵部宅番帳」東1：1／4。

(67) 精A一一〇六。

(68)「天保七申年ヨリ江戸別書状扣」精A一一〇一。

(69) 本一件のもう一人の当事者である北村庄屋藤兵衛も、審理の最終盤の九月二五日に、清右衛門からの、祝園村他給庄屋の領主天野への支持依頼を断っている（「亥七月廿八日森嶋出立江戸逗留中ニ付上方ゟ書状到来之分」精A一一〇八）。

(70) 武蔵屋清兵衛は兄清次が祝園村天野領分の百姓であり、潰れた清次家の跡式相続の件で森島家と関係があった（天保三年九月二五日「清次悴くま諸勘定帳」精B一一八八）。森島家と清兵衛との関係の詳細については今後の課題としたい。

(71) 兵部は受領し宮城土佐、友吉は同じく相模と名乗り、守札を自分に出しているので神主であり、飯塚と清右衛門両人の調査不足が原因としたものである。

(72) 東1：3／26。

(73) 一〇月二二日に提出された吟味下げ証文によると、宮城周防は幼名勝次郎といい、天野領分の百姓半右衛門の子であったが、周防の父宮城和泉に仕え亘と改名した。実子のなかった和泉の養子となり周防と改名し神主となった後も、領主天野の宗門人別帳に調印し、土佐も文政一〇（一八二七）年まで兵部の名前で調印していたという（天保一〇年一〇月「乍恐以書付奉願上候」東1：4／64）。

(74)「亥七月廿八日祝園出立江戸逗留諸鑑共　日記　森嶋」東1：1／16。
(75) 精A一一〇八。
(76) この「外聞」問題は以後も続いており、一一年後の知行所四ヵ村江戸直訴一件の箇条書で、神主への詫び一札中の「天野家如何様ニ可被　仰付茂難計、猶又於村方茂心得違之者有之候而如何様之儀相願申勧候共、当給之小前小(ママ)々急度申付、決而同意ケ間鋪儀仕間敷、其外御高恩子々孫々迄不致忘却不敬之儀無之様為相慎可申」との文言が、領主天野氏の称号にもかかわり、他給村々との交渉の際にも差し支えるとされた（嘉永三年一二月「乍恐奉差上ケ条書」精A七七一）。
(77) 精A一一〇八。
(78) 精A一一〇八。
(79) 天保一三年三月「覚」精C一三一〇。
(80) 精C二一三五。
(81) 天保一二年に徳三郎と清右衛門は、神主一件の借金のため家名存続が難しいので、親類相談の上、仕法を立て、森島家の表門を閉めることを庄屋喜三郎に願っている（「口上書」東1：5／9）。森島家の村内における地位低下が視覚的にも明らかである。
(82) 天保一一年「状之扣」精一〇六三。
(83) 天保一一年四月「為取替一札」精D一三九六。
(84) 天保一三年大晦日時点での森島家の資産は銀三六貫四三〇匁（＝金六〇〇両余）であり、天保九年七月の銀一〇〇貫一五匁に比べて大幅に減少している（「棚卸勘定帳」精B四九〇―四〇）。
(85) 前掲注(1)冨善論文参照。

(付記) 史料閲覧に際しては、精華町教育委員会の中川博勝氏に大変お世話になりました。記して謝意を述べさせていただきます。

第八章　無足人たちの明治維新

菅野則子

はじめに

史料を眺めていて、しばしば気になる文に出会うことがある。今回は、「従前藩務ニ功労アルヲ不顧藩制改革ナレハ無是非遺憾ノ至リト憤怒ヲ抱キナカラ不名義ナル義ニ付不得止献金之義御断申上候ニ付テハ無足人免許状へ廃印押」であった。[1] 長年に亘り藩のために働いてきた無足人が、明治維新期、藩によって切り捨てられるという彼らの憤りと残念な思いとが語られている。無足人たちに「憤怒」をもたらした「藩制改革」とはどのようなものであったのか、無足人たちにとっての明治維新とは何であったのか。無足人たちは、なぜこのような形で「不満」を語ったのだろうか。この史料の背後には、いろいろな事柄が孕まれているように思えた。

これを機に、無足人についていささかの検討を試みたい。

一　藤堂藩の無足人

(1)　先行研究から

無足人についての研究は、かなり積み上げられているが[2]、まずは、深谷氏の『寛政期の藤堂藩』をみておこう。藤堂藩において、寛政期をひとつの画期とする本書は、藤堂藩の無足人について以下のようにまとめている。

①無足人は、兵農分離方針不徹底の結果、中世的な「兵農一致」との妥協の産物であるが、一方で近世的封建制の兵農分離的身分秩序の補強に役立つ。

②兵農分離の過程において、在地土豪が家臣コースと農民コースに両極分解していくなかで両方の性格を合わせ持つものとして創出された。

③村落共同体内においては特権家格、内実的にも上層農民、また、村役人・組合目付等として存在。ゆえに、農民の生産共同体と藩権力とを結合させる絆として支配機構の末端を構成する。

④たんに村役人として村政指導・収奪機関・農民監督の役割にあっただけではなく軍事編成されている身分、換言すれば農民支配のための直接的暴力装置の外延を構成。

⑤百姓経営としてみた無足人には二種あり、ひとつは、小家族自立経営農民（近世的本百姓）であり、ふたつは、初期的な家父長的大経営農民であった。

⑥藩権力は、没落・窮迫化した無足人を「免許取上」「取放」の処分にする一方、封建機構維持のために新たな無足人を補填する。

⑦新規無足人取立には、村内の有力者であることが要件で「由緒」に固執しつつも、現実的には「富力」を基準に

した。

⑧無足人取立には、享保期と寛政期とに画期がある。

寛政期を中心とした氏の検討結果の要点は以上のようである。このような成り立ちと性格・役割とを持った無足人について、以後、「藤堂藩の無足人」「伊賀国の無足人」の研究などと題していろいろな角度からの検討が行われている。

(2) 無足人とは

〈1　無足人の語義〉

①「無足人頭、属伊州主城管下、農兵也、五員、俗謂無俸禄而供公用、為無足、村里有名之家、報官、自製一副甲冑、一根長槍、則許下帯両口刀、別衆戸、呼之曰無足人、或曰郷士」（『宗国史』三九五頁）

②「無足人之筋目ニ付是迠刀衣服免之者共之子共二男以下ハ刀指候事不仕候得共自今ハ親と一所ニ居申内ハ勝手次第ニ可仕候別家ニ成或ハ平百姓之方へ養子ニ参候ハヽ、刀指候事堅仕間敷事」（同、一〇九頁以下）

③「新規ニ刀衣服之免許願候者ハ先祖代々慥成無足ニ而候儀其居村惣中納得いたし候段庄や年寄致加判願書大庄や迠差出猶又慥成無足人筋ニ而候段大庄や吟味之上願書役所へ差出可申事」（同、以上「無足人二男以下刀衣服之事」）

以上、『宗国史』からの引用であるが、①にいうように、無足人とは、所謂「農兵」であり「郷士」ともいわれ、無給で「公用」に従事する者であり、しかも、彼らの村内における位置は「有名之家」であり、兵農分離下において武具帯刀を許可される者であった。また、②にいうように「筋目」が重視され、③のように、新規に取り立てられる場合には、大庄屋をはじめ村惣中の合意が必要であった。こうした存在の者については『津市史』が解りやすくまとめている。[4]

〈2　無足人の特権的立場とそれをめぐる動き〉

村内において「士分」を与えられた彼らの実態は、一般農民とどこが異なっていたのだろうか。帯刀許可・「筋目」重視・「有名之家」等とされていても、「身分」は「百姓」である。「百姓」と無足人とを隔する「特権」とは何であったのか。

少々時期は下るが、文政九（一八二六）年、津（藤堂）藩が、城和領の無足人に夫役免除の撤回を告げた達がある。そこでは

［史料1］　村方ニては、貧福ニ不拘、村役人之外百姓共之上ニ立可申者共ニ付、銘々身持万端相嗜、自然之間無足人規則相立候様為在度候、左も無之候ては他方より之見込も不宜、壱人不行跡之者有之候ても、一統之外聞ニ相成、農人身分ニて苗字帯刀蒙御免罷在候儀は不軽儀ニ付、難有事と相心得、一己之身持万端を相嗜、不風俗之儀無之様心掛可申候

のように述べ、村内における無足人としての自覚を促す。そのうえで「国役」が多い城和ゆえ、これまでのような無足人の夫役免除は、一般村民の負担につながる、ついては「帯刀人不相応之賤役」、すなわち無足人が免除されている夫役については「家来或は雇人等に為相勤可申候」と通達された(5)。

ここで留意されるのは、城和地域は、国役が多い地域であることと、無足人には「賤役」とされる夫役負担が免除されていたことである。とくに後者、すなわち「帯刀人不相応の賤役」とはどのようなものだったのか。

元禄三（一六九〇）年の「無足人可相勤覚」および享保八（一七二三）年の「郷中無足人共村役勤方之覚」に村内における無足人の任務が記されている。元禄時と享保時との「覚」の間には多少の違いはあるけれども、無足人が免除されていた夫役とは、往還橋番、諸大名通行時の人足・川越人足、行倒者・横死人番などであった。これらは「棒役」といわれ、「賤役」「賤業」として無足人は負担しないでよいとされた役務であった(6)。因みに、無足人が他村民と同等に

負担する夫役には「村並」と記されている。

このようなかたちでの夫役の負担のありかたが、村内での無足人と一般「百姓」との格差を拡大していった。スタート時から「郷士」として存在した無足人の意識の中には「武士」志向の思いは強く、また、家中など武士と接触する機会も多かったであろう無足人の生活実態や意識は、徐々に一般からは乖離していったと思われる。それゆえに、双方の対立は深まり、享和三年から文化八年の間、「棒役」勤務の可否をめぐって無足人と「百姓」との間に争論が起こされることとなる。(7)

このような双方の争論の延長上に、右にみた文政九年の津藩からの夫役免除撤回の通達があった。

以上のような無足人に関する基礎知識と歴史的な経緯をみたところで、南山城地域に位置した浅田家（加茂組）・梶田家（加茂組および笠置組）・吉岡家（当尾組）の三家に遺された史料を中心素材に、無足人についての検討を進めたい。

二　南山城の無足人

(1) 南山城の構成

〈1　本藩と支藩〉

藤堂藩は、三二万石余の国持大名であった。『寛文印知』（寛文四年）によると、その所領の内訳は、伊賀国一円一〇万石余、伊勢国八郡一七万石余、山城国四郡四万石余、下総香取郡三千石余であった。寛文九（一六六九）年、そのうち五万石を分地して久居藩が生まれた。元禄一〇（一六九七）年、本藩支藩の藩主承継の事情で三千石が久居側に与えられ、本藩が二七万九五〇石余、支藩久居藩が五万三千石となり、そのまま明治維新に至る。

久居藩は、独立した城地と家臣団を持つものとしてスタートしたが、「領内分家」であり、知行地は本家の領地判

表 1　本藩（藤堂藩）と支藩（久居藩）

藤堂藩	伊賀国一円	10 万石余
	伊勢国八郡	17 万石余
	山城国四郡	4 万石余
	下総国香取郡	3000 石
	計	32 万 3950 石余（国持大名）
寛文 9 年	5 万石を分地し，久居藩（分家大名）が生まれる	
元禄 10 年	本支藩の藩主承継の事情で，3000 石が久居藩に与えられる →本藩：27 万 950 石余 ｝明治維新まで不変 　支藩： 5 万 3000 石 ｝ 久居藩は，独立した城地と家臣団を持つが，「領内分家」であり，知行地は本家の領地判物の末尾で「此内」と内分で	

出典）『寛文印知』寛文 4 年，『加茂町史』巻四より作成．

物の末尾で「此内」と記され本家＝「本分」に対する「内分」として配当されていた。史料をみていると、この地域において「本分」と「内分」の双方は、つかず離れずの関係にあったようにみえる。たとえば、「村々庄屋役交代之義ニ付」のような触が廻される時、「御本家方加茂笠置両組幷当尾組」と記される[8]。「御本家方」（本分方）の加茂・笠置の両組は古市役所、「内分方」の当尾組は和尓役所がその管轄ではあるが、この三組は「城和」として、管轄を超えて一括扱いされることも少なくなかった。このように、「本内一律」と言われていたけれども、「本分」と「内分」との格差は折に触れて表出してくることもあった。そのことは村支配に、そして村民の意識にも少なくない影響があったと思われる。維新期の藤堂藩の藩制改革時、藩が示した無足人への措置の仕方が本藩と支藩とは異なっていたと当尾組の無足人は述べている（後述）。

〈2　城和領の構成〉

本章が対象とする南山城の地域は、藤堂藩領三二万石余のうち、「城和領」として扱われるので、その城和領の構成をみる。それを『加茂町史』（四巻）によって整理したのが表2である。ここにみる十の組は、万治三年（一六六〇）にみる「城和大庄屋十組」に対応しており、加茂組以下七組が「本家（分）方」に所属、和尓・新口・当尾の三組が、「内分方」に所属する。宝永年間から正徳にかけて城和領が再編成され、この時にこの表のように区分さ

表2　城和領の構成

城和領本家方（147ヵ村）			城和領内分方（38ヵ村）		
山城領	加茂組（13ヵ村）	5,544石693	大和領	和尓組（17ヵ村）	3,153石744
	笠置組（15ヵ村）	①1,364石293		新口組（5ヵ村）	2,835石33
大和領		②1,544石916	山城領	当尾組（16ヵ村）	2,955石896
		（〆③2,909石209）	大和領		725石27
	古市組（24ヵ村）	5,064石649		〆	3,681石166
	山田組（27ヵ村）	5,624石228			
	山田新組（11ヵ村）	4,351石601			
	小山戸組（24ヵ村）	6,139石234			
	桜井組（33ヵ村）	10,569石122			
	小計	40,202石736		小計	10,030石24
				「御本家并御内分方城和」185ヵ村合計	50,232石976

出典）『加茂町史』巻四，197頁より作成．
注1）表中，①＋②＝③　笠置組は山城領と大和領にまたがる．
注2）不整合な部分もあるが，表中の数字は出典掲載史料通りである．

れたという。なお、笠置組および当尾組の村々は山城・大和の両国に分属していた。以後、大きな組み替えがないまま明治維新に至る。

本章で扱う吉岡家は、右の「内分方」（久居藩）の中のひとつ、当尾組に属し、他方、梶田家と浅田家は加茂組に属し、また、大庄屋としての梶田家が関わる笠置組の二組は本藩領下にあった。そして、この三組を含む城和領一万石余の直接の管轄は大和国添上郡和尓村にあった出張役所（和尓役所）（二〇〇石取程度の郡奉行一、郷代官二）であった。

この地は、「本分」と「内分」とが、交錯する地域であり、その中においては、当尾組・加茂組および笠置組の三組は、前述したように一括扱いされることが多く、その場合には、本藩と支藩との間のバーの存在は、あいまいであったようにみえる。しかし、「御本家様方村々」云々という記述がみられることは、村民の中に少なからず本藩支藩の別の意識が横たわっていたであろうこともすでに見た通りである。[9]

(2)　南山城の無足人

〈1　無足人のリスト〉

『加茂町史』から該当する時期・地域の無足人をリストアップしておこう。

①藤堂藩の無足人（表3）

②南山城の無足人（表4（元禄期・加茂組）、表5（同寛政期））

本章で用いる史料を遺した三家はいずれも大庄屋勤務を経験し、かつ無足人でもあったが、ここでは各家の無足人に関わる部分のみを概観しておく。

〈2　無足人三家の概略〉

①浅田家の場合

明治四年、浅田金兵衛が記した「覚」は語る。(10)「百八拾ケ年以前元禄五申年浅田九郎右衛門代ニ無足人奉願」したが、その後、二代・三代の浅田金兵衛については無足人であったか否かは分からないが、四代以降八代までは、代々無足人を相続し、今に至っていると。

元禄四年の「上狛村無足人覚」(11)には、金兵衛以下七人の名が列記され、彼らは、古来からの無足人であったが、「先年御改之時ハ書上ケ不申候」と記されている。その理由について、金兵衛は、翌元禄五年の「奉願覚」に、自分は「山城御領下狛村之無足人」であるが、「先年御改之節身上不如意ニ罷有候故御帳面ニ附上不申候、此度無足人御改御座候ニ付」、身上相応になったので奉願し、無足人としての位地を確定したと記す。この時の、勤めの要件は、「具足壱領、鎗壱筋、馬壱疋、家来八人」であり、持高は、一〇三石六四二、諸事は「村並」であったとしている。このように、無足人としての位地についての確認は、元禄四年から五年頃まで遡ることができる。(12)以後、途中不分明の期間はあるが、四代以降幕末まで無足人を相続してきた。なお、この間の無足人としての歩みについて、時期を確定できる史料からみておこう。

安永二年には、狛村無足人として金兵衛以下五人が名を連ねている。寛政三年一二月、金兵衛病死により悴金八が引き継ぎ、金兵衛と改名し、(13)寛政一〇年、金兵衛は他の五人とともに「帯刀継目」を届け出ている。文化五年、金兵衛（当時三四歳）は「具足壱領・鎗壱筋・家来弐人」の勤めを再約している。この時点での勤めは、元禄時のそれと比べてみると、「馬壱疋」が削除されていること、家来の数が、八人から二人に減少していることが留意される。

文政一二年、金兵衛病身につき悴金八（二九歳）が「壱領・壱筋・家来三人」の「継目請書」を記している。[14]また、安政三年には、浅田家は「無足人御触書写[15]」を遺した。これについては後述する。

以上、無足人としての浅田家は、元禄期から、途中、二・三代の時期については不分明だが、四代以降は代々無足人を相続し明治にいたる。

②梶田家の場合

表 3　藤堂藩山城領内無足人名前書上（安永 2 年）

里村	沢	半左衛門
	西	三右衛門
	中	仁兵衛
	村田	孫太郎
兎並村	満田	権右衛門
	勘左衛門事	
	増田	又八
	土橋	多平口
北村	梶田	小右衛門
	松村	助左衛門
	松吉	安左衛門
高田村	松本	平五郎
大野村	馬場	武兵衛
	勝田	新左衛門
銭司村	喜多	安左衛門
上狛村	浅田	金兵衛
	浅田	七郎右衛門
	大西	平右衛門
	野村	武左衛門
	辰見	平左衛門
南笠置村	大倉	文作
	森本	庄右衛門
	西村	八右衛門
	大倉	喜右衛門
南笠置村	大倉	治郎左衛門
	大倉	治右衛門
北笠置村	森嶋	治左衛門
	森嶋	七郎兵衛
	森嶋	八五郎
切山村	七郎兵衛事	
	松本	儀右衛門
	増地	権右衛門
上有市村	堀	吉兵衛
	石川	治右衛門
	石川	嘉兵衛
	石川	惣兵衛
	二瀧	藤三郎
	二瀧	甚兵衛
	二瀧	市十郎
	久保	源兵衛
	久保	利兵衛
下有市村	山村	勘平
	小沢	茂兵衛
当尾村	倉持	作太夫
	吉岡	多十郎
	岩田	金兵衛
	榊原	林七

出典）『加茂町史』巻五，309 頁より作成．

表 4　加茂組無足人（元禄 4 年）

里村	森岡	又兵衛
	森岡	三七
	森岡	清十郎
	安川	市左衛門
北村	川越	八左衛門
	森岡	善五郎
	森岡	善右衛門
	梶田	岩市
	松村	源次郎
	松村	源三郎
	松村	源左衛門
	畑山	孫右衛門
	畑山	弥市
兎並村	沢村	彦左衛門
兎並村	向井	伊左衛門
	向井	伊兵衛
高田村	吉田	善三郎
新在家村	平井	仁兵衛
	平井	善四郎
東法花野村	城野	又兵衛
野日代村	野村	半左衛門
	野村	武兵衛
	冨田	三郎兵衛
銭司村	吉田	喜左衛門
	吉田	理右衛門
	吉田	平九郎
大野村	勝田	新左衛門

出典）「先年帳面ニ洩申候無足人改帳」（元禄 4 年 12 月 15 日），浅田家文書，C／721 より作成．

注）元禄 4 年には，上記 27 人がリストされている．安永 2 年になると，19 人に減少（『加茂町史』5）．その理由のひとつは，前者では同姓者が多いこと，恐らく一家内での悴も記載されたものと思われる．

表 5　加茂組無足人（寛政元年）

北村	梶田　小十郎	先祖より帳付	具足壱領	鑓壱筋	家来 5 人
	松村　助左衛門	先祖より帳付	素肌歩行立	鑓壱筋	家来 3 人
兎並村	満田　権右衛門	先祖より帳付	—	—	—
	増田　又八	先祖より帳付	素肌歩行立	鑓壱筋	家来 1 人
里村	西　弁蔵	先祖より帳付	素肌歩行立	鑓壱筋	家来 2 人
	中　仁兵衛	39 年以前より帳付	具足壱領	鑓壱筋	家来 5 人
西法花野村	浅田　金兵衛	先祖より帳付	具足壱領	鑓壱筋	家来 3 人
	浅田　七郎右衛門	63 年以前より帳付	素肌歩行立	鑓壱筋	家来 2 人
野日代村	辰見　平右衛門	47 年以前より帳付	具足壱領	鑓壱筋	家来 2 人
法花寺野村	小嶋　長次郎	先祖より帳付	素肌歩行立	—	家来 1 人
銭司村	吉田　喜左衛門	先祖より帳付	素肌歩行立	—	家来 1 人
改後，寛政 4 年 4 月					
	馬場　宗十郎	継目中絶願相添常帯刀	具足壱領	鑓壱筋	家来 2 人
	松岡　新六	新規無足人常帯刀	素肌歩行立	鑓壱筋	家来 2 人

出典）「加茂組無足人改」寛政元年 11 月，『加茂町史』巻五，311 頁より作成．

年欠の史料であるが、末尾に「天保十一庚子年仲夏書写」と記された記事[16]は梶田家の系譜を以下のように語る。梶田家は、三二四年以前、美濃国加茂郡梶田村から山城国相楽郡加茂郷北村枝郷に移住、以来同所に居住。代々実子で家督を相続、今時に至っていると。いつ、誰の領主の時に無足人になったのかは解らないが、代々「常帯刀」を承伝してきた。一四一年以前、貞享二年の「由緒帳」によれば、六代目梶田平左衛門代に無足人として姓名・持高等が帳附されて以来、代々連綿と相続、「無足人御改之節」には都度、姓名を書き上げてきたという[17]。

梶田家の無足人としての勤めは「鑓壱筋、具足壱荷、家来五人」であった。また、一四代梶田九市郎の書付によると、一一代は順蔵、一二代俊之進（文政二生。家督、天保八―弘化三）、一三代慶次郎（家督、弘化三―明治八）と続き一四代は、俊之進の長男順之助が嗣ぐはずであったが、二三歳で死亡、明治八年、九市郎（嘉永五生）が一四代の相続人となった[18]。

③吉岡家の場合

先祖は、延徳年中、矢田部備後守義光という者で、管領細川武蔵守に従い山城国相楽郡当尾村に居住。義光の後胤矢田部五兵衛義常が、矢田部を吉岡と改名[19]。享保二年から地頭表より苗字帯刀御免、以来御改の節由緒書を書き上げてきたが、宝暦五年・安永九年両度の御改の節は、由緒書を出さなかった。しかし、享和三年になり、宝暦・安永両度にわたり吉岡家と同様、由緒書きを提出しなかった他の三人の無足人とともに、無足人への帳附に再登録している[20]。

寛政一一年の「無足人改帳[21]」には、吉岡市左衛門（未四四歳）は、先年通り「具足壱領、鑓壱筋、家来弐人」の御用相勤を仰せ付けられている。また、文政一〇年の「許状之写[22]」には「此度相改先規之通無相違者也」とある。安政二年、吉岡節之進は大庄屋見習から本役を願うと同時に無足人継目許状が下される。安政五年六月二日の本介の死に伴い許状の名前が本介から節之進へ切り替えられる。そして、安政五年九月の「一札[23]」は記す。「山城御領下尻枝村無足人ニ而先祖ゟ御帳ニ付罷在候処、養父吉岡本介病死仕奉願上　私義（節之進）不相変無足人相続仕候ニ付身上相応ニ仕自然之御時御供可仕候」として「具足壱領・鑓壱筋・家来弐人」と以前同様の勤めを城和郡奉行柘植平右衛門に宛てて約した。

安政七年、節之進「身持不宜」にて大庄屋差免村蟄居させられた時、無足人許状は大庄屋共の預かりとなる[24]。その後、どのような運動をしたのかははっきりとしないが、慶応元年一二月、久居藩出張郡政曹から「覚[25]」が出され、「尻枝村無足人吉岡市左衛門　右者此度相改先規之通無相違者也」と無足人に帳附けされた。そして、翌慶応二年正月に吉岡市左衛門（養子三次郎）は、この帳附を承けて、尻枝村無足人として「身上相応ニ仕自然之御時御供相勤」の一札を記した[26]。

〈3　その他の無足人の場合〉

以上の三家は、途中、ややはっきりとしない時期もあるが、「当初」から維新期まで無足人としての位地を継いできたものである。さらに、この地域の無足人の実態把握を補足する意味で、途中で消息不明になったもの、後発に無足人になったものなど断片的であるが、幾人かの事例をみよう。

①加茂組の場合（浅田家文書から）

・事例1　野日代村・野村武左衛門　文政七年七月に野日代村の役人は口上書に[27]「当村絶家無足人　野村武左衛門」について記している。要点は、野村は先祖より無足人を勤める旧家であったが、「家内病難打続難渋」「借銀相嵩」「無拠絶家」となってしまい、野村の「田畑之儀ハ不残借銀片付ニ村人共へ売払」、「今以跡立候手段下方ニ而致方無御座候」という事態に陥った。しかし、この村は戸数も少ないので、絶家のままでは困るので、武左衛門の縁者武助へ「跡相続」をさせれば「野村武左衛門旧家跡立相続」になり、村としてもありがたいことである、というものである。

結局、安永年中に病死した野村武左衛門に代わって、武助が跡を継ぎ野村武左衛門と更名して、旧家を相続した。

ここまでは確認できるが、この武助が「無足人」を相続したのかは判然としない。

・事例2　東法花野村・大西清助　無足人大西清助は、元禄五年「一両一騎（ママ）」、清助の親は郷右衛門で、松平伊賀守のとき、二〇〇石取であった。一時浪人、その後、東法花野村内に一〇石ばかりの高をもち、「帳附之無足人」であったという[28]。享保一二年五月の記事によると[29]「十五年以前辰申両年洪水」「近年不作打続」のために身上不如意になり「年々借銀もかさミ申候ニ付所持田畑年々売払借銀方へ返弁」「本宅計残置座敷長屋等売払当分逼塞仕度」という。その後、天明四年正月には、「東法花野村無足人大西平右衛門家内六人」は家出をし「行衛不知」と記されている。

元禄期から「帳附之無足人」を継続してきた大西は、打ち続く災害で、身上不如意となり、借金が嵩み逼塞状況になり、結局は村を出奔、姿を消した。

・事例3　西法花野村・浅田七郎右衛門　享保一一年、浅田五郎兵衛より別家、その後、無足人を仰せ付けられ帯刀御免となり、元文二年継目御改を申上、無足人を継続。寛延元年九月、伍長をしていた父七郎右衛門が高齢のため無足人を辞退したいと願ったので、躮（悴）新吾（当時二七歳）が、その跡を引き継ぎ、七郎右衛門と名替えし、そのまま無足人相続を願い出た。その時の勤務は「素肌・鑓壱筋・家来三人・歩行立」であり、以後、明和七年・天明二年の継目改を経て寛政一〇年まで、品替なく相続、持高四一石六五九、諸事は「村並」であった。[30]

・事例4　東法花野村・城野又兵衛　元禄四年、無足人にリストされている。元禄五（一六九一）年時の勤めは「御用之時徒膚ニ而可罷出候」、持高一八石九五二であった。[31]　また、文化五（一八〇八）年の記事によると、城野をはじめ五人の無足人は「上狛村郷士」と記され、城野については「東法花野村無足人」「四ヶ年以前丑ゟ御帳附無足人」「具足壱領・鑓壱筋・家来三人」、当時五〇歳と記されている。[32]　なお、後年、梶田家と婚姻関係を結んでいる。

・事例5　野日代村・落合源兵衛　慶応三年の記事[33]は、源兵衛が近年病身になり、勤めを果たせなくなったので、悴猶太郎（当卯二三歳）を源兵衛と改名して無足人を相続させたいとしている。

②当尾組の場合（吉岡家文書から）

安政五年の「覚」[34]および安政期にまとめられた当尾組の「無足人継目幷進退ニ付書付」[35]によって、当尾組の無足人の動態をみよう。

・事例1　東小村・奥村藤右衛門　「右者先代ゟ相勤居候処継目則先規之通り文化五午年九月ゟ相勤罷在候儀ニ御座候」

・事例2　高去村・佐倉重兵衛　「同　天保十二寅年五月ゟ相勤罷在候」

・事例3　南下手村・稲葉喜惣治　「同　弘化二巳年二月ゟ相勤罷在候」

・事例4　辻村・中徳右衛門　「同　弘化二巳年二月ゟ相勤罷在候」

・事例5　北下手村・辻喜右衛門　「同　嘉永元申年四月ゟ相勤罷在候」

・事例6　西小村・沖京蔵　「同　嘉永七寅年十二月ゟ相勤罷在候」

以上の六人については、「右者先代ゟ相勤居候処継目則先規之通り」と記された後に、右記したように各人の継目の年月が記されている。

・事例7　森村・弓手銀蔵　「覚」によると、銀蔵は、天保一五辰年一二月一代限りの無足人に仰せ付けられ、安政五年より「永世無足人」に仰せ付けられた。その経緯を見ると、銀蔵は、安政五年八月四日、「献納金伺書」を役内を通じて差し上げ、同九月一日に永世無足人を仰せ付けられ、翌安政六年四月二五日にその許状が渡された(36)。

・事例8　高去村・佐倉十（重）蔵　「覚」によると、天保五年五月に「永世無足人」を仰せ付けられたが、重蔵は安政五年九月病死、重兵衛が、重蔵と更名して無足人を相続したいと届け出て、安政五年一二月に聞き届けられた。

・事例9　大平尾村・上岡佐五郎　「覚」には「右者先規之通り奉蒙仰則安政二卯年七月ゟ相勤罷在候」と記されているが、上岡佐五郎は、一時、身上不如意になり「休役」を願った。その後「可成」になったので以前の通り無足人への取立を願い、聞き届けられた者である。

・事例10　大平尾村・西久保弥三郎　後発の無足人で献金によって「永世無足人格」となった。その経緯は、安政六年三月「献金申立御賞詞伺書共差上」、安政六年五月一一日に「永世無足人格被仰付」た。なお、この時の献金額は「七十両」であった(37)。また、この時、吉岡節之進は、「大平尾村年寄弥三郎」は「生質実躰ニ役義精勤仕追々身上可成仕候」者であるから、永世無足人格に仰せられたいと大庄屋として推薦の一筆を添えている。

・事例11　森村・弓手長次郎　永世御普請目付見習格に仰せ付けられるまでの経緯は、安政六年五月「金五十両献納申立御賞詞方伺書差上」、安政六年六月に「永世御普請目付見習格被仰付」、その後、無足人を仰せ付けられる(38)。

当尾組の無足人および御普請目付などの動向が以上のようにまとめられている。事例9のように、一時休役した者もいるが、事例1から6のように、代々無足人を勤めている者は、継目の手続きを経て「御許状」が出されている。一方、事例7・10・11のように、新たに無足人となる場合には、一定の「献金」をすることがその要件であったことがわかる。

三　無足人の日常

(1) 無足人の勤めと自覚

〈1　安政三年の「無足人御触書写」の検討から〉

安政三年の「無足人御触書写　浅田金兵衛扣」[39]は、役所から無足人に宛てた触書を浅田金兵衛が書き取ったものである。ここには、安政三年七月以降に出された触書一三通が収載されている[40]。

冒頭の七月一六日の触は「来ル十六日炮術稽古ニ付、大野村江腰弁当ニ而早朝ゟ出席之事」と述べ、雨天の場合には一七日に延期する旨を触れた。八月一八日の触には、「無足人・同格中」に宛て、一九日五ツ時までに一ヵ村一人宛が役宅へ出向くようにと触れた。また、八月二八日の触には、古市方で「操練場」を開くので、稽古出席時、半分は稽古、半分は「開発御手伝」をするつもりで出席するように、また今後は、日を決め、稽古出席時、半分は開発の手伝いをすること、その「定日」は、既に「一六二七」と告知してあるので、さしあたり来月は朔日・二日にも、「開発御手伝」のつもりで出席されたい、不参なきようにと記している。

ところが、一〇月一五日の触には「武事稽古先日来怠慢ニ相成有之候」、一一月の触では「先月ゟ御出席之度数蒙り候間幾日〳〵ニ何度御出席有之候ニと申義手取紙ニ御書取早々当役内へ御差出可被成候」と触れ、参加を促している。さらに同触は、出席できない場合には、その理由を申し出るようにともいう。一一月三日には、大炮を教導する旨を伝えてあるのになぜか出向かないものがいる。何か支障があるのかと役所と無足人とを仲介する藤田寛治郎へ改めてその確認方を促している。

一一月五日には「壱度も出席不被致義は如何之事哉右訳柄早々役内江御申出可被成候」と勝田寛治郎名で「無足人中」に伝達、さらに加えて同日、松岡祐一郎名で「毎度大庄屋表ゟ御達も有之候処、毎度御不参勝ニ而中ニは一度も御出席無之御方も有之候趣甚不都束(ママ)ニ奉存候」「外組々は精誠出席有之候趣相聞」と、他の組の状況を引き合いに出すなど、手をかえ品を替えて出席を促している。

なぜこのように、無足人たちは、再三の稽古出席要請に応じなかったのだろうか。その背景を探らなくてはならないが、出席強要の事例はこの時に止まらない。

年代を欠くが六月一九日、勝田寛治郎は古市役所から次のような二通の用状を西法花野村・野日代村の庄屋中に宛てて記した(41)。そこには、堀喜三郎と野村□太郎の二人を名指しで武事稽古不参について追及する様子が記されている。堀については一三日夕までに出向くよう申達したが、何のことわりもないまま不参であるので、理由を問うと「不快之由」であるという、これまで、同人は度々の「申諭」にも関わらず「兎角なりあいニいたし甚心得違」のものであるから、「不快」の様子をきちんと突き止められたいと。また、野村については、「不快」であるから出席できないというが、「不快ニ相違無之義哉実病ニ候ハヽ、何れ之医師ニ相掛り居候而如何之容躰ニ候哉、委敷御取調候而書付ヲ以早々御越罷成候」とその追及は厳しい。

さらに、古市にて、勝田寛治郎は、「狛郷無足人中」に宛てて、九月朔日「急用書」を記した(42)。そこでも、「廿六日夕着」の筈なのに今に至るも何のことわりもなく不参である、その理由は何かを知りたいと。何はともあれ「御一統決而無不参御出席」せよと触れた。この時の「狛郷無足人中」の無足人とは、松原徳次郎・大西亀次郎・城野平助・堀喜三郎・浅田勝次郎の五人であった。

このように、病気を不参理由にする場合が多かったのだろうか、役所の追及は厳しく、不快の病名、罹っている医師の診断書の提出までも要求している事にも留意しなくてはならないだろう。

あらためて、安政三年の「無足人御触書」をみると、一三通の触の内容のほとんどは、稽古出席を促すものであった。また、その稽古も単なる「稽古」ではなく、半分は「稽古」、半分は「御開発手伝」という名に借りた「勤務」であった。

ここにいう「御開発手伝」とされているものが、「操練場」を開く事と関わるものだけであるのか否か、それ以上のことはわからない。穿った見方をするならば、「稽古」を口実に必要に応じたある種の「夫役」的なものの調達が時宜に応じて行われていたのではないかとも思われる[43]。

ともあれ、度々の出席要請にも関わらず、武術稽古への不参者は跡を絶たなかった。不参理由を厳しく取り調べても一向埒が明かなかった。これが、安政期前後の加茂組無足人の「武事稽古」に対する勤務状況の一場面であるが、当尾組ではどのようであったのだろう。

〈2　「稽古不参者」の取り調べ（吉岡家文書から）〉

当尾組においても稽古に出向かない者が多かったことは、次の史料（年欠）が語る。

［史料2］　武事稽古初之節、組内之義別而不参多ニ付明後日三日一同打揃和尓表へ罷出候様自然役用差支筋有之候ハ、年寄組頭江申談置可被申、尚又病気ニ而遠足難相成候ハ、駕籠ニ而も出席迄なり共可致旨（中略）今度之儀ハ決して不参等無之様未明ゟ罷出候様可被成候、無左候而ハ万一厳敷御沙汰も（以下略）

と吉岡節之進名で呼びかけている[44]。この時の宛先は「当尾組無足人中・御用医師中」とあり、御用医師柏原左中（仲）はじめ当尾組の無足人一三人であった。この外にも、このような武芸執行・稽古への出席を促す書付は少なくない[45]。

度重なる不参に対して取り調べは続く。やはり、年欠であるが、無断での「武事稽古不参之者」への取り調べが行われた。九月七日付で、不参者の名前と不参理由とが書き上げられた(46)。
・中徳右衛門の場合は、親類に大病人がおり、その看病のために鹿背山村に出向いているので不参であるという。
・柏原佐（左）中の場合は、盆後より病気となり、一時快気したが再発したので、引き籠もっていた。昨日より床を離れることができるようになったが、長病の疲労につき遠路の歩行はできない、全快次第出席するとしている(47)。
・大乗主蔵の場合は、季候の当り病で引き籠もっている、その次第を内田様に断ったが、まだ快気しないので不参であるという。
・上岡佐五郎の場合は、風邪のため引き籠もっており不参、快気次第出席するという。
・西久保弥三郎の場合は、何の連絡もないのでおそらく出席するものと思われると。
以上が、取り調べに対する調査結果の全容である。この五人の内、大乗と西久保は、安政期に無足人を仰せ付けられた者、上岡は、一時休役していたが、安政二年に無足人の勤務に復帰した者である。

〈3　「稽古」と「武術への心構え」〉

梶田俊之進宛の大倉又十郎の「覚」（年欠）の記事に「鑓術之稽古仕度候ニ付加茂満田家江致入門指南受可申候、其外無足人共不残長太刀稽古可仕候」とあり、そのために必要な七人分の「長太刀稽古道具」すなわち「具足一式」「面小手垂」などの費用を見積もっている(48)。この時の武具の価は、「具足一式」は「金壱両弐歩」、面は「壱歩位」としている。武術稽古を奨励するために、指南者を指示したり、武具所持を促すことなどが企図されていたことがわかる。因みに、指南者として指名されている「満田」とは、加茂組の無足人満田権右衛門のことである。

嘉永二年、吉岡本介は誓文を書いた。そこには「此度為武術之願望成就両親ゟ差許候迄は可為不犯候、若志姪色則可奉蒙冥罰者也」とある。武術成就を願い、そのための心構えが述べられている(49)。

また、武術を身につけていくに従い、武具への関心を抱くことにもなる。天保一二年、梶田俊之進が、勝田重太郎から念願の鎗を手に入れた。「一金三両　別段金百疋　右者小拙先年ゟ所持仕居候鎌宝蔵院流十文字鎗壱筋、銘ハ山城守藤原国重此度依御懇望御譲り申候」である(50)。また、梶田順蔵宛の大倉徳五郎の書状には、過日譲った鍔の価を尋ねられたが、それは「三四匁位之物」ではないかと記している(51)。さらに、中村仁重郎の吉岡本介ら宛の書状（年欠）で、改年に当たり「年始之御祝詞」として「家流兵法遺初」のため南都蔵屋敷へ出席されたいと呼びかけた記事もある(52)。

このように精神涵養をも含めて武術の習得とそれへの関心もまた無足人としての勤務を全うしていくための要件でもあった。

無足人の「継目」の一札には、必ず「自然之時御供可相勤」と記されているように、必要時において、従行することが基本の任務であった。時期は下るが明治一一年の書付にはその実態の詳細が語られる。

［史料3］　固ヨリ臨時御用之節者鎗剱ヲ携帯シ銃炮ヲ為持供奉之列ニ加ハル職掌ナレハ、去ル安政元寅年頃ヨリ鎗剱炮術共為修業御本分大和出張処へ出席スヘキ厳命アルニ付、凡年之三分一ハ是ニ従事

さらに、「文久三亥年大和国五条或者天ノ川辻浪士山籠之節始ヨリ鎮静ニ至迄数月出陣、尤鎗炮共自器ニ御座候(53)」と記す。

また、「口上書(54)」には、出陣之御供を仰せ付かり冥加至極に思っていたが、「毛見方ニ付」役所出郷になり、結局「役所留守役」をするようにとの達し、このような時期に留守番とは残念、役所御用向きの儀は外の人に託し、私（矢田部備後守義光。吉岡市左衛門）には「出陣御供」を仰せ付けられたいと奉願する。無足人である以上、「出陣」するのが任務であり、誇りでもあったのだろう。それゆえに、「留守役」は納得できないというのであった。

なにか事があれば直ちに出陣することを基本任務と自覚する無足人たちは、その任務遂行のためにどのような意識を持っていたのだろうか。右に述べたことにいまひとつの事を付け加えよう。嘉永五年生まれの十四代梶田九市郎智

分は次のようにいう。「予拾壱歳ノ春始メテ当村武事稽古場ニ出て剣術調練の教へを受け」、翌年稽古所へ出る。また春一四歳の時、父に連れられ古市表へ出向き剣術の調練修業をしたという。[55]

稽古出席を拒む事が多い一方、武術を身につけることもまた、無足人としての重要な関心事であった。いずれにせよ、無足人としては、必要時、出陣することが基本任務であり、それを全うすることが誇りでもあった。

(2)「稽古不参」へのテコ入れ

無足人の勤めを果たすには、日常的に然るべき訓練をしておくことが必須であった。自負の念を以て、武術に関心を持ち自ら進んで訓練する者は特に問題はなかったが、稽古への出席を回避したり拒んだりする者も少なくない事態を前にして、何らかのテコ入れが必要であった。

〈1　武芸訓練の奨励と無足人たちの交流〉

日ごろの無足人の稽古の状況に鑑み、何とかテコ入れを図ろうと管轄役所を通じて無足人たちへ心得が示された。梶田俊之進を通じて、笠置組の無足人に宛てられたものである。長文なので、要点を示そう。[56]

①城和領下の無足人は、これまで武術の心掛けがないといわれてきた。そこで、家業に差し支えない限りで武芸に励むようにとの仰せが出された。その結果「去冬」以来、剱鎗稽古に入精するようになったこと、また、「当春」からは、遠近に限らず月に六日ずつ古市表へ出向き鉄炮を心懸ける者も現れ奇特である。

②鉄炮もさることながら、「剱鎗之執行」ができなくては困るので、津表より古市表へ剣術の師範として清水勝太郎が出向いて来るので精々励むように。[57]

③無足人の中には、鉄炮を心懸けていると、御用之節「足軽之場」に仰せ付けられると思っている者もいるようであるが、無足人は、決して「足軽之場」に遣われることはない。

④稽古に際し、遠方から古市へ出向かなければならないが、その費用は大変であろうから、出向のための「日用償方」については内談中である。

⑤稽古は「国中山中」の無足人が古市に集まりみなが入り交じって行う。すると、自ずから「山中」の者は「国中」の風儀に倣いそれまでの風儀を取り崩してしまうこともあるようだが、「山国共面々其土地之風儀」をそれぞれに心得て稽古に励むように。

以上のような藩の意向が古市役所を通じて、狭川新左衛門以下二一人の無足人に告げられた。城和領下の無足人は武術の心掛けは希薄であったこと　稽古といっても鉄炮稽古に傾斜していたこと　そのゆえは、鉄炮を心懸けていると「足軽之場」に抜擢されるという通念があったようであるが[58]、それは心得違いであること　稽古へ出向く時の費用負担は大であったので多少は考慮されていたこと　遠近から集まる無足人たちの風俗習慣のちがいをめぐる動き　などの事柄が記されている。とくに、「山中」の者と「国中」の者との交流による注意事項が指摘されていることが留意される。おそらく③にみるような情報は、こうした交流の場から得られたものであったと思われる[59]。

〈2　軍備改正〉

軍備改正について述べた書付をみよう。梶田俊之進名で三月一八日（年欠）伝達されたものである。それによると、藩では「此度御軍備御改正ニ付エンヘール弁イツヲールトと申鉄砲」を長崎表へ買付に行くことになった、家中へは右の二つの内のどちらかを所持するよう沙汰があった。ついては「郷中之無足人」たちも志のある者は精々これらの鉄炮を所持してはどうかと鉄炮所持を促し、希望者を募っている。そして、この件は後日になると、色々面倒なのでこの際、家中の分と一緒に購入したいこと、武器の「代料」は、イツヲールト一挺ニ付凡二五両、エンヘールは、凡一九両であるとしている。このように述べた上で、無足人たちの購入希望の有無を問うべく、無足人たちの氏名を列記するので、その下に各自の意向を記して貼紙し、至急戻すようにとの触を廻達した[60]。

その廻達を手にした無足人たちは指示通り希望の有無を記し、貼紙・捺印・刻付して梶田に戻した。この時列記された無足人一九人中一七人は、それぞれ「鉄炮両様共今以望無御座宜敷断申上候」と書き記し貼紙し、二人は、貼紙・連印もないままであった。笠置組には鉄炮所持を望む無足人はいなかった。

以上、武術稽古乃至訓練、幕末期の押し迫った段階での藩の軍備改正の一端をみた。双方は次元が異なるものではあるが、「鉄炮」が問題となっていることが注目されるところであろう。

無足人たちにとっては、自己啓発であるとともに、自己と一般農民とを分けるものとして「武芸稽古」「武術訓練」があった。しかし、それも時代が下るに従い変化していく。無足人たちの間では、剱鎗等の武術修練よりも鉄砲の方に人気が傾いていく。その所以は、鉄炮を心懸けることは、「武士」への一階梯であると観念されていたことによる。(61)鉄炮を心懸けていれば「足軽之場」に遣わされるという通念、それは風評であるかも知れないが、ともあれ「武士」扱いされたいという志向が無足人たちを駆り立てる。その一方で、いざ、鉄炮所持が日程に上ってくると、笠置組の「郷中無足人」たちのように、自らの鉄炮所持を希望する者は現れなかった。

四　無足人の幕末維新

無足人の基本的任務は、時宜の応じた出陣であったが、幕末ともなると政治情勢の激化に伴い、無足人たちの出番は増していく。

(1)　再三の呼び出し

吉岡家にも梶田家にも無足人を役所に呼び出す書付が大量に遺されている。しかし、残念なことにその多くは年欠ではあるが、とりあえず、その一例を示そう。下手村無足人佐野新十郎は、悴周健とともに五月一七日朝五半時迄に古市役所に罷り出よ、そのためには、一六日夕迄に古市着のこと、という五月一四日付の書付である(62)。このような急の呼び出し、しかもその要件は記されていない。おそらく新十郎たちにも呼び出しの理由は知らされていなかったと思われる。

また、笠置などは交通の要衝に当たっているために、幕府や藩の要人が上京する(「御参府」)に際して、日ごろから通行時の村々の備えは大変であった。色々な設備を始め清掃に至る迄の諸作業が村々に課せられるが、こうした類の触もまた幾通も遺されている。その際の宛所は、大庄屋・本陣・問屋などであるが、末尾には「無足人中」にも、通達するようにと添え書きされている。したがって、いわゆる「出陣」に備えるだけではなく、こうした事態にもまた、無足人たちの「出番」があった(63)。

一二月一四日卯刻付をもった廻状は以下のように記す。「京都表不容易形勢ニ相聞候間此上模様ニ寄及沙汰候得は各急速古市表江駈付可被成候」「具足鎗等も用意可致いつれも京都表江罷出候義ニ而は無之古市表御手当ニ相詰候事」「就而はいつれも一切他行不相成候」と(64)。この「京都表不容易形勢」とは、尊王攘夷をめぐる政争のこと、具体的には文久三年三月の将軍家茂の上洛や同年八月の天誅組の一件などをめぐる諸事であり、そのための警備が藤堂藩にも命ぜられた。当然のことながら、交通の要衝に当たる南山城地域の無足人たちの動員も要請された。そして、その出動の要件は、自ら武器・具足鎗等の準備をして急遽古市表へ駆けつけるようにというものである。しかも、必ずしも京都へ出向くとは限らない、古市表で待機するということもある、この事情を心得よ、そして何時呼び出しが掛かるか分からないが、何時でもそれに対応できるように待機、他出してはならないというものであった。

それ以前からあった要人たちの常時・臨時の通行に際しての事前の準備などに加えて、理由も明かされないままの急な呼び出し、さらには何時呼び出しが掛かるかわからないままに強いられた禁足・待機令など、幕末ともなると無足人たちの日常は、忙しなくかつ極めて不安定な状態に追いやられていく。

(2) 京都詰・古市詰

度々の、しかも突然の呼び出しのねらいのひとつは、常時・非常時に備えて、無足人たちを、京都や、古市・和尓役所に「常駐」させておくことであった。南山城の中で、笠置組に属する無足人が、「京都表不容易」の政争に備えて、京都及び古市役所に詰めていた日数を書き上げた帳簿がある(65)。これは、文久三亥年から元治元子年にかけて、笠置組の無足人たち各自が、京都および古市に詰めた日数を記し、大庄屋梶田俊之進に提出したものをまとめたものである。整理したのが、表6である。京都詰の場合については、文久三年三月から元治元年八月までの約一年半、古市詰の場合は、文久三年一〇月から元治元年八月までの約一年ほどのものである。二一人の無足人たちが、この間に京都に詰めた日数は、多いもので、大倉佐太郎の一八五日、少ないもので佐野豊三郎の一九日、古市詰については、多いものは増地仲右衛門の六五日を数える。一年半にわたる京都詰、一年近くにわたる古市詰の双方を合わせると、二一人中、一五人の無足人が、百日以上の詰番を行っている(66)。

また、京都詰に関する無足人大西儀平次の書き上げをみると、まず村を出発し古市へ、そこで準備のため一、二泊し、京都へ出向く。必要な日数の勤務を終えると一旦古市へ戻り、そこから帰村するという順をふんでいる。中には、京都から直接帰村する場合もあったが、行きは京都へ直行することはなく必ず古市を経由している。ほとんどの場合、村―古市―京都―古市―村の手順を踏んでおり、京都への往復には古市を経由するのが習わしであった。

では、これらの詰番に季節性があるのだろうか。今回の場合は、文久三年から元治元年にかけてという非常時の詰番ではあるが、表6の二一人の無足人の書き上げの中から、杉本武助の場合を見よう。表7である。武助の場合、文久三年四月から元治元年八月の間、京都に詰めた一二三日の内訳は表の通りである。この一六ヵ月間に、九回、一回に一一日から一九日の日数で京詰をした。この間、亥の五月―六月前半、九月―一〇月、子の一月―三月前半[67]、四月―五月には、詰番を行っていない。無足人武助がどのような存在のものであったのかははっきりしないが、四・五月、九・一〇月は、稲作との関わりでいえば繁忙期である。笠置組の無足人の場合に限るものではあるが、この非常時においても詰番の日数は、八月―一〇月、及び四月―五月には、他の時期よりもやや少ないようにみえる[68]。このことは、おそらく、無足人たちの農業経営と無関係ではないように思われる。「京都表不容易形勢」であり、それに際しての「出陣」は、基本的任務であったとはいえ、京都詰・古市詰は、彼らの生活を左右するものであったにちがいない。現に、詰番に際して、幾人かの無足人は、弟・悴・次男などを、代人に立てている。武助の場合には、新三郎・新八郎を代人としたことが二度程ある[69]。

表6　笠置組無足人京都詰・古市詰日数（文久3年亥～元治元年子）

	詰日数（日）				詰日数（日）		
	京都	古市	計		京都	古市	計
大西儀平治	132	11	143	山村勘次郎	84	4	88
大倉治郎左衛門	130	26	156	辻　伊八郎	81	32	113
大倉又十郎	48		48	増地仲右衛門	21	65	86
狭川喜多之助	138	18	156	森本庄三郎	99	7	106
杉本武助	123	13	136	大倉善十郎	156	14	170
岡田新八	132	20	152	中西丈助	141	7	148
大西喜藤治	115	9	124	大倉佐太郎	185		185
佐野豊三郎	19	48	67	大倉藤右衛門	105	17	122
森嶋又七郎	56	6	62	笠岡庄三郎	128	35	163
森嶋仲造	98	23	121	石川惣兵衛	47	3	50
植村勝助	110	10	120				

出典）京都詰の日数は，梶田家文書ネガ931・219～236（文久3年～元治元年）より，古市詰の日数は同931・237～245（元治元年）により作成．

表7　京都詰・杉本武助の場合（文久3年～元治元年）

年次	期間	日数	備考
文久3年亥	4月13日～ 4月25日	13日	
	6月17日～ 7月 3日	16日	
	8月13日～ 8月26日	14日	
	10月26日～11月 6日	11日	
	12月 3日～12月13日	11日	
元治元年子	3月13日～ 3月23日	11日	代人新八郎
	5月28日～ 6月 9日	12日	
	6月27日～ 7月13日	16日	
	7月晦日 ～ 8月17日	19日	
	日数〆	123日	

出典）梶田家文書ネガ931・216～236（元治元年無足人京都詰，子10月）より作成．
注）亥年は不明だが，子年については，正月5日～正月15日・正月25日～2月6日は古市詰．この際，前半は代人新三郎が詰める．

また、元治元年三月から八月にかけては、右にみた無足人とは別に百人程の農民が、各村から動員され「郷夫」として京都詰に従事している。このことは、無足人たちの詰番だけでは不十分であり、その不足を一般農民が補充しなくてはならなかったのであろう。このように、幕末期の「京都表不容易形勢」は、この地域（笠置組を中心に南山城）の村々を巻き込み、一般農民は勿論のこと、とりわけ無足人たちの生活を直撃するものであったといってよいだろう。

おわりに

以上、一では、無足人についての研究史に依拠しながらいわゆる藤堂藩の無足人の概要をなぞった。二では、南山城の無足人について、実際に無足人としての史料を遺した三家およびそれ以外の無足人の簡単な履歴の具体例を示した。三では、南山城無足人の勤めとその日常とを探る作業をした。四では、幕末期南山城地域の無足人の実際の勤めのひとつである京都詰・古市詰の実態をみた。

さて、冒頭で触れた気になる文およびその一連の史料に戻ろう。無足人たちは、幕末期の政争に巻き込まれ、彼らなりの勤めを全うしたところで、御一新を迎える。

明治三年、久居藩は、管轄下の村々に触れた。

［史料4］

一御藩政御一新ニ付今八日卒族之命を蒙り候者之外苗字帯刀令停止民籍ニ加入可致事
　但し社家之方ハ従前之通可為事
一郷中医術を業とスル者苗字万免許候
一是迄相渡有之候免許状反古之事

但後日見合之入用も有之候間郷長ゟ取集メ曹江来ル十五日迄ニ差出可申、見届之上相渡可申候
一是迄帯刀令免許候者今般免状致返納候とも後日藩内奉職幷軍資金差出度者へ先代より之由緒相認可申出　藩廳へ相達、卒族籍へ加入可奉伺事
右之通是迄帯刀之者江不洩様至急ニ相達事
午三月　久居藩　出張　郡政曹(70)

この達は無足人にとって驚きであった。ひとつは、「卒族之命」を蒙った者以外は、「苗字帯刀令停止」となり「民籍」に加入すること、ふたつには、これまで掌中してきた無足人としての特権の象徴であった帯刀の「免許状」が反古となるということであった。前者は、代々村内において、一般村民と一線を画した位地を維持してきた無足人たちが、一般村民と同位地になる、自分たちは「格下げ」されるということである。それは、ふたつ目の彼らの村内における位地を保証してきた「免許状」の取り上げと相俟って無足人たちのこれまでの誇りが葬り去られるということであった。

このようなことには納得できるものではなかった。これを不服とした彼らの不満は、ふくれあがっていく。この頃の無足人たちの思いと反応については、次の史料が語る。これは、明治五年の「郷士調」に際し、当尾組の無足人たちがそれに応じなかった事についての京都府からの問い合わせに対する彼らの返答書である。吉岡多十郎以下七人の「元無足人」たちが名を連ね、京都府知事槇村正直に宛てたものである。長文になるが、一部を引用したい。

［史料5］
一　私共義
往古ヨリ郷士ニ罷出候処藤堂和泉守殿御拝地後郷士ヲ無足人ト被改称代々郷士ニテ御用相勤居候処、正徳年中右和泉守殿内分藤堂左近将監殿御拝地ト相成候ニ付テハ、右内分方ト区別ナルト雖モ勤務上ニオキテハ更ニ御本分

ノ差別ナク右和泉守殿御用モ相勤来リ候ニ付、本分共郷士帯刀之者取扱ニオヰテハ差異有之間敷ト思慮罷在候処、豈図哉明治三年廃藩置県之際内分方藤堂佐渡守殿管下而已自今藩務セサル者ハ奉対　朝廷無職ニシテ苗字帯刀可差許謂レ無之旨ヲ以久居藩迄一ヶ月ノ半ハ通勤可致筈ニ候得共、固ヨリ農ヲ兼フル者共ニ付、差候テハ耕耘ノ障碍ト察入格別ノ思召トテ軍資金ト唱へ、上中下ニ差別シ金五円乃至拾五円ト金円多寡ニ随ヒ上中下ト区分シ、年々上納スル者ハ更ニ卒族ニ可申付ニ付、自今帯刀致度者ハ精々上納可致旨懇々説諭アリト雖モ、官ヨリ給禄ヲ頂戴シ御用可相勤ハ至当ナルニ、之ニ反シ固ヨリ無給之郷士従来藩務ニ付不容易損耗相醸シ候上、又候自分ヨリ献金ヲシテ帯刀ヲナシ該帯刀ノ切タルヤ自益ニアラス、結菓（ママ）藩務ナリ纔ニ献金ヲナシ無給ニシテ藩務ニ使役セラレテハ家ノ経済不目的ハ時日ノ俟サルコトニ付、従前藩務ニ功労アルヲ不顧藩制改革ナレハ、無是非遺憾ノ至リト憤怒ヲ抱キナカラ不名義ナル義ニ付、不得止献金之義御断申上候ニ付テハ無足人免許状へ廃印押、後日見合セノタメトテ（御　抹消）下附セラレ孰モ所持罷在候、依テ旧藩ヨリ御府へ引渡シ之節、郷士名称無之□（申カ）故去ル明治五年私共義ハ御調無之ニ付、旧由（ママ）等不奉申上候事□（既カ）ニ回顧仕候、然ルニ昨十年一月郷士御調之節、旧藤堂家御本分共勤務上ニオヰテハ差異無之ニ付前顕始末書相添奉申上置候事ニ御座候（中略）

明治十一年十一月廿八日

稲葉喜惣治　印
佐倉　斉三　印
佐倉寛治郎　印
辻　慶次郎　印
吉岡多十郎　印
奥村藤九郎（71）　印
沖　京造　印

自分たちの成り立ちを述べた後、「明治三年廃藩置県」後の藩の対応に対する不満を述べる。それは、本藩の無足人は「郷士名称」を従来通りのまま府に引き渡されたが、支藩の無足人である自分たちには、次のような措置が言い渡された。すなわち、「内分方」の無足人は、「藩務」をしない者は朝廷に対しても「無職」であり、したがって「苗字帯刀差許」のいわれはないこと、また勤むべき「藩務」とは、一ヵ月の半分は、久居藩へ出勤することであると。そして、さらに次のようにいう。一ヵ月に半分の勤務は、各自の農作業に影響するであろうから、その勤務分を「軍資金」を上納することによって代替するということ、しかも、軍資金は上納高により上中下のランクを設け、上納する者は「卒族」にする、また、それを年々上納する者は、「卒族」に加えて「帯刀」も認めるので、精々上納に励むようにというものであった。

この提案を受けた無足人たちは、当方から献金をして改めて「帯刀」を許可されるというのはおかしい、これまで無給で藩務に専念してきたのにさらなる献金で帯刀云々は納得できない。「御用」とは、官より給禄を貰って勤めるのが「至当」なのに、これまで使役されてきたわれわれの功労を顧みない「藩制改革」ならば是非もない、遺憾の至りであるとして、「憤怒ヲ抱キナカラ」献金を拒否し、無足人免許状へも廃印したのである。それゆえに、「旧藩」から「御府」へ引き渡しの際、自分たちの「郷士名称」がなかったのであると回答した。

これまで、藩のために無給で勤務してきたという無足人たちの自負、それが全く無視され、これまでの村内における「名誉」や「地位」などが、一刀両断に切り捨てられたことへの憤り、さらには、これまで通りを維持したいのならば、「軍資金」を上納せよという提案、無足人たちは、このような「藩制改革」に怒りをぶつけたのであった。無足人たちのこうした怒りが、本章の冒頭で述べた、気になる一文である。それは、南山城地域の無足人たちが、「藩制改革」に直面し、自分たちのこれまでのあり方を回顧し、藩の措置にはどうしても納得できないと突きつけた無足人たちの新たな意思表示であった。

「官ヨリ給禄ヲ頂戴シ御用可相勤ハ至当ナルニ」は、まさにその極であろう。無給で勤務し続けた無足人たち、武術稽古への出席要請への努力をはじめ、常時・非常時を含め「家業」を抛っての勤務、「不容易形勢」に備えた多くの日数の京都詰・古市詰などの勤め、それらを全く評価しないままの「藩制改革」、一体自分たちの長年にわたる藩への勤めは何だったのかと切歯扼腕した。無足人たちの明治維新は、こうした回顧と憤りから出発、「官」とは何かを問い、彼らなりに描出した観念構築の時でもあった。最後に、このような言動の背後に、維新期、本藩と支藩との間で無足人への措置の在り方にちがいがあったこと、それが支藩に属する彼ら無足人の「藩制改革」批判の引き金となったであろうことを付け加えておきたい(72)。

(1)　吉岡家文書、ネガ59・568〜70、同　ネガ64・216〜21、『加茂町史』五巻、四〇四頁。

(2)　深谷克己『寛政期の藤堂藩』（三重県郷土資料刊行会、一九六九年）、『大和国無足人日記』（清文堂出版、一九八八年）、久保文武『伊賀国無足人の研究』（同朋舎出版、一九九〇年）、藤田達生「郷士制度と郷土防衛――藤堂藩伊賀領無足人」（三重大学歴史研究会編『藤堂藩の研究』清文堂出版、二〇〇九年）、野田あずさ「幕末期における伊賀国無足人について――文久三年伊賀国無足人帳から」（『ふびと』六二、二〇一一年）、尾脇秀和「「郷士帯刀」と「郷士株」――山城国壬生村郷士と郷士前川家の創出」（『地方史研究』三七八、六五巻六号、二〇一五年）など。

(3)　「無足人」の語義については、前掲注(2)久保『伊賀国無足人の研究』一九頁以下参照。また「無足人」は、「郷士」の藤堂藩独自の呼称であるといわれているが、藤堂藩入国以前から「無足人」という語は、使われていたという。「要するに、伊賀国無足人は、平時は農事に従い、戦時には軍務に服するという所謂小野博士の「特置郷士」＝農兵を主体とした。すなわち、藪廻り無足人＝無足人鉄砲衆であり、時代の進展と共に非戦斗員（ママ）である由緒の家筋の者、治水、献金等による登用郷士が加わったが、登用郷士と雖も場合によっては武器をとらねばならなかった。然し、それは幕末動乱の時代を背景として、安政二年の大編成替によるものであった」とする。そして、無足人の明治以降の動向については、「明治年間、無足人衆は卒族として、士族の籍に入れられず、ほとんどすべて平民となった。彼らはそれを不服として再三士族籍に入れられんことを主張したが、願望は達成せず明治二十九年には伊賀・大和・山城・伊勢の無足人家の子孫が一様に復族（士族編入）請願書を明治政府に呈出した」とまとめている。

(4)　上野史古文献出版会『宗国史』（同朋舎出版、一九八一年）。『津市史』第一巻、五二一頁は以下のようにいう。（由来について）は、「藩士の下で、平民の上に無足人という一階級があった。無足とは「足すことなし」との意味で、すなわち無給のことである。地士といって、前代の武士が土着帰農したもので、名字帯刀を許され平民とは違った名誉の地位を有し、所有の耕地に租税を課せられるほかは、夫役、棟割等の課役を免ぜられ、郷村の崇敬の的となっていた」「高虎が入城の後に、各町村から由緒のある者や、特別功労のある者を選んで、これに無足人の称号を与えて世襲を許したのであるが、後には出願によって選考採用するの途も開いた」「無足人に願出た時には、先祖代々が確かな家筋であるという居村民衆の公認する家柄でなければその特典を与えられなかった」「長男はもちろん、次男以下でも同居中は帯刀を許され、その家は具足一領、槍一筋は必ず所持し、有事の時には隊伍に編入されて、戦場に活躍することができる」「無足人でその家産が衰えて名誉の地位体面を維持し難くなった者には、一時免許状を返上させて、後に復興した時には再渡するの定めであった」「天保初年に米穀や金銭を藩廳に献納した者には、これを功労者として無足人に採用したので、農村唯一の名誉の地位も遂に全く売品となってしまった。しかし藩廳もやがてその非を覚り天保十四年には、この米穀や金銭の献納による採用を廃止した」「明治五年に政府は、郷士、無足人中で、家筋由緒のある者を調べて士族に編入し、同時に特別の由緒もなく、ただ金銭を献納して無足人となった者に対しては、同年九月十八日の県令で郷士、無足人等の称呼を廃止した」と。

(5)「文政九年(一八二六)十二月二十二日　津藩が城和領の無足人に夫役免除の撤回を通達する」(『加茂町史』五、三四二頁)。

(6) 前掲注(2)久保『伊賀国無足人の研究』七九頁以下参照。

(7) 前掲注(2)久保『伊賀国無足人の研究』八一頁参照。

(8) 吉岡家文書、ネガ49・448～51。

(9) その一例として、たとえば、当尾組の庄屋・見習は、年礼には、和尓古市の両役所に出向くことが義務づけられていた。また、笠置組の大庄屋が不都合の時、加茂組の大庄屋が代替することもあり、笠置・加茂両組の関係は密であり梶田家には笠置組関係の史料が遺されている。これらを勘案すると、加茂・笠置・当尾の三組の間には往々にして本藩支藩のバーが存在しなかったともいえるが、当尾組の側から、「御本家様方」云々の記事も多く、諸側面において違いがあったことも否めない。吉岡家文書、ネガ49・458～61、462～4。

(10) 浅田家文書、E―2／44。

(11) 浅田家文書、D―11／35。

(12) ちなみに、梶田家文書、貞享二年の「由緒帳」に、金兵衛の名と石高七二石七二二との記載はあるが、「無足人」としての肩書きはない。

(13) 浅田家文書、E―2／15。

(14) 浅田家文書、E―2／30・31。
(15) 浅田家文書、C／758。
(16) 梶田家文書、ネガ440・483～86。
(17) もっとも、貞享二年以前の無足人御改の古書がないので「常帯刀」御免となった年暦は不明。念のため貞享二年の「由緒帳」をみると、梶田平左衛門名で記帳され、持高は、五石四五四、「右是ハ当時代々之住人ニ而御座候」とある。なお、本帳で「無足人」と肩書きされているのは、北村の畑山左太夫のみで、梶田平左衛門には「無足人」の肩書きはない。
(18) 梶田家文書、ネガ955・198～208。
(19) なお、延宝七年「乍恐口上之覚」(ネガ65・446～50)には、尻枝村無足人矢田部左京の時、村井という名字を免され当尾無足人中へ披露され、無足人中へ「一献之振舞其上祝儀と申我等扣之内山壱ヶ所無足人中進上」「公儀様江年頭之御礼ニ無足人共参上仕候様」と述べている。無足人に就任するに当たって、このような振舞・祝儀・御礼などが必要であった。
(20) 吉岡家文書、ネガ64・190～6。なお、この間の吉岡家の経緯については以下のようである。宝暦年中には絶家同前となったので、親類の山本家を取り立て、家作し百姓として勤め、同時に無足人を相続。安永五年、豊井村山本家より養子をとり、翌年より庄屋役等を四一年間勤めた(文化一四年、市左衛門)。同ネガ82・287～93。なお、山本大助は、市左衛門妻の養家。同ネガ57・619～21。
(21) 吉岡家文書、ネガ64・197～201。
(22) 吉岡家文書、ネガ51・354。
(23) 吉岡家文書、ネガ86・277～80。
(24) 「身持不宜」の詳細は、不分明であり、さらなる検討を要するが、村役人としての非難は、節之進が「大借」したことであった。
(25) 吉岡家文書、ネガ86・274～8。
(26) 吉岡家文書、ネガ60・158。
(27) 浅田家文書、D144。なお、元禄四年には野村半左衛門として登場、元禄五年「一両一騎(ママ)」の勤め、「相応之高持」(年欠一石七六三)とされている。
(28) 浅田家文書、E―2／36。
(29) 野村が浅田金兵衛に宛てた口上書、浅田家文書、D―5／39・1、52・1～2。
(30) 寛政一〇年の史料、浅田家文書、D―5／64／19～20、E―2／19・20。

(31)　浅田家文書、C／721、C／751、E―2／4、27。
(32)　浅田家文書、E―2／27。なお、文化五年段階での加茂組の無足人は、浅田金兵衛（三四歳）・辰巳平左衛門（五一歳）・岡山佐兵衛（三四歳）・城野平助（五〇歳）・浅田幸蔵（二二歳）の五人が帳附けされている。
(33)　浅田家文書、E―2／33。
(34)　吉岡家文書、ネガ50・215〜19。
(35)　吉岡家文書、ネガ43・570〜7。
(36)　なお、銀蔵については、背後に、次のような事情があった。森村庄屋として文政一三年以来二九カ年、また、父為七は、文化一三年から文政三年まで四ヵ年岩船村庄屋（吉岡家文書、ネガ65・563〜65）。天保一四年「年来之勤功により名字帯刀一代限無足人」になる（午八月）（同ネガ67・604〜9）。また、森村庄屋としての銀蔵は、病気のため役義を勤め難いので退役を希望した。これに対し周囲は、「左程之病気」ではないと思い止めようとするが、退役の意向強く、跡役を指名し、退役を懇望。
(37)　献金「七十両」の内訳は、「五十両」は当時献金、「二十両」は去る未年御焼失の際の「貸上金」をそのまま献納したという。
(38)　長次郎は、この時「御普請見習格」を仰せ付けられたが、年月ははっきりしないものの、後に、無足人となっていることは確認できる。吉岡家文書、ネガ64・216〜21。
(39)　浅田家文書、C／758・759。
(40)　一三通の触は、一二通が勝田寛次郎名、一通が松岡祐一郎名で、いずれも「無足人中」に宛てて通達されている。
(41)　浅田家文書、L／2192／2。
(42)　浅田家文書、L／2192／1。
(43)　このような度々の呼び出し、それへの拒否の背景には、農民としての無足人の経営との関わりもあったと考えられる。たとえば、安政三年一〇月一五日の触に「此節御方取入繁多之時節ニ付差支候向ハ格別ニ候得共」の記事があることは、収穫時との重なりへの考慮もなされなければならない事情もあったと思われる。
(44)　吉岡家文書、ネガ46・238〜40（年欠、未二月一日）。
(45)　吉岡家文書、ネガ46・446〜8。なお、「御用医師」は、武事稽古については、無足人と同等の扱いであったことがわかる。
(46)　吉岡家文書、ネガ50・33〜34。
(47)　柏原左仲については、「一大畑村　御手当医師　柏原佐仲　右者此後被仰付則嘉永七寅年二月ゟ相勤居申候」（年欠「覚」）からも「御手当医師」が、無足人と同等の扱いを受けているのがわかる。「御手当医師」大乗主蔵の場合も同様。注(45)参照。

(48) 梶田家文書、ネガ925・166〜8。
(49) 吉岡家文書、ネガ63・570〜1。
(50) 梶田家文書、ネガ926・523〜38。
(51) 梶田家文書、ネガ927・92〜95。
(52) 吉岡家文書、ネガ72・607〜8。
(53) 吉岡家文書、ネガ59・568〜70。
(54) 吉岡家文書、ネガ65・281〜3（年欠、亥九月）
(55) 梶田家文書、ネガ955・198〜208。
(56) 梶田家文書、ネガ935・613〜19（年欠、寅三月二一日、俊之進）、なお同様のものは、吉岡家にもある（寅＝安政元年？）。
(57) この時期、無足人の稽古は、いわゆる武術より鉄炮の訓練に傾斜する傾向にあったようで、あらためて「剱鎗之執行」の訓練を奨励していることが留意される。なお、武術訓練については、『加茂町史』二巻、四五九頁参照。
(58) 「山中国中」の無足人たちの交流の中から、単なる武術訓練より鉄炮を身につけるメリットの方が大であるとの噂が流れていたのかも知れない。
(59) 筆者としては、最後の⑤の部分、すなわち、遠近から集まる無足人たちの交流に関心がある。地域を越えた無足人たちがどのように交流したのか、どのように風俗が融合したのかなど極めてみたいところであるが、これらについては今後の課題としておきたい。
(60) 梶田家文書、ネガ931・357〜364（年欠三月一八日）。
(61) 無足人の上昇志向を示すものがある（吉岡家文書、ネガ60・133〜37）。また、次の史料に目を留めておこう。安政二年、八幡宮九頭大明神氏子無足人の内、神事之節「無座」であった五人を、「社地ニおゐて無席と申ハ甚不外見之次第ニ付」今後は「有座之衆中」へ加えたいと、惣代は記している。この時の五人とは、佐倉重蔵・佐倉重兵衛・稲葉喜惣治・辻喜右衛門・弓手銀蔵である。このことは、無足人は、神事時の席次にも一般農民との区別があること示唆するものであり、これもまた、無足人は一般農民とは異なるものであるという村社会の通念を語るものである。
(62) 梶田家文書、ネガ924・654〜56。
(63) 梶田家文書、ネガ925・126〜31（年欠、未一一月七日）など。
(64) 梶田家文書、ネガ931・386〜388。
(65) 梶田家文書、ネガ931・219〜。

(66)　明治初年に記された無足人の言い分に、自分たちは、一年の三分の一は無足人としての勤めを果たしたと述べているが、それは決して誇張ではない。詰番だけでもこれだけの日数を数えているのをみると、幕末期の無足人の勤務の大変さを推測することができる。

(67)　武助は、この京都詰番のほかに、子正月五日から一五日、同二五日から二月六日の間、古市詰をしている。ただし、ネガ931・219～と同246～との間に日数のズレがある。

(68)　梶田家文書、ネガ931・246～267。

(69)　大倉又十郎が四四日、大倉吉右衛門が二二日、佐野新十郎が二八日、森嶋治右衛門が五四日、杉本武助が二六日、辻伊八郎が三七日を代理人を立てて詰番を消化している。

(70)　吉岡家文書、ネガ61・29～31。

(71)　吉岡家文書、ネガ64・216～21。本史料は、当時、支藩に属していた当尾組無足人らが連名しているが、後発の無足人弓手銀蔵・弓手長十郎の二人は、軍資金を上納したために「卒族之命」を蒙り「郷士名称」は、そのまま府へ引き渡された。ゆえに、本史料には、この二人の名前はない。

(72)　注(71)の史料では、本支藩の間で、無足人への対応の仕方が異なっていると述べているが、あくまでも支藩に属する無足人の理解であり、本藩での実際については余りはっきりとしない。これまでの研究史注(2)(3)をはじめ『加茂町史』なども、本藩と支藩の違いを意識した検討はなされていない。さらなる検討が望まれるところであるが、本章では、それを検討する余裕がなかった。しかし、支藩に属する無足人たちは、維新期の無足人への対応の仕方には、本藩との間に「差別」があったと認識していたことは確かである。

第Ⅳ部　豪農の行く末

第九章　明治期中小豪農の地域観、時代観
——山城国相楽郡祝園村松田弥三郎を素材として

井奥成彦

はじめに

本章では、当該地域の並みいる豪農の中で、一人の中小規模の豪農が近代以降の地域社会をどのように観、将来をどのように展望していたのかを見てみたい。

本章で取り上げる豪農は、山城国相楽郡祝園村菅井（近世においては菅井村）の松田弥三郎である。松田家は近世においては菅井村のうち公家石井（いわい）家領分の庄屋であった。弥三郎は嘉永六（一八五三）年生まれ、明治三（一八七〇）年以降「農ヲ以テ業ト為ス」「一意農ニ従事セリ」とある。一八七〇年に当主となって農業に従事するようになったということであろう。以後彼は、自家の経営に励んだのみならず、一八八五年に報徳仕法の結社「修徳社」を興すなど、地域の農業指導者としての役割を果たすこととなる(1)。

修徳社では彼は社長に選挙され、一五歳以上三〇歳以下の男子を会員とし、毎月三回ずつ集まって「殖産興業・学

術的研究の主意を以て講話・演説」を行い、創設二年後には夜学会を開き、また書籍を購入し回覧、一方、印刷物を自費で発行、配布して、実業を奨励した。また勤勉貯蓄の法を設け、修徳社員に毎日少量の金（一人に五厘ずつ）を蓄積させて駅逓貯金に預けさせている。修徳社では麦作試験田を設けたり、各所より籾種を取り寄せて苗代の試験法を設けたり、農産品評会を修徳社内に開いたりもしている。(2)

彼はまた、修徳社とは別に、菅井村に農談会をつくって、そちらのルートからも農事を奨励している。一八八六（明治一九）年一二月から一八八七年春にかけて、下野国絹川桑苗改良会と特約を結び、また東京三田育種場より桑苗を購入し、会員の内外を論ぜず荒地を開き桑樹を栽培することを菅井・祝園・植田各村で勧誘したり、「米作改良の件を談話」したりもしている。一八八八年には「林遠里米作改良法方」によって試験田を同会に設け、また焼肥試験竃を築き、肥料試験田を会員に分担させ、さらに会員中から農事巡検委員を選んで、大和地方の田畑巡回をさせている。また一八八九年には養蚕視察委員を選挙し、河内・近江等の各国養蚕者の実情を視察させ、一八九〇年には会員の中から八幡町養蚕伝習所に伝習を請けさせている。(3)

その他郡単位、村単位の農産品評会や農産物共進会をたびたび開き、その審査委員長になるなどしている。(4)

このような彼の事蹟は、行政によっても把握されていた。おそらく大正初年の、京都府によると思われる「事蹟取調」には、次のように記されている。

［史料1］(5)　郡村ノ名誉職ヲ勤メテル事殆ト三十年、公事ニ奔走シテ殆ント寧日ナキニ拘ラス隙サヘアラハ犁鋤ヲ手ニシテ耕作ニ従事シ、村民ニ模範シテ示スノ為ニ米作ヲ主トシ養蚕・製茶改良ヲ奨励シツツアリ、農閑ヲ利用シテ毎年一地方ニ漫遊シ各地勧業教育ヲ視察シ傍ラ著作ヲ嗜ンテ……其著書大小百余種ニ及フト聞ク、青年教育ノ目的タル修徳社会合ハ月三回（五日・十五日・二十五日）開会ニ今ヤ氏、齢耳順ニ近シト雖モ尚矍鑠トシテ寒暑ヲ厭ハス出席シテ社員ヲ誘導シツツアリ

一方、彼は、一八八一年から一八八四年まで菅井村戸長、一八八九年祝園村村会議員、助役となり、同年から一八九三年まで祝園村長を務めている。また一八九二年には狛田・祝園・山田荘・綺田・相楽の五ヵ村組合村会議員に当選し、一八九五年に満期再選されている。その後も彼は、幾度となく区長、村会議員などになり、地域の政治的指導者であった。また一八九四年以降祝園尋常小学校学務委員、狛田村ほか四ヵ村組合精華高等小学校学務委員、精華高等小学校校舎建築委員、祝園尋常小学校校舎建築委員に当選するなど、地域の教育にも力を尽くしている(6)。

松田弥三郎はさらに、土木工事においても地域に貢献している。たびたび地元の養水溜池(ママ)の修繕を行ったり、道路の改修工事を請け負ったり、また一八九四年には木津川の氾濫を防ぐために自らの所有地を堤防敷に寄付し、堤防を築かせたりもしている(7)。

寄付の面では、まずたびたび学資を寄付し、その都度京都府より賞状や賞品を受けている。また一八八三年相楽郡木屋村出火の際には罹災者救助金を寄付（金額不明）し、京都府より賞状を受けている。一八八七年には大和国添上郡奈良坂山道路開鑿費途へ一円五〇銭を寄付し、大阪府知事建野剛三より賞状を受け、一八九〇年には相楽郡奨武義会(8)へ三円を寄付し、同会長（相楽郡長）喜多川孝経より謝状を受けている。さらに一八九一年の濃尾大震災に際しては、岐阜・愛知両県下震災被害者救恤金として両県にそれぞれ二五銭を「寄送」し、両県知事曽我部道夫と時任為基より褒状を受けている。一八九四年の平安遷都一一〇〇年紀年祭に際しては、同協賛会に一〇円を寄付し、熾仁親王より酬状、一八九四年から一八九五年にかけての日清戦争の際には、軍資の内へ一円を献納し、京都府知事山田信道より賞状を受けている(9)。

そのほか表彰された事例として、一八八三年菅井村会より戸長職務勉励に付き賞状と二円五〇銭、一八八七年茶園栽培に付き郡茶業組合事務所より賞品と賞状を受けている。また一八八九年土地整理事務に従事、勤労したことに対し京都府庁より三円下賜されている。さらに一八九一年郡興産会より農事誘導勉励の趣をもって賞状、一八九二年関西聯合府県共進会出品に関して奈良において農商務大臣より褒状、同年蚕業奨励により京都府知事北垣国道より粟田焼陶製盃、一八九四年京都府農会開設に当たり京都府農会長尾越蕃輔より賞状、同年富山市博覧会において同県知事より褒賞を受け、一八九五年には「農事の進歩を謀り衆座に奨励」した功労に対し相楽郡農会より章牌と賞状、同年内国勧業博覧会総裁彰仁親王より木盃一個と褒状、一八九七年には関西聯合府県共進会出品に関して農商務大臣より褒状、同年精華高等小学校建築事務精励によって狛田村ほか四ヵ村組合会議より五円と錫盃・謝状、一八九九年には茶業に関する功労により相楽郡茶業組合事務所より賞状・賞品を受けている。そのほか、各郡農会・村農会等より賞状を受けること多数であった(10)。

こうしてみると松田弥三郎は、典型的な地方名望家であったと言えよう。

さて、松田家文書は総点数約三〇〇〇点で、内容的には近世のものでは年貢関係文書、金銭出納帳、貸金証文、持地反別高覚帳、各商人との間の「通」、近世以来の文書を一九一一年に綴った「松田旧記綴」などがある。「通」の中には、この地域の最有力豪商である木津の堺屋庄兵衛とのやりとりを示すものもある。近代文書としては、公刊のもの、未公刊のものも含めて著作類が多く、農業全般を記した「農事便覧」（一八八三年）、「農村の振興」、「農業の振興について」、茶業関係では「茶業の友」（一八八二年）、綿作関係では、本章で後に詳しく紹介する「綿作奮闘六十年」（一九一九年）、養蚕関係では、これも後に紹介する「相楽の養蚕」、稲作関係では「稲作秘伝」などがある。そのほか「修徳社社員連名簿」（一八八五年）、「鉄道敷設日誌」、自己の足跡を記した「履歴書」、「松田松翠七十七年史」（一九二九年）、自家の「金銭出入」、郷土史の書「精華の記」（一八九三年）、「祝園の記」（一九〇六年）、「相楽の記」（一九一六年）などがある。

以上、松田家史料は近世―近代の地域経済、及び地域の核となった人物が何を考えどのように行動に移したかを知りうる恰好の史料群と言えよう。これらのうち本章では、一九一七(大正六)年から一八年にかけて雑誌『相楽』に掲載された「綿作奮闘六十年」[11]と一九二〇年にまとめられた「相楽の養蚕」を取り上げる。

近世以来、日本では西日本を中心として綿作が盛んとなり、特に畿内はその中心地であった。ところが幕末の「開国」を機に、外国産綿製品が日本に流入することとなり、日本の綿作は危機にさらされることとなる。その後の日本の綿作については、外国の綿製品の流入によりそのまま衰退したとする説[12]と、外国産綿製品と日本産綿製品とは品質が違うのでストレートに衰退したわけではないとする説[13]とが対立している。しかしいずれにせよ、日本の綿作は近代において衰退したことは事実で、明治期がその分岐点となった。

一方、「開国」により、日本は外国に主として生糸を輸出することとなり、養蚕・製糸業は輸出産業として活況を呈することとなる。明治期はまさに、衰退していく綿作と成長する養蚕とが交差する時代であった。当事者の農民はこうした状況をどのようにとらえ、自らの経営を行おうとしていたのであろうか。本章では、その真っ只中にいた畿内の一中小豪農松田弥三郎の綿作と養蚕それぞれに対する考え方や取り組みを紹介し、ひいては彼の地域観、時代観を探ってみたい。

一　松田弥三郎の綿作論

では、松田弥三郎の綿作に対する考え方を、「綿作奮闘六十年」に従って見ていこう[14]。まず「欧州戦乱の波動を受け綿糸の値は非常なる暴騰……農家の老人連は昔しの綿作のことを想い出し話し合って居る……予は綿作に就ては六十年来奮闘し今尚しつつあるので聊か綿のことを記して参考にもと」と本書を記した趣旨が述べられる。そして日本における綿作衰退の経緯について、

［史料2］　維新以来外国綿の輸入て漸次内地綿の退歩……同〔明治〕二十年前後から各地に紡績工場か出来、

米国や印度地方の綿か頗ふる多く輸入するので予は同二十一年に米国種（アップラン）綿種を取寄せ試作して数年間米国綿と戦ったが、此綿花は鞘が上向て降雨の為に腐敗する恐れかあるので、種々改良に力めたが我か地方に適しなかった……明治二十七年四月大阪北浜商業会議所に於て綿作奨励会……農商務省技師……を初めとし各府県の名士多数参集……予も又参加して先輩諸氏の高説を聞き、改良と奨励に力めたか、時の政府は同二十九年四月に綿の輸入税を廃止……是か為に紡績事業は著しき発展……内地綿は漸次衰退……今や内地綿は輸入綿の為に圧迫せられて殆んと其痕迹たも留めさらんとするに至れり

と、特に一八九六年の綿の輸入税撤廃が内地綿作の衰退を決定づけたと見ている。そして「斯くの如く酷い排斥を蒙るに至ったのは如何なる原因によるか……日本在来の綿は纖維か太くて短い故に紡績事業に適せす……併し日本在来の綿を紡いて作りし手織木綿は外観は粗雑なれとも能く暖を保つ、そして藍附か能くして染り易く……長い間使用に耐へ実用に適して居るので本当の値うちと云ふものは手織木綿がはるかに安い……従来我国の農民は質実剛健という美風を尊重……現今ては外観から観て麗はしくあれは実質は構はぬと云ふ様な軽佻〔ママ〕浮薄なる傾向」があるとし、保温性にすぐれ、藍に染まりやすく、長期の使用に耐えうるというメリットをもつ日本綿よりも外見の良い外国綿を求める現今の風潮を批判している。その上で、

［史料3］　我々軍国の農民たる者は益々奮励努力して国産を起し……自国民に要する農産物は成る可之を自国に於て得る様にせなけれはならん……我々農民たる者か日本固有の手織木綿を尊重して少なくとも自分て要する丈の綿花は必す自分て栽培する……〔予は〕自国民の要する農産物は成るへく之を自国に於て得るか良いといふ考にて農業に従事して居るので、米作を主とし養蚕も製茶・綿作も副業として居る

と、綿の自給自足を主張するのである。

そして彼は、日本綿の利点について、次のように述べる。まず性質面では、「日本在来綿花といふものは纖維か太

くて短いから紡績には適せないか、外国品に交せて用ゐる事が出来る位の程度のものである。夫ならは繊維の細い長い外国の草花を日本て作れは宜いしや〔ママ〕無いかと云う説も……既に三十年前に沢山実験を経たるが此外国種（アップラン）（アルレン）といふ綿は……到底気候風土に適せない故に今又日本在来の綿花を栽培して居る、此内地綿は……弾力に富んて居る。又暖みを保つ故に布団の中入綿や衣服に適して居る」とする。次に生産面では、「一定の面積より得る処の産額は外国のと比へて如何……従来日本に於ける綿作の主産地と言はれる所ニ一反歩から普通に生産する処の分量は中位の程度て繰綿約十四五貫……亜米利加は……最も多く産出する（テキサス）州の一反歩平均産額が五貫八百匁乃至六貫四五百目……日本の主なる産額の方が二倍に近い……尚ほ綿と云ふものに就て研究する価値がある」と、日本の綿の単位面積当たりの収量が外国綿のそれよりも多いメリットを挙げ、日本の綿もまだまだ捨てたものではないとの主張を展開する。とりわけ彼の住んでいた「我カ土地は大概一反歩に付実綿四十貫位を得るを上作となす……我地方に於ても祝園・上狛附近は最も最も〔ママ〕多かったので地方の人か綿入衣の破れて綿の出たるを見ると吐師浜と云ふた位てある」[15]と、単位面積当たりの収量が多いことを紹介している。

しかし「明治二十三年アップラン綿を試作して大に米国・印度綿と戦った……明治二十九年四月綿の輸入税を廃止せられてより日本綿は大敗となった、予は試作ニ付ては二十年間米国と平和の戦争をしたのてあるか、終に米国の勝利となったのて、茲に於テ養蚕を仕て米国の金を取らんとしたのて大に蚕業を奨励し奮発したのてある、綿作の盛んな村は綿繰・綿打・糸紡績等皆々自家に於て殆んと工場の様な有様てあった」と、綿作から養蚕へ向かった経緯を語っている。しかしそれでもなお、彼は「外国種は余り適して居る国てはないといはれても、相当の人工を加へた場合には外国の最も多く産する地方よりハルカに多い分量を算出すると云ふ事実は確にあるのてある、斯う云ふ事実かあるから、尚ほ綿と云ふものに就て研究する価値かあるのてある」と、まだまだ内地綿作をあきらめない。

彼の議論は、今日学界でなされている開国後の綿作についての議論に対して示唆するところが大きいように思われる。特に外国綿と日本綿との違いに関する記述は、両者の性質の違いから、開国後外国の綿製品が流入しても直ちに日本の綿業が衰えることはなかったとする説[16]に適合的であると言えよう。

二　松田弥三郎と養蚕

(1)『相楽の養蚕』について

一方、松田弥三郎の養蚕に対する取り組みは「相楽の養蚕」により窺うことができる[17]。その「緒言」によると、この書もまた、先に紹介した「綿作奮闘六十年」と同様、雑誌『相楽』に連載されていたが、この雑誌が一九一九年九月で廃刊、全編を記すことができなかった。毎号原稿を請求され、勧業にかかる記事を送り、綿作の記事に続いて養蚕の記事を連載せんとして中途で廃刊、「さきにこの養蚕の記を希望せられし諸君のために」後の概略を記して全編としたとある。そして同書は翌一九二〇年春に完成している。

まず「はしがき」において、綿作は凋落したとし、「養蚕か勃興す前後相俟つて農家の参考ともならは」という趣旨でこの書を記したと述べられている。松田弥三郎が初めて蚕を見たのは元治・慶応の頃、領主である京都の公卿石井三位卿の御殿においてであったという。領主の屋敷内でサンプル的に養蚕を行っていたようである。相楽郡は当時養蚕皆無の土地であり、一八八一・八二年頃より逐次養蚕家ができたという。そして（この書が記された）十数年以前より大いに発展、前年は一郡を通して養蚕の収益五〇万円以上であったといい、ますます発展の余地があると見ている。

(2) 維新前の養蚕

「はしがき」に続いて「維新前の養蚕」の項に入る。弥三郎の父は常に領主石井家のもとで京都在勤、弥三郎も京都に出て修学の傍ら石井家の小侍となり奉公していた。そして先に述べたように、幕末の「風雲急なるの時」に石井御殿内で初めて蚕を見て養蚕飼育を手伝ったという。公卿方で養蚕飼育をしていたというのは意外な感があるが、そこに至ったのは、「安政の頃京都町奉行に産業熱心の名奉行あり、養蚕の殖利を図らんと社寺公卿方等の邸内空き地に桑苗の栽植を奨励」したからであるという。そういった中、弥三郎の父が石井家の用人岡田氏に「京都は……何つ戦乱のために焦土となるやも知れす……領分に持ち帰り飼育せよ」と桑苗数本と蚕種を分与されて持ち帰り、桑を畑に植えた。「落雷のせぬまじない」であるとも書いている。この桑で初めて蚕を飼育したが、収繭はわずか三―四升であったという。しかし繭を領主に献納すると、領主より褒詞を賜ったと記している。

(3) 木津川大洪水と迷信

それ以来彼は奮発して大いに養蚕を行い、他の者にも奨励しようと思ったが、養蚕に必要な桑がない。そこで彼は、信州善光寺辺まで行く売薬行商人に依頼して桑の種子を取り寄せ、桑園をつくり、播種し、人々に養蚕を奨励したが、周囲の者は誰も耳を貸さなかったという。それは、彼によれば、「農家に蚕を飼えば家に祟りがくるという迷信」があったからだという(18)。そうしたところへ、一八七〇年九月一八日、木津川の大洪水が起こった。彼は自嘲的に「蚕を飼ふたので祟りか来た」と述べ、昨年の父の死亡に続いて大いに落胆したと述べている。

しかし、彼はそれで挫折することはなかった。「而し……失敗は進歩の階級、最も困難して学ひ得たる事柄てなければ永く記憶に存する事か出来ぬ」と、前向きにとらえている。「当時村内の産物は米と綿、水禍で良田畑の大半は荒地と変し……此水損後の荒地を拓き桑園と為し養蚕を奨励して……難村を救はんと考へた」と述べている。また同時に、堤防復旧工事のために来た多数の黒鍬（彼の表現によれば「無頼漢の姿をかへた品行の悪い者」）のために「遊惰淫逸の風は間もなく村中に感染……人心か非常に堕落」したので、「予は此時に農村の開発と云ふことを深く感し」、「村民の心の荒蕪と土地の荒蕪を開かねばならぬ」と考えた。このことが、後に修徳社という結社をつくり、報徳の仕法で農村を改善していこうとすることに繋がってくるのである。

一八七三年、京都府知事水谷信篤は勧業場を置いて殖産の道を奨励、桑苗を希望者へ貸し下げた（代金は年賦返納）。弥三郎は「此機逸すべからすと上京して」桑苗の貸し下げを願い、桑苗を植え付けた。しかし「何やつのいたつらか、一夜の中に引抜きて木津川へ流して仕まつた……私は独り此荒地の中に……黙想した」という。彼は「天は何故に此不幸の男を救ひ給はすや」と思うが、「天は自ら助くる者を助く、予か奮闘の足らさるを覚りぬ……目的の達成に励まんと益々荒れ地を拓き再度桑苗の貸下を願ひぬ」と、粘り強く養蚕に挑んだ。

(4) 報徳仕法の導入

弥三郎は、「土地の荒蕪と心の荒蕪を拓かねばならぬと考え」荒れ地を開き、桑苗を植えて養蚕を行い、村に新しい物産を起こし、副業の利を収めようと考えて、大いに桑園を栽培する一方、有志を糾合して春秋会を開き、「人心の開発」と養蚕奨励に努めた。そこで導入したのが報徳主義であった。彼は一八八五年、修徳社を組織し、夜々成年者を集め報徳主義を鼓吹した。その結果、漸次人心が良くなり、「有志の青年続々輩出」、災後の荒地は拓かれて桑園となり、熱心なる養蚕家ができたという。

一八八六年には京都府蚕業組合が創設された（両丹地方に組織）が、その頃には「我か地方も又迷信の夢を打破し、桑わ蚕と成り繭わ金と代り」、一八八九・九〇年頃には相楽郡の養蚕は軌道に乗ったようである。一八九〇年春には隣の綴喜郡八幡町に養蚕伝習所ができた。これは山城での嚆矢である。そこに村から二名の青年を伝習させた結果、飼育法は年一年と改善し、三田育種場や下野絹川社から桑苗の良品を取り寄せたりもした。県知事北垣国道も養蚕を奨励し、一八九二年春、松田弥三郎は熱心の功で褒詞を受けている。

(5) 蚕糸業組合の設立

一方、綴喜郡八幡町新川堤に府庁より植え置かれた桑苗が成育したことから、綴喜郡では養蚕が奨励されるようになり、丹波の蚕業地より渡辺元太郎という養蚕家が来て養蚕を始めたことも刺激となって、八幡町に養蚕に従事する者がでてきた。そして一八八八年には山城組合を組織、同町の戸長中村氏が組長になった。相楽郡の養蚕家十数名はここに属すことになった。以後相楽郡の養蚕家は増加して三〇名を数えるようになり、一八九三年には相楽郡蚕糸業組合（相楽小組）を組織、組長に同郡農会長大崎官次郎、幹事に松田弥三郎が就いた。一八九四年には郡の養蚕伝習所を公費で開設、養蚕奨励し、一八九六年には日清戦後経営の一環として斯業の改良に努め、毎年品評会を行うようになっている。一八九七年には組合員が七十余名、さらに組合創立以来一〇ヵ年で組合員は五百余名にまで増えた。日露戦争の際、政府はますます養蚕を奨励し、相楽郡蚕糸業組合では組織改正をして岡本耕一が組長、松田弥三郎は副組長となった。弥三郎は一九一九年に辞職するまでの約三〇年間、蚕糸業組合の要職にいた。

(6) 先進地方の視察と研究

松田弥三郎は若い頃から、自費自弁、単身で先進地方を視察している。自身、「汽車の弁が開けていない時代で不自由な旅」であったと述べている。一九〇〇年、第三回内国勧業博覧会（東京）の出品奨励委員を務めた際には「余暇を以て」長野・群馬・福島を視察、「大いに裨益するところがあり」としている。「至る所視察実況を綴り、村に帰っては農事や養蚕の熱心家に修徳社員を集めて報告」、小冊子にまとめた。彼によれば、「本郡内養蚕家最初の状態は、繭の品種雑駁、多くは自製の蚕種、養蚕は実に幼稚、飼育方法も天然に放任、火力の用法を知らず、籾糠或いは綱を用いず、除沙は一齢間一、二回行うに止まり、蚕児は常に堆積した蚕沙の上に養われ、飼育日数約五十日、収繭に至っても卵量十匁に収繭十貫目を得れば満足せし状態」であったのが、養蚕地視察、飼育者奨励の結果、「蚕室に炭火、給桑除沙等やや合理的の飼育方法を学び、初めて養蚕上に人工を借りる必要を見るに至り、ここにおいて組合を組織、養蚕を奨励……南山城の養蚕に曙光」がさしたという。

日清戦後順調に進んでいた当該地養蚕業も、一八九八年、河川法の実施で川沿いに多くあった桑園が廃止になるという一時的後退はあったが、「各自奮発して他に桑園を拓」き、「漸次回復」したという。一九〇一年には郡立農林学校が木津町に開設され、一九〇三年には養蚕実習科が設けられた。一九〇二年には山田荘村中井房吉が養蚕伝習所を開催、蚕種製造業を始め、これ以降当該地域では「大いに蚕種の製造に努める」こととなった。

(7) 蚕糸業大会と組合の活動

日露戦争に当たり、政府は農事改良、養蚕普及を奨励した。府も専門技術員を派出し、各村へ講話を行った。後藤郡長が勧業補助費を交付、岡本組長はこの金で共同稚蚕を奨励、以来好成績をあげた。京都府蚕業同業組合聯合会は創立二〇年を記念し府下の功労者を表彰、松田も褒賞を受けた。こうして相楽郡は「南山城の養蚕地」と称されるに至ったという。一九〇八年一〇月八日には木津町で京都府蚕業大会が開催され、品評会と「蚕業上知名の士」が来会しての講演会が開催された。これは山城の蚕業上初めての大会であった。岡本組長は屑繭整理、真綿製造の講習会を各所に開催、奨励し、大森府知事は桑園増殖奨励規定を定め、新たに桑苗を植え付ける者、改植する者に補助金を出した。これらにより、養蚕業はますます発展していった。

ところで繭の販売について、松田弥三郎は次のように見ていた。まず「養蚕家の幼稚な時代」においては、養蚕家と製糸家の関係は極めて密接で、互いに徳義を重んじ取引していた。ところが、蚕業が発展すると、繭仲買人ができ、種々の弊害が生じ、以前の美風は破壊された。「養蚕家か苦心して得たる収繭は中買商の餌となり、製糸家は郡内に足を入るる者無き有様となった」。その後岡本組合長は製糸家の来郡を求め、繭の競争入札が行われるようになり、仲買人が「蟻集」した。各製糸家は生繭のまま送荷したので、品質は「損傷」し、遠隔の製糸家は購繭を中止するようになり、そのことが価格に影響し、養蚕家の蒙った損失は甚大になった。そこで組合は郡費の補助金で繭乾燥場を木津町に建設、養蚕家と製糸家の融和に努め、相互の利益増進の目的で愛知の製糸家佐屋川と特約し、これを貸与、収繭を購入し、ようやく養蚕業は盛況になった。ところが一九〇七年、その繭乾燥場が失火、佐屋川製糸は大損害を蒙り、「再度本郡を顧みなかった」。そこで組合は次に、郡是製糸会社と交渉、木津町に購繭所を設け、取引を開始、さらに一九一三年、木津町に乾燥場を設けた。その後は第一次世界大戦にともなう糸価暴落があった後の好況で各製糸家が相楽郡に入り、購繭所を設けた。それより先、信州の製糸家富国館が祝園駅前に乾燥場を設け、購繭に努めている。また近江製糸も同駅前に購繭所を設け、綴喜郡はじめ伊賀・大和の北部地方より繭の集散が年々増加したり、他府県の製糸家が木津駅前に出張して購繭所を設ける動きが増加し、盛況を呈するようになった。

このあたりの繭の販売をめぐる養蚕家、製糸家と間に入る仲買人、それと組合の関係はなかなかに興味深いものがあるし、それを見る松田弥三郎の目も確かなものがあったと言えるが、相楽郡を含む南山城地域は、養蚕家と製糸家が一体となって郡是製糸をつくって良質な生糸生産を目ざした両丹地域などと比べれば、後れをとっていたと言えよう。

(8)　その後の展開

この後『相楽の養蚕』の記述は大正期に入る。本章の対象とする時期からは外れるが、概要のみ紹介しておこう。

一九一四年の糸価・繭価暴落により養蚕家、生糸商、機業家は「青菜に塩の有様」だったが、一五年以降、糸価も繭価も漸次上向きになり、米作のみの農家も新たに養蚕を始め、蚕室、桑園を造るに至った。そうして養蚕業はますます発展した。「副産収入」が得られるようになった農家は鼻息荒く、住宅新造、流行服の購入、田舎芝居の賑わい、自転車を飛ばして奈良や京都へ行くなどの現象が見られるようになった。

［史料4］　此迄淳朴（ママ）なる農村の美風を破り都市の文化的娯楽的光彩に眩惑されて奢侈の風を移し……生活程度は著るしく向上……若い婦人達も金歯を光らし農家の子弟か必要もなき金の指環をはめ金の腕時計……贅沢の競争……京に田舎のあったのは昔の事……中農も小農も養蚕をやる……農村か大きな貧富の差なしに中等に近く皆好く動くので地主対小作の問題も起って来す（こず）

とのことである。そうした中で一九一九年八月に城南製糸株式会社ができたが、翌二〇年春頃から恐慌が訪れ、同年九月一八日、株主総会で綾部製糸と合併協議を行い、城南製糸は綾部製糸分工場になった。こうした不景気について、弥三郎は「農村成年者には眼前は教訓」であるとし、「粒々勤労して得たる養蚕は斯く無惨に消え去るものにあらす……養蚕の手加減を為すは不可……下ることとある物価は又騰ることあり……手控へして後日の悔を来す如きは賢き方法にあらす……何れの場合に於ても健実なる努力か徒労に終ることとあらさればなり」と、こうした中でも努力を怠ることのないよう述べている。そして糸業界の惨状に対し応急策として生産制限、操業短縮・荷扱禁止等の制限方法で糸価の回復が図られたが効果はなかったと述べ、原料を海外に仰ぐ綿糸などと違い「全然内地生産品」だけに我が国に影響甚大であるから「政府に於て之か救済は最も必要……寧ろ救済の晩き……救済方法の一日も速からんことを希望」すると述べている。しかし現実には、当該地域では桑よりも青物を生産する方向へ向かうのであった。

おわりに

冒頭で述べたように、明治期は衰退していく綿作と隆盛に向かう養蚕とが交差する時代であった。その中で、中小豪農であり労農であった松田弥三郎は、衰退しゆく綿作に対しては存続の可能性を探り、また有望な養蚕に対しては、当初迷信から地元で根付かせるのに苦労しつつ、積極的に振興を図った。しかし養蚕の景気が良くなる余り、農村の生活が華美に流れることには警鐘を鳴らした。一方、養蚕が不振に陥っても手を抜かず、いつかまた景気が良くなった時のために備えることを主張した。そういった彼の言動の理論的支柱になっていたものは報徳思想であった。彼は明治一八年に報徳の結社修徳社をつくった。

一般に、報徳仕法は荒廃した農村に導入したと言われる。当該地域農村は、客観的には日本の中でも豊かな農村であったと思われるが[22]、松田弥三郎から見れば、資本主義、商品経済の荒波に揉まれており、特に道徳面での人々の荒廃を押しとどめねばならぬと感じたことが報徳仕法の導入へと向かわせたという面が大きいのではないかと思われる。明治一〇年代において労農と報徳思想が結びつく一つのパターンをここに見ることができるが、地域が資本主義の荒波に揉まれることを警戒し、いわば古き良き村を維持しつつ地域を振興させようと彼なりに考えた結果が、綿作と養蚕という限定された範囲にとどまっていたところが、中小豪農らしさであると言うこともできるのではなかろうか。

(1) 松田安司家文書、七二一―一、明治二七年「履歴書」。
(2) 同前。
(3) 同前。
(4) 同前。

（5）同前。
（6）同前。
（7）同前。
（8）奨武義会とは、軍隊を鼓舞し、戦争の死傷者やその遺族に見舞金を贈るなどした組織である（『精華町史　本文編』一九九六年、六七〇頁）。
（9）前掲注（1）に同じ。
（10）前掲注（1）に同じ。
（11）『相楽』は「教育熱心家」根本吉太郎が一九一〇年以来、教育と産業に関する雑誌として月一回発行したもので（松田安司家文書、五七〇「綿作奮闘六十年」）、「綿作奮闘六十年」は松田弥三郎（記事は「松田松翠」の名で記されている）が一九一七年一〇月号以降五回にわたって連載した依頼原稿である。松田安司家文書、五七〇「綿作奮闘六十年」はそれを一書にまとめた手書き本である。
（12）高村直助『日本紡績業史序説　上・下』（塙書房、一九七一年）、同「維新前後の〝外圧〟をめぐる一、二の問題」（『社会科学研究』三九―四、東京大学社会科学研究所、一九八七年）など。
（13）阿部武司「明治前期における在来産業」（梅村又次・中村隆英編『松方財政と殖産興業政策』東京大学出版会、一九八三年）、川勝平太「アジア木綿市場の構造と展開」（『社会経済史学』五一―一、一九八五年）、谷本雅之『日本における在来的経済発展と織物業――市場形成と家族』（名古屋大学出版会、一九九八年）など。
（14）以下、本節の記述及び引用は、松田安司家文書、五七〇の手書き本によっている。
（15）吐師浜は、東から流れる木津川が九〇度角度を変えて北へ流れるようになる地点に当たる。そういった場所だから古くから堤が破れて水が出る、すなわち洪水が多かった。そのことから、このような言い方になったのではないかと思われる。
（16）注（13）参照。
（17）以下、本節の記述及び引用は、松田安司家文書、五六九の手書き本によっている。
（18）こうした迷信は、他地域では耳にしない。

第一〇章　明治後半期の南山城経済の停滞

武田晴人

はじめに

前稿「上狛村の階層構成と茶業の担い手たち[1]」では、「綿から茶へ」のゆっくりとした転換、相楽郡を中心とした輸出茶産地としての伸び悩み、その中での一部の担い手たちの商業的な成長を強調するとともに、製茶産地としての限界を示唆した。本章では、これを受けて、製茶産地としての限界がどのような条件によって生じたのかを、製茶生産とその代替として期待された養蚕経営の具体的事例を分析するとともに、貸金業などの金融業務が直面した問題点を探ることによって明らかにする。

農業生産の展開だけでなく地域の金融業に注目する理由は、福澤徹三「近代における岡田家の金融活動――畿内無担保貸付への私的所有権確立の影響[2]」が近接する河内における事例分析を行っていることに示唆を受けているからである。この論文では、「明治維新期に拡大、松方デフレ期に大きく縮小、〔明治〕二七年の岡田銀行設立によって金額的には拡大」が描かれ、その理由として、①地域金融圏が松方デフレ期までは維持され、さらに外郭の隣村にまで拡大した、②この好調は外郭の隣村での少数の巨額の貸付の貢献が大きい、③銀行設立後は、平均金額が増大するとともに地域性が崩れ少数の巨額の貸付に依存する脆弱な体質となった、と説明されている。ただし、金融的に拡大とされる日清戦後については、明治二九(一八九六)年までは発展期といえるが、その後は地域内の競争により「苦戦」し、預金に対して証券での運用比率が高い経営実態のなかで、三四(一九〇一)年の株式市場の暴落を背景とした取付により自主廃業したという。その理由として、著者は、証券への運用に傾斜し当初の貸付市場での十分な成果を生まなかった銀行経営の特徴から、地域における金融市場が近世期以来の「金余り」の状況を脱却できなかったのではないかと推測し、連続面を強調している。

ここで注目するのは日清戦後の「苦戦」といわれる状況が、南山城でも共通して見いだされるのではないかということである。福澤が示唆するような状況が貸付市場における「金余り」、つまり資金需要の不足にあったとすれば、それは金融的な側面での問題以上に、資金需要の増大に結実しないような産業発展の制約面と合わせて検討されなければならないと考えられる。産業革命期に地域経済が起点になって工業化が推進される側面が強調されるようになっているが[(3)]、そうした議論を見据えながら、先進農業地帯であった近畿地方で観察される「停滞状態」が産業革命期に発生することの意味を考えていく手掛かりを得たいというのが、本章の問題意識である。それは、本書が近世期から観察してきた地域経済の変化のなかで重要な役割を果たしてきた「豪農たち」が明治半ばに直面した厳しい制約状態を明らかにすることを通して、豪農たちの近代の一側面を示すことになろう。

表1　戸数・人口推移

（単位：戸，人）

	現住戸数の推移						増加率		
	明21	明25	明30	明37	明43	大9	明21-30	明30-43	明43-大9
乙訓郡	3,637	3,759	3,663	3,637	3,734	3,996	100.7	101.9	107.0
紀伊郡	8,505	8,644	9,109	9,380	11,151	11,534	107.1	122.4	103.4
宇治郡	2,732	2,553	2,684	2,775	3,193	4,253	98.2	119.0	133.2
久世郡	4,735	4,451	4,114	4,152	4,602	4,711	86.9	111.9	102.4
綴喜郡	7,116	6,767	6,758	6,905	6,828	7,426	95.0	101.0	108.8
相楽郡	8,539	8,535	8,499	8,489	8,528	8,391	99.5	100.3	98.4
	現住人口数の推移						増加率		
	明治23年	明25	明30	明37	明43	大9	明23-30	明30-43	明43-大9
乙訓郡	20,085	20,300	21,311	21,808	22,275	22,477	106.1	104.5	100.9
紀伊郡	46,030	44,250	48,744	49,052	60,211	65,400	105.9	123.5	108.6
宇治郡	14,589	14,865	15,822	16,203	17,581	19,365	108.5	111.1	110.1
久世郡	22,167	22,333	22,317	23,282	24,424	23,606	100.7	109.4	96.7
綴喜郡	34,287	34,404	34,953	36,318	37,206	36,971	101.9	106.4	99.4
相楽郡	40,590	40,281	41,545	42,247	43,579	42,214	102.4	104.9	96.9

出典）京都府『第八回勧業報告』，『第12回京都府治概覧』『京都府県統計』より作成．増加率は前年を100とする指数．

一　南山城地域の経済実態

(1)　人口動態

明治後半期に南山城の諸郡（とくに綴喜、相楽など）は人口停滞地域であった。相楽郡は、戸数・人口において、日露戦後まで微増であるとはいえ、他の地域に比べて伸び率は低く、第一次大戦期には戸数減少、人口減少地域になった（表1）。

(2)　農業生産

人口流出は、大阪を中心とした工業発展や京都も含めた都市経済の発展を背景にしているとはいえ、流出を促すような所得格差が発生しているとすれば、その原因の一端は、農業生産面での停滞にも求められる。表2のように、農業生産を品目別に見ると、明治二〇年代後半に相楽郡では、実綿の生産が大きく減少に向かっていたが、それときびすを接するようにして茶の生産が停滞・減少傾向をみせていた。とくに明治三〇年代前半には土地生産性の上昇が見られる一方で、作付面積が減少しており、生産量こそ横ばいにとどまったが、三〇年代後半に入り

表2　農業生産の推移

	相楽郡						伸び率	
		明治20年	明治25年	明治30年	明治35年	明治39年	20-30年	30-39年
米	作付反	2,675	3,266	3,239	3,166	3,213	1.21	0.99
	収穫　石	53,263	59,452	50,114	53,428	63,162	0.94	1.26
	反収	19.91	18.20	15.47	16.88	19.66	0.78	1.27
麦	作付反	1,061	1,380	1,358	1,727	2,198	1.28	1.62
	収穫　石	9,084	10,408	9,528	14,829	21,586	1.05	2.27
	反収	8.56	7.54	7.02	8.59	9.82	0.82	1.40
茶	作付反		709	745	463	476		0.64
	収穫　貫	58,156	146,918	138,750	122,197	75,723	2.39	0.55
	反収		207.36	186.17	263.87	159.25		0.86
実綿	作付反	124	119	71	14	2	0.58	0.02
	収穫　貫	28,490	60,355	19,016	3,592	225	0.67	0.01
	反収	230.50	508.90	267.45	254.75	150.00	1.16	0.56
桑	作付反	4.4	16.0	46.1	226.0			
繭	貫	15.0	70.0	697.0	639.4			
	綴喜郡							
米	作付反	2,579	2,915	2,936	2,885	2,925	1.14	1.00
	収穫　石	58,161	54,550	44,867	57,690	59,690	0.77	1.33
	反収	22.55	18.71	15.28	20.00	20.41	0.68	1.34
麦	作付反	733	813	838	751	1,063	1.14	1.27
	収穫　石	12,248	8,225	8,950	8,767	14,034	0.73	1.57
	反収	16.71	10.12	10.68	11.67	13.20	0.64	1.24
茶	作付反		703	692	581	609		0.88
	収穫　貫	91,773	111,291	125,600	106,782	120,483	1.37	0.96
	反収		158.35	181.53	183.95	197.71		1.09
実綿	作付反	181	224	148	62	21	0.82	0.14
	収穫　貫	55,693	41,532	57,889	8,650	9,451	1.04	0.16
	反収	308.04	185.49	390.61	139.52	445.80	1.27	1.14
桑	作付反	9.1	35.0	42.0	62.0			
繭	貫	141.0	228.0	546.0	715.3			

出典）『京都府勧業報告』各年より作成．表示単位以下四捨五入のため表示数値からの計算値と不整合がある．以下の各表も同じ．

日露戦争前後の時期に相楽郡の茶の生産は数年間で四割以上も減少していた。この傾向は、綴喜郡では必ずしも明確ではなく、綴喜では綿の生産が明治三〇年代初めに急減し、茶の製造高は三〇年代後半にもその水準を保っていた。

　しかし、いずれにしても綿に代わる商品作物と期待されていた茶の生産は、相楽では早い時期に限界が見いだされるようになり、それに代わるものとして、桑の作付けが急増することになった。そして、それ以上に、米や麦という主穀に依存する農業経営へと回帰す

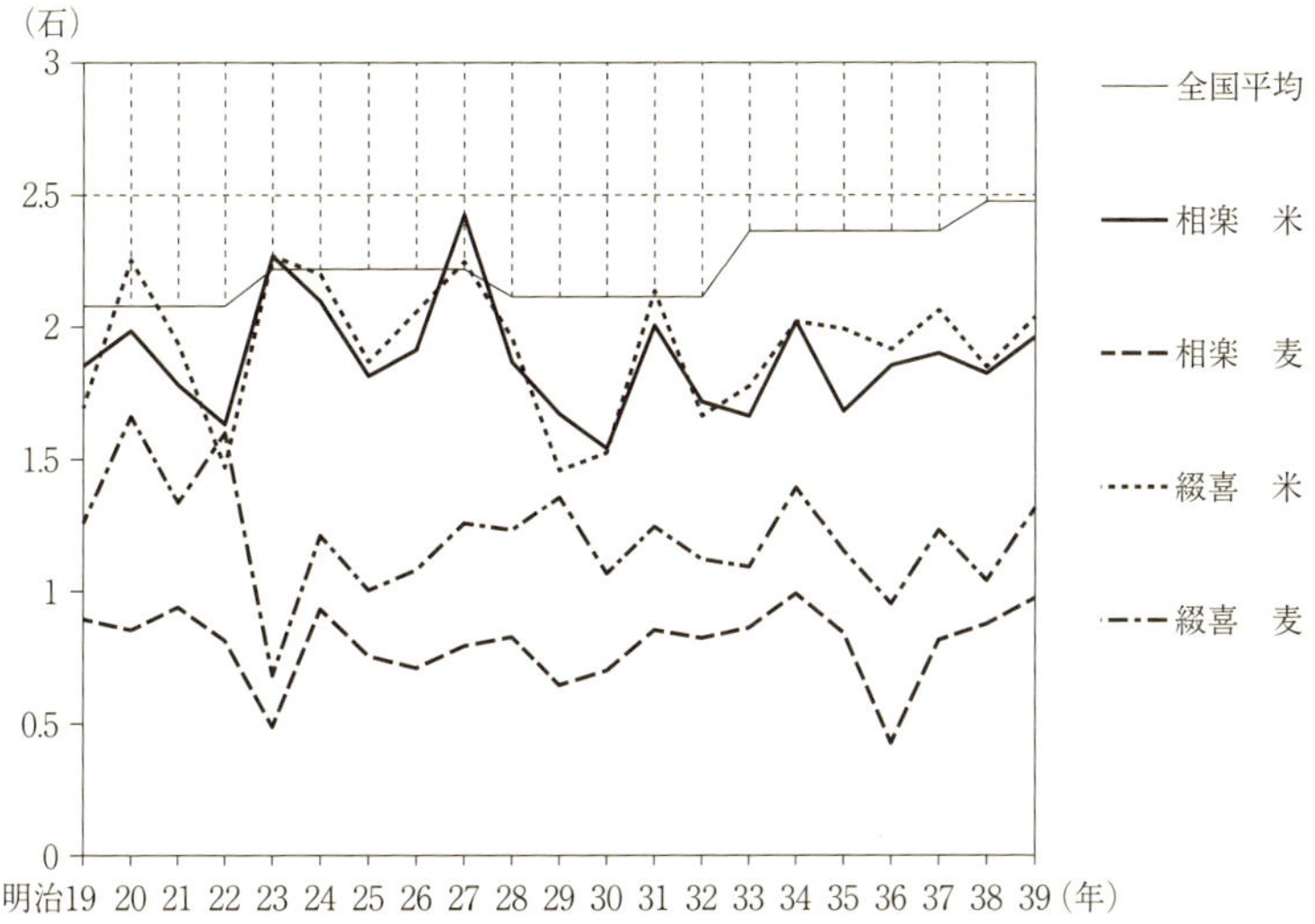

図 1　土地生産性／作目別

出典）表 2 に同じ.

る傾向が見られたというべきであろう。

　このように、前稿でも明らかにしたように、茶の相対価格が米に対して不利化したことから、米の生産への回帰と二毛作化の進展が見いだされるとはいえ、米の土地生産性は全国的な比較では、図1が示すように停滞的であった。すなわち、明治後半期にも全国的には米の反収が増加傾向にあるのに対して、相楽郡・綴喜郡の米の反収は横ばいで、三〇年代末には二割程度全国平均を下回るようになった。麦については、相楽郡の低生産性が綴喜と比べても明白であった。他方で、生産量が停滞する中で明治三〇年代前半に相楽郡の茶の生産性は増大したが、これは相対的に有利な土地への生産集中の結果と推測され、それ自体が発展的な要素をはらむものとはいえなかった。このように相楽郡を中心にすると、この時期には少なくとも近畿地方という、近世末まで先進地帯の一角をなしていたと考えられる地域において、その農業生産の発展は限界に達していたと考えられる。

　農業経営の規模における相楽郡の特徴を見るため、人口の増加、茶産地としての成長などの点で対照的な宇治郡と

表3　地租納税額階層別人員数

（人，％）

	明治36年		明治41年		大正3年	
	宇治郡	相楽郡	宇治郡	相楽郡	宇治郡	相楽郡
500円以上	0	1	1	3	0	2
100円以上	15	45	59	100	44	83
50円以上	46	96	135	250	107	185
20円以上	243	437	369	837	341	732
10円以上	292	816	378	1,066	410	1,103
5円以上	315	1,107	415	1,277	422	1,286
1円以上	1,107	2,728	979	2,798	1,117	3,068
50銭以上	347	933	287	904	366	1,057
20銭以上	197	1,010	167	869	209	974
20銭未満	125	1,639	172	1,547	183	1,821
合　計	2,687	8,812	2,962	9,651	3,199	10,311
	明治36年		明治41年		大正3年	
	宇治郡	相楽郡	宇治郡	相楽郡	宇治郡	相楽郡
500円以上		0.0%	0.0%	0.0%		0.0%
100円以上	0.6%	0.5%	2.0%	1.0%	1.4%	0.8%
50円以上	1.7%	1.1%	4.6%	2.6%	3.3%	1.8%
20円以上	9.0%	5.0%	12.5%	8.7%	10.7%	7.1%
10円以上	10.9%	9.3%	12.8%	11.0%	12.8%	10.7%
5円以上	11.7%	12.6%	14.0%	13.2%	13.2%	12.5%
1円以上	41.2%	31.0%	33.1%	29.0%	34.9%	29.8%
50銭以上	12.9%	10.6%	9.7%	9.4%	11.4%	10.3%
20銭以上	7.3%	11.5%	5.6%	9.0%	6.5%	9.4%
20銭未満	4.7%	18.6%	5.8%	16.0%	5.7%	17.7%
合　計	100.0%	100.0%	100.0%	100.0%	100.0%	100.0%

出典）『京都府統計書』各年より作成.

表4　耕作面積別

（％）

	乙訓郡	紀伊郡	宇治郡	久世郡	綴喜郡	相楽郡
2町歩以上	1.3	3.0	5.4	4.0	1.8	1.5
1町歩以上	25.4	30.3	17.3	30.1	21.4	14.4
7反以上	32.1	20.0	21.5	21.5	18.9	19.0
4反以上	25.8	19.4	22.5	17.3	37.2	24.6
1反以上	13.7	16.8	24.1	17.8	14.5	23.2
1反以下	1.7	10.5	9.2	9.3	6.2	17.2

出典）『京都府十八郡農事統計書』明治34年，2-3, 6-7頁.

の比較で地租納入額から確認しておくと、納税額五〇銭未満層が全体の二五―三〇％を占めて一〇％を少し上回る程度の宇治郡とは大きな開きがあることが判明する。少なくとも耕地の所有規模では、相楽郡の農家経営の零細性が際立っているということができる。この点は、単年度のデータではあるが、耕作面積別構成を周辺他郡と比較した表4によっても、確認できよう。

小作料（表5）は相楽郡ではそれほど高くないが、土地生産性の低さを考慮すれば、零細農家経営が小作地の増加によって経営拡大を遂げる可能性は小さかったと考えてよい(4)。

同じく明治三四年の調査報告によると、米及び麦の反当たり生産費は、表6の通りであった。反当たりの収益性の低さが南山城でも相楽郡では際立っており、その要因の一つが肥料代の高さなどにあることから考えると、やせた土地が広がるという自然条件の制約はいかんともしがたかったということもできる。それだけに収益力の高い商品作物への試行錯誤が続けられていた。

表5　耕地小作料

（石）

		乙訓郡	紀伊郡	宇治郡	久世郡	綴喜郡	相楽郡
田	最多	1.667	1.827	1.575	1.400	1.556	1.705
	最少	1.285	1.271	0.840	1.000	0.759	0.879
	平均	1.476	1.549	1.204	1.200	1.158	1.265
畑	最多	0.828	0.993	1.136	1.100	0.992	1.151
	最少	0.565	0.669	0.427	0.600	0.357	0.304
	平均	0.696	0.830	0.782	0.890	0.675	0.643

出典）『京都府十八郡農事統計書』明治34年，57-58頁.

期待される商品作物としての綿、茶、桑についても同様の生産費のデータを見ると（表7）、明治初めから取り組まれた茶の生産では、人件費などを抑制してもなお、製品単価が低いために収益性は高くなかった。これに対して、衰退期に入った綿は、優良地の生産に局限されていたためであろうが、僅かに残る生産については低い反収にもかかわらず、他地域に比べても高い収益を上げていた。繰り返しになるが、だからといってこれが綿作の復活につながることはなかった。これに対して、桑作については、収益額が不明であるが、経費面では綿や茶などに比べて他郡と大きな差はないという特色があった。

以上のように相楽郡では、農家の所有規模でも、耕作規模でも零細性が際立っていた。そのため前稿でも指摘したように、「農家経営での自立が難しかったと考えられる相楽郡では他郡に比べて異常に高い農業日雇労働力の供給が記録されている。大阪よりは奈良に近く、都市部の雇用機会に恵まれなかった相楽郡では、農業生産に伴う季節労働の需要に零細農家の余剰労働力が家計補充のために供給されていた」。「しかも、久世・綴喜・相楽の各郡では上期にその供給量が大きかったことは、こうした労働力のかなりの

表 6-1　米の反当たり粗生産費比較（明治 34 年調査）

（厘）

		乙訓郡	紀伊郡	宇治郡	久世郡	綴喜郡	相楽郡
種苗費		249	270	260	70	210	500
器具買入・損料		834	340	729	1,200	1,000	1,350
人夫賃	播種植付	919	415	410	500	550	350
	手入除草	1,613	1,300	1,250	2,160	2,400	2,000
	整地施肥	1,762	1,405	2,330	1,980	3,000	2,300
	収納	2,204	1,580	1,863	3,780	2,800	3,700
	その他	369	2,140	400	360	450	3,550
	合計	6,685	6,840	6,253	8,780	9,200	11,900
肥料代		4,113	2,640	3,750	2,500	3,250	5,200
総計		11,984	10,090	10,992	12,550	13,660	18,950
反収		2.079	2.057	1.986	1.740	2.120	2.210
単価		11,710	11,710	11,710	11,710	11,710	11,710
収入額		24,345	24,087	23,256	20,375	24,825	25,879
差引収益		12,361	13,997	12,264	7,825	11,165	6,929

表 6-2　麦の反当たり粗生産費比較

（厘）

		乙訓郡	紀伊郡	宇治郡	久世郡	綴喜郡	相楽郡
種苗費		253	406	212	120	180	240
器具買入・損料		587	210	300	400	500	600
人夫賃	播種植付	1,266	1,050	290	180	100	180
	手入除草	1,222	1,050	1,175	720	1,500	1,200
	整地施肥	1,820	700	1,875	2,160	1,800	1,500
	収納	1,392	1,400	1,300	1,080	2,650	1,200
	その他	147	1,560			350	750
	合計	5,850	5,760	4,640	4,140	6,400	4,830
肥料代		5,274	5,400	3,038	3,000	3,800	4,000
総計		11,398	11,776	8,190	7,660	10,880	9,670
反収	裸麦　田	1.755	1.796	1.760	1.216	1.290	1.295
単価		6,420	6,420	6,420	6,420	6,420	6,420
収入額		11,267	11,530	11,299	7,807	8,282	8,314
差引収益		△131	△246	3,109	147	△2,598	△1,356
反収	裸麦　畑	1.410	1.589	1.160	1.477	1.300	1.086
単価		6,420	6,420	6,420	6,420	6,420	6,420
収入額		9,052	10,189	7,447	9,482	8,346	6,972
差引収益		△2,346	△1,587	△743	1,822	△2,534	△2,698

出典）『京都府十八郡農事統計書』明治 34 年，70-71 頁．
注）乙訓郡合計等の不一致は原史料のママ．

部分が、製茶業などに関連した労働需要に吸収されたことを推定させるものである。棉・茶などの労働の多投入を必要とする作目が、これらの地域で市場条件の不利化にも係わらず継続して生産」され、茶では「国内向け産地として再生していく基盤には、このような農業生産と農家経営のあり方」があった[5]。

表7　茶・綿・桑の反当たり粗生産費比較（明治34年調査）

（厘）

		茶				綿		桑		
		紀伊郡	宇治郡	久世郡	相楽郡	綴喜郡	相楽郡	紀伊郡	久世郡	相楽郡
種苗費				200	1,000	300	150	900	3,000	1,000
器具買入・損料		1,100	5,250	1,000	800	1,200	200	150	800	250
人夫賃	播種植付			1,000	1,200	150	450	50	720	300
	手入除草	3,000	4,300	1,080	1,800	2,700	300	1,050	1,800	1,000
	整地施肥	2,400	1,380	720	900	1,400	750	700	2,880	600
	収納	14,500	15,000	6,800	1,500	2,650	680	3,000	2,500	2,100
	その他	7,500		1,500	4,500	600	2,000		360	600
合計		27,400	20,680	11,100	9,900	7,500	4,180	4,800	8,260	4,600
肥料代		14,000	15,000	2,000	4,600	9,200	3,700	12,000	7,000	11,100
総計		42,500	40,930	14,300	16,300	18,200	8,230	17,850	19,060	16,950
反収		18		70	15	42	25			
単価		3,600		400	1,300	670	750			
収入額		65,160		28,000	19,500	28,140	18,750			
差引収益		22,660		13,700	3,200	9,940	10,520			

出典）　表6に同じ.

(3)　工業などの諸産業の発展

域内の雇用機会の拡大をもたらす可能性をもつ製造業などの分野の展開が乏しかったことも、農業における商品作物生産への固執をもたらした。京都府の『府統計表』に掲載されている法人企業（表8）では、紀伊郡深草の京都陶器会社と綴喜郡八幡の八幡紡績が連続して記載されているとはいえ、他の企業は短期に姿を消すものが多く、相楽郡では瓶原紡績が明治二三年[6]に登場するとはいえ、企業勃興期における工業化の試みはこの地域に見るべき成果を残さなかった。

その後について相楽郡の法人企業を摘記すると表9のように、明治三〇年には製造業として煉瓦製造と酒造会社が営まれていたとはいえ、運送業の開業が目立っていた。これは鉄道の開通にともなって小運送業などの補助業務が開始されたことを示唆しているが、そうした企業活動が開始されてもなお、産業発展による連鎖的な地域経済の発展という契機に乏しいという限界は、明治三〇年代初頭にいたっても改善が見られなかった。

表 8　企業勃興期の法人企業

（円）

会社名		目的	所在地	創業	資本金	現在募集高	職工数
明治 19 年							
工業	京都陶器会社	陶器製造	紀伊郡深草村	明治 20 年 5 月	200,000	93,785	
	八幡紡績	綿糸紡績	綴喜郡八幡荘	明治 20 年 3 月	75,000	37,420	
	山城醬油会社	醬油製造	綴喜郡美豆村	明治 20 年 7 月	50,000	50,000	
	伏見工鉄会社	鉄具鋳造	紀伊郡伏見向島	明治 21 年 1 月	30,000	16,250	
商業	伏見倉庫会社	貨物保管	紀伊郡伏見	明治 16 年 4 月	20,000	6,435	
	山城製茶会社	海外輸出	紀伊郡所板橋	明治 18 年 5 月	45,000	45,000	
	淀川汽船会社	汽船往復	紀伊郡伏見	明治 20 年 5 月	100,000	75,000	
	山本運輸会社	運送	綴喜郡三木山村	明治 20 年 6 月	500	125	
	岩田運輸会社	運送	綴喜郡岩田浜	明治 21 年 1 月	500	300	
	協融会社	委託販売・買入	綴喜郡三木山村	明治 21 年 2 月	10,000	817	
明治 23 年							
農業	山城製茶会社	再製茶販売	紀伊郡伏見町	明治 18 年 5 月	45,000	648	
工業	京都陶器会社	陶器製造	紀伊郡深草村	明治 20 年 5 月	200,000	69	61
	工鉄会社	鉄具製造	紀伊郡向島村	明治 21 年 2 月	30,000	9	15
	八幡紡績会社	綿糸紡績	綴喜郡八幡町	明治 22 年 10 月	75,000	85	160
	瓶原紡績株式会社	綿糸紡績	相楽郡瓶原村	明治 23 年 12 月	60,000	未定	未定
明治 24 年							
工業	京都陶器会社	陶器製造	紀伊郡深草村	明治 20 年 5 月	200,000	66	41
	瓶原紡績株式会社	綿糸紡績	相楽郡瓶原村	明治 24 年 4 月	60,000	21	170
明治 25 年							
工業	京都陶器会社	陶器製造	紀伊郡深草村	明治 20 年 5 月	111,720	66	35
	伝法紡績八幡分工場	綿糸紡績	綴喜郡八幡町	明治 25 年 11 月	100,000	95	283
	瓶原紡績会社	綿糸紡績	相楽郡瓶原村	明治 24 年 4 月	100,000	21	75

出典）　前掲『京都府統計書』より作成.

表 9　明治半ばの相楽郡内の法人企業

（円）

会社名	業種	所在地	設立	資本金	同払込	積立金	株主数
近畿酒造	醸造	上狛村	明治 30 年 2 月	25,000	6,250	350	25
山城酒類	米国売買・酒造	祝園	明治 30 年 12 月	20,000	8,000	43	58
山城煉瓦	煉瓦製造・販売	木津町	明治 30 年 9 月	10,000	4,790		18
山城商工	印刷・紙販売	木津町	明治 28 年 8 月	10,000	5,000	57	47
関西煉瓦	煉瓦製造販売	上狛村	明治 30 年 4 月	10,000	10,000		5
関西運輸	運送	加茂村	明治 30 年 1 月	10,000	2,500		100
相楽運輸	運送	木津町	明治 29 年 6 月	10,000	2,500		43
山城倉庫運輸合資	貨物保管・運送	上狛村	明治 29 年 10 月	10,000	2,235		
開運合資	運送・荷為替	上狛村	明治 29 年 6 月	5,000	5,000		
南山木材合資	木材販売	加茂村	明治 29 年 9 月	4,500	4,500		5
共栄合資	肥料石灰販売	祝園村	明治 31 年 3 月	5,000	1,000		9
城西運輸合資	貨物運送・保管	祝園村	明治 30 年 3 月	5,000	1,250		50
城南運輸合資	運送	祝園村	明治 31 年 6 月	5,000	450		4

出典）　前掲『京都府統計書』明治 31 年版より作成.

二　製茶生産と担い手

(1) 南山城の製茶経営

前稿で明らかにしたように棉作の延命が図られていた南山城地域でも、明治二〇年代にはいると、米との相対価格が不利化したことに加えてコスト面では米価上昇を背景とした賃銀の上昇のために費用の増大に見舞われたと推測されることから、新しい作物への関心が強まった(7)。その有力な候補が茶の生産であった。

表10のように、茶園の面積は日清戦争期まで増加傾向にあった。しかし、その後は作付面積も製茶家数も南山城全域で減少傾向にあった。その中で作付面積では綴喜郡と並んで大きなウエイトを占めた相楽郡は、明治三〇年代後半には明確な衰退傾向を示した。製茶家数ではピーク時に四〇〇〇戸を超えていたが、明治三九年には二七〇〇戸弱にまで減少した。この相楽郡の製茶業は、製造家数がきわめて多かったこと、そのためもあって一製茶家当たりの茶園の規模も生産量も他郡に比べて著しく劣っていた。表10から一製茶家当たり茶園の面積を算出すると、明治二二年には宇治郡〇・三二六町に対して相楽郡は〇・一三八町であり、明治三九年にそれぞれ〇・五〇四町、〇・一七七町であった(8)。一経営当たりの生産額は、宇治郡などと比べると半分程度に過ぎなかったから、茶業に注目しても相楽郡では零細性が際立った。

茶業の発展を制約した理由は棉作と同様に労賃の上昇であったと推測される。前掲表7に示されているように、生産費の構成では棉作と並びそれ以上に労賃の比率が高かったからである(9)。

これに加えて、明治一六—一七年頃になると、日本茶の粗製濫造に対処するために米国市場では粗悪不正茶の輸入禁止措置がとられ、三〇年には粗悪製茶輸入禁止条例が発布された(10)。これにより輸出市場向け煎茶生産によって後発

表10　茶園総面積数及び製茶家数

（町，戸）

茶園面積	乙訓郡	紀伊郡	宇治郡	久世郡	綴喜郡	相楽郡	小計
明治16年	102.0	162.4	305.4	338.9	689.0	240.1	1,837.7
明治22年	124.4	119.9	368.8	439.7	670.6	493.5	2,216.9
明治27年	124.2	161.2	230.0	568.6	778.6	735.3	2,597.9
明治32年	83.4	145.3	315.8	328.7	650.8	699.1	2,223.1
明治35年	31.2	101.1	252.0	354.7	580.5	463.1	1,782.6
明治39年	* 22.2	90.6	272.4	349.1	609.4	475.5	1,819.2
明治16年	5.6%	8.8%	16.6%	18.4%	37.5%	13.1%	100.0%
明治22年	5.6%	5.4%	16.6%	19.8%	30.2%	22.3%	100.0%
明治27年	4.8%	6.2%	8.9%	21.9%	30.0%	28.3%	100.0%
明治32年	3.8%	6.5%	14.2%	14.8%	29.3%	31.4%	100.0%
明治35年	1.8%	5.7%	14.1%	19.9%	32.6%	26.0%	100.0%
明治39年	1.2%	5.0%	15.0%	19.2%	33.5%	26.1%	100.0%
製茶家数	乙訓郡	紀伊郡	宇治郡	久世郡	綴喜郡	相楽郡	小計
明治22年	420	590	1,130	1,621	2,582	3,581	9,924
明治27年	350	495	1,032	1,260	2,900	4,378	10,415
明治32年	175	343	800	1,000	2,500	4,100	8,918
明治35年	100	300	710	910	2,312	3,930	8,262
明治39年	111	186	541	591	2,014	2,687	6,130
明治22年	4.2%	5.9%	11.4%	16.3%	26.0%	36.1%	100.0%
明治27年	3.4%	4.8%	9.9%	12.1%	27.8%	42.0%	100.0%
明治32年	2.0%	3.8%	9.0%	11.2%	28.0%	46.0%	100.0%
明治35年	1.2%	3.6%	8.6%	11.0%	28.0%	47.6%	100.0%
明治39年	1.8%	3.0%	8.8%	9.6%	32.9%	43.8%	100.0%

出典）　前掲『京都府勧業報告』より作成.

注）　＊元の資料では222町であるが，前後の時期の数値と比して不自然なため筆者が修正した.

地域[11]ながら急速に拡大しつつあった相楽郡の製造家は、輸出価格が低下し、品質のチェックが強まるなどのために大きな制約を課せられることになった。「一九〇〇年代に入って棉作を追うようにして南山城で茶の生産が停滞状況を示し始めるのは、このような条件によるものであった[12]」。

(2)　安宅新兵衛家における製茶経営

製茶業の実態を明治初期から製茶生産に乗り出した安宅新兵衛家のケースで検討しよう。同家の各年の収支を判明する範囲でまとめると表11のようになる。これによると、収入額は、日清戦後期にピークを迎えたのち、停滞的な状況を示している。明治後半期に家産形成が滞った理由は、以下に明らかにするように茶業の伸び悩みにあった。そうしたなかで日露戦後期には、貸付額が増加する傾向にあり金融業務に打開策

表11　安宅新兵衛家の各年収支

（円）

	総収入高	総支出高	差引収入超過金	うち貸付高	借入金	預ケ金	現金有り高	蔵米の部	国庫債券	貯蓄債券
M19.7-20.1	1,207	916	291				291			
M20.1-21.1	1,410	1,333	77				77			
M21.1-22.1	1,263	1,190	73				73			
M24.2-25.1	1,545	1,492	53				53			
M25.2-26.1	1,905	1,720	185				185			
M26.2-27.1	1,869	1,595	274				274			
M27.2-28.1	2,396	2,186	210				210			
M28.2-29.1	2,348	2,216	132				132			
M29.2-30.1	2,517	2,343	174				174			
M30.2-31.1	3,217	2,376	841	28			812			500
M31.2-32.1	4,377	3,443	934	29			905			636
M32.2-33.1	3,607	3,042	566	80			486			400
M33.2-34.1	3,710	3,493	217				217			当座預金
M34.2-35.1	3,910	3,784	126				126			
M35.2-36.1	3,438	3,229	210	105			105	146		
M36.2-37.1	3,084	2,834	250	130			120	150	?	
M37.2-38.1	2,993	2,597	396	130			266	153	650	
M38.2-39.1	3,251	3,014	237	150			87	145	325	
M39.2-40.1	3,855	3,344	512	400			112	128石5斗	600	5枚
M40.2-41.1	4,170	3,553	617	600			17	150石	600	5枚
M41.2-42.1	5,253	4,967	285	400			△115	114石	600	25
M42.2-43.1	8,092	7,206	886		2,500	180	△1,794		600	25
M43.2-44.1	6,164	4,836	1,328		4,000	585	△3,257	102石	300	25
M44.2-45.1	9,922	8,785	1,137		2,500	585	△1,948	80石	0	0

出典）安宅孝郎家文書『収入支出日記帳』『収支（会計）簿』（資料番号 334-339, 934-956）より作成.

を見いだそうとしたが、明治四〇年代には収支の悪化が進み、四三—四四年には多額の借入金が必要となった。この間、明治三〇年代初めには余裕金を貯蓄債券の購入に充てることもあったが、それも持続的ではなく、日露戦争期の国債購入は戦争への協力が求められたための非自発的な運用であった。

土地所有の規模は、表12の通りで、安宅新兵衛名義のほかに宮本邦之助名義のものが合わせて『年貢収納帳』には記載されている。見られるとおり、耕地の規模は微増しているとはいえ、明治二三—四〇年にはそれほど大きな変化を見せてはいない。地主的土地所有が拡大していくような傾向は見いだせないと言うべきであろう。総地価額が明治四〇年にはやや減少しているにもかかわらず、地租額が大きく増加し

表 12　安宅家の土地所有

	明治23年6月15日現在					明治34年10月1日現在					明治40年羊10月1日現在				
安宅新兵衛	町	反	畝	歩	円	町	反	畝	歩	円	町	反	畝	歩	円
総反別	21	8	4	11		24	1	6	3		23	8	2	22	
総地価金額					9,662.17					8,982.92					8,802.19
総地租金					241.57					296.51					480.81
内訳															
山林反別	4	9	3	6			6	2	23		6		2	23	
地価金					20.33					23.87					23.89
地租金					0.51					0.79					1.31
宅地反別		5		26			4	9	23			4	9	15	
地価金					271.34					267.30					260.68
地租金					6.79					8.84					21.73
畑反別	1	9	4	26		1	7	9	29		1	6	8	25	
地価金					513.40					397.31					369.56
地租金					12.84					13.14					20.33
田反別	14	4	5	13		15	8	3	18		15	6	1	9	
地価金					8,857.10					8,294.44					8,141.08
地租金					221.44					273.75					447.76
宮本邦之助															
総反別	1	7	9	7		1	7	4	1		1	7	1	7	
総地価金額					1,020.70					839.12					836.72
総地租金					25.52					27.84					45.79
内															
田反別	1	7	5	5		1	6	9	29		1	6	9	27	
地価金					1,013.09					831.51					826.60
地租金					25.33					27.59					45.46

出典）安宅孝郎家文書『年貢収納帳』（資料番号 346，28，35）より作成.

ているのは、日露戦争期の臨時増税がそのまま継続していたからであった。このため、明治二〇年度には地租を中心に四一二円であった納税額は、明治三一年度には地方税の増大があって七二五円、明治三九年度には一〇三七円へと増加した[13]。総支出額に占める比率は、順に三〇・九%から二三・九%と低下した後、三九年度には三一%という高水準に戻った。少なくない負担が国および地方の財源として賦課されていたことが、経営収支を圧迫していた。

　これに対して、安宅家の収入についてみるため、いくつかの年度を選んで『収入支出日記帳』の収入項目を分類して再集計した結果をまとめた表13によると、収入の中心は米の売却代金であった。この間、貸金の元利金収入があったほか、明治三一年度には資産の売却代が一割近

表 13　安宅家収入金額内訳

（円）

収入金額	米売却代	茶売却代	その他農産物	俸給	元利収入	その他	資産売却代	借入	前期繰越金
明治 20 年 2 月-21 年 1 月									
1,410.50	909.57	53.03	16.10	7.45	106.84	26.22	0.00	0.00	291.29
	81.3%	4.7%	1.4%	0.7%	9.5%	2.3%	0.0%	0.0%	26.0%
明治 31 年 2 月-32 年 1 月									
4,377.07	2,603.10	17.73	97.80	5.56	341.19	111.64	357.62	422.67	312.19
	64.0%	0.4%	2.4%	0.1%	8.4%	2.7%	8.8%	10.4%	7.7%
明治 39 年 2 月-40 年 1 月									
3,855.36	3,447.43	15.49	23.00	0.00	79.30	98.44	0.00	0.00	236.60
	95.3%	0.4%	0.6%	0.0%	2.2%	2.7%	0.0%	0.0%	6.5%
明治 44 年 2 月-45 年 1 月									
9,922.42	3,578.57	18.63	44.42	3.00	348.00	385.20	2,674.65	1,542.00	1,328.08
	41.6%	0.2%	0.5%	0.0%	4.0%	4.5%	31.1%	17.9%	15.5%
*5,919.54	60.5%	0.3%	0.8%	0.1%	5.9%	6.5%	45.2%	26.0%	22.4%

出典）表 11 に同じ.
注）明治 44 年分の最下段は，資産売却代金を除いた収入額の合計に対する構成比.

くを占めたが、これは関西鉄道の建設に伴う用地買収に応じたためであった。これに加えて、明治四四年には多額の資産売却が計上されている。この数値から、少なくとも明治三〇年代初めまで、安宅家は製茶業に従事することを通して収入拡大を図っていたとはいえ、経営に対する貢献はそれほど大きいものではなかった。この点は、「その他農産物」に含まれる繭の販売についても同様であったと言ってよいであろう[14]。

それでは、製茶生産はどのような推移をたどったであろうか。安宅家の製茶生産の記録は「製茶日記帳」などと題する資料が二四冊、二五年分が確認できるが、その記録を一覧にまとめると、表14のようになる。生茶摘量でみると、明治一六年の八一・五貫から二一年には二六〇貫近くまで短期間に大きな増収量を記録しており、それ以後二〇〇貫前後の生葉を収穫し、これを煎茶に加工していた。茶の生産量（干揚量）は、明治一六年の一八・四四貫から二一年には六〇貫を上回るようになり、その後二〇—五〇貫を推移している。この生産量の推移では、一八年から二番茶の製造が開始されることで大きく増加したことが明白であった。初茶は五月初旬に生芽を摘み、その当日に雇い入れた焙炉師によって干し揚げられていたが、二番茶は、六月下旬から七月初めにかけ

表 14　安宅家の製茶生産の推移

資料番号		生茶摘量 貫匁	期間	干場　貫匁			売却高	
				生芽	干揚	泥粉	貫匁	代金（円）)
825	明治 16 年	81.460	5/13-22	81.260	18.440	2.200	12.760	20.500
828	明治 17 年	182.760	5/13-22	182.760	41.340	4.540		
830	明治 18 年	115.630	5/11-25	115.625	26.310	1.510	19.266	31.100
	二番茶	88.480	6/23-26	126.610	21.130	0.780	20.500	20.039
833	明治 19 年	204.750	5/6-22	204.750	45.090	4.142	30.123	34.723
	二番茶	86.560	6/26-30	86.560	19.620	0.890	17.073	15.365
835	明治 20 年	116.440	5/12-21	105.680	28.100	2.000	25.020	30.762
	二番茶	100.570	6/25-7/6	102.070	23.410	0.970	23.090	22.269
838	明治 21 年	167.130	5/5-14	167.130	39.770	1.570	38.190	40.286
	二番茶	92.570	6/20-29	92.570	22.400	0.750	11.500	19.592
842	明治 22 年	104.420	5/10-16	104.420	23.590	0.880	16.710	21.055
	二番茶	79.760	6/21-30	79.760	18.010	0.350	15.525	14.591
844	明治 23 年	172.270	4/20-5/8	172.270	28.520	1.580	17.500	29.000
	二番茶	109.200	6/22-	109.200	25.580		25.580	
846	明治 24 年	120.790	5/11-19	120.790	27.480	2.054	21.020	25.398
	二番茶	36.950	6/26-29	36.950	8.000			
848	明治 25 年	84.550	5/14-19	84.550	19.770	0.930	10.340	12.769
	二番茶	45.300	6/26-7/3	45.300	10.280	0.258	10.160	10.784
852	明治 26 年	165.000	5/13-19				12.700	15.939
	二番茶	41.000	6/26-7/2	41.000	9.544	0.050	9.190	11.580
856	明治 27 年	93.910	5/5-11	93.910	19.440	0.770	13.500	18.508
	二番茶	51.750	6/17-	45.600	7.365	0.120	11.210	11.437
858	明治 28 年	108.250	5/13-22	108.250	24.940	1.920	7.260	11.570
	二番茶	37.200	6/22-29	37.200	7.980	0.200	7.960	10.485
864	明治 29 年	96.600	5/8-16	96.100	22.260	1.600	17.820	19.167
865	二番茶	39.080	6/19-	39.080	8.770	0.230	8.580	10.800
868	明治 30 年	75.250	5/3-16	75.250	26.480	1.000	6.900	12.300
	二番茶	33.500	6/21-26	33.100	7.710	0.220	7.680	8.640
872	明治 31 年	82.000		82.000	17.800	1.490	6.900	10.300
878	明治 32 年	61.700	5/8-11	61.700	13.980	1.740		
880	明治 33 年	88.400		82.100	19.570		8.970	14.400
883	明治 34 年	84.000	5/9-15	83.500	18.780	1.176		
884	明治 35 年	64.900		64.900	15.250			
889	明治 36 年	34.490		34.490	7.720			
361	明治 37 年	60.310	5/10-5/14	38.000	8.210		5.800	8.900
363	明治 38 年		5/15-22	62.900	12.970			

出典）　安宅孝郎家文書『製茶日記』（資料番号 825-889）より作成.

収穫し同様に加工されていた。二番茶の製造高は明治一八年、二〇年、二三年のように初茶に匹敵する生産量を記録した年もあったが、全体しては収量でかなり劣った。それに加えて、生芽摘量が二四年から大きく減少した。

売上高は、明治一六年の一二・八貫から二一年には約五〇貫となり、その後二〇―四〇貫を推移した。生産量の推移に沿って売上高も年度によって不安定に上下していることに加えて、明治二〇年代後半には二番茶の減少に先導されて下落傾向に入り、明治三一年には七貫を切るほどになった。この経営動向は、相楽郡の茶業の停滞にやや先行しているが、同郡内の茶業経営の実体を安宅家によって検討するに値する代表性があることを示唆している。

郡平均の一製茶家当たり生産額のデータは明治二〇年代後半以降しか得られないが、二七年に相楽郡では二〇貫、三二年四二貫、三五年は三三貫と推移しているから[15]、これと対比すると、安宅家の製茶生産は、明治二〇年代前半までは相対的に高い地位を保っていたとはいえ、三〇年前後には郡内でも零細な生産者に転落したと考えられる。粗製濫造に対する規制が強まるという逆風が経営発展を阻んだ。

経営実態に立ち入るために、表15によって投入労働量の推移を見ると、茶摘みについては、一〇日程度の期間中に延べ人数で最大で七〇人・日が記録されている。この労働に従事したのは日雇いの女性労働力であったが、このほか三分の一程度は下女などが従事していた。つまり雇用労働量は三分の二程度であったが、この賃金率は、明治二〇年代半ばまでは一〇銭強であり、その後上昇した。これに対して、干揚については、焙炉師を雇い入れているが、補助的な労働は下男などに委ねられ、生産数量が停滞から減少期に入る明治二〇年代には雇用労働の比率を大きく引き下げて経費の節減に努めていた。焙炉師の賃金率が上昇傾向を示したことへの対応であったと考えられる。このように労賃の上昇が経費増加をもたらすことによって経営を圧迫していた。

肥料代などの他の経費額がおおよそ把握できるのは、表16及び表17のように明治二〇年代前半に限られるが、明治二〇年には下男・下女の賃金見込額を算入しても利益が上がっていた。しかし、二一年からは赤字に転じ、その翌年

表 15　安宅家製茶生産における投入労働量

（延人，銭）

	茶摘女					焙炉師				
	延べ人数	うち非雇用労働	差引雇用比率	賃金	賃金／人	延べ人数	うち非雇用労働	差引雇用比率	賃金	賃金／人
明治 16 年	30.0	5.8	80.7%	4.970	20.5	23.0		100.0%	4.050	17.6
明治 17 年	47.8	8.9	81.5%		0.0	52.0	20.0	61.5%	8.470	26.5
明治 18 年	51.0	8.3	83.8%	4.275	10.0	48.0	34.8	27.6%	4.600	34.7
明治 19 年	69.8	20.0	71.3%	4.978	10.0	57.8	20.8	64.1%	6.931	18.7
明治 20 年	50.0	23.8	52.4%	2.249	8.6	36.5	19.5	46.6%	5.885	34.6
明治 21 年	70.5	28.5	59.6%	4.620	11.0	47.0	28.0	40.4%	5.000	26.3
明治 22 年	50.0	11.5	77.0%	4.235	11.0	34.4	19.8	42.5%	3.175	21.7
明治 23 年	59.0	19.0	67.8%	4.400	11.0	51.0	18.8	63.2%	4.970	15.4
明治 24 年	55.5	17.0	69.4%	3.850	10.0	37.0	23.0	37.8%	2.900	20.7
明治 25 年	42.5	13.0	69.4%	3.245	11.0	28.5	19.5	31.6%	2.140	23.8
明治 26 年	44.3	15.5	65.0%	2.250	7.8	33.0	26.0	21.2%	1.630	23.3
明治 27 年	44.0	20.0	54.5%	3.120	13.0	32.0	28.0	12.5%	1.500	37.5
明治 28 年	53.8	25.5	52.6%	3.955	14.0	39.3	32.3	17.8%	1.880	26.9
明治 29 年	48.5	19.0	60.8%	4.110	13.9	36.5	25.5	30.1%	2.840	25.8
明治 30 年	33.0	11.0	66.7%	3.740	17.0	25.5	15.5	39.2%	2.500	25.0
明治 31 年	44.0	14.3	67.6%	5.655	19.0	29.5	17.5	40.7%	3.350	27.9
明治 32 年	33.5	11.5	65.7%	3.960	18.0	27.5	17.5	36.4%	2.700	27.0
明治 33 年	38.0	13.0	65.8%	3.515	14.1	29.0	18.5	36.2%	3.300	31.4
明治 34 年	43.0	12.0	72.1%	5.760	18.6	28.0	6.0	78.6%	4.550	20.7
明治 35 年	33.5	7.5	77.6%	5.200	20.0	20.0	11.0	45.0%	3.150	35.0
明治 36 年	11.5	2.0	82.6%	2.300	24.2	11.0	6.0	45.5%	1.500	30.0
明治 37 年	28.0	4.0	85.7%	3.600	15.0	22.0	14.0	36.4%	1.905	23.8
明治 38 年	26.0	0.0	100.0%	5.200	20.0	18.0	10.0	44.4%	2.400	30.0

出典）表 14 に同じ．
注）各年の初茶生産についての数値．製茶日記帳には茶摘み，干揚げについて，それぞれ作業日ごとに誰がどれだけ働いたかを通常 4 分の 1 人日を基本単位として，「○○　4.5 人」のように記載されたのち，期間終了後に改めて作業者ごとの人日と賃金が記載されている．この記録部分には，下男・下女などの内働きのもの，当主である新兵衛などの家族の労働については，賃金額の記載がない．この賃金の記載のない人日数を表では「非雇用労働」として内数で示した．「差引雇用労働比率」は，延べ数を分母に支払われた人日数の比率．「賃金」は支払賃金の総額であり，その右の「賃金／人」が 1 人 1 日当たりの賃金である．

表 16　安宅家製茶業の収支勘定

（円）

	初茶入用	二番茶入用	下男等賃金見込み		合計	収入			
			初茶	二番茶		初茶	二番茶	合計	差引
明治 20 年	32.958	10.120	5.690	3.500	52.268	34.362	22.269	56.631	4.363
明治 21 年	39.375	14.490	6.000	3.500	63.365	40.786	19.592	60.378	△2.987
明治 22 年	42.715	11.123			53.838	30.432	14.591	45.023	△8.815
明治 23 年	42.500	10.370			52.870	33.000	13.250	46.250	△6.620

出典）表 14 に同じ．

以降は、この見込額が経費に計上されなくなっている。順調な拡大を遂げていた時期にすでに収支面では問題を抱えていたのである。経費合計額は、表16では初茶と二番茶で大きく異なっているように見えるが、実際には表17の通り、肥料代、租税負担、さらには年間を通した「茶畑修理」などがすべて初茶入用として計上されているからで、生芽摘みから干揚までの期間の費用の構造はそれほど大きくは変わらなかった。明治二〇年の初茶・二番茶の通計で見ると、費用総額四九円に対して肥料代（油粕代）が一四円、地租六・五円を合わせて経費の四割を占めていた。このような経費の構成はその後も大きく変わらなかったが、明治三二年には地租諸掛費の増加が目につく。国税地租の水準は前掲表12からも明白なように大きく変わらなかったから、この増加の大半は日清戦後に目立つようになった地方税等の負担増加によるものであった。安宅家が支払った地方税等金額は、明治二〇年には八七・六円であったのに対し、三一年には四二四・二円に達していたからである。[16]

「茶畑修理」についての説明は見いだせないが、年間を通じた茶畑の維持費用の見込額と考えられる。このほか金融的な費用は計上されていないが、生産期間中の資金の出入りが一〇―二〇円程度であり、手元現金で賃銀等の支払いは可能であった。これに加えて、製品は仕上げると通例では当日ないし翌日には売り渡されていたから、この点でも流通にかかわる金融費用は生じなかったと考えられる。相楽郡の製茶家は、輸出隆盛期には自ら神戸に赴いて外商に販売するものもあったと伝えられているが、安宅新兵衛の場合、記録に残る範囲では安宅藤右衛門に売り渡していた。たとえば明治二〇年の初茶期には干揚げ期間五月一二日から二一日に対して、一四日から二三日までの間に藤右衛門への売渡を完了していた。[17] このような状況はこれ以降の時期についても大きく変化はなく、販売時期は若干例外を除くと生産期間の二―三日後には完了しており、販売先として藤右衛門以外の取引先が少額の取引先として登場するだけであった。

表17　製茶入用の内訳

（円）

	明治20年			明治25年		明治32年	
茶製入用	初茶	二番茶					
油粕42玉	14.000			肥し代	7.000	肥料代	15.000
上納及び係費金	6.500			地租並諸係金	3.500	地租諸係金	13.500
〆	20.500						
反故代	0.400		0.250	反故	0.240	割木	0.450
製茶用買物	0.500	糊1本	0.036	糊代	0.100	反故	0.600
茶立三本代	0.069	糊差	0.018	毛刷	0.150	小籠	0.350
標章40枚	0.040		0.020	標章	0.020	糊代	0.150
証票料	0.150			25年度証票料	0.100	藁代	0.100
藁俵炭23本代	1.840		1.360	炭18俵代	1.764	炭12俵	2.640
割木2駄半代	0.625		0.625	割木	0.450	組合証票料	0.200
粉	0.100					雑用	8.000
籠	1.500			雑用	4.000		
佐太郎渡	1.640	雇入焙炉師代	2.600	焙炉師9人代	2.140	焙炉仕代	2.700
治三郎渡	1.610						
善右ヱ門渡	0.230						
申松渡	0.200						
焙炉師16人分雑用	1.300	焙炉師11人半雑用	1.000				
たけ渡	0.532	雇入茶摘代	3.780	茶摘29人半代	3.245	茶摘代	3.960
すま渡	0.489			賃金払	4.080		
みさ渡	0.574						
こまへ渡	0.574						
かえ渡	0.085						
〆	12.458	〆	9.689				
下男	1.650		0.200	下男下女	4.900	男女内働	3.500
下女	1.040		0.200				
茶畑修理	3.000	印紙代	0.030	修理人主代	5.000	年中修理代	12.000
〆	5.690	定実費にて支払い見込み					
合計	38.648		10.119		36.689		63.150

出典）安宅孝郎家文書『明治20年初茶製造日記帳』（資料番号835），『辰年初茶製造日記帳』（同848），『亥年初茶製造日記帳』（同876）より作成．

(3) 安宅家における養蚕経営

製糸経営の限界のなかで、安宅新兵衛は新たな商品作物として養蚕に注目した。明治一九年から二二年にかけて安宅家では、一五筆の土地、六反八畝四九歩（地価総額一八九円二七銭）に桑を順次植え付けていった（表18）。

このようにして着手される養蚕経営において、繭の生産の記録が残るのは明治二二年頃からのことであった。明治一八年から四四年まで二七年間（一九・二〇年、三四—三六年欠）について二三冊の

表 18　桑の植え付け

（円）

種別	広さ	植え付け時期	場所	地価
畑	1 畝 18 歩	明治 22 年 2 月	字林前	8.43
畑	1 畝 29 歩	明治 22 年 2 月	字市場	5.24
畑	8 畝 2 歩	明治 18 年 12 月	字凤ケ谷	22.79
畑	2 畝 23 歩	明治 19 年 10 月	字凤ケ谷	7.69
田	3 畝 18 歩	明治 19 年 10 月	字清神前	24.98
宅地	2 畝 28 歩	明治 22 年 2 月	字清神前	15.63
畑	2 反 9 歩	明治 20 年 3 月	字堂ケ原	20.52
畑	6 畝 4 歩	明治 20 年 9 月	字凤ケ谷	14.1
畑	7 畝 17 歩	明治 20 年 9 月	字凤ケ谷	20.74
畑	2 畝 4 歩	明治 20 年	字西川原	5.94
畑	3 畝 3 歩	明治 20 年，22 年	字下馬	7.2
畑	3 畝 25 歩	明治 21 年	字上新庄	10.82
畑	1 畝 24 歩	明治 22 年 2 月	字堂ケ原	1.79
畑	1 畝 19 歩	明治 22 年 2 月	字林前	4.54
畑	6 畝 26 歩	明治 22 年 2 月	字凤ケ谷	18.86

出典）安宅孝郎家文書『養蚕日記』（資料番号 832）より作成．

「春（夏）蚕日記帳」の記録をまとめた表19によると、二二年から夏蚕の生産も含めて、明治二〇年代後半には順調な拡大を遂げたようにみえる。投入された桑葉量を基準にすると、二四年には四〇〇貫を超えたあと、二七年には五〇〇貫を超えることになった。相楽郡の茶業の衰退傾向に先行して安宅家の茶業が停滞から衰退へと推移するのは、このような養蚕業への進出という事情があったと推測される。しかし、明治三〇年代にはいると記録が数年間途切れることもあるが、停滞的な傾向が明確化し、明治四〇年代には最盛期の半分程度に縮小した。生産量は上繭が二〇―三〇貫という程度であったが、養蚕経営の規模としてはそれほど小さいというわけではなかった[18]。

期間中の投入労働量は、製茶に比べると大きいが、これは製茶に比べて生産期間が長かったためであろう。明治二六年を例にとると、春蚕の生産期間は、五月六日から六月九日と一月を少し超える程度であった。この生産期間との関係で注意しなければならないのは、春蚕の生産時期と、初茶の生産時期が重なることであろう。重複する五月初旬の時期にはかなりの繁忙期を迎えたということになる。記録が残っている明治二八―三一年についてみると、そうした事情もあって、労働の投入量（「人足覧の延べ数」）に対して、賃金が支払われた延べ数が極端に小さい。すでに製茶生産についての伸び悩みが目立った時期であるが、この時期には、もっぱら家族や内働きの労働によって養蚕経営を支えていたのである。その分だけ製茶に割くことができる家族労働量は減少したはずだから、製茶生産における賃金負担は労働市場における賃金上昇に影響されていたと考えられる。期間が短い

表19　安宅家の養蚕経営の推移

資料番号		掃き立て 枚 小	大	袋	桑葉量 貫目	人足 延数	賃金額 円	支払延人数	繭売上 合計代金 円	生産量 貫 上繭	2等	その他
832	明治18年				55.930							
	明治21年				84.500							
841	明治22年	69.5			155.310	25.0			18.763	8.000	1.930	0.880
	夏蚕				84.814	49.5			3.615			
843	明治23年	102			245.440	120.2			28.500	10.368	2.163	0.023
	夏蚕	48			124.470	50.0			8.407	3.650	0.700	
845	明治24年	111	189		416.950	137.8			56.830	28.530	2.000	
	夏蚕		24		42.930	16.0			2.200			
847	明治25年	107	116		386.610	133.2			59.513	27.752	2.682	1.180
	夏蚕	35.5			37.120	27.5						
851	明治26年	107	102		362.580	96.9			46.181	15.020	3.200	2.320
	夏蚕		46.5		84.990	45.8			7.755			
855	明治27年	106	147		478.090	173.8			84.494	26.268		3.282
	夏蚕		17		37.900	22.8						
857	明治28年	80.5	153		567.340	192.0	2.920	33.0	112.317	33.570	28.420	5.870
860	夏蚕	72	3		87.550	49.0						
863	明治29年	108	202	86	558.280	145.0	0.630	4.5	111.000	36.250	3.500	
869	夏蚕	64			51.430	37.8						
867	明治30年	108	209	16	548.450	186.8	1.550	15.3	120.710	27.630	10.200	6.550
870		16			43.780	14.3						
871	明治31年	108	159	7	495.690	186.8	2.175	11.5	84.708	22.410		3.360
873	夏蚕				53.850	24.5						
875	明治32年	104	171		570.240	231.3	3.510	19.0	96.130	24.360	2.850	
879	明治33年	96	172	6	507.970	165.5	5.413	28.5				
360	明治37年				78.150				4.420			
369	明治41年				359.540	24.0	4.940			14.860	1.600	2.430
371	明治42年				—	13.0	30.900		69.750	14.640	2.800	2.520
373	明治43年				226.070	8.5	0.000			11.600	1.740	2.420
377	明治44年				285.215	13.5	3.600		47.990	9.400	1.460	1.810

出典）　安宅孝郎家文書『養蚕日記簿』各年（資料番号360-377, 832-882）より作成.

こと、焙炉師の雇用は不可欠であったこと、例年、同名の茶摘み女の名前が記録されていることから、こうした近隣の雇用関係が製茶作業では維持され続けたのに対して[19]、養蚕経営は雇用労働には極力依存しないかたちで続けられていた。

　繭生産の開始当初から春蚕だけでなく夏蚕の生産も試みられているが、その規模は小さく、生産された繭も明治二二―二六年には販売が記録されているものの、その後は販売売上げが計上されなくなり[20]、生産活動は従っ

表 20　安宅家養蚕経営の経費

	繭売上	費用合計	蚕種	肥料代	地租諸掛	人足代	雑費	桑葉	修理手間
明治 22 年	18.763	2.695	1.600				0.150	0.945	
夏蚕	3.615	0.180					0.180		
明治 23 年	28.500	18.025	4.000	9.000	3.000	11.225	1.000		
夏蚕	8.407					5.000	0.840		
明治 24 年	56.830	19.916	2.865	9.000	3.000	3.200		1.851	
夏蚕	2.200	0.320	0.180					0.140	
明治 25 年	59.513	22.311	3.750	8.500	3.000	1.900	0.950	4.211	
夏蚕		1.148				0.488	0.360	0.300	
明治 26 年	46.181	3.850	2.320				1.530		
夏蚕	7.755	0.835					0.835		
明治 27 年	84.494	14.706				0.596	1.390	12.720	
明治 28 年	112.317	41.452		15.000	2.000	4.670	1.000	18.782	7.000
明治 29 年	111.000	13.297	3.750			9.547			10.910
明治 30 年	120.710	70.630	3.810	50.000	8.750		6.310	1.760	9.000
明治 31 年	84.708	10.925	5.670				0.800	4.455	
明治 32 年	96.130	52.070		12.000	11.000	4.680	14.950	9.440	12.000
明治 40 年								20.636	
明治 41 年	69.750							12.920	
明治 42 年								12.870	
明治 43 年	47.990							10.023	

出典）表 19 に同じ.

て春蚕中心であった。

この表20の費用合計額を対応する繭の売上げと対比すると、相当額の「黒字」となる。製茶経営に比べて養蚕が期待に応えるものであったと考えてよい。ただし、既述のように家族労働・内働きなどの賃金が参入されていないので、これを考慮して収支を推計する必要がある。支払い分が判明する明治二八—三三年について、非雇用労働の投入量を計算すると明治二八年二〇八人・日、二九年一七八人・日、三〇年一八六人・日、三一年二〇〇人・日、三二年二一二人・日、三三年一三七人・日であった。これをそれぞれ同年の雇用労働賃金率に基づいて賃金相当額を計算すると二八—三〇年が二〇円、三一年三八円、三二年四〇円、三三年二六円となる。[21]これを費用に加算して収支を推計しても「黒字」であったことは確認できよう。しかし、その収益性は明治三〇年代には賃金率が一〇銭から一八—九銭に上昇したこと、肥料代や地方税負担が増大したことなどによって低下していたことも事実であった。このような事情もあって、安宅家の養蚕経営も持

表21　全国銀行資本金別銀行数・資本金

（行，1000円）

			1万円未満	3万円未満	5万円未満	10万円未満	50万円未満	50万円以上	合計
明治27年6月末現在	全国	行数	53	214	165	242	242	32	948
		資本金	279	3,690	5,317	14,079	39,987	44,136	107,488
	京都	行数	1	4	7	7	8	1	28
		資本金	2	100	210	420	2,100	500	3,332
32年末	全国	行数	26	240	342	598	895	188	2,289
		資本金	141	4,143	10,777	34,607	147,740	207,640	405,047
	京都	行数	5	10	20	19	11	9	74
		資本金	78	262	1,008	1,875	3,170	10,900	17,293
37年末	全国	行数	14	199	299	553	930	182	2,177
		資本金	69	3,491	9,441	32,157	156,352	209,778	411,287
	京都	行数	0	9	16	17	12	3	57
		資本金	0	144	497	913	2,072	2,700	6,326
43年末	全国	行数	5	158	249	469	948	265	2,094
		資本金	23	2,954	8,013	27,408	162,448	321,825	522,670
	京都	行数	0	9	12	14	9	3	47
		資本金	0	148	360	753	1,395	4,500	7,155

出典）『銀行総覧』各年版より作成.

続的な規模拡大の契機は乏しくなった可能性があった。

三　銀行業への進出と再編成

(1) 京都府内の銀行業の推移

茶や繭などの新しい作目の生産の拡大が十分には達成されなかったことは、南山城における地域経済の発展が商業的農業を基盤として実現していく条件が満たされていなかったことを示している。工業生産の試みも既述のように部分的には見られたが、企業経営が展開するのは、鉄道開通に伴う輸送事業の拡大などに対応したものに限られ、前稿でも指摘したように、相楽郡などの地域では、農業以外には商業的な分野に事業機会が限定されていったということであろう。

このようなかで明治三〇年前後に活発な動きが見えたのが金融業務であった。そこで次に金融的な側面での地域経済の実態に立ち入って検討することにしよう。銀行関係の統計には郡別のデータが得られるものが乏しいので、『銀行総覧』によって、まず京都府の銀行業の特徴を全国統計と対比して確認しておく。表21によると全国的な動向に比べると規模の小さいことが観察できる。ただし最零細の資本金一万円未満は、明治三七年には消滅している。これは、銀行数で明治二七年から三二年にかけて増加した後、以後減少に転じたことと関係した特徴と考えられる。同じ時期に全国的にも銀行数は減少に転じているとはいえ、その減少のテンポは京都府の方が速かった。日清戦後恐慌期以降に、金融業の再編成が進んだことが推測される。

(2)　南山城の銀行業

南山城域内に設立された銀行を、本店だけでなく支店も含めて一覧にすると表22のようになる。これによると、明治三三年頃までかなり活発な銀行設立と支店設置が進んでいた。

この中で、相楽郡では、相楽銀行、城南銀行、土橋銀行、川越銀行、喜多銀行が、綴喜郡では、玉木銀行、山城起業銀行、山城八幡銀行、島本銀行などが設立され、紀伊郡などに比べて数においては圧倒していた。これと同様に域内に本店が所在する銀行の支店だけでなく、大阪、京都、奈良など都市部に本店を置く銀行の支店設置も進められた。

このように一見すると銀行設立ブームが生じていたとはいえ、明治三四年以降にはその動きは反転して小規模銀行の整理淘汰が進むことになった。個々の銀行が抱えた経営的な問題が重大であったことはもちろんであろうが、この時期に関西地区で広範囲に展開した銀行取付などの金融恐慌の結果であった。よく知られているように、日清戦後恐慌では、明治三三年一二月の熊本第九銀行などの取付をきっかけにして、三四年に入って東京・横浜方面に金融不安が広がり、四月に大阪市場で七十九銀行、難波銀行の破綻が生じた。関西での動揺は五月には関西貿易合資会社の破綻が露呈することによって深刻の度を深めたとされている。[22] 金融不安の影響が堺地方や大和地方にも波及するなかで、四月一九日に京都の同盟銀行は「昨今金融界の状況頗る不穏の状態なるを以て我が京都組合銀行は本日日本銀行京都出張所長に交渉し其賛成承諾を得て万一組合銀行中取付等の不幸に遭遇するものあるときは、各行互に相援助し又は

表 22　京都府南山城所在銀行

（店，1000 円）

銀行名	所在	設立	27	28	29 年末		30 年末		31 年末		32 年末		33 年末		34 年末		35 年末	
			C	C	B	C	B	C	B	C	B	C	B	C	B	C	B	C
七十銀行（第 70 国立）	久世郡淀町	M29.11.20	50	50		50	1	300	2	300	2	300	2	300	2	300	2	300
伏見銀行	紀伊郡伏見町	M11.2.11	100	100	2	100	2	100	2	100	2	200	2	200	2	200	2	200
玉水銀行	綴喜郡井出村	M30.1.15	−	−	−		◎	50		50	1	50	1	50	1	50	1	50
相楽銀行	相楽郡木津町	M28.9.30	−	50		50		50	2	50	2	50	2	100	×		2	100
山城起業銀行	綴喜郡田辺町	M29.12.3	−	−	1	80	1	80	1	80	1	80	1	80	1	80	×	
城南銀行	相楽郡上狛村	M30.3.29	−	−	−		◎	50		50		50		50		50		50
山城八幡銀行	綴喜郡八幡町	M31.5.12	−	−	−		−		−		◎	50		50		50		50
宇治銀行	久世郡宇治町	M32.3.8	−	−	−		−		−		−		1	70	1	70	1	70
乙訓銀行	乙訓郡向日町	M33.11.1	−	−	−		−		−		−			50		50		50
山崎銀行	同　大山崎村	M33.4.2	−	−	−		−		−		−		−		◎	50	×	
柳原銀行	紀伊郡柳原町	M32.6.15	−		−		−		−		◎	22		22		22		22
土橋銀行	相楽郡加茂村	M29.8.31	−	−	◎	10		10		10		10		10		10		10
川越銀行	同加茂村	M29.11.28	−	−	◎	30	1	30	1	30	1	30	5	30	×			
喜多銀行	同祝園村	M31.1.31	−	−	−		−		1	20	1	20	2	20	2	20	1	10
無限責任島本銀行	綴喜郡青谷村	M34.4.15	−	−	−		−		−		−		−		◎	10	1	20
京都貯蓄・伏見支店	紀伊郡伏見町		○	○	○		○		×									
京都貯蓄・宇治出張所	久世郡宇治町				○		○		×									
日本貯金・伏見出張所	紀伊郡伏見町	大阪							◎	○		○		○		○		
奈良貯蓄・木津代理店	相楽郡木津町	奈良		◎	−													
同　中和東代理店	同中和東村			◎	−													
第百十一・伏見支店	紀伊郡伏見町			◎	○		○											
六十八銀行・木津支店	相楽郡木津町	奈良			◎		○		○		○		○		○		○	
伏見銀行・深草支店	紀伊郡深草村				◎		○		○		○		○		○		○	
京都農商・向日町支店	乙訓郡向日町				◎		○		○		○		○		○		○	
七十銀行・八幡支店	綴喜郡八幡町						◎		○		○		○		○		○	
同　都々城出張所	同都々城村								◎		○		○		○		○	
山城起業・久世出張店	久世郡富野庄村						◎		○		×							
同　青谷村出張店	綴喜郡青谷村				◎		×											

同　長池出張店	久世郡富野庄村							◎	○	○	×
川越銀行・笠置支店	相楽郡笠置村					◎	○	○	○	×	
同　中和東出張所	同中和東村								◎	×	
相楽銀行・瓶原出張所	同瓶原村						◎	○	○	○	○
同　祝園出張所	同祝園村						◎	○	○	○	○
喜多銀行・棚倉出張所	同棚倉村						◎	○	○	○	×
鴨東銀行・伏見支店	紀伊郡伏見町							◎	○	×	
玉水銀行・出張所	綴喜郡田原村							◎	○	支店昇格	○
共和銀行・寺田支店	久世郡寺田村	大阪						◎	○	×	
第一銀行・伏見出張所	紀伊郡伏見町	東京							◎	○	○
奈良商業銀行支店	相楽郡木津町	奈良							◎	×	
宇治銀行・寺田支店	久世郡寺田村								◎	×	○
同　伏見出張所	紀伊郡伏見町								−	◎	×
松田銀行・笠置支店	相楽郡笠置町	奈良							−	◎	○
洛陽銀行・城南支店	久世郡大久保村								−	−	◎
島本銀行・長池出張所	同富野村									−	◎

出典）『銀行総覧』各年による．
注）×は記載消滅，◎は新設，設立欄の地名は本店所在地，27-28 年は 6 月末，C は公称資本金，B 支店数．

表 22　続き

（店，1000 円）

銀行名	所在	設立	36 年末		37 年末		41 年末			42 年末		44 年末	
			B	C	B	C	B	C	代表者	B	C	B	C
七十銀行	久世郡淀町	M29.11.20	2	300	2	107	1	50	長田桃蔵	×			
伏見銀行	紀伊郡伏見町	M11.2.11	1	63	1	63	1	63	千歳一兵衛	1	63	1	250
玉水銀行	綴喜郡井出村	M30.1.15	1	50	2	50	2	50	宮本三四郎	2	50	2	50
相楽銀行	相楽郡木津町	M28.9.30	×										
山城起業銀行	綴喜郡田辺町	M29.12.3	×										50
城南銀行	相楽郡上狛村	M30.3.29		50	×								
山城八幡銀行	綴喜郡八幡町	M31.5.12		50		50		50	中村英之助		50	1	50
宇治銀行	久世郡宇治町	M32.3.8	1	70	×								

乙訓銀行	乙訓郡向日町	M33.11.1		50	1	50	1	50	稲本源兵衛	1	50	1	24.2
山崎銀行	同大山崎村	M33.4.2		50		50		50	山崎安之助		50		50
柳原銀行	紀伊郡柳原町	M32.6.15		22		22		22	明石民蔵	1	24		
土橋銀行	相楽郡加茂村	M29.8.31		10		10		10	土橋嘉右衛門	×			
喜多銀行	同祝園村	M31.1.31	1	10	×								
無限責任島本銀行	綴喜郡青谷村	M34.4.15	1	10	3	10	3	10	島本徳次郎	3	10	3	10
日本貯金・伏見出張所	紀伊郡伏見町	大阪	○		○		○			○		×	
六十八銀行・木津支店	相楽郡木津町	奈良	○		○		○			○		○	
伏見銀行・深草支店	紀伊郡深草村		○		○		○			○		○	
七十銀行・八幡支店	綴喜郡八幡町		○		○		×						
同　都々城出張所	同都々城村		○		○		×						
玉水銀行・田原村支店	同田原村		○		○		○			○		○	
同　田辺出張所	同田辺村		○		○		○			○		○	
第一銀行・伏見支店	紀伊郡伏見町	東京	○		支店		○			○		○	
宇治銀行・寺田支店	久世郡寺田村		○		×								
松田銀行・笠置支店	相楽郡笠置町	奈良	○		○		○			○		○	
島本銀行・長池出張所	久世郡富野村		○		○		○			○		○	
同　宇治田原出張所	綴喜郡宇治田原村				◎		○			○		○	
島本銀行・宇治支店	久世郡宇治町				◎		○			○		○	
柳原銀行支店	紀伊郡柳原町									◎		○	
京都銀行・伏見支店	同伏見町											◎	
京都大内銀行支店	同東九条村												

組合銀行連帯責任をもつた日本銀行に資金を仰ぎ以て之が救済に尽力することを勉むべし。但し救済を求めんとする銀行は組合銀行に向つて相当の担保を提供し、又は確実なる商業手形を差出さしむる事」を決議し、これを新聞で広告して動揺の抑制に努めていたことが記録されている[23]。しかし関西貿易の破綻の影響は深刻であり、京都府内でも鴨東銀行、川東貯金銀行、京都農業銀行、川越銀行、綾部銀行などが支払い停止に陥った。

支払い停止銀行に川越銀行が含まれていたことから、南山城地域に銀行取付などの動揺が波及したことは確実であ

表 23　森島家の土地所有

（反，円）

		明治 25 年 5 月 5 日調べ			明治 32 年 12 月調べ			明治 39 年 12 月末	
大字	地目	反別	地価	地租	反別	地価	地租	反別	地価
祝園	田	58.318	3243.30	81.08	39.623	1828.70	60.34	17.254	835.26
	畑	6.223	167.85	4.12	7.925	195.39	6.55	3.218	58.59
	宅	5.027	275.00	6.88	5.600	302.24	9.97	5.934	324.99
	山林	0.119	0.47	0.01	0.119	0.47	0.02	0.102	0.27
	溜池	0.227			0.126			0.101	
	計	70.124	3686.61	92.17	53.603	2326.80	76.88	26.819	1219.11
植田	田	12.705	656.05	16.40	9.803	490.84	16.22		
	畑	1.525	32.02	0.80	0.326	5.53			
	宅	0.006	0.97	0.02	0.006	0.97			
	山林	0.409							
	計	14.645	689.04	17.22	10.135	497.34	16.22		
南稲八妻	山林	2.112	1.210	0.03	2.112	1.21			
合計		87.021	4376.86	109.43	65.930	2825.35	93.10		

出典）　森島國男家文書『土地台帳』（資料番号 E35-1）．明治 39 年については字別の内訳は不明．

り、この恐慌を契機に、相当数の銀行が撤退に追い込まれた。そのために、この恐慌に際して内務部からの銀行経営の健全化を求める通牒が発せられるなどの措置がとられた。こうした措置にもかかわらず、明治四〇年頃には土橋銀行の廃業を最後に相楽郡に本拠を持つ銀行はなくなった。その結果、これらの地域の金融業務は、都市部所在銀行の支店が担うようになったと捉えることができる。こうして、維新期の伝統的な金融システムを継承しながら、地場の資産家などによって設立された近代的な銀行業は、短期に挫折を迎えた(24)。

(3)　森島清右衛門家の金融業務

祝園村在住の森島家は、安宅新兵衛家と比べると土地所有面では一回り小さい地主であったが（表23）、その地租額一〇九円ほどは、明治一八年版の『京都府管轄近国地租税金七拾円以上上納持丸長者鑑』によると祝園ではトップにランクされる資産家であった(25)。

しかし、森島家の土地所有は明治二五年から明治三二年にかけて停滞的で、三〇年代後半には減少傾向となり、三九年には二五年の三分の一ほどに減少していた。他方で土地を除いた資産を純資産額の推移によってみると、明治二九年の九六五三円から三〇年五七三五円、三一年四四八七円と逐年減少し、四〇年には八五四円、四三

表 24　森島清右衛門家の貸借関係

（円）

明治 29 年 7 月 15 日現在		明治 30 年 5 月 25 日現在		明治 31 年 5 月 10 日現在		明治 37 年 12 月 31 日現在		明治 43 年 12 月 31 日現在	
貸ノ部									
A 家	9,938	A 家	18,539	A 家	7,470	A 家	2,000	A 家	6,000
A 家別口	253	A 家別口	650						
		相楽銀行	3,400	相楽銀行	3,637	相楽銀行	65		
				相楽銀行	250				
B 家	375	B 家	225	B 家	600				
		西方寺	35	西方寺	240	祝園村役場	320	京電株	900
								白土店	400
個人貸 9 件	915	個人貸 15 件	885	個人貸 11 件	1,211	個人貸 21 件	3,755	個人貸 25 件	1,692
				現金	500	現金	1,257		
合計	11,481	合計	23,734	合計	13,908	合計	7,397	合計	8,992
借ノ部									
		三十四銀行	16,269	三十四銀行	6,918				
				三十四銀行	4,330				
相楽銀行	3,000	相楽銀行	10,547	相楽銀行	10,338	相楽銀行	3,436		
相楽銀行	1,500					産業銀行	820		
相楽銀行	1,700							主人手元	1,235
B 家	600	B 家	1,080	B 家	180	B 家	360	B 家	450
A 家	530	A 家	308					A 家	100
		西方寺	308	西方寺	308			祝園神社	16
個人借 7 件	3,020	個人借 6 件	3,803	個人借 10 件	5,445	個人借 7 件	1,640	個人借 5 件	6,522
別口	565	別途 3 口	1,564	別口 3 口	1,600	別途	2,547	別途	899
合計	10,915	合計	33,879	合計	29,119	合計	8,803	合計	9,222
差引貸	566	差引貸	△10,145	差引貸	△15,211	差引貸	△1,406	差引貸	△230

出典）　森島國男家文書（金銭貸借・株式・不動産等書上）（資料番号 D775）．なお，明治 30 年には 42 銭ほど借り方記載合計値に不一致がある．

年にはマイナス二三〇円にと減少した。急激な経営内容の悪化が進んだことが知られる。

その経営の実態を知るために、明治三〇年前後と三七年、四三年の貸借関係をまとめたのが表24である。見られるとおり、三〇年前後と三〇年代後半以降とでは、その経営のあり方が大きく変化している。

すなわち、明治三〇年頃には三十四銀行奈良支店と地元の相楽銀行からの借入に加えて、B家などからの借入金を原資として、Aと記載されている貸付先（以下A家とする）に運用するとともに、小口の貸付業務を営んでいた。しかし三〇年代末には、三十四銀行との取引が消滅し、相楽銀行も整理に入ったことから貸付原資が先細るようになった。貸付面では、そのためもあって小口の貸付を広く展開するようになったことが特徴であった。

銀行取引の意味を探るために、明治三〇年前後の三十四銀行と相楽銀行との取引をそれぞれ金銭差引帳から書き出すと表25と表26のようになる。同支店との取引開始は明治二九年末のことのようであり、以後、奈良鉄道株などの株式を担保とする借入が三〇年上半期に急速に増加した。返済は二九年一二月分の返済が四月一八日に行われたようであるが、直前の一六日に二〇〇〇円の借入が行われていることから見ると、これも借換であったと推測される。

このように借入金が増加し、利払いだけで元金返済が進まないまま期限が到来する状態が繰り返し生じた。その結果、三月二日の三五〇〇円と四月一六日の二〇〇〇円は、六月一五日に合算して五五〇〇円口として借り換えられ、追加で九〇〇円の借入が行われて六四〇〇円となった借入残は、一月二八日の三〇〇〇円（内元金五〇〇円は返済、残二五〇〇円）と合算されて、七月一七日に八九〇〇円口として借り換えられた。また、四月二六日から五月八日までの三口の借入も、六月四日は八二〇〇円口にまとめて借り換えられた。このうち、八九〇〇円口については、九月八日一八〇〇円、一〇月七日三〇〇〇円、一九日五〇〇円が返済されて三一年一月二一日現在三六〇〇円となっている。以上の借入に対する明治三〇年中の利払い額は一三八四円九五銭に達していた。少なくない金利負担であった。

その後の経過については表示されていないが、三〇年中の借入金は、三一年一月二〇日から二一日にかけて借入金

表 25　三十四銀行支店との資金貸借

（円）

	貸し	借り	期間中利払い	摘要
明治 29 年 12 月 12 日		1,800.00	63.46	借入
4 月 12 日	1,800.00			渡
明治 30 年 1 月 28 日		3,000.00	101.25	日歩 3 銭，1,500 円は相楽銀行預け
	500.00			500 円は上記預け口より戻す
差引		2,500.00		日歩 2.7 銭
7 月 17 日	2,500.00			8,900 円口に入
明治 30 年 3 月 2 日		3,500.00	99.11	日歩 2 銭
6 月 15 日	3,500.00			5,500 円口に入り
明治 30 年 4 月 16 日		2,000.00	32.40	奈良鉄道株 40 株
6 月 14 日	2,000.00			5,500 円口に入
明治 30 年 4 月 26 日		4,000.00	42.48	奈良株旧株 30 新株 37 公債 1,100 円
6 月 3 日	4,000.00			8,200 円口に含む
明治 30 年 5 月 5 日		2,500.00	21.00	大阪株式 5 株，公債 1,650 円
6 月 3 日	2,500.00			8,200 円口に含む
明治 30 年 5 月 8 日		1,700.00	13.31	奈良鉄道株 40 株
6 月 3 日	1,700.00			8,200 円口に含む
明治 30 年 6 月 4 日		8,200.00	556.62	4/26，5/5，5/8 借入金の 3 口借り換え
1 月 21 日	8,200.00			元金
明治 30 年 6 月 15 日		5,500.00		
		900.00		
小計		6,400.00	59.39	
7 月 17 日	6,400.00			8,900 円口に入り
明治 30 年 7 月 17 日		8,900.00	162.78	1/28，6/15 の借入金 2 口の借り換え
9 月 8 日	1,800.00			元金返済
9 月 8 日	7,100.00			9/8 改め借り
明治 30 年 9 月 8 日		7,100.00	86.74	
10 月 7 日	3,000.00			元金返金
10 月 19 日	500.00			元金返金
差引残		3,600.00	80.34	
1 月 21 日	3,600.00			
明治 30 年 11 月 30 日		1,200.00	11.97	奈良鉄道 27 株
1 月 21 日	1,200.00			元金
明治 30 年 12 月 8 日		2,500.00	31.60	抵当奈良鉄道 60 株
1 月 21 日	2,500.00			元金
明治 30 年 12 月 8 日		2,600.00	34.48	奈良鉄道株 60 株
1 月 21 日	2,600.00			元金

出典）　森島國男家文書，『差引勘定帳』（E80）により作成．

残合計一万八一〇〇円が全額借り換えられた。この借入は一万円口と八一〇〇円口とに分けられていたが、前者については、奈良鉄道株二二一株、同新株三二株が差し入れられ、三二年七月九日までに完済された。後者については、整理公債・軍事公債などの証券類が担保として差し入れられ、七月九日に二〇〇〇円、一一月二八日までに残金が完済された。[26] このようにして森島家は、有力な資金源として取引を開始した三十四銀行との関係について、三一年中には累積債務を完済して終止符を打った。

相楽銀行に対しては、同行の設立当初からの取引と考えられるが、資金調達先として借入金が累積する取引関係にあった。明治二九年三月から三一年一一月までの期間中、数次にわたる借入が行われているなかで、二九年一一月一二日の借入二〇〇円が一ヵ月以内に元利とも返済された以外には、新規の借入が追加されながら借換を繰り返し、三〇年七月二日にそれまでの借入がまとめられて一万六〇〇円の借入残高となった。この借換に際して帝国火災株式などの所有株が担保として差し入れられることになるが、それまではそれに相当する記載はなく、無担保の信用貸しであったと考えられる。相楽銀行の役員として名を連ねていた森島家にとって相楽銀行はいわゆる「機関銀行」的な役割を果たしていたということになる。

しかし、この関係も長くは続かず、明治三〇年中には返済ができず、三一年六月になって一一〇〇円の返済（内五〇〇円は当座勘定からの振り替え）が行われただけであった。三〇年中に追加的な借入がなかった理由の一つは、既述の三十四銀行支店からの資金借入の道が開けたことであったと考えられる。その後、三十四銀行支店から借入金の整理が終わった後、森島家は相楽銀行との取引については、三二年三月に三〇〇〇円、六月と八月に各一〇〇〇円を返済した。しかし、残金四五〇〇円は返済が滞り、三四年一月一日付けで未払いの利子分を「減却」することを条件に借り換えられたが、この時にはすでに相楽銀行の経営も行き詰まっていた。

以上のように明治二九年には相楽銀行、三〇年に三十四銀行から多額の借入金を得ることによって森島清右衛門は

表26　相楽銀行との資金貸借

（円）

相楽銀行	貸し	借り	期間中利払い	摘要
明治29年3月13日		3,000.00	370.25	日歩2銭3厘5歩　A家貸し分
明治30年7月2日	3,000.00			
明治29年4月27日		1,500.00	171.10	日歩2銭4厘　12月限り　A家貸し分
明治30年7月2日	1,500.00			返済　借り換え
明治29年6月8日		1,700.00	167.20	日歩2銭6厘
明治30年7月2日	1,700.00			返済　借り換え
明治29年7月20日		2,000.00	166.08	日歩2銭4厘　30年1月まで
明治30年7月2日	2,000.00			渡し　借り換え
明治29年10月9日		1,900.00	136.09	日歩3銭　30年1月まで
明治30年7月2日	1,984.79			勘定上返済　借り換え
明治29年11月12日		200.00	2.08	
同年12月8日	202.80			明治29年12月8日返済済み
明治30年7月1日		10,600.00	1,100.23	帝国火災株ほか株式担保
明治31年6月12日	500.00			元金
同日	600.00			元金　当座預け金より
差引残		9,500.00		32年7月1日に改め借り

出典）表25に同じ.

金融業務を拡張した。借入の金利は日歩二一・四銭から三銭（年利にして九—一一％相当）であったから、かなり高利の運用が行われなければ経営が成り立たないはずであろう。

それでは、どのような運用がなされていたのであろうか。その手掛かりの一つは、明治二九年三月・四月の相楽銀行借入の

表27　明治29年1月25日—4月末日の金銭出入

年月日	貸	借	摘要
1月25日		300.00	A家より借り
1月25日	170.00		C貸し
1月28日	80.00		D貸し
1月28日		1,200.00	A家より借り
1月29日	465.00		Eより
1月31日	542.52		F借入金返却および利子
1月31日	795.00		G借入金返却および利子
1月31日	330.00		B家へ貸し
2月5日		150.00	A家より借り
2月5日	50.00		帝国商業銀行払込金
2月7日	100.00		K家へ貸し
2月7日		1,000.00	H借り
2月7日	986.00		A家へ送り
2月8日		70.00	Iより預かり
2月22日		300.00	相楽銀行借り
2月22日	200.00		J貸し
2月26日		340.00	B家　借入金
2月25日	50.00		K貸し
3月2日	150.00		L貸し
3月14日		72.15	A家より戻り
4月14日		50.00	A家より借り
4月25日		1,500.00	相楽銀行かり
4月25日	1,500.00		A家に貸し

出典）前掲,『差引勘定帳』（E80）により，50円以上の出入りを書き出し.

摘要欄に「A家貸し分」との記載があることである。この前後の時期の資金の流れを「金銭出入帳」によって確認すると、表27のようである。

一月中にはA家からの借りを原資にC・D・E・Bなどへの貸付が行われていたが、二月下旬に相楽銀行からの借入によってJへの貸付が実行され、さらに四月二五日は相楽銀行からの借入によって一月中にA家から借り入れた一五〇〇円に相当する金額が同家への貸しに計上されて先行した借りと相殺されたものと考えられる。森島家では、A家以外にもFなどからも資金を借り入れて貸金に運用しているが、銀行取引の開始は、このような資金の流れに変化をもたらした。

表28　明治30年1―3月の金銭出入

明治30年	貸し	借り	摘要
1月28日		3,000.00	第三四銀行支店借り
1月28日	1,500.00		相楽銀行預け
1月28日	1,500.00		A家貸し
1月28日		60.00	相楽銀行借り
2月16日		1,000.00	三四銀行支店借り
2月16日	1,000.00		A家貸し
2月17日		50.00	A家より借り
2月21日		300.00	O借り
2月21日	290.00		A家貸し
3月3日		3,500.00	三四銀行かり
3月3日	3,500.00		A家かし
3月5日	132.50		相楽銀行株代
3月5日		50.00	相楽銀行借り
3月16日		130.00	相楽銀行借り
3月16日	122.00		P貸し
3月24日	100.00		Q株代2口
3月26日		850.00	A家より借り　2口合計
3月26日		370.00	A家より預かり
3月26日	700.00		S貸し
3月26日	487.50		相楽銀行第2回払込

出典）表27に同じ.

翌年の同じ時期については（表28）、三十四銀行支店からの資金が加わり、一月末の借入金の半分は相楽銀行に預けられる一方で、他の半分はA家に貸し付けられた。その後も同様の資金の流れを見いだすことができるが、このほかには小口の貸金ではなく株式の払込などが目立つようになった。

それでは、主要な運用先となっていたA家との取引内容はどのようなものであったろうか。このA家はK家とともに縁戚関係と推定される重要な取引先である。A家との取引について、銀行からの資金供給が潤沢に得られた明治三〇年前後の時期に絞ってまとめると、表29及び表30のようになる。森島家から見て一万円以

表 29　対 A 家の資金の出入りと金利

（円）

年月日	期首残高	支払金利	収入金利	期中入金	期中出金	期中差引	期末残高	平均残高	純収入金利	平均金利
明治 29 年 2 月現在							11,782.77			
～ 29 年 12 月 31 日	11,782.77	30.00	297.41	4,343.86	1,578.67	2,765.19	14,547.96	13,165.37	267.41	2.0%
～ 30 年 6 月 30 日	14,547.96	117.27	937.69	12,131.01	11,879.12	251.89	14,799.85	14,673.91	820.42	5.6%
～ 30 年 12 月 31 日	14,799.85	149.87	804.70	9,751.23	8,990.04	761.19	15,561.04	15,180.45	654.83	4.3%
～ 31 年 9 月 6 日	15,561.04	520.82	1,270.01	2,980.63	13,937.92	△10,957.29	4,603.75	10,082.40	749.19	7.4%

出典）表 25 に同じ.

表 30　森島家の対 A 家取引内容

（円）

期間	貸 合計	貸し	預け	配当	三十四銀行借入金	借 合計	借り	株式払込金	株買入代金
29 年 10 ～ 12 月	3,972.50	3,972.50		122.50		1,522.50	1,100.00	422.50	0.00
30 年 1 ～ 3 月	6,290.30		1,290.00		5,000.30	3,634.15	30.00	3,129.15	475.00
4 ～ 6 月	4,873.79	1,880.00		193.79	2,800.00	7,913.75	250.00	1,237.50	6,426.25
7 ～ 9 月	62.32			62.32		3,836.00	2,006.00	1,830.00	
10 ～ 12 月	8,057.40	7,600.80		456.60		4,940.00	3,970.00	970.00	
31 年 1 ～ 3 月	1,021.93	950.00		71.93		10,337.50	8,700.00	1,637.50	
4 ～ 6 月	443.09			443.09		1,058.00	1,033.00	25.00	
7 ～ 9 月	243.10			243.10		2,000.00	2,000.00		
合計	24,964.41	14,403.30	1,290.00	1,593.31	7,800.30	35,241.90	19,089.00	9,251.65	6,901.25

出典）表 29 に同じ.

上の貸越になっており、それによって半年に六〇〇円程度の金利収入を得ていた。ただし、利回りという点では、期中の平均残高に対する収入利子率はそれほど高くはなかったことには注意しておく必要があろう。それに加えて、銀行が資金を引き揚げ始めた明治三一年に入ると、A家への運用額は圧縮され貸越残高も大幅に減少した。

取引の内容については、差引帳の資金出入りに添え書きされている内容に精粗があるために十分な分類はできないが、森島家からの資金供給（貸し）については、単に「貸」と記載されているもののほか、「預け」、株式配当の受取、三十四銀行借入金の貸付に分け、他方で資金の受入（借り）については、単に「借」とあるもののほかに、株式払込金、株式買入代金に区分してまとめたのが表30である。株式の配当受取が「貸」であり、払込が「借」であることから、A家との取引のなかで森島家は、所有株式の配当の受取、払込徴収への対応、そして株式の売買などをA家に委ねていたと考えることができる。

森島家の株式保有額は、この時期には表31の通り、二九年七月から翌年にかけて株数、代金（評価額）ともに急増した。相楽銀行を含めて地場に近い株式だけでなく、積極的に中央市場での株式売買に注目していたことが銘柄の構成から推察される。同時にこの記帳において払込額ではなく株価の変動に合わせて資産額を計上するなどの点から、森島清右衛門が市場の動向に注意を払っていたことが示唆されている。また、銘柄ごとの株価から明らかになることは、森島家の株式取引が短期間に評価損を計上せざるを得ない状態に陥っていたことであろう。たとえば投資の中核となり、銀行借入の担保として重要であった奈良鉄道株は買入当初の八〇円から明治三一年八月には五五円にまで下落しており、奈良電鉄株も株価は三分の一に低落していた。恐慌による影響がこうしたかたちで顕在化しつつあった。

以上のように森島清右衛門は、銀行からの借入金をA家に介して株式取引に投入していた。日清戦後の株式ブームに促されての行動であったと考えられるが、それ故に戦後恐慌の到来によって、その投機的な経営拡大策は限界に直面していた。

表31　森島家の株式所有

株券	明治29年7月15日現在 株数	払込	価格	代金	明治30年5月25日現在 株数	払込	価格	代金	明治31年5月10日現在 株数	払込	価格	代金
奈良鉄道	70	50	80	5,600	175	50	61	10,675	220	50	55	12,100
新株	14		20	280	15	40	51	765	5	40	44	220
奈良電鉄	30	20	18	540	30.5*	20	8	244	30.5	20	6	183
相楽銀行	20	12.5	12.5	250	39	25	24	936	39	25	25	975
中央生命保険	5	12.5	10	50	5	12.5	9	45	5	12.5	10	50
帝国商業銀行	10	25	37	370	10	25	26	260	10	25	22	220
同　新株					105	12.5	20	2,100	105	10	50	5,250
河内紡績	15	8	0.5	7	15				15	12.5	0	0
帝国火災保険					25	12.5	9	225	25	12.5	10	250
日本商業銀行					50	12.5	10	500	50	12.5	11	550
城河鉄道	95	12.5	20	1,900	5	20	26	130				
高野鉄道	9	5	10	90								
合計	268			9,087	474.5			15,880	504.5			19,798

出典）表24に同じ.
注）＊奈良電鉄30.5株は奇妙な数値であるが原資料のまま.

資金調達と運用の両面でウエイトは小さいとはいえ日露戦後まで重要な役割を果たし続けることになる個人との取引関係については、資料公開上の制限から詳細を示すことはできない。そこでその概略を個人名を記号化して整理すると、対個人取引には長期化した貸付や借入もあったが、比較的短期に返済や回収が行われている取引が多く、金融業務では個人取引は安定的な基盤であったことが判明する。A家の関係が銀行借入の森島家の運用という側面が強かったのに対して、この対個人取引は、銀行借入を原資とする転貸であった。その点では、森島家に資金を預けていた個人も同様の位置づけを与えることのできる資金源泉であり、彼らから見れば、森島家の貸金業は重要な投資先であったということであった。そしてそうした転貸という形態をもつ金融仲介業務にとって銀行からの資金獲得が拡大のアクセルを踏ませる役割を果たしていたということもできる。

ただし、銀行からの資金供給は日歩三銭に達することもあったことから、借入先への支払い金利水準と比較して、必ずしも有利な資金供給先の登場というわけではなかった。反対に銀行から見れば、結果的には高いリスクを伴うものとなったとはいえ、高利で運用できる取引先としての森島家は、直接に貸し付けるよりは安全に見える貸付先であり、銀行業務を下支えする地域内の金融仲介者として重要な意味を持っていたということであろう。そして、このような資金源泉に基づく個人貸付は、一〇％を優に超える金利を付しても返済が期待できるものであった。もちろんそのなかには、例外的に貸付が長期化するものもあったが、それらも回収されていた。したがって、繰り返しになるが、個人貸付などを中心とした金融業務は、比較的安定的な基盤を見出すことができるものであった。しかし、問題はそのような金融仲介を必要とする資金需要面にあった。地場の産業分野の停滞のために資金需要の拡大の契機に乏しかったからである。そのために森島家は経営拡大を株式投資などに求め、その窓口としてA家との取引を拡張する方向に傾いていった。しかし、これまで見てきたようにその内実は、日清戦後の恐慌が深刻の度を深めるとともに極めて危ういものとなった。そして森島家の経営状態の悪化は、多額の貸付をしていた相楽銀行の経営破綻につながるものであった。この経営悪化に起因して森島家は資産整理を余儀なくされ、明治三七年時点の同家の資産には株式は皆無となり、土地所有も大幅に減少した。最後の頼みの綱であったと想像される相楽銀行の破綻整理に連動して、森島清右衛門は投機的な事業拡大によって生じた債務を資産売却によって処理することが必要となったのであろう。

本章の「はじめに」で紹介したような「金余り」という現象が南山城地域でも見いだされるとしても、それは農業生産などによる余剰資金の蓄積が進行したからではなく、その逆に農業生産を基盤とする経済発展が限界に直面しているという状況によって生じたものであった。つまり資金需要の低水準に起因する限界に直面していたというのが、この時期の南山城の状況であり、それが投機的な株式取引への誘因を強め、結果的には域内で誕生しつつあった地場の銀行群の死命を制することになったのではないかと考えられる。

おわりに

南山城地域の零細性をもつ農業経営によって、綿に代わる作物として茶、そして養蚕へと活路を求めた上層の農家による経営努力は、以上の検討から明らかなように十分な成果を生まず、地域経済の持続的な発展をもたらすには至らなかった。商業的な農業生産の限界の下で商業・金融などの事業に期待がふくらみ、日清戦後には地域内では活発な銀行設立ブームが発生した。しかし、それらの銀行も域内に有力な貸付先を見いだすことはできず、有力資産家たちの貸金業を介して地域内の少額の資金需要を満たすにとどまった。そうした限界から、資産家たちは、株式などへの投機的な取引に進出した結果、明治三三年の金融恐慌で大きな痛手を被ることになった。

このように地方の基盤とする産業発展は、どこにも誰にでも機会が拓かれていたわけではなかった。製茶や養蚕に期待をかけていた「豪農たち」も、直面する困難を克服することはできなかったのである。

（1）石井寛治・林玲子編『近世・近代の南山城――綿作から茶業へ』（東京大学出版会、一九九八年所収）。
（2）渡辺尚志編『畿内の豪農経営と地域社会』（思文閣出版、二〇〇八年所収）。
（3）たとえば中村尚史『地方から産業革命――日本における企業勃興の原動力』（名古屋大学出版会、二〇一〇年）を参照。
（4）平均反収と比較すると田では六割弱、畑では陸稲反収と比べて四割弱であった。この水準は紀伊郡などに比べればかなり低かった。
（5）前掲注（1）武田「上狛村の階層構成と茶業の担い手たち」三一七頁。
（6）京都府の統計書によると、明治二三年版に二三年一二月の設立として瓶原紡績が記載されているが、翌二四年半には二四年四月となっているので、正式の設立は後者である可能性がある。
（7）前掲注（1）武田「上狛村の階層構成と茶業の担い手たち」三二一頁。

（8）郡別の比較で、明治三九年に最大は久世郡の〇・五九一町であった。
（9）この点について、日清戦後に「製茶職人ノ賃銭其他製茶ニ関スル諸物価大ニ騰貴セシ為メ製造費非常ニ嵩ミ収支相償ハザル」状態となったと当時の報告は伝えている。
（10）「製茶につき告諭」京都府告諭第三号『府農会報』明治三〇年六〇号による。
（11）茶園の蒔き付け時期別の統計によると、明治一四年に他郡では一一年以上を経過した茶園の比重が大きかったのに対して、相楽郡では七―一〇年という茶園の比重が高く新興地域であった。
（12）前掲注（1）武田「上狛村の階層構成と茶業の担い手たち」三三二―三三三頁。
（13）各年の年貢収納帳に記載の租税額による。
（14）資産の売却は、表示されていないが日記帳がまとめられるようになる明治一九年七月―二〇年一月期にも三三五円を祝園の喜多民蔵に売却して得るなどの例が見られる。この年の収支はこの売却代金を除くとマイナスになることから、松方デフレ期に経営の悪化が生じた影響を払拭するためであったかもしれない。記録がこの年度から整った形で残っていることなど、一九年度は経営再建の第一歩であったとの推測もできるが、この点についてこれ以上明らかにできる準備がない。
（15）京都府『京都府勧業報告』第一四回、明治三二年より算出。
（16）安宅孝郎家文書『会計予算表綴　明治一九年以降』（資料番号935）、同『収入支出日記帳　明治三一年戌二月一日』（資料番号948）による。
（17）安宅孝郎家文書『製茶日記帳』（資料番号835）による。
（18）石井寛治『日本蚕糸業史分析』によると、一九〇九―一四年の群馬県の養蚕農家の繭生産量は、三一貫、一〇〇貫、四〇貫、一一四貫。一八八八―一九一〇年の群馬県養蚕農家規模別で掃き立て枚数三〇枚以上は一％に満たない。単位が同じであるとすれば、掃き立て数は格段に安宅の方が大きいが、生産量は同水準かそれ以下と推定される。おそらく資料記載の単位が異なり、一枚あたり生産量が小さいのではないかと推測される。
（19）焙炉師はもとより、茶摘みについても経験に基づく技能が意味を持った可能性が高いとすれば、このような雇用労働と内働きの労働配分は合理的なものであったということができるかもしれない。
（20）「夏蚕日記帳」には「繭売払」の項目が立てられているものの、該当する売り払いの記載はない。
（21）この計算は、支払賃金の賃金率を雇用労働力と同額としたことから、実際の経費に対して過大評価の可能性がある。
（22）大島清『日本恐慌史論』上（東京大学出版会、一九五二年）二二〇―二三〇頁。
（23）同前、二三一頁。

（24）この挫折のなかで、この過程に関わった資産家層の没落が進展したのではないかと考えられる。この点については、大崎家文書にある相楽銀行破綻の経緯などの分析が必要であり、今後の課題である。
（25）同史料に安宅家は記載されていない。
（26）森島國男家文書『金銭差引帳』（E79）による。

第一一章　松岡孝吉と電力事業

——戦間期における地方企業家から専門経営者への変容

三科仁伸

はじめに

地方における企業勃興の担い手として地方の資産家や企業家の活動があったこと、彼らが自らのネットワークを駆使し、資金調達を行っていたことは論を俟たない。地方官僚及び地方資産家、地方企業家が地方の産業化に果たした役割を実証した中村尚史『地方からの産業革命』（名古屋大学出版会、二〇一〇年）や群馬県を事例に地方企業の設立と資金調達を人的ネットワークの視点から分析した石井里枝『戦前期日本の地域企業』（日本経済評論社、二〇一三年）などに代表されるように、「地方の時代」に果たした地方企業家の役割が実証的に解明されている。だが、こうした視角からの研究は、企業の設立や地域の産業化の完成に議論が収束されるため、その後の彼らの経済活動に議論が及ぶことは極めて少ないといえる。それゆえに、「地方の時代」から「都市の時代」へと変化していく過程で、「地方の時代」の主体たる地方企業家が、自らの経済活動をどのように展開させたのかという問題を、近代日本経済の発展を背

図1　浜松時代の松岡孝吉
出典）中部電力浜松営業所所蔵アルバム．

景としつつ、検討する余地が多分に残されていよう。

こうした問題意識に基づき、本章では、南山城地域出身の地方企業家として、笠置水電や山城水力電気を経営し、その後は東邦電力や朝比奈水力電気で活躍した、松岡孝吉（図1）の電力企業家としての活動を分析していく。松岡は企業合併の繰り返しにより、様々な職務を務めているため、上記の分析により、南山城地域での電力事業を端緒として、地方企業家から専門経営者に変容していく過程を明らかにし、企業合併による人材の移動の意義を解き明かすことを課題とする。後述するように、松岡家は庄屋役を務めた家柄であることから、こうした分析により、近世の上層農民出身の地方企業家が、わが国の近代化に接近していく過程を提示することができよう。

以上の課題を検証するための具体的な論点は、以下の三点に集約されよう。第一に、松岡が南山城地域で展開した山城水力電気の設立過程を検証し、同社における彼の位置づけを明らかにする。第二に、企業合併に伴い就任した東邦電力の営業所長としての役割と活動を分析し、電力企業におけるミドル・マネジメントの役割を考究する。第三に、東京電灯より転籍した朝比奈水力電気での松岡の活動を、両社の関係に留意しつつ検討する。

ここで、松岡孝吉と松岡家について纏めておく。松岡家は藤堂藩の無足人（郷士）であり、代々、観音寺村の庄屋を務めた家柄である。一八七七年三月に松岡孝吉の祖父である松岡祐一郎が記した「郷士由緒御調ニ付口上書」[1]によると、「先祖松岡新六義旧地頭藤堂和泉守殿郷方重役相勤、依勤切、其倅共両人寛政四子年郷士ニ被取立、則両戸ニ相分も、数代連綿相続仕居候」として、松岡新六より無足人を務めていたことがわかる。彼は、一七九〇年一二月から一七九一年八月にかけて加茂組の大庄屋を務めているので、「郷方重役」はこのことを示すものと考えられる。こ

表1　松岡孝吉略歴

年	月	摘要
1879	11	京都府相楽郡加茂村（現，木津川市加茂町）字観音寺43番地にて出生
1894	3	加茂高等小学校卒業
	4	佐々木塾にて漢学を学ぶ（1897年10月まで）
1901	2	京都簿記学校に修学（同年11月まで）
1908	1	相楽郡郡会議員に選任
1909	6	相楽郡参事会員に選任（1912年1月まで）
1917	4	笠置水電取締役に就任
	11	和束川水力電気株式会社創立委員長に選任
1919	5	山城水力電気（和束川水力電気より改称）創立，常務取締役に選任
	8	笠置水電と山城水力電気が合併，笠置水電代表清算人に選任
1922	5	山城水力電気と関西電気が合併
		関西電気任用主事営業部長豊橋営業所長に就任（月給180円→10月，月給190円）
	7	東邦電力浜松営業所長を兼務
1924	4	早川電力浜松出張所長代理に就任（早川電力は東邦電力傘下に）
	7	東邦電力より出向し，早川電力任用社員浜松出張所長に就任（月給210円）
	11	周智電火取締役に就任
1925	3	東邦電力を辞職（特別慰労金700円）
		東京電力浜松営業所長に就任（月給210円→大正15年12月，月給220円）
1927	2	東京電力静岡営業所長に就任
	5	社団法人電気協会評議員に就任
1928	4	東京電灯静岡営業所長に就任
	5	東京電灯主事に任用（年俸2,100円）
	7	朝比奈水力電気取締役に就任
	8	東京電灯調査部に転任
	10	東京電灯を依願休職（1933年10月まで）
1929	3	朝比奈水力電気取締役社長に就任
1940	4	広済無尽株式会社取締役社長に就任
（戦後）		昭和産業相互銀行奈良支店長や奈良地区担当取締役などを歴任
1972	3	死去

出典）「履歴書」，松岡家文書，3005-②；「関西・東邦・早川・東力・東電各会社辞令書」，同前，2959-①；［給月手当ニ付書など綴］，同前，2962-②などにより作成．
注）原史料の明らかな誤記載は，適宜修正した．

の後、松岡家出身の加茂組大庄屋は、一八一四年一二月から一八一六年一二月まで務めた松岡新次郎のみである。(2)

ここで、表1として、彼の略歴を示し、あわせて、図2として、本章が対象とする彼が関係した電力企業の変遷を示しておく。松岡孝吉は、一八七九年一一月に生まれ、加茂高等小学校を卒業すると、佐々木塾や京都簿記学校に学んだ後、相楽郡会議員や相楽郡参事会員などとして、地方政治に関わりを持っていた。松岡家の資産規模は、一八八五年版の「京都府管轄近江

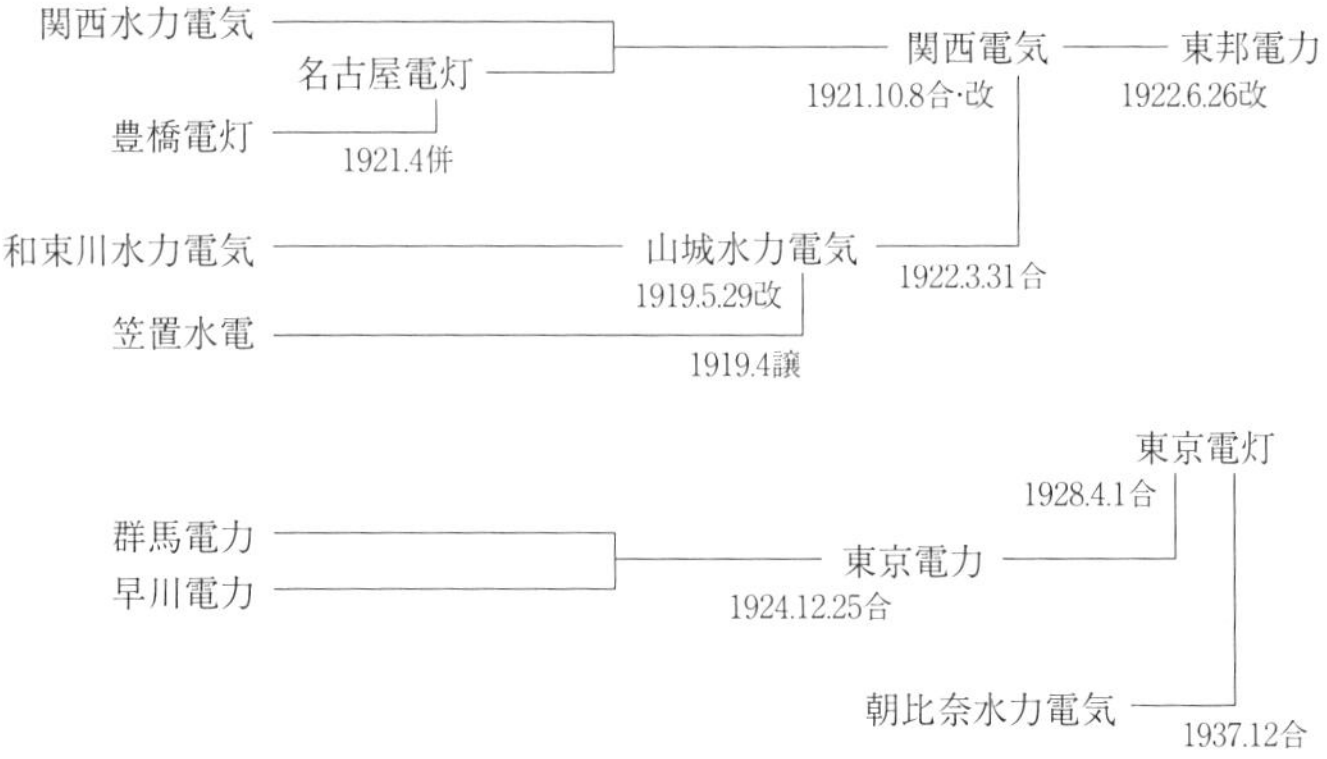

図2　松岡孝吉の関係した電力会社の変遷

出典）東邦電力株式会社編『東邦電力史』，東京電力株式会社編『関東の電気事業と東京電力』より作成．
注）「併」は併合を，「改」は改称を，「譲」は譲渡を，「合」は合併をそれぞれ示す．

国地租税金七拾円以上上納持丸長者鏡」によると、地租一三〇円以上を納める家であって、一八九七年に松岡孝吉が相続した地所は、一五町八反三畝二〇歩（合計三〇一筆、時価相当価格一万一八〇一円三三銭）であった(3)。一九一四年には、相楽郡木津町の資産家である稲葉弥吉が天理軽便鉄道の取締役を務めていた関係から、同社の役員への就任を打診されて、松岡は「多年ノ冀望」であるとして、実業界入りを望む(4)も、これが実現することはなかった。この後、笠置水電や山城水力電気への経営参加を契機として、専門経営者として電力事業に携わることになるが、一九一八年の米価暴騰に際しては、その救済として五六円を寄付するなど(5)、地方資産家としての活動も確認される。

　なお、松岡に関する先行研究としては、松岡の南山城地域における企業者活動を概括した上で、彼を「有能な地方名望家型企業家」であると評価した藤田貞一郎「大正期一地方企業家の軌跡――京都府相楽郡の住人松岡孝吉の場合(6)」や、電力企業のミドル・マネジメントの機能を明らかにした拙稿「戦前期日本の電力企業におけるミドル・マネジメントの機能――東邦電力及び早川電力（東京電力）の豊橋・浜松営業所長松岡孝吉を事例として(7)」が挙げられる。前者は、松岡の南山城地域での活動を概括的に紹介し、後者は、ミドル・マネジメントの機能に分析対象が限定されている。すなわち、先行研究の成果は松岡の活動を部分的に明らかにしているに過ぎない。そこで、これらの研究成果を踏まえつつ、本章では、彼の電力事業との関わりの時系列的展開とその役割の変化を提示することを試みたい。

一　南山城地域における地方企業家活動

本節では、和束川水力電気と笠置水電を継承した山城水力電気の形成過程における松岡の役割について検討していく。

(1) 電力事業――和束川水力電気・笠置水電[8]

松岡が電力事業に参画した最初期のものが、和束川水力電気であった。この和束川水力電気の設立計画は、一九〇六年一二月二五日、矢橋裕外八名の発起により、和束川第一発電所用水路開鑿が出願されたことにさかのぼる。水利権を得て発電所の建設が認可されると、一九〇七年九月一四日、電気事業経営を出願するも、「出願供給区域ハ他ニ許可ヲ与ヘタレバ詮議ナリ難ク、自家用事業経営ノ意志アラバ至急相当ノ申請ヲ為スヘシ」として、不許可となった。そのため、一九一四年二月一五日、自家用設計での申請を行うことで、水利権の維持を図った。結果として、和束川の水力を利用した発電は可能であっても、この電力を供給事業に活用しえない状況に置かれていた。その電力の活用策として硅石の粉砕及び運搬事業を検討した時期もあったが、実現はしなかった[9]。

こうした状況の中で、松岡や稲葉弥吉らに対して、和束川水力電気及び笠置水電の買収の話が持ちこまれる。この計画は、笠置水電が打瀧川の工事に難航し、水力発電設備を所有していないため、関西水力電気から電力供給を受けていた状況に対し、和束川を利用した水力発電で得られる電力を笠置水電に供給することを目的としたものであった[10]。そのため、最終的には両社の合同が目されていた。

表2　和束川水力電気発起人の加入者及び脱退者

脱退者		加入者	
住所	氏名	住所	氏名
京都府相楽郡相楽村	中田菊松	京都府相楽郡木津町	稲葉弥吉
京都府相楽郡西和束村	林庄右衛門	京都府相楽郡加茂村	松岡孝吉
京都府相楽郡西和束村	西田卯助	京都府京都市上京区	内貴清兵衛
京都府相楽郡中和束村	西井行次郎	奈良県奈良市登大路町	木本光三郎
京都府相楽郡中和束村	大西重三	大阪府大阪市西区京町堀	粟谷政一
京都府相楽郡瓶原村	山岡保	大阪府大阪市北区西野田草開町	豊岡米次郎
京都府相楽郡西和束村	森川利三郎	兵庫県神戸市元町	正田房次郎
大阪府大阪市西区阿波座	嘉納謙作	兵庫県神戸市楠町	山本平三郎

出典）「発起人加入及脱退ニ付願」松岡家文書，3058-④-1.
注）林庄右衛門は没しているため，相続人である林庄三の名義で脱退が行われている.

和束川水力電気の持つ水利権を他に譲り渡すことを計画した矢橋は、同社で設計を担当した近藤愛三郎に、計画の取り纏めを一任していた。近藤は複数の事業家と交渉するも、満足な結果は得られなかった。一九一六年五月六日、松本区長方で松岡と会見すると、松岡は両社の買収に関して、「実行スベシ」として、この計画に賛意を表明し、九月二〇日、稲葉と協議し、買収の着手を決定している。だが、和束川水力電気が保有していた水利権は、笠置水電の重役である大塚矢太郎に譲渡することが決まっていたため、近藤は矢橋と交渉の上、和束川水力電気を売り渡す協定を取り付けている。また、他の発起人と度重なる交渉を重ね、委任状を集めるなど、松岡らと連携して買収計画を進めていく。その結果、一九一七年二月になって漸く、七五〇円を以て稲葉に譲渡することが決められる(11)。そこで、同年八月一七日付で矢橋を除く八名が発起人を脱退し、松岡や稲葉ら八名が新たに発起人に加入する内容の願書を提出している(12)。発起人の交代の詳細は、表2に示す通りである。このうち、稲葉や内貴清兵衛は京都府下でも有力な資産家である(13)。翌月一〇日、矢橋も発起人を脱退し(14)、これにより、和束川水力電気は名実ともに松岡らの手に移っていった。

和束川水力電気の買収と並行して、笠置水電の買収計画が進められた。同社は、笠置水電紡績の名称で一九一四年に設立された会社である(15)。資本金は一〇万円で、一九一六年段階での払込高は八万円であった(16)。当時の笠置水電は、供給区域の拡張を目的として和束川水利権の買収を計画しており、松岡らの計画と同一目的であったため競合関係が生じていた。だが、近藤が知人の同社監査役の中岡栄治郎と交渉し、一株四〇円払込のものを五〇円にて買い取るなど、重役陣の切り崩しを行っている。この間、松岡自身は現地調査に赴くと共に、大阪朝報京都支局長の田中左川に周辺地域の動力供給状況を照会し、京都府庁の寺崎課長と接触するなど、計画の進展を期すと共に、川北電気などの取引企業と接触していた(17)。こうした活動から、両社の買収活動における松岡の役割は、株式の取纏めや出願書類の作成など、計画の実現に必要な実務活動を主導することにあったと考えられる。関係企業や発起人との折衝は松岡が担った一方で、計画を決定する際には稲葉と相談を重ねていることから、稲葉の意向を容れながら松岡が計画を推進したと評価すべきであろう。

一九一七年四月二八日、松岡と同社取締役の新井栄吉との間で、笠置水電の株式一〇二五株を、一株に付き七七円五〇銭で売却する契約が結ばれる。当時の発行済み株式は二〇〇〇株であるため、この契約により松岡らが過半数を取得し、実質的な笠置水電の買収が成功する。ただし、同年六月の任期満了まで現在の重役を更迭しないことや、従業員に対する慰労金として一〇〇〇円を支払うことなどが付帯条件として取り決められた(18)。これを受けて、同年四月三〇日、臨時株主総会で松岡が取締役に就任している。さらに、同年七月七日、臨時株主総会で任期満了に伴う役員の改選が行われ、取締役に稲葉、松岡（再任）、豊岡米次郎の三名が就任し、同日開かれた取締役会における互選の結果、稲葉が社長に、松岡が常務取締役に就任している。そして、八月一八日、再び臨時株主総会を開催し、和束川水力電気よりの電力購入を承認している(19)。そこで、九月一六日、笠置水電取締役社長である稲葉と上記の水利権を持つ和束川水力電気発起人総代である松岡により、電気供給契約が締結され、その後二度にわたり追加契約が結ばれている(20)。

電力供給契約の締結を受けて、松岡は和束川水力電気の設立に向けた活動を展開していく。この直後である一九一七年九月一〇日付で「和束川水力電気株式会社仮定款(21)」を作成している。ここでは、本店を相楽郡木津町に置くこととし、「電力供給」と「架空索道ニ因ル貨物運搬」が同社の事業目的とされているが、必要とされる資金調達の目途はたっていなかった。こうしたなかで、翌一九一八年一月二七日に開催された発起人総会で、稲葉は、同社の資本金を一〇〇万円ではなく五〇万円とし、自ら一万株のうち六〇〇〇株を引き受けるつもりであること、さらに、笠置水電の発行する四〇万円分の新規株式を引き受けることによる、同社の買収計画を表明している。この背景には、笠置水電の電灯数がすでに七〇〇〇灯を超えており、この電力を供給する関西水力電気が電力不足の状況にあるため、需用者は灯力低下への不平を笠置水電に述べ、電灯料金の回収に困難をきたしていることがあった。この状況を解消するためには、和束川第一発電所の建設が急務であり、会社の創立が不可欠であった(22)。これに対しても、必要とされる資金調達の目途は立たず、和束川水力電気の創立は現実味を帯びなかった。その結果、和束川水力電気が持っている水利権を笠置水電に譲渡した上で、同社の創立の見合わせや精算を行うことが検討されていた(23)。これは、同社の創立よりも発電所の建設工事に優先的に資金を充てるためであった。

だが、一九一八年七月三日、和束川水力電気の発起人会において、笠置水電の資産全部と営業権を二五万八三六九円四三銭五厘(24)にて買収することが承認され、七月五日、両社間での契約が締結される。八月一一日、笠置水電は臨時株主総会を開き、和束川水力電気の創立後に一切の権利を譲渡することを承認している(25)。これにより、笠置水電の買収費用を当初の予定より抑えることができ、営業基盤が確保されたことで株式は募集超過状態となった。そこで、同年八月二七日付で発電用水路位置変更認可を、同年一二月一六日付で自家用電気工作物施設認可を申請し、いずれも許可を受けている。この後、一九一九年三月一〇日、資本金五〇万円で和束川水力電気が創立している。当日の創立総会で、松岡は和束川での発電事業を行わないことは「有望ナル天賦ノ利源ヲ埋蔵スルニ等シキ」ことであって、「実ニ大ナル国家的ノ損失」(26)とした上で、この電力を笠置水電の管内に供給することは、「実ニ有利堅実ニシテ完全」な事業であると評している。創立総会後に開かれた重役会で、稲葉が社長に、松岡が常務取締役に就任している(27)。

なお、松岡は両社の買収活動と並行して、東和束村より関西線加茂駅に至る四マイル間に索道を敷設することを計画している。しかし、すでに東和束村の片岡平三が索道架設の許可を得て実地測量を行っていたため、競願関係が生じていた。そこで、松岡は出願に必要な図面の作成を近藤に依頼し、近藤は自ら雇入れの技術者と昼夜兼行で作業を行った結果、五日間で完成させる。これを基に、松岡は矢橋と相談して計画を取り纏め、片岡より早く出願することができた[28]。府庁の担当者と面会して得た情報に加え、矢橋が「新聞にて一読候得共、府へハ提出無之由、多分相手方ハ協定中カトモ存候[29]」と記していることから、松岡の出願により、片岡は敷設活動に消極的になったと考えられる。松岡が索道建設を強く望んだのは、和束川水力電気の電力供給先として、硅石などの運搬事業用の索道構想を再度計画したためである。そのため、敷設許可を得た後は、和束川水力電気に譲渡することが決められていた[30]。なお、管見の限り、索道が建設された痕跡は確認できていない。

(2) 山城水力電気の経営と笠置電気鉄道

和束川水力電気の創立と同時に、松岡は笠置水電との合併を実行に移す。笠置水電の営業は一九一九年四月までとし、同月の純益金は和束川水力電気が取得した上で、五月より経営が継承された。経営上必要な物件は五月六日付で譲渡され、一〇月一日付で全資産の引継ぎが完了している。一九一九年五月二九日、和束川水力電気は定時株主総会を開き、社名を当初からの予定であった山城水力電気へと改称している[31]。これにあわせて定款を改正し、電力供給と有価証券の所有に限定されていた事業目的に、電気に関する諸機械器具の販売や貸付及び設計、工事請負を追加している[32]。この後、一九二〇年八月三〇日、稲葉が死亡しており、後任には、天理軽便鉄道の社長を務めた戸尾善右衛門が就任している[33]。

また、和束川第一発電所の建設工事を進めるべく、一九一九年三月二四日付で水路掘鑿土木工事を出願し、八月六日付で許可を受け、八月一一日より工事に着手している[34]。合併直前の一九一九年二月末日段階での取付電灯は八九八八灯であり、これは前年六月一五日末の調査時より、一〇八八灯も増設した計算になる[35]。このような電力需要の急激な増加を考えると、和束川第一水力発電所の建設は喫緊の課題であったといえる。建設工事の現場では、資材不足や降雨による土岩流出、請負人の命令違反などの問題が発生していたが[36]、一九二〇年五月二八日、同発電所は完成している。六月五日、逓信省よりの認可を受けると、関西水力電気からの受電を止め、自社発電の電力による「独立営業」が確立された[37]。なお、和束川第二発電所については、建設が見送られている[38]。

次に、山城水力電気の社内における松岡の位置づけを検討する。一九二〇年上半期の株主を確認すると、発行済株式一万株のうち、稲葉及びその関係者が二四五〇株を保有していた一方で、松岡の保有分は三〇〇株に過ぎなかった[39]。だが、実際の経営は松岡に委ねられており、稲葉が社長を務め、松岡が常務取締役を務めるという体制は、笠置水電以来のものであった。笠置水電では、社長が「社務ヲ統轄シ会社ヲ代表」する役割であったのに対し、常務取締役は「平素会社ニ在リテ会社全般ノ業務ヲ執行シ、幷ニ使用人ノ任免黜陟ヲ掌ル」ものとされた[40]。そして、松岡は不都合がなければ原則として常務取締役に再任されるとし、取締役会での議決により解職される場合は、相当の慰労金が払われるとされた。こうした点から、松岡は同社の実務全般を取り仕切る立場におり、この体制は山城水力電気にも継承されたと考えられる。そのため、従業員等の管理・監督も松岡の職務であった。山城水力電気には、二九名の社員と二二名の集金人が在籍していた[41]。同社の集金人の中には、その言動が需用者からの反感を買うものがあり、「当方(田原方面)にて貴社の集金人果たしてその職責の如何を省みず、徒らに需要者の感情を害し、その言語挙動言語に絶するものこれあり[42]」とする苦情が松岡のもとに寄せられている。こうした状況は電気料金の回収を困難にするものであったため、集金人の管理・監督は重要な課題であったといえる。

ここで、山城水力電気の営業成績を確認しておく。表3として、笠置水電及び山城水力電気の業績を示す。表3よ

表3　笠置水電及び山城水力電気業績

		営業成績（円）			電　灯		配当（%）	
		収入（A）	支出（B）	（A-B）	需用家数	取付個数	上期	下期
笠置水電	1915年	2,285	3,937	-1,652	1,244	1,773	—	—
	1916年	15,092	10,601	4,491	2,650	3,111	0.0	6.0
	1917年	23,976	14,543	9,433	3,723	4,298	8.0	10.0
	1918年	43,858	32,938	10,920	6,152	7,266	8.0	10.0
山城水力電気	1919年	25,473	19,112	6,361	6,598	7,822	11.0	0.6
	1920年	(25,473)	(19,112)	(6,361)	5,598	(7,822)	6.0	—
	1921年	138,293	91,970	46,323	8,689	10,824	11.0	10.0

出典）逓信省電気局編『電気事業要覧』，電気協会，各年に基づき，山城水力電気株式会社「事業報告書」，各年により補正した．
注）1920年の数値は『電気事業要覧』に記載のものを表記したが，前年度のものと同一であるため，前年度分を再録したと思われる．そのため，本表にては，参考までに，（　）を付して表記した．

り、笠置水電から山城水力電気に至る期間は、一貫して需用家の拡大傾向にあったことが確認できる。具体的な電力供給先としては、玉川織布や設立計画中の大岡製粉（相楽郡上狛村）、安全火薬製粉（綴喜郡田原村郷ノ口）などが挙げられる。織物工場の夜間電力や製材工場の昼間電力を割引し、製茶用臨時電力に対応すると共に、海住山寺の電灯設置工事に五六五円を寄付するなど、[43]地域社会の産業動向や電力需要に応じた経営を行っていたと評価できる。なお、一九一九年度下半期の〇・六%という配当は、発電所建設資金を捻出するために株主配当を抑制したものと解される。

この時期、松岡は笠置電気軌道（後に、笠置電気鉄道と改称）の敷設計画を構想する。これは、山城水力電気の創立以前に構想した索道事業にかわる電力供給先を想定したものである。彼は一九一九年から翌年にかけて、木津駅及び加茂駅、笠置駅の乗降客数や貨物等の発着状況を調査しており、[44]その結果に基づき、電気軌道の敷設に転換したものと考えられる。一九二一年三月一〇日、第一回発起人総会を開催し、[45]その後の実地調査を経て、同年二月二六日、電気軌道の敷設免許申請に関する書類を提出している。[46]これによると、電気軌道の敷設により、「沿道各地ニ於ケル交通運輸ノ便ヲ助ケ、（中略）古利西大寺及附近ニ点在セル堂塔ニ寧楽町文化ノ表象ヲ探リ、名山笠置ニ遠ク延元邸ノ遺趾ヲ拝シテ、遥ニ大楠公ヲ偲」ぶ観光客に対し、交通上の利便の提供を企図していた。事業の目的は、「電気軌道ヲ敷設シ、旅客幷ニ貨物ノ運輸営業ヲナス」ことであって、具体的な計画路線は、奈良県生駒郡伏見村大字西大寺小字勘定二百三十一番地の一を起点とし、京都府相楽郡笠置村大字南笠置字平田二十七番地の二に至る、総延長一二マイル四チェーン四〇リンクであった。軌道は単線とし、その軌間は四フィート八・五インチの標準軌が採用された。また、自社では発電所及び変電所を建設せず、動力は山城水力電気からの受電によるものとし、資本金は三〇〇万円とした上で、本社は相楽郡木津町におくとされた(47)。松岡は発起人総代として、出願関係書類の取り纏めなどの実務面を主導していた(48)。他の設立発起人は、いずれも山城水力電気の役員や株主であった。

また、一九二一年四月二六日付で支線及び鋼索鉄道の敷設を申請している。支線の計画路線は、奈良県奈良市中筋町三番地を起点とし、京都府相楽郡木津町木津小字池田四十三番地に至る総延長四マイル五チェーンであった。これは奈良と笠置の二つの「大名勝地」間の接続を目的としたものであった(49)。鋼索鉄道の計画路線は、京都府相楽郡笠置村大字笠置を起点とし、同村笠置山笠置寺に至る区間であった。これは笠置山への登山客の利便性を向上させることを目的としたものであって、貨物輸送は構想されていない。そのため、鉄道付近には樹木を植えるなど、環境や景観への配慮を示している(50)。しかしながら、この計画は、一九二二年一〇月一〇日付で、「急施ノ必要モ無之ノミナラズ、本件ハ笠置山容ノ風致ヲ損傷スルモノ」であるとして、申請書類が返戻されている(51)。

一九二二年三月三日、発起人は定款の改正を行い、社名を「笠置電気軌道株式会社」から「笠置電気鉄道株式会社」に変更すること、資本金を五〇〇万円とすることを決議し、三月一〇日付で「定款一部変更届」を提出している(52)。これは、鋼索鉄道の敷設申請は地方鉄道法に依らなければならず、「電気軌道」という呼称では正確性を期せないためであろう。さらに、同年五月一〇日、笠置電気軌道と山城水力電気は、電力の供給契約を結んでいる(53)。

後述するように、この時期は山城水力電気の合併交渉が進められていた時期であり、松岡は鉄道敷設計画と合併交渉を併行して進めていた。そのため、電力供給契約の写を名古屋電灯側に提示し、「申ス迠モナク合併ノ場合ニ於テ、被合併会社カ他ニ対シテ有スル権利義務ハ、存続会社ニ於テ当然之ヲ継承スル」ものとするという確約を取り付けている[54]。上記の鉄道敷設計画は、山城水力電気の電力供給先として構想されたものであるが、松岡は地域振興のために必要な事業と認識していたのではなかろうか。それゆえ、合併交渉を進める際には、安定的な動力の供給を求めたのである。

この一連の計画に対して、奈良県は京都府からの照会を受けて、実地調査を行っている[55]。その結果、当該事業は森久兵衛出願の関西電気軌道と同一目的であり、関西鉄道の奈良—加茂間の廃線を利用する計画は、大田光照及び長田桃蔵が出願している奈良電気鉄道と競願関係にあることに加え、本線の交通利用の範囲は限定的であるとして、笠置電気軌道の必要性に疑義を呈している[56]。そして、一九二二年九月一九日付で笠置電気鉄道の計画は不許可となっている[57]。松岡が和束川水力電気の創立以来構想してきた一連の鉄道事業は認められず、山城水力電気は大口の電力供給先を得られなくなったのである。

こうした状況の下で、山城水力電気と名古屋電灯との合併交渉が進められた。一九二一年七月五日、松岡は「名古屋電灯ト合併ノ談交渉方、（中略）進ムヘキ旨」を述べ、合併交渉の進展を指示している。この交渉の中では、慰労金として山城水力電気の重役に対して一〇万円を、従業員に対して二万五〇〇〇円を支給することのほかに、「松岡常務ヲ重要ナル地位ニ任セラレタク注文スルコト」が合併条件として含まれていた[58]。

同年九月二日、関西水力電気と山城水力電気の間で、「合併仮契約書[59]」が調印される。この時期、名古屋電灯と関西水力電気との合併が進められていたため、山城水力電気の合併先は関西水力電気へと変更になっている。合併の方法は、山城水力電気の五〇円満額払込の株式一万株を、関西水力電気の増資による新規発行株式六六六六株と、二：三の割合で交換するものとし、残株は額面の三分の二の現金を交付するものとされた[60]。山城水力電気は、この仮契約を同年一〇月一八日の株主総会で承認している[61]。

これにより、役員や顧問技師、従業員などに対して、合併に伴う慰労金や記念品が贈られている。そして、重役会の決定により、松岡には慰労金として一万四〇〇〇円が支払われるとされた。これは他の取締役への慰労金が四〇〇〇円（監査役は三五〇〇円）であることを考えると破格の金額であるが[62]、松岡の創業段階からの功績が高く評価されたものと捉えられる。従業員に対しては、合併記念品を贈呈しており、松岡個人に宛てた従業員からの礼状が多数残されていることから[63]、これは彼の意向であったと考えられる。また、株主一株に付き二円の記念配当金が支払われ、一五七名に対して、一万二〇四八円が支給されている[64]。さらに、山城水力電気の設立に尽力した近藤愛三郎に功労金を贈ることとし、重役会で否決された場合には、松岡と戸尾で二〇〇〇円を贈呈するとしている[65]。

両社の合併が決まると、関西電気からの指示を受け、松岡は事業の引継ぎに取り組むことになる[66]。この残務整理の一環として、「山城旧社員ノ始末ハ自分ノ責任」として、従業員の転職先の世話を行っている。希望する社員は関西電気の本社勤務を周旋し、現地での工事担当者は木津に配属となるように手配する一方で、中には公職に就くように助言する場合もあった[67]。このように、松岡は個々の社員の状況に気を配り、彼らの配属先に関しての意見を関西電気に述べていた。

合併後の松岡の勤務地に関して、神谷卓男常務より、転任先は「豊橋営業所トシテ、月報一八〇円。賞与一ケ年ニ付九ケ月支給ストノコトニテ、若家情ニヨレハ、木津営業所トシテ何トカスヘク熟慮ノ上返事セラレタク」とする内示が出された。これは松岡の希望によるものではなく、全くの「会社ノ都合」によるものであった[68]。彼はこの内示を受け入れ、一九二二年五月一〇日、豊橋に向け出発し、名古屋本社にて豊橋営業所長就任の辞令を交付されている[69]。

ここまでみてきたように、松岡は南山城地域の状況から、山城水力電気を構想し、同社の設立及び経営に尽力した。同社は、松岡が初めて経営に携わった企業であったが、彼は自ら積極的に行動し、関係者を指揮し、必要な交渉を纏めていった。こうした地方企業家としての活動は、彼が東邦電力に移籍して以降の下地として機能したと考えられる。

すなわち、こうした経験を有していたがゆえに、「電力戦」下の東海地方での活動を打診されたのではなかろうか。

二　電力企業におけるミドル・マネジメントの役割——東邦電力・早川電力（東京電力）

本節では、松岡の東邦電力及び早川電力（東京電力）での営業所長としての活動を検討する。[70] 営業所長に求められた役割を検証した上で、「電力戦」下での豊橋電価問題に対する動向を分析することで、ミドル・マネジメントとして松岡の果たした役割を明らかにする。

(1) 営業所の機能と営業所長の役割

まず、東邦電力や東京電力における営業所長の位置づけを、制度的な側面から検討しておく。松岡が任用された営業所長は主事に相当する幹部職員であり、これは、東邦電力の本社では各部局の係長に相当するものであった。[71] 東邦電力における営業所の職掌は、社則によると、「管内ニ於ケル一切ノ事項」とのみ記されており、[72] その内容を具体的に知ることはできない。そこで、早川電力と群馬電力の合併直後の東京電力の営業所の職掌を確認してみると、管轄下に経理係、営業係、工務係、発・変電所、出張所・派出所を擁しており、[73] 営業所長はこれらを管理することが求められていたことがわかる。ただし、「営業所ノ電気ニ関スル監督」は本社技術部の管轄とされていることから、営業所の主な業務は営業活動であったといえる。

また、東京電力の社則を確認すると、営業所長の決裁事項は、「所内傭員ノ補欠採用転勤及ヒ配置」、「所内職員中長、主任ニ非ラサル書記（書記ヲ含ム）ノ転勤配置」、「所内ニ亘ル訓示注意」、「日常ノ社務ニ関シ通常ナル担当事務ノ執行」のみである。例えば、「準社員以上 嘱託ヲ含ム〔ママ〕ノ任免、黜陟、賞罰、休職、転勤又ハ配置」[74] や「重要ナル交渉」、「一般料金ノ制定」、「供給区域ニ関スル事項」などは副社長の決裁事項とされており、営業所管内で発生したことであっても、本社の副社長の決裁が必要とされていた[75]。当時の東京電力の副社長は松永安左エ門であるため、松岡の活動の最終的な決裁は、松永に委ねられていたといえる[76]。それゆえ、松岡の活動がトップ・マネジメントに承認されうるものであったと仮定すると、営業所管内においては営業所長の実質的権限は大きかったと考えられる。こうしたミドル・マネジメントの決裁権限の範囲と大きさを念頭におきながら、彼の活動を検討していく。

営業に関する職務は、需用者への対応を含めた勧誘活動と集金活動に大別できる。勧誘活動のうち、小口の需用者に対しては営業所所属の営業係が対応していたが、大口の需用者に対しては営業所長である松岡自らが対応していた。これは、電力企業にとって、大企業や大工場などの大口需用者の獲得が重要であったためである。大工場の乱立した浜松地域では、松岡は日本形染の社長との会食や、問題の発生時には善後策の協議のために遠江製紙に電話で交渉を行うなど、多岐にわたる活動を自ら行っていた[77]。

次に、集金活動の実態を、早川電力の「集金規定並ニ取扱ニ関スル細則[78]」からみていこう。同史料には、「当会社ノ最終ノ目的ハ、料金ノ取立収入ニアリ、上ハ重役ヨリ下ハ傭員ニ至ルマデ、数百ノ職員ガ日夜不断ノ活動ヲ為スモノ、一ニ此ノ目的ヲ達セントスル」ものであるから、「集金人ハ此大切ナル職務ヲ任サレタルモノナレバ、会社ヨリ受クル信用ヲ重ンジ奮励努力会社ノ利益ヲ増進スベシ」として、その職務の意義が記されている。実際の集金活動に際しては、「決シテ足ヲ運ブノ労ヲ惜ムベカラズ、需用家ノ都合ヲ察シ昼夜ヲ論ゼズ、又何回ニテモ訪問」することが必要であって、需用者にとっては「全ジク会社ノ人」であるから「注文苦情ハ自他ニ拘ハラズ務メテ之ヲ聴」くべきものとされていた。そして、「断ジテ嘲弄又ハ強迫ク[ママ]間敷キ言動アルベカラズ」、「需用家ニ接スルニハ常ニ言語挙動ヲ温和ニシ、殊ニ「不払停電」等ノ如キ不穏ナル禁句ハ絶対ニ用フベカラズ」との規定が設けられていた。これは、「怒ヲ買フガ如キ言語挙動」によって「一度感情ヲ害スレバ永ク融和シ難ク、其ガ為ニ月々ノ集金困難トナリ、自分ノ不利益ハ勿論会社ノ迷惑ヤ大ナリ」とするためであった。こうした規定が存在したことから、集金人の需用者に対する言動が会社の不利益を生じさせる事態が発生していたことが推察される。

以上のような活動を行うにあたって、営業所長は営業所管轄下の人的管理を行う必要があった。東邦電力での事例から検討すると、営業所長は職員の依願退職や新任職員の採用に際して、本社に対して稟議書を提出し、その承認を求める形をとっていたが(79)、必要な場合には自ら職員に対して辞任勧告を行うこともあった(80)。また、上述の「集金規定並ニ取扱ニ関スル細則」では、集金人に関してその選任及び監督が集金係長及び管轄所長の責任とされており、これら監督者は「集金人ノ身上日常ノ生活態度並ニ其保証人ノ身上」に対しても注意を払うことが定められていた。即ち、営業活動や集金活動は会社を代表して行うものであって、そこで生じた問題は会社の信用を毀損し得るものであるため、職員の行動を管理することは、会社の信用を維持するための活動でもあったといえる。

松岡の豊橋営業所長着任にあたり、松永より第一に求められたことは情報の収集及び報告であった。そこで、松岡は管轄内の出張所主任に対して「本社副社長ヨリ通達有之候ニ付テハ、貴管内各町村ニ於ケル政治経済商工業其他ノ一般社会ノ状態ヲ概畧的ニテ宜ク候間、毎週金曜日迄ニ当所へ到着可致様、以来御通報相成度(81)」とする通達を発している。こうして集められた情報は、週報として松永のもとに送られ、営業所及び管轄地域の状況が逐次報告されていた。松永は遠隔地にあっても、自ら最新の動向を把握することに努めており、「科学的経営(82)」は、こうした情報収集によって実現できたといえよう。

また、本社のトップ・マネジメントに対して、上記の週報以外にも、松岡は自らの認識や意見を率先して進言していた。例えば、東邦電力の浜松営業所長として遠州電気鉄道への電力供給に対応した際、施工設計変更の認可に関して「何卒乍御繁務中、此際至急許可ノ指令ニ接シ可申様、御配慮願上候(83)」として、営業部長の助力を要請している。また、豊橋営業所管内では営業活動の進展により「電力ノ大飢饉時ニ遭遇(84)」していた現状に鑑みて、松岡は「電力之払底には正ニ大痛事」であるとして、電力の「増加ニ就き献言する処ありて、遂ニ名古屋豊橋間四十哩間の送電線を急施ニ決し」たとして、自らの意見が採用されたことを友人に宛てた書簡の中に記している[85]。

管轄地域社会や地方行政府と折衝することも、営業所の役割であった。早川電力の豊橋営業所管内で起きた休電日変更への対応の際には、松岡は関係する各組合や大口の需用者のもとに自ら出向いて了解を求め、商工会議所や警察署に陳情した上で承認を求めている。製材業者の間から、従来の休電日に掛け売り金の徴収を行っていたため、今回の変更では電力を使用しない業者との競合で不利になるとして、休電日変更反対同盟を組織する計画がもちあがった時には、商業会議所にもさらなる協力を求め、「大体ハ泣寝入ニシテ、結局変更差支ニナカルベク引受ケルカラトノ宣明」を取り付けている[86]。

また、東京電力が浜松警察署の移転費用一〇万円のうち三万円を負担することを求められた際には、「当社ノ割宛〔ママ〕額ハ、些過大之感アルヤニ思ハル、」としながらも、「市対当社間ノ事項ヲモ参酌シテ考慮スヘキモノ」であるとして、「相当御奮発願上」ることを本社に求めている。当時の東京電力が浜松市において岡崎電灯一派による市内電灯敷設問題や浜松電気鉄道中之町線への電力供給問題、上水道用の電力として横山発電所出力買受問題、遠信鉄道に関する問題等をかかえていることを考慮した上で、「当社ノ同市及附近ニ対スル営業関係上、誠ニ已ムヲ得サルモノナリ」としたものであった[87]。

以上のように、電力企業の営業所は、管轄する「管内ニ於ケル一切ノ事項」を担当しており、営業所長はそうした活動を監督する立場にあった。営業活動や集金活動は南山城水力電気時代にも行っていた活動であることに留意するならば、南山城地域と東海地域での松岡の業務内容には共通する点が多く確認できる。営業地域の情報収集や諸団体との折衝などの実態を踏まえて、次項では、豊橋電価問題への対応を事例として、その活動の詳細を検討していく。

(2) 豊橋電価問題（第一次電価争議）に対する対応

ここでは、豊橋電価問題に対する松岡の対応を、交渉の展開過程に即して検討する。先述のように、彼が東海地方に転出した際の最初の赴任先は豊橋営業所であり[88]、当時はこの問題が未解決であって、これは彼に期待された重要案件であったといえる。

豊橋電価問題の端緒は、名古屋電灯と豊橋電灯が合併した時点にさかのぼる。一九二〇年一二月五日、両社は合併の仮契約書に署名しているが、これに先立つ一二月一日頃、豊橋電灯の相談役であった大口喜六市会議長が細谷忠男市長にこの情報をリークし[89]、市長は鈴木五六市会副議長はじめ複数の市参事会員らと協議の結果、豊橋電灯を買収し市営事業化することを決定する。豊橋市会は名古屋電灯と同一価格での買収を豊橋電灯に提示するも、福澤桃助豊橋電灯社長は名古屋電灯との合併を強行し、豊橋市に対して両社合併後に名古屋電灯から改めて買収することを求めた。結果、豊橋電灯は名古屋電灯豊橋営業所となり、豊橋市の買収計画は頓挫し、市会は態度を硬化させ、合併を承認しないことを満場一致で可決した。これを契機として電気料金値下げ運動が全市的に高揚し、同大会の実行委員会は名古屋電灯本社を訪れ、神谷卓男常務に電気料金の値下げを求めた。一九二一年八月二二日、電価値下期成同盟会が発足し、会長に鈴木五六が、副会長に大場恒次郎市会議員が就任した。電価値下期成同盟会と名古屋電灯の交渉は進展をみなかったため、川口彦治愛知県知事が仲裁に入ることになる。実際の仲裁は、川口知事より委託された松田一吉宝飯郡長と矢崎万吉豊橋警察署長により進められ、一〇月二五日、電灯料金の値下げや公会堂（建坪一〇〇坪）の寄付などを含んだ仲裁案が電価値下期成同盟会によって決議された[90]。ここに、関西電気（名古屋電灯から改称）と豊橋市との一応の関係改善がなされたが、値下げ額や報償契約、公会堂の寄付金額などの交渉が残されていた。

当初、この交渉は、松岡の前任の豊橋営業所長である伊藤錠太郎により進められていたが、神谷常務の強硬な姿勢もあり、遅々として進展しなかった結果、松岡にこの解決が委ねられており、仲裁者や電価値下期成同盟会と頻繁に接触していた。豊橋営業所長に着任すると、一九二二年六月一七日、本社の古嶋総務部長が豊橋に出張し、松岡を含め、矢崎署長、松田郡長、細谷市長、金子市会議長、鈴木五六、大場恒次郎らと協議した。ここで古嶋総務部長は、「松永氏帰社ノ上、協議、何分ノ返答スルコト」を約束しており、このことは、神谷常務が担当していた案件を、松永安左エ門が直接処理することを表明したものであった。これ以降、松岡は松永の主導のもと、この問題の交渉にあたることになる。

同年七月一〇日、度重なる事前交渉を経て、警察署にて松岡と古嶋総務部長が両仲裁人及び電価値下期成同盟会と会談したところ、会談が「正ニ破裂ニ陥ラン」とする状況となり、「急ニ副社長、来豊ヲ促ス」ことになった[91]。そこで、松岡と松永、古嶋総務部長、神谷啓三の四名が協議し、「電灯料一ケ月相当額ヲ寄附スルコト」を申し出た。その結果、電価値下期成同盟会は、「可成御趣旨ニ副フコトニ協議ヲ尽シ、更ニ回答」することを約束し、幹事会を開き具体案を協議することとした[92]。七月一七日、本社で「電価問題ノ推移」に関して松永や久留島常務などと意見交換を行った上で、七月一八日、松岡は大場ら三名を同道して再び本社を訪れ、公会堂の建設費用として三万五〇〇〇円を一括寄付することで合意し、「円満解決」を迎えている。七月一九日、松岡は鈴木や大場、細谷市長ら豊橋市側の代表者に加えて、仲裁者である松田郡長のもとを訪れ、「電価問題円満解決之謝礼挨拶」を行っている。七月二一日、電価値下期成同盟会は幹事会を開いて「大体会社が誠意を披瀝した」として、この具体案を承認している[93]。これを受けて、七月二六日、松岡が「公会堂寄付願及寄付金」を豊橋市側に渡している。九月一一日、豊橋市会は両者の交渉に基づき本案を承認しているが、当日は「市会ノ形勢険悪」であったという[94]。

対豊橋市交渉の更なる進展は翌年になるまでみられなかった。一九二三年七月一七日、本社[95]の重役室にて、松岡は松永や久留島常務、田中常務などと、「各地電価値下ケ案編成之協議」を行い、この中で豊橋の電価問題も議論されたものと考えられる。七月一九日、電価問題に関して松永と電価値下期成同盟会との会合が行われた。七月二八日、名古屋支社にて「豊橋電価値下ケ案発表」に関する協議を行い、七月三〇日、東京本社よりの回答書が松岡のもとに届くと、彼は鈴木を訪れこれを交付している。この際、鈴木と金子が一〇燭灯の価格が七五銭と据え置かれていることに対して、「吾々トシテ誠ニ苦痛」であるとして、岐阜同様の七〇銭に値下げすることを求めた。松岡は「相当会社モ誠意ヲ以テ御回答申上タルコト、存スレハ、幾分御不満ノ点アリトスルモ、両君ノ御配慮ニテ特ニ此儘御取計願イタシ」と回答するも、金子は容認しなかった。これに対して、松岡は「何分凡テノ問題ハ双方ニテ事情ノ通察〔ママ〕ト申スコト」であり、「余程会社ニ於テハ、小生等ノ考ヘヨリ一先進ミタル誠意ヲ尽シタルモノナレバ、何卒此点御諒察願イオキ申度」とした上で、両者の意見を松永のもとに送っている。このなかで、近々五燭灯及び一〇燭灯は廃止するものであるから、「但書ニテ此回答ノ末尾ニテモ宜ク御書入被下候ハヾ、自分等報告ノ際、充分ニ五燭十燭ノ近日廃止サルト云コト」が伝わると述べ、これは「致方無之」ことであるとして、「何卒此場合、特ニ尚一応御配慮賜リ度」と述べている(96)。その結果、八月二日、一〇燭灯の価格を七〇銭とする決定(97)が電信にて伝えられ、松岡は鈴木と大場に回答している。八月四日、鈴木に追加通知書を交付し、改正案の承認を取り付け、松岡はその旨を松永に報告している(98)。

こうした松永の対応に対して、鈴木は「満面喜悦ノ色ヲ浮ヘテ非常ニ喜」びを示したという(99)。八月五日、鈴木は東邦電力の通知書に対する回答書を松岡のもとに持参している。この際、鈴木は「色々副社長（松永安左ヱ門―引用者注）ノ御配慮ニテ、御陰ヲ以テ多年ノ問題モ円満ニ解決ヲ告ゲ、責任ヲ解除サル、コトニ相成リ、誠ニ忝ク存スル旨」を述べ、これに対して松岡も「諸君ノ御配慮ト御了解ヲ得テ、此ニ一段落ヲ終了スルコト、相成タルハ、実ニ小生トシテ感謝ニ堪ヱサル」ものであるとして謝意を示している(100)。ここに、豊橋電価問題は円満なる解決をみるに至るのである。

上記の交渉過程より、松岡が松永のもとで電価値下期成同盟会や仲裁者との緊密な協議を行っていたことが確認できる。松岡の活動は双方の主張の調整や回答案の提示、会談の手配などを実行し、松永の柔軟な対応を下準備するものであったといえる。また、彼は新聞社を介した世論の形成を重視しており、意見交換や慰労宴の開催を行っていた(101)。この慰労宴は鈴木と共同して実施しており、ここにも両者の緊密な関係をみることができる。このように、彼の活動は交渉相手との緊密な意思疎通を前提とするもので、こうした環境が交渉の妥結をみるに至った一要因であることは間違いない。即ち、松岡がミドル・マネジメントとして果たした役割は、松永主体の交渉を円滑に進展させる上で欠くべからざるものであったといえる。

ここまでみてきたように、松岡が東海地方で活躍した時期は、「電力戦」の時期と重なる。そのため、地域及び企業の動向を把握することや、電気料金の低廉化を求める活動に対処することがより一層求められていたといえる。「電力戦」下における東邦電力の拡大は、松永の主導によるものであったが、それを円滑に実行する上で、ミドル・マネジメントとしての松岡が果たした役割は、決して過少に評価されるべきものではないであろう。東邦電力の営業所長に就任した際に、松岡は「山城水力の半季間の総収入ト当所（豊橋営業所―引用者注）一ケ月間の純益ト相等く、以テ其大ヲ知る(102)」と記した程に、両社の企業規模には大きな差があった。だが、「大会社丈ケありて、研究材料も凡てに整備し居り、（中略）大ニ智識啓蒙の上ニ付き得る処、蓋尠少ならず。此点、乍多忙、愉快ニ存せられ候(103)」と記していることからも、大企業での充実した職務環境の中で、その能力を発揮しようとしたことが窺われる。

三　再度の電力企業経営――朝比奈水力電気

本節では、松岡が最後に関わった電力企業である朝比奈水力電気での活動について検討する。この時期の松岡は、前節までの検討が示すように、電力企業で必要とされる多様な役割を経験していた。そのため、例えば、両河内電灯の整理計画に対して、小林一三副社長に意見を述べる際には、「斯業ノ会社ヲ創立経営シ、次テ地方ノ責任者トシテ従務セル多年ノ実行ニ因リ専ラ要ヲ堅実ニ置」く立場からの分析を行い、現場の実情を把握するとともに、企業経営上の問題点を指摘している。[104]

前節でみてきた松岡が東邦電力や東京電力で営業所長を務めていた時期は、東京電灯と東京電力による「電力戦」の時期であった。金融恐慌や経営の悪化により、一九二八年四月一日付で両社が合併すると、東京電灯は東京電力の従業員をすべて引き継ぐとされたため、[105]松岡は東京電灯に移籍することになり、東京電灯の静岡営業所長を務めた後、朝比奈水力電気の経営に携わることになる。

朝比奈水力電気は、一九二二年三月に創業した会社で、静岡県志多郡朝比奈村及び安倍郡藁科村を供給地域としていた。[106]松岡と朝比奈水力電気との関係は、東京電力の静岡営業所長時代から始まっていた。一九二八年初頭の同社は、「資本固定ノ結果、四苦八苦ノ経営難ニ陥リ候上、会社十弐キロノ水力発電所ノ渇水ト木樋水路ノ腐朽ニテ、殆ド送電不能」な状態に陥っており、同年一月二二日より、静岡県の要請を受けて東京電力が臨時送電を行っている。この際の工費は朝比奈水力電気が負担し、六五〇〇円（岡部銀行から三八〇〇円、産業組合から二七〇〇円）[107]の借入れを行っている。こうした状況下で、静岡県保安課は実地調査を行った上で、配電状態の改善を目的として、「監督上助リ、亦需用家ノ幸福ナリトノ見地」から、東京電力に買取りを打診する。同社は静岡県の仲介もあったことから、東京電力への売却を想定し株式の取り纏めを行ったが、東京電力の進藤常務が、「今斯カヽル［ママ］際トテ、其儘放任シ置クヘシ」との意向を示したため、売却は不可能となった。さらに、上記の借入金六五〇〇円の返済が経営を圧迫し始めていたため、東京電力からの送電費用を、「小会社ヲ救助スルト云ノ意味ニテ出来得ル丈ケ低廉」にすることを願い出ている。これに対して松岡は、静岡県保安課の意向を踏まえた上で、「会社ノ状態ニ見テ、多クヲ望ミ難キ」状況であるとして、計器設備の代金の負担を本社に進言している。[108]

こうしたなかで、「電力戦」の収束に伴い、朝比奈水力電気の整理は東京電灯に引き継がれ、東京電灯は同社を買収することになる。当時の朝比奈水力電気の資本金は四万円で、発行済み株式は八〇〇株であった。書類の不備により買取りが延期された三〇株ほどを除く七〇二株が買取り対象とされ、買取り価格は一株五〇円の払込済株式に対して、七円一二銭五厘とされた。このうち、四八八株が東電証券社長の名義とし、六八株が松岡孝吉の名義とされ、勝山九郎兵衛社長と浮島精一専務以外の名義は、全て書き換えるものとされた[109]。これに伴い、「当分別会社トシテ経営ヲ行フ[110]」ため、東京電灯に経営を委託し[111]、同社の資本を代表する形で、松岡が朝比奈水力電気の役員に就任する方向で調整された。そして、一九二八年八月二〇日、臨時株主総会で定款及び役員の変更を決定し、借入金六五〇〇円の償還を求められたことから、これを東京電灯より借り換えることが全会一致で承認された[112]。その後に開催された役員会で、電灯料金の値下げが決定されている[113]。

これにより、松岡は朝比奈水力電気の取締役となり、翌一九二九年三月には取締役社長に就任している。これに伴い、一九二八年八月七日付で静岡営業所長から調査部へと転任し、自ら希望して、一〇月二六日付で東京電灯を調査部主事として依願休職している[114]。

ここで、表4として、松岡が経営に携わった時期の朝比奈水力電気の業績を示す。松岡が取締役に就任した一九二八年の収益はほぼ無いが、その後は順調に業績を回復していく。これは、取付け電灯数の増加による営業規模の拡大によるものである。預金現金を除くその他の資産額は減少傾向にあることから、設備投資を控え、経営の安定を目指したといえる。不良設備を償却する一方で、東京電灯からの受電による営業方針を採ったのである。

このような営業方針を採った朝比奈水力電気に対して、逓信省は、一九二八年八月一一日付で、電力供給量不足を理由とする発電所の保守を命じている。これに対して、松岡は東京電灯よりの受電量の増加で対応しようとするが、一九三一年七月五日、逓信省より四條義信が来社し、再度の要請を行う。そのため、「発電所完備ノ代用ニ電力増加」

表 4　朝比奈水力電気業績一覧

年		営業成績			減価償却	債務金	預金現金	其他資産	電灯電力取付数	
		収入（A）	支出（B）	（A-B）					電灯	馬力
1928 年	（上）	2,970	2,953	17	—	7,107	221	49,102	821	1,400
	（下）	3,737	3,083	654	563	7,107	2,177	47,238	884	1,725
1929 年	（上）	6,664	6,444	220	124	7,407	294	49,526	956	2,225
	（下）	4,959	3,851	1,108	1,100	7,107	1,082	48,436	990	2,225
1930 年	（上）	5,738	4,215	1,523	1,522	6,107	543	47,976	1,001	2,425
	（下）	5,043	3,607	1,436	1,434	4,607	814	46,208	1,004	2,225
1931 年	（上）	5,200	3,676	1,524	1,519	3,107	717	44,809	1,007	2,375
	（下）	5,479	4,041	1,437	1,436	1,807	1,069	43,159	1,018	2,375
1932 年	（上）	4,949	3,684	1,265	1,264	607	721	42,308	1,019	2,575
	（下）	5,052	3,438	1,613	1,541	307	1,084	41,717	999	2,450
1933 年	（上）	4,938	3,526	1,413	1,275	0	1,933	40,700	1,012	2,450
	（下）	5,229	3,769	1,460	1,295	—	3,401	39,397	1,040	2,450
1934 年	（上）	5,368	3,650	1,718	1,250	—	4,868	38,396	1,075	3,050
	（下）	5,579	3,873	1,707	1,242	—	6,677	37,054	1,087	3,050
1935 年	（上）	5,671	3,804	1,867	1,400	—	8,131	36,067	1,104	3,450
	（下）	6,119	3,976	2,142	1,670	—	10,330	34,340	1,114	3,550
1936 年	（上）	5,708	3,902	1,806	1,350	—	11,640	33,486	1,127	3,650
	（下）	6,331	4,249	2,082	1,700	—	13,732	31,876	1,132	3,650
1937 年	（上）	6,651	4,329	2,322	5,730	—	15,138	27,062	1,151	4,550

出典）「業績一覧表　朝比奈水力電気株式会社」，松岡家文書，2906 により作成．

注）　表中の，「電灯電力取付数」を除く単位は「円」であり，銭以下を四捨五入して表記した．史料の明らかな誤記載は，適宜，修正した．

　　（上）（下）は上半期，下半期を示す．


を行うことを答申し、東京電灯と更なる受電の交渉を行う。朝比奈水力電気は設備投資を控えており、発電所を保守若しくは新設するための資金は無く、東京電灯よりの受電量を増加する以外にこの要請に対応する方策はなかった。両社の電気料金の契約は、従来は三六〇〇ｋｗ／ｈまでは二銭八厘／ｋｗ、これを超過する分は二銭五厘であったが、松岡は受電量の増加に伴い、契約料金の値下げを企図する。新規の増加分を含めて、五七六〇ｋｗ／ｈまでは二銭二厘、これを超過する分は二銭／ｋｗとするように契約の改訂を希望し、同年九月三〇日、東京電灯沼津支店にこれを通達する。[115] 一方、沼津支店は「契約当初ヨリ現在迄相当ノ損失ヲ受ケ居リ、右更改前ニ此ノ損失補塡ニ付テ考慮」する必要から、七二〇〇ｋｗ／ｈまでは二銭八厘／ｋｗ、これを超過する分は二銭五厘として、電力供給量の増加を踏まえた上での値上げを主張する。松岡はこれに納得せず、沼津支店静岡出張所長であった寺田清一に交渉を依頼するが、交渉は難航したため、同年九月分までは従来通りの価格とし、それ以降の分は交渉の結果によるとした。沼津支店としては、支店長及び三井純一営業課長が協議した結果、一九三二年一月八日付で、「容量増加ニ付テハ、先般御懇談申上候料率ニテ御願致度候得共、値下ニ付テハ何分ニモ現在格安ニテ他トノ権衡モ可有之、如何トモ致兼、低減ノ余地更ニ御座無ク、貴意ニ添ヒ難ク候」と通達している。しかし、松岡はこれに納得せず、同年一月二三日、東京電灯本社を訪問し、小林副社長に陳情を行うと共に、同年二月六日、沼津支店を訪問し、「電力容量増加ニ伴フ料金割引」を主張している。三井は「支店長ノ意気ヲ考ヘタル上、決定[116]」するとするも、「他トノ振合上、如何トモ出来難ク候」として、松岡の要求を拒絶している[117]。

この決定を下した沼津支店に対して、松岡は電気料金の高騰に伴う減収や俸給その他の「極端ナル減縮」による「料金過大ニ発セル社運悲境」を述べ、「東電投資株ノ対外価値ノ増進」に言及した上で、交渉の中止を宣言する。だが、こうした松岡の対応に対して、沼津支店は送電量の増加に伴う機器の交換に際して短絡が発生していたとして、差額料金の支払いを請求する。松岡は同支店長小野道三郎に対して、「今独自ノ揚言ノミヲ以テ相手方ニ事ノ認定ヲ強要セラル、ニ至リテハ、些カ非合法不穏当ノ嫌」があるとして、不快感を表明している。松岡が福田豊[118]による仲裁を拒絶したことから、東京電灯との対立は決定的なものとなり、その結果、松岡を牽制するため、東京電灯は傘下の東電証券を介して、同社の筆頭株主として、朝比奈水力電気の取締役に小野を、監査役に三井を選任することを通達している[119]。そして、松岡については、本人が希望したにもかかわらず、一九三三年一〇月二六日を以て、東京電灯の休職主事を解職している[120]。これにより、松岡は朝比奈水力電気での発言権を低下させられるとともに、東京電灯に復帰する途を失ったのである。

一九三六年に入ると、不良資産化していた発電所設備の処理が問題となる。水路は原型を留めないほどに破損するなど、実用に供しえない状況であったため、同年七月一〇日の重役会で、発電所設備一万一一七五円（一九一一年上半期現在高）を一万円の減資により償却する方針が協議される。これは、前年に東京逓信局より発電所の早期の廃止手続きを要請されたためである。だが、これに対して東電証券が反対したため、減資ではなく、毎期の利益金を以て不良資産の償却に充てることが求められた(121)。

こうした中で、一九三七年一月に最初の電力国家管理法案がいったん流れて以降、逓信省は小規模電気事業者の整理統合を企図し、主要電気事業者に対してこれらの統合を慫慂する(122)。これにより、東京電灯は朝比奈水力電気の合併に着手することになる。一九三七年八月二八日、東京電灯は、「逓信省ノ意嚮」により朝比奈水力電気の事業及び設備を買収することを告げ、松岡はこの協定に署名している(123)。買収金額は二万七〇七七円とし、引渡し期日は同年一二月一日と定められた(124)。同年九月二八日の臨時株主総会で、朝比奈水力電気の解散による事業譲渡が承認され、事業精算人に松岡が選任された(125)。同年一二月一日、同社は東京電灯に譲渡され、この時に引き渡された発電及び配電設備等の資産は二万七六一三円一〇銭であった(126)。また、解散と同時に発電所の廃止が実行された(127)。これにより、松岡は解散支給金及び分配金として二八一三円八四銭を受け取っている(128)。

この後、朝比奈水力電気の引継ぎや残務整理を行う傍ら、松岡は活躍の場を京都に移していく。一九四〇年三月三一日、臨時株主総会において広済無尽会社の代表取締役に推薦されると(129)、同年八月には同社社長への就任を契機に、「第二ノ故郷」である静岡市より京都市内に転居している(130)。戦時中を京都で過ごした松岡は、戦後は昭和産業相互銀行（広済無尽から改称）の奈良地区担当取締役や奈良支店長を務めたが(131)、朝比奈水力電気の経営を最後に、電力事業に再び携わることはなかった。

おわりに

近世から近代へと時代が移り変わる中で、地域社会及びその指導層の役割も当然ながら変化を迫られていった。本章で取り扱った電力事業に関していえば、草創期には供給地域に発電設備が設置されている必要があったが、高圧送電線の登場により、電力市場としての地域社会の意義は減退していった。このような技術革新により、地方企業は全国的な巨大企業に併合されていくことになる。松岡が電力企業家として活躍した時代は、まさにこのような流れに位置付けられるものである。その中で、松岡は山城水力電気時代から一貫して、地域の振興には電力の整備が重要であるという認識をもっていた。この認識は、松永に宛てた書簡中の「電力ヲ自由ニ産業家ニ使用セシメ、次テ工業諸種ノ発達ヲ助長促進セシムルハ大浜松ノ建立ヲ速カナラシム所(132)」とする記載に端的に示されているといえよう。こうした認識に基づき、松岡は笠置水電と和束川水力電気を統合させることで山城水力電気を設立し、その電力の供給先として、笠置電気鉄道の敷設を構想した。だが、同社が関西水力電気に買収されると、彼は東邦電力の営業所長に転任する。この間、松永の下で地元との折衝や大口需要家への対応などにあたったが、「電力戦」の収束に伴い、東京電灯に移籍していった。その後、朝比奈水力電気の再建に携わったことを最後に、電力事業からは遠ざかっていったのである。

松岡が南山城地域で展開した電力事業は、藤田貞一郎が指摘するように、地方名望家的な性格を持ち得るものであったことは確かである。だが、彼には自ら事業に必要とされる資金を提供するような資本家としての役割は薄く、稲葉らの資金を活用し、実際の事業を担う企業家活動を行っていたといえる。そのため、南山城地域での電力供給が整備された後に、当該地域を離れて、合併企業に移籍することが可能となったのである。すなわち、彼は電力の普及を通して産業化を進展させることを企図し電力事業を行っていたため、その対象地域の異同は問題とならなかったのではなかろうか。

ここで、松岡の電力企業家としての活動を、本章の冒頭に示した課題に即して検討しておきたい。本章が分析対象とした松岡の一連の活動は、南山城地域における地方企業家が、専門経営者へと変容していく過程である。谷本雅之・阿部武司は、「没落していった地方企業は企業として存続を果たしえなくとも、そこに投じられた資金が設備などのハード・ウェア、販売網などのソフト・ウェアに体現され、吸収・合併を行った企業の発展の基礎として、以降も機能した」として、「中央企業および一部の地方企業の成長は、被合併企業があってはじめて実現」したとしている。(133)松岡の事例を考えると、こうした企業発展の基礎に被合併企業での企業家自身の経験を加えることができるのではないか。そもそも、松岡には専門経営者としての経験は乏しいが、山城水力電気時代の経験が評価されたために、「電力戦」下の東海地方の営業所長に抜擢されたものと考えられる。彼が松永の下で豊橋電価問題の解決に尽力したことを合併企業の側から検討すると、東邦電力は企業合併を通じて有能な人材を外部から調達したといえる。さらには、こうした経験から、朝比奈水力電気の再建を任されたとみることもできよう。

戦後、松岡が電力事業に関わることはなかったが、一九五六年九月二四日、松永と再会を果たし、「茶ヲ点セラレ、往時ノコト回想談」を行う機会があった。彼は、同日の「日記」に、「天下ノ名士松永安左エ門氏ニ十年振リニ面談シ、多年ノ望ヲ果シテ悦ニ堪ヘズ」と記している。「電力戦」の時代に松永のもとで営業所長として働いた経験を、松岡はその後も大切にしていたのであろう。南山城地域での活動を起点として、松岡は近代日本における電力事業の再編に少なからぬ貢献を果たしたのである。

（1）　松岡家文書、三四二〇、京都府立総合資料館寄託（以下、松岡家文書の寄託先は同様）。

（2）加茂町史編さん委員会編『加茂町史　第二巻　近世編』（加茂町、一九九一年）七〇頁。
（3）〔松岡孝吉の履歴〕『松岡家文書参考資料ファイル』京都府立総合資料館所蔵。
（4）松岡孝吉「日記」一九一四年一一月二〇日、木津川市文化財整理保管センター保管（以下、松岡孝吉「日記」の保管先は同様）。
（5）「相楽の篤志家」『相楽』第三四号、一九一八年、一〇―一二頁。
（6）『社会科学』五一号、同志社大学、一九九三年、一二三―一三六頁。同論文は、加茂町史編さん委員会編『加茂町史　第三巻　近現代編』加茂町、一九八八年を基にしたものである。
（7）『経営史学』第五一巻第一号、二〇一六年、三―二八頁。
（8）一九一四年設立。資本金は一〇万円で、一九一六年段階での払込高は八万円。同年の重役は、井上静雄（社長）、大塚矢太郎、新井栄吉（取締役）、中岡栄治郎、竹田広助（監査役）である（商業興信所編集兼発行『日本全国諸会社役員録』一九一六年、上編、三六六頁）。
（9）「和束川水力電気株式会社創立ノ沿革概況」松岡家文書、三〇八四。
（10）「電気事業経営御許可申請書」松岡家文書、三〇五八―五。
（11）「和束川水力電気株式会社買取　笠置水力電気株式会社買取　両件事業日記録」松岡家文書、三一〇〇。「懇願書」同、三二七一。
（12）「発起人加入及脱退ニ付願」松岡家文書、三〇五八―四―一。
（13）「全国五十万円以上資産家表」（時事新報社編、大正五年）、渋谷隆一編『大正昭和日本全国資産家地主史料集成I』、柏書房、一九八五年所収によると、稲葉の推定資産は一五〇万円、内貴のそれは一二〇万円であった。
（14）「発起人脱退ニ付願」松岡家文書、三〇五八―一一。
（15）逓信省電気局編『第七回 電気事業要覧』電気協会、一九一五年、六七頁。
（16）商業興信所編集兼発行『日本全国諸会社役員録』一九一六年、上編、三六六頁。
（17）「和束川水力電気株式会社買取　笠置水力電気株式会社買取　両件事業日記録」松岡家文書、三一〇〇。「懇願書」同、三二七一。
（18）「覚書」松岡家文書、三〇二八―一。
（19）笠置水電「第七回事業報告書」一九一七年上半期、松岡家文書、三二四二。
（20）「和束川水力電気株式会社創立ノ沿革ノ概況」松岡家文書、三〇八四。笠置水電「第七回事業報告書」一九一七年上半期、同、三二四二。

(21) 松岡家文書、三〇三二—一。

(22) 「口上」松岡家文書、三〇三四。

(23) 〔和束川水力電気創立委員協議会決議通知書〕松岡家文書、三一三一—五。〔和束川水力電気発起人総会決議通知〕同、三一三一—六。〔和束川水力電気発起人会開催通知書〕同、三一三一—七。

(24) この金額は、笠置水電の買収費一四万三一三〇円と同社の拡張工事費現在借入金一一万五二三九円四三銭五厘の合計である（「和束川水力電気事業第一期計画書」松岡家文書、三〇七七）。

(25) 笠置水電「第九回事業報告書」一九一八年上半期、松岡家文書、三二四四。

(26) 「和束川水力電気株式会社創立ノ沿革概況」松岡家文書、三〇八四。

(27) 松岡孝吉「日記」一九一九年三月一一日。

(28) 「懇願書」松岡家文書、三二七一。

(29) 「松岡孝吉宛矢橋裕書簡」一九一七年三月二六日、松岡家文書、三〇五八—三。

(30) 「契約書」、「電気事業経営御許可申請書」、松岡家文書、三〇五八—五。「答申書」松岡家文書、三〇五八—四—二。

(31) 「山城水力電気株式会社　創立趣意書　目論見書　仮定款」松岡家文書、三〇九四。

(32) 山城水力電気株式会社「第弐回事業報告書」一九一九年上半期、松岡家文書、三〇四九。

(33) 山城水力電気株式会社「第四回事業報告書」一九二〇年上半期、松岡家文書、三〇九六。

(34) 山城水力電気株式会社「第弐回事業報告書」一九一九年上半期、松岡家文書、三〇四九。

(35) 「電灯及需用家数」松岡家文書、三〇八一—二。

(36) 「上申書」、〔山城水電株式会社の事業に関する書類綴〕松岡家文書、三一九四。

(37) 山城水力電気株式会社「第四回事業報告書」一九二〇年上半期、松岡家文書、三〇九六。

(38) 「山城水力電気株式会社　創立趣意書　目論見書　仮定款」松岡家文書、三〇九四。

(39) 山城水力電気「第参回事業報告書」、一九二〇年上半期、松岡家文書、三〇九五。

(40) 〔笠置水電株式会社の定款改訂書など綴〕松岡家文書、三一三一—一二。

(41) 「大正拾年壱月末日現在　社員従業員及集金人調査表」松岡家文書、三二一七。「大正拾壱年壱月末日現在　社員従業員□□査表」同、三二一八。

(42) 「松岡孝吉宛永島米造書簡」一九二〇年二月二〇日、松岡家文書、三一五六。

(43)「営業ニ関スル件」『関西電気株式会社　山城水力電気株式会社　財産引継書』松岡家文書、三一六五―一。
(44)「木津加茂笠置山駅荷客乗降数量取調表　大正八九年度」松岡家文書、二八一一。「笠置駅大正九年度乗降客数・加茂駅大正九年度乗降客数」同、二八一二。
(45)〔発起人総会通知書〕松岡家文書、二八二四―二。
(46)「笠置電気軌道株式会社　創立日誌」松岡家文書、二八二一。
(47)「笠置電気軌道敷設幷ニ運輸営業許可申請書」松岡家文書、二八六五。「起業目論見書」同、二八六四。
(48)「発起人総代選定届」松岡家文書、二八一四、二八一五―一・二、二八一六。
(49)「笠置電気軌道枝線敷設幷ニ運輸営業許可申請書」「起業目論見書」松岡家文書、二八一九。
(50)「笠置電気軌道兼営鋼索鉄道敷設免許申請書」「起業目論見書」松岡家文書、二八二五。
(51)「笠置鋼索鉄道敷設申請書返戻ノ件」松岡家文書、二八二五。
(52)「決議書」松岡家文書、二八一八。「定款一部変更届」同、二八二五。
(53)「契約書」松岡家文書、二八二〇―一。
(54)「松岡孝吉宛神谷卓男代伊藤静雄書簡」一九二一年九月二日、松岡家文書、二八二〇―三。
(55)「松岡孝吉宛奈良県葉書」松岡家文書、二八二四―三。
(56)「笠置電気軌道出願対奈良県ヨリ京都府へノ回答書写」、松岡家文書、二八二二―二。
(57)「地方鉄道敷設不許可指令送達」松岡家文書、二八二六。
(58)松岡孝吉「日記」各日。
(59)「合併仮契約書」松岡家文書、三一六九―二。
(60)「合併仮契約書」松岡家文書、三一六九―二。
(61)山城水力電気株式会社「第六回事業報告書」一九二一年、松岡家文書、三〇九七。
(62)「重役会決議録」松岡家文書、三一六九―一二。
(63)松岡家文書、三一九五～三二一六、三三二一、三三二三など。
(64)「協議決定書」松岡家文書、三一六九―四。「山城水力合併株主紀念配当金払渡書」同、三一六七。
(65)「覚書」松岡家文書、三一六九―三。
(66)「関西本社落合磯部両氏引継ノ際ニ指示覚書」松岡家文書、三一四七。「関西電気株式会社　山城水力電気株式会社　財産引継書」同、三一六五―一。

(67)「森川宛松岡書簡」一九二二年五月一五日、『山城水力電気会社』松岡家文書、三一二一。
(68)「シツ宛主人（松岡孝吉）書簡」一九二二年五月一五日、『山城水力電気会社』松岡家文書、三二一二一。
(69)松岡孝吉「日記」各日。
(70)三科仁伸「戦前期日本の電力企業におけるミドル・マネジメントの機能――東邦電力及び早川電力（東京電力）の豊橋・浜松営業所長松岡孝吉を事例として」『経営史学』第五一巻第一号、三―二八頁。
(71)「東邦電力幹部職員決定」『電華』一九二二年八月号。
(72)東邦電力社史編纂委員会編『東邦電力史』東邦電力社史刊行会、一九六二年、六四二頁。
(73)「合併成立後の東京電力現状」『電華』一九二五年四月号。
(74)ただし、傭員の人事及び書記以下の部内職員の転勤及び配置は部長の決裁事項である。
(75)「社則」松岡家文書、三〇一三―七。
(76)東京電力と同様の職掌が東邦電力や早川電力にも存在したことは、管見の限り、確認できていない。しかしながら、東邦電力や早川電力を事例とした分析結果がこれと類似の状況を示すことから考えて、松永安左エ門の主導下にあった両社におけるトップ・マネジメントとミドル・マネジメントの関係は、東京電力のものとほぼ同様であったと考えられる。
(77)松岡孝吉「日記」一九二二年一二月一三日。一九二三年四月一九日。
(78)「大正十三年十月改訂再版　集金規定並ニ取扱ニ関スル細則」松岡家文書、二一九五八。
(79)「日報」一九二二年二月九日、『自大正十一年一月十九日　日報』松岡家文書、二一九七八。
(80)松岡孝吉「日記」一九二二年八月四日。
(81)「国府出張所主任鈴木竹二・新居出張所主任内藤武次郎宛松岡孝吉書簡」一九二二年六月二日、『発送文控　豊橋時代　松岡』松岡家文書、二一九八四。
(82)発電コストを切り下げることで、東邦電力の価格競争力を強化し、他社の名古屋市場への参入を阻止した点を踏まえて、当時から、松永安左エ門の経営手腕は「科学的経営」として評価されていた（橘川武朗『日本電力業の発展と松永安左ヱ門』名古屋大学出版会、一九九五年、三〇九頁）。
(83)「技術部長福田豊宛松岡孝吉書簡」年欠、『発送文控　豊橋時代　松岡』松岡家文書、二一九八四。
(84)「内藤営業次長宛松岡孝吉書簡」一九二四年二月二〇日、松岡家文書、二一九八一。
(85)「内貴清兵衛宛松岡孝吉書簡」一九二四年二月二三日、〔報告〕松岡家文書、二一九八三。
(86)「副社長松永安左衛門宛松岡孝吉書簡」一九二四年六月二一日、〔報告〕松岡家文書、二一九八〇。

(87)「進藤常務宛松岡孝吉書簡」一九二七年四月一八日、『東京電力時代　松岡』松岡家文書、三〇二一。
(88) 当時の豊橋営業所の建物は、「旧豊橋電時代ノ変電所ヲ使用セルモノ」であった（「久留嶋常務宛松岡孝吉書簡」一九二四年三月二五日、〔報告〕松岡家文書、二九八三）。
(89) 大口喜六は、市が豊橋電灯の全供給域を買収することを望んでいたが、市議会の多数は豊橋市に限定した形での買収を企図した。この対立は、その後、大口喜六と豊橋市及び電価値下期成同盟会との対立を引き起こすこととなる（豊橋市史編集委員会編『豊橋市史　第四巻』豊橋市、一九八七年、五五頁）。
(90) 豊橋市史編集委員会編『豊橋市史　第四巻』五〇—六五頁。芳賀信男『東三河電気事業沿革史』私家本、二〇〇一年、四〇—四五頁。
(91) 本来ならば、この会談に松永が出席する予定であったが、体調不良のため、当初は出席を見合わせたものと考えられる。
(92)「電価問題はまだ具体的に纏らず」『参陽新報』一九二二年七月一二日。なお、同記事中には、交渉の出席者として、「豊橋営業所長松岡孝吉氏」の名前が確認できる。
(93)「電灯会社の誠意を認め電価問題解決を付ける」『参陽新報』一九二二年七月二三日。
(94) 松岡孝吉「日記」各日。
(95) 東邦電力の本社は、一九二二年九月二〇日に、東京丸ノ内海上ビルに移転している（東邦電力社史編纂委員会編『東邦電力史』、六一一頁）。
(96)「副社長松永安左衛門宛松岡孝吉書簡」一九二三年七月三〇日、『日報』松岡家文書、二九七五。
(97) 豊橋市史編集委員会編（一九八七年）、六四頁。
(98) 松岡孝吉「日記」各日。
(99)「副社長松永安左衛門宛松岡孝吉書簡」一九二三年八月四日、『自大正十一年一月十九日　日報』松岡家文書、二九七八。
(100)「副社長松永安左衛門宛松岡孝吉書簡」一九二三年八月五日、『自大正十一年一月十九日　日報』松岡家文書、二九七八。
(101) 伊藤は参陽新聞及び新朝報への新聞広告料（月額二五円）を「広告之必要ナキ」として謝絶を通告したが、両社より「従前ノ関係」を以て「継続ヲ懇談」されることがあったことから、新聞社と積極的な関わりを持たなかったものと推察される（「日報」一九二二年一月三一日、『自大正十一年一月十九日　日報』松岡家文書、二九七八）。
(102)「森川宛松岡書簡」一九二二年五月一五日、『山城水力電気』、三一二一。
(103)「内貴清兵衛宛松岡孝吉書簡」一九二四年二月二一日、〔報告〕松岡家文書、二九八三。
(104)「両河内電灯株式会社整理ニ関スル調査課査定対意見対照表」「小林一三宛松岡孝吉書簡」一九三〇年五月二三日、松岡家文書、二二五四〇。

(105) 東京電力株式会社編集兼発行『関東の電気事業と東京電力』二〇〇二年、三四四―三四七頁。

(106)「朝比奈電灯会社概説」松岡家文書、二九二六。

(107)「昭和三年五月弐拾七日朝比奈社長勝山氏提出ニ付書取ル」松岡家文書、二八六七。

(108)「久光課長宛松岡孝吉書簡」一九二八年三月二二日、『東京電力時代　松岡』松岡家文書、三〇二二。

(109)「朝比奈電灯株式買取ノ件」一九二八年七月一九日、松岡家文書、二八八七。

(110)「引継書」松岡家文書、二八七四―二。

(111)「会社経営委托書」、松岡家文書、二八六九―四。

(112)「臨時株主総会決議録」松岡家文書、二八九一。

(113)「昭和三年八月二十日取締役会決議録」松岡家文書、二八九〇。

(114)〔休職許可通知〕松岡家文書、二八七二。「休職期間延長御願」同、二五九七―一・二。〔辞令〕同、二五九七―三・四。

(115) 松岡孝吉「日記」一九三一年九月三〇日。

(116) 松岡孝吉「日記」一九三二年二月六日。

(117)「電力交渉経過」「電力需給契約書」〔逓信局電気課宛答申書〕「覚書」「藤枝出張所寺田所長宛沼津支店営業課書簡」「松岡孝吉宛寺田清一書簡」一九三一年一一月六日、同年一二月一八日、「電力料金支払方御通知ニ関スル件」「沼支営第参号」、「沼支営第七五号」、『朝比奈対東電沼津間計算電力量交渉関係書』松岡家文書、二六八〇。

(118) 福田豊は、一九三五年三月時点で営業部次長を務めている（東京電力株式会社編集兼発行『関東の電気事業と東京電力』四四六頁）。

(119)「沼津支店長小野道三郎宛松岡孝吉書簡」一九三二年二月一五日、同年三月三一日、「福田豊宛松岡孝吉書簡」一九三二年五月八日、〔朝比奈水力電気重役選任通知〕『朝比奈対東電沼津間計算電力量交渉関係書』松岡家文書、二六八〇。

(120)「松岡孝吉宛東京電灯株式会社書簡」一九三三年一〇月二三日、松岡家文書、二五九六―三。「休職期間延長御願」同、二五九七―五。

(121)「朝比奈水力電気株式会社減資並ニ之ニ伴フ将来ノ方針ニ関スル件」「朝比奈水力電気会社整理ニ関シ回答ノ件」松岡家文書、二九〇五。

(122) 東京電力株式会社編集兼発行『関東の電気事業と東京電力』五三五頁。

(123) 松岡孝吉「日記」一九三七年八月二八日。

(124)「朝比奈電灯株式会社買収案」松岡家文書、二九一一―一。
(125)「朝比奈水力電気株式会社臨時株主総会決議録」松岡家文書、二九一二。
(126)「引継書」松岡家文書、二九一六。
(127)「発電所廃止及ビ水利権返上並国有地辺地ニ関スル諸経費支払書」松岡家文書、二九三九。
(128)「解散金配分表」松岡家文書、二九四三。「解散手当支給明細書」同、二九四四。
(129)松岡孝吉「日記」一九四〇年三月三一日。
(130)「無尽会社代表取締役就任及ヒ転任挨拶状」松岡家文書、二六六九。
(131)「辞令」松岡家文書、二七四〇。「副申書」同、二七四一。
(132)「副社長松永安左衛門宛松岡孝吉書簡」一九二三年六月二日、『日報』松岡家文書、二九七五。
(133)谷本雅之・阿部武司「企業勃興と近代経営・在来産業」宮本又郎・阿部武司編『日本経営史II』岩波書店、一九九五年、九一―一三八頁。

むすび

井奥成彦

以上、本書では、四部一一章にわたって、南山城地域の近世・近代の豪農たちの経済活動を通して、豪農の経済活動の実態、豪農相互間の関係、あるいは豪農と領主ないし政府、一般農民・商人との関連を明らかにしてきた。そして在地の視点から近世・近代移行期の日本、ないしは日本の近代化の実相を見た。

第I部では、南山城地域の商品経済の発展とそのなかでの豪農の成長のようすを見た。まず第一章「豪農堺屋八木家の蓄積基盤」(小川幸代・井奥成彦)では、木津川水運の中心となった浜にあって周辺地域の商業・金融の中核となった堺屋八木家が蓄積を重ねていったようすを、金融、商業、土地集積の面から、領主層、周辺豪農や村、舟運との関係において検討した。その結果、同家が近世中後期において周辺農村の農民などへの金融と土地集積を通じて蓄積を重ね、木津川舟運にコミットして商品流通に関わることによってさらなる蓄積を重ねたこと、その間領主層への金融も行ったことを明らかにした。ただ、堺屋が外部資金を導入していたかどうかについては、京都の糸屋を除いては明確に導入した事実は確認できなかった。現在のところ、同家は自己資本を中心として金融、商業活動を行っていたとせざるを得ない。しかし、同家と三井との関わりを窺わせる史料は存在しており、この地域にどの程度都市金融資本が関与していたかどうかについて、今後注視していく必要がある。第二章「豪農浅田家の資本蓄積——貸上銀負担と肥料商活動」（石井寛治）では、南山城地域の頂点に立つ中核豪農堺屋八木家と、それに次ぐランクの豪農浅田家との関係を見た。その結果、天明期に領主（津藩）による過酷な負担のために経営難に陥った西法花野村の豪農浅田家が堺屋八木家からの金融により苦境を凌ぎ、在方肥料商人として地域への安価な肥料の導入に努めたことが地域全体の生産力向上をもたらし、浅田家の手作・小作経営の収益を押し上げて資産を蓄積したことが明らかとなった。この蓄積が幕末から近代にかけての茶商などへのさかんな融資につながることになる。第三章「南山城加茂郷の農民と家族——観音寺村・里村・北村の史料から」（桜井由幾）では、寛政期に南山城農村で見られた「近世的農民家族の危機的状況」は文化文政期から回復の兆しが見え始め、天保期以降は人口・家数が回復していったが、その場合、近世期においては綿作、明治期においては製茶など、メジャーな産地ではないが農民が商品化できる作物に参入して商機を得ようとしたり、雇用労働者として参入したことが明らかにされている。そして農業経営のための家族規模は無意味化しはじめ、家族の構成員は産業労働に適応できる個々の労働力化していくのではないかと結論づけている。

第II部では、南山城地域の年貢をめぐる領主と村との関係を取り上げた。そのうち第四章「近世南山城地域における年貢負担と村財政」（谷本雅之）では、近世の年貢賦課率の低下を、なぜ年貢賦課率は低下・停滞しえたのかという観点から考察した。そして年貢賦課率の低下とは裏腹に村の「公的」な支出の相対的な増大が進行していたことと、その担い手としての「豪農」の存在に注目し、近世社会のなかで領主に代わって次第に「豪農」が公的な役割を担うようになり、そのことが領主—農民間の関係の変化を促すことになったと指摘した。第五章「畿内豪農の経済活動と年貢・御用金——嘉永七年、旗本天野氏御用状の記述より」（島津良子）では、幕末期当該地域の高い生産力に基づく自由な経済活動を黙認するのと引き換えに御用金を課す（逆の立場から見れば「負担する」）領主と豪農の共依存関係を炙り出した。

第III部は、豪農たちの身分意識に関わる問題を取り上げた。まず第六章「郷士の家と地域社会——国人狛一族と家臣の近世」（吉田ゆり子）では、兵農分離の不十分さから在地に居住した武士と農民の「中間層」である「郷侍」や「無足人」——これらは豪農の一類型と見てもよいであろう——が、そうしたいわば公認の地位を得ることで、地域で相対的に高い位置を保とうとしたことを明らかにした。次に、第七章「祝園神社神主の江戸出訴——旗本天野氏上方代官七代森島清右衛門の行動に注目して」（冨善一敏）では、一件をめぐって旗本天野氏の上方知行所代官である豪農森島清右衛門への在地農民の強い反発が示され、幕末に至って地代官クラスの豪農に次ぐクラスの農民の政治的成長が見られたことが明らかにされた。当然のことながら、その背景として彼らの経済的成長があったものと見られる。第八章「無足人たちの明治維新」（菅野則子）では、武士と農民のマージナルな身分の豪農である藤堂藩の無足人について、彼らの藩への貢献の意識と一般村民と一線を画した位地を維持してきた誇りとは裏腹に、「御一新」に伴い一般村民と同位地になり、無足人たちのこれまでの誇りが葬り去られたことへの不満を描いた。

第IV部は、豪農たちが近代以降の地域をどのように見て、どのように活動したのか、地域はどのように変容したのかを問題にした。第九章「明治期中小豪農の地域観、時代観——山城国相楽郡祝園村松田弥三郎を素材として」（井奥成彦）では、近世以来の中小豪農である松田弥三郎が、地域での産業のあり方をめぐって、旧来からの綿作と新たな産業としての養蚕との狭間で揺れ動く姿を描いた。第一〇章「明治後半期の南山城経済の停滞」（武田晴人）は、明治中期以降南山城地域の綿に代わる作物として茶、そして養蚕へと活路を求めた豪農たちによる経営努力は十分な成果を生まず、そのような商業的な農業生産の限界の下で商業・金融などの事業に期待がふくらんだが、それらの銀行も域内に有力な貸付先を見いだすことはできず、次に株式などへの投機的な取引に進出したが、それも明治三三年の金融恐慌によって痛手を被る結果になったことを明らかにした。第一一章「松岡孝吉と電力事業——戦間期における地方企業家から専門経営者への変容」（三科仁伸）は、近世の豪農出身の地方企業家が都市へ出て専門経営者となり、日本の近代化に接近していく過程を描いた。

以上、史料的制約から、実証が十分と言えない部分があることは否めないが、これらの成果を一つの脈絡でまとめれば、次のようになろうか。近世期において経済面で日本の最先進地域であったと目される畿内において、木津川という物流の大動脈の中心にいた堺屋八木家は、まさに水運がらみで自己資本の蓄積を重ね、当該地域の「豪農の中の豪農」に成長した。そして大都市の両替商などの外部資金にほとんど依存することなく周辺の豪農、村方、領主層に金融を行った（第一章・第二章）。最先進地域とはいえ長い間には経済的な危機もあった豪農や村方はそれによって危機を乗り越え、そのことが当該地域の経済的成長につながった。それは浅田家のように、幕末期に当該地域の主要産業となった茶業への融資を行うに至った事実からも確認できるし（第二章）、有力産地とはならなかったにせよ商品化できる作物にコミットした地域もあった事実からも確認できる（第三章）。近世期の当該地域の経済発展の度合については、抑制的に評価する第四章と積極的に評価する第五章とで多少温度差はあるが、少なくとも当該地域の経済成長をマイナス評価することにはならないであろう。そうしたなかで、経済的に困窮していく領主に代わって、豪農が公的支出を担うようになったのである（第四章）。そして領主は公私ともに豪農への依存を強めていく（第五章）。また、こうした地域全体の動向のなかで、豪農に次ぐクラスの農民の政治的な面での成長も見られた（第七章）。また、豪農のなかでも「郷侍」「無足人」と言われる、武士身分と農民身分のマージナルな位置にいた者たちは、特有のプライドと意識を持って自分たちの立ち位置を維持しようとしたが、明治維新の変革は彼らを引き立てるものではなかった（第六章・第八章）。近代に入って、地域経済は変容する。「開国」にともなう生糸と茶の生産の波はこの地域にも押し寄せた。しかしいずれも十分な成果を生まなかった（第一〇章）。一方で、近世以来さかんであった綿の生産は、明治中期までは持ちこたえたものの、それ以降の衰退の流れは止められなかった。そうしたなかで豪農は苦悩し、活路を見いだす糸口を探るが（第九章）、当該地域での経済振興は十分な成果を生まなかった。これには輸送手段の水運から鉄道への変化によって、水運によって経済発展を遂げた当該地域は取り残されたという側面もあったであろう。しかし、当該地域の豪農のなかには、地元での経済活動に見込みがないと見るや他地域に進出して経済活動を行う者もいた（第一一章）。これまでの研究では、「地方名望家」という言葉に代表されるように、豪農と言えば地域に貢献する存在というイメージで語られることが多かったが、近代日本の経済発展を考える上で、松岡孝吉のように地域を超えて活動する者の存在も見逃してはならない（近年、三科仁伸が精力的に研究に取り組んでいる、浜松在の地方資産家伊東要蔵も、地元よりもむしろ東京を活動の場としていた）。豪農は、近代以降も形態を変えつつ生き残り、日本の経済の発展に貢献し続けたのである。

以上、豪農を媒介として、近世から近代を通じて一つの地域の経済を見てきた。本書では我々の前段階の研究である『近世・近代の南山城――綿作から茶業へ』から視野を拡げることはできたと思われるが、各章でまた新たな論点も浮かび上がってきている。本書を踏み台にして、更なる調査、研究に挑みたい。

最後に、この研究でお世話になった浅田周宏、油井宏子、伊藤太、故小林凱之、芝野康之、田中淳一郎、故辻義浩、中川博勝、西島楢寿、渡辺美秀子の諸氏に心より御礼申し上げたい。なお、本書のもとになった研究に対しては、日本学術振興会科学研究費補助金（基盤研究（B））二〇〇八―一〇年度（課題番号 20330074）、同じく（基盤研究（B））二〇一一―一三年度（課題番号 23330114）の研究助成を受けた。また刊行にあたっては、東京大学大学院経済学研究科より、二〇一七年度「経済学研究科助成プロジェクト・研究成果刊行援助費」の助成を得た。いずれも記して謝意を表したい。

索　引

あ　行

か 行

さ　行

た　行

な　行

は　行

ま　行

や 行

ら 行

わ 行

執筆者一覧（執筆順）
井奥成彦（慶應義塾大学文学部）
谷本雅之（東京大学大学院経済学研究科）
小川幸代（長岡大学経済経営学部）
石井寛治（東京大学名誉教授）
桜井由幾（総合女性史学会）
島津良子（奈良女子大学）
吉田ゆり子（東京外国語大学大学院総合国際学研究院）
冨善一敏（東京大学経済学部資料室）
菅野則子（元帝京大学文学部教授）
武田晴人（東京大学名誉教授）
三科仁伸（下関市立大学経済学部）

豪農たちの近世・近代
——19世紀南山城の社会と経済

2018年 9月25日　初　版

［検印廃止］

編　者　井奥成彦（いおくしげひこ）・谷本雅之（たにもとまさゆき）

発行所　一般財団法人　東京大学出版会
代表者　吉見俊哉
153-0041 東京都目黒区駒場 4-5-29
http://www.utp.or.jp/
電話　03-6407-1069　Fax 03-6407-1991
振替　00160-6-59964

組　版　有限会社プログレス
印刷所　株式会社ヒライ
製本所　牧製本印刷株式会社

ISBN 978-4-13-046127-6　Printed in Japan